天津邮政年鉴

年鉴

2015

天津出版传媒集团

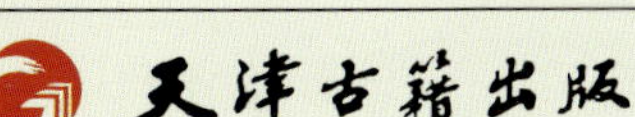

天津古籍出版社

《天津邮政年鉴》编纂委员会

《天津邮政年鉴》编辑部

永信同志：

市邮政公司以软、硬、巧三动支持美丽天津建设做了许多很好的工作，体现了创新、务实，相信一定会在文化、旅游、商贸融合发展上有新的成效。感谢国家邮政总公司对天津的支持。

孙春兰
7.10

2014年7月10日，中共中央政治局委员、天津市委书记孙春兰对天津邮政工作作出批示。

过去一年天津邮政事业取得显著成绩。希望在新的一年里抓住全面深化改革有利机遇，加快布局，大力发展电商、物流，切实做好便民服务，争取更好的成绩。

黄兴国
1.20

2014年1月20日，天津市委副书记、市长黄兴国对天津邮政工作作出批示。

春兰书记的重要批示，体现了中央领导对邮政事业的关心和殷切期望。

天津公司发挥优势，创新思路，顺势而为，在美丽天津建设中寻找发展的机会和转型的动力，展示了创新的智慧、开拓的精神和务实的作风。希望天津公司再接再厉，在推进深化改革、转型发展、提升邮政形象方面做出新努力，创造新佳绩。

希望邮政各单位增强服务意识、机遇意识、市场品牌意识、政策环境意识，在服务地方经济社会发展中，加快改革、转型、创新步伐，为建设世界一流邮政企业多做贡献。

李
7.18

2014年7月18日，中国邮政集团公司总经理李国华对天津邮政工作作出批示。

2014年10月9日，在全国邮政系统“寻找最美邮递员”活动颁奖典礼上，中国邮政集团公司总经理李国华（右前）、党组书记张亚非（右后）分别与获得特别提名奖的天津邮政投递员刘树东握手表示祝贺。

朱正义 摄

2014年10月17日，中国邮政集团公司总经理李国华（左四）在天津市副市长、市政府秘书长孙文魁（左三），中国邮政集团公司副总经理康宁（左五）等领导的陪同下，考察了天津空港经济区。

裴娜 摄

9月11日，在2014天津夏季达沃斯论坛“文化之夜”活动中，散襄军等市领导来到设在现场的临时邮局，对邮政服务给予高度评价，并在主题纪念封上签名留念。

徐世勇 摄

市委常委、市委政法委书记散襄军在纪念封上签名留念。

市委常委、常务副市长崔津渡在纪念封上签名留念。

市长助理、市公安局党委书记、局长赵飞在纪念封上签名留念。

2014年3月24日，天津市副市长何树山（前左一）出席天津市清洁能源汽车交接仪式，并将代表首批15辆清洁能源汽车的车钥匙交给市邮政速递物流公司揽投员。

杨振振 摄

2014年4月8日，中国邮政集团公司副总经理康宁（右二）一行来津考察。 陈长中 摄

2014年1月27日，国家邮政局副局长刘君（左三）慰问天津邮政机要局员工。

陈长中 摄

2014年10月22日至23日，中国邮政集团公司党组成员、纪检组长孙国栋到天津邮政视察指导工作。图为孙国栋（左一）和集团公司监察局局长睢红卫（左三）一行参观天津邮政博物馆。

陈长中 摄

2014年4月3日，中国国防邮电工会主席董秀彬、中国邮政集团工会常务副主席关荣顺一行来津调研检查。图为董秀彬（右一）、关荣顺（右二）一行参观天津邮政博物馆。

韩金祥 摄

天津市邮政公司首届二次职工代表大会暨2014年工作会议

2014年1月21日

任永信总经理作题为《坚定信心 迎难而上 完善机制 加快转型 共创天津邮政特色发展新局面》的工作报告。

陈长中 摄

市公司领导为受表彰的先进单位、集体、个人颁奖。

李聪琮 摄

大会会场。

陈长中 摄

2014年12月23日，市邮政公司召开干部大会，宣布中国邮政集团公司对天津市邮政公司领导班子的调整决定，李克超同志（左一）任天津市邮政公司总经理、党委书记。

陈长中 摄

2014年12月30日，市邮政公司召开2015年首季开门红誓师大会。

陈长中 摄

2014年3月14日，函件局与天津市消费者保护协会联合开展的“美丽天津·绿手帕行动”系列活动在“3·15”晚会演播厅举行。

周爱东 摄

市邮政公司大力发展国内小包业务。

陈长中 摄

函件局携手橙天嘉禾影城举办变形金刚30周年纪念活动。

裴娜 摄

儿童剧《蓝精灵》

儿童剧《爱丽丝梦游仙境》

“开心麻花”商演

2014年，函件专业与区县邮电局积极拓展商演平台。

裴娜/吴国伟 摄

2014年3月21日，市邮政公司举办《老天津风情——沽上妙艺》系列纪念封第一组首发活动。

冯瑞鹏 摄

2014年3月28日至29日，市邮政公司在东马路津邮集藏专卖店举办“爱生活 爱集藏——天津集邮首届钱币品鉴会”。

李学至 摄

2014年6月21日，市邮政公司举办《中国古典文学名著——〈红楼梦〉(一)》特种邮票首发活动。红桥区副区长马政（左）与市邮政公司副总经理顾洪文（右）共同为《红楼梦》特种邮票揭幕。

陈长中 摄

市集邮公司积极开展网络营销。

陈长中 摄

2014年12月25日，市邮政公司总经理李克超（右二）、副总经理常庆森（右四）到"邮礼天下——福至新春"专项营销产品展示会现场调研。

裴娜 摄

2014年6月4日起，天津邮政在11个区县的23家邮政网点开始销售名优进口食品。 陈长中 摄

分销专业引进气垫锅销售火爆。

韩金祥 摄

电子商务专业积极开展校园营销活动。图为入学新生参与"邮梦想·乐学子"抽奖活动。

张胜 摄

电子商务专业组织"自邮一族"会员自驾活动受到车友欢迎。

《天津邮政》报 供图

2月7日，迎来了天津市2014年第一场大雪。邮政投递员克服困难，保质保量地将邮件报刊投送到位，受到用户好评。

陈长中 摄

2014年6月22日、23日，经过天津邮政各环节通力协作，6.5万份高考成绩单全部妥投。

陈长中 摄

2014年7月1日，《今晚报》推出108版《见证美丽天津——〈今晚报〉30年特刊》。邮政投递局员工全力以赴，保证报纸投递时限。

刘丽 摄

邮政投递局员工走进单位、走近用户，收订报刊。

韩金祥 摄

2014年11月6日，市邮政公司召开2014—2015年金融跨年度营销竞赛阶段推动会。

陈长中 摄

2014年11月28日，市邮政公司领导任永信（中）、顾洪文（右二）、石青（左二）、张德荣（右一）、常庆森（左一）为“邮储E动·星火相传”活动启幕。

陈长中 摄

2014年10月17日、18日，中邮人寿保险公司与市邮政金融业务局共同举办了金融百强网点营销能力提升培训。

刘海博 摄

和平区鞍山道邮电支局营业员热情地向客户推介保险产品。

陈长中 摄

2014年11月1日，南开区东马路储蓄网点与泰康人寿保险公司联合举办以养生为主题的保险产品讲座。

张冬岩 摄

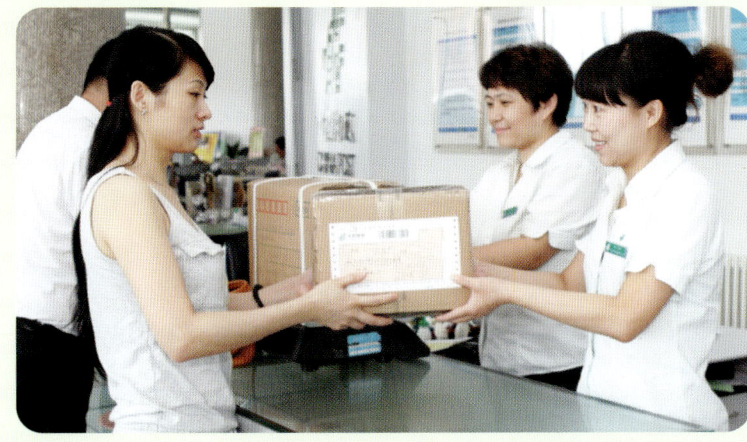

市邮政公司大力发展代理速递物流业务。图为大港邮电局收寄快递包裹。

韩金祥 摄

正月十五前夕，邮政速递汤圆业务受到客户欢迎。

孙智星 摄

主题邮局

2014年4月26日，天津滨海航母邮局正式落户国家AAAA级景区——天津滨海航母主题公园内的俄罗斯风情区。

陈长中 摄

2014年6月19日，滨海新区少年邮局在塘沽徐州道小学内正式挂牌开业。

陈长中 摄

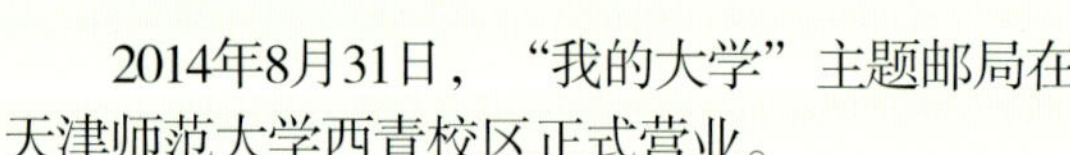

2014年8月31日，“我的大学”主题邮局在天津师范大学西青校区正式营业。

裴娜 摄

2014年9月10日，“致青春”主题邮局在天津大学正式营业。

陈长中 摄

2014年9月16日，坐落在估衣街谦祥益内的全国首家相声邮局开业。

陈长中 摄

2014年10月1日至9日，市邮政公司举办庆祝第45届世界邮政日系列活动。 陈长中/刘丽/韩金祥 摄

5月，客户在2014年津洽会临时邮局参与微信活动。

陈长中 摄

5月24日至25日，2014年夏季婚博会在国展中心举办。天津邮政在现场设立临时邮局，为客户提供用邮服务。图为准新人扫描二维码制作个性化明信片。

裴娜 摄

6月4日，天津港开启了2014年邮轮母港新航季。塘沽邮电局在邮轮母港开设临时邮局，为乘客提供用邮服务。

任瑞娇 摄

7月，南开区邮电局为第七届津台投资合作洽谈会暨2014天津·台湾名品博览会提供邮政服务。

陈长中 摄

7月16日至18日，天津2014年秋季钓具展销订货会在梅江会展中心举行。南开区、东丽区邮电局进驻会场，服务参展客商。

陈长中 摄

9月10日至12日，2014年天津夏季达沃斯论坛在梅江会展中心举行。天津邮政为此次盛会提供全方位服务。

裴娜 摄

9月19日至22日，2014年中国旅游产业博览会在津举行。天津邮政进驻现场开设临时邮局。

裴娜 摄

全局总动员　奋战“双11”

陈长中/刘丽/裴娜/李聪琮　摄

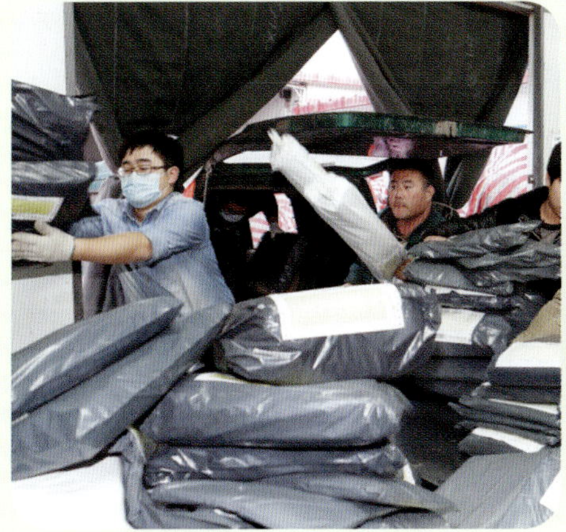

抢收邮件，及时赶发。

预包装商家产品。

加班加点分拣邮件，全力确保时限。

认真做好出班前准备。

准时出班。

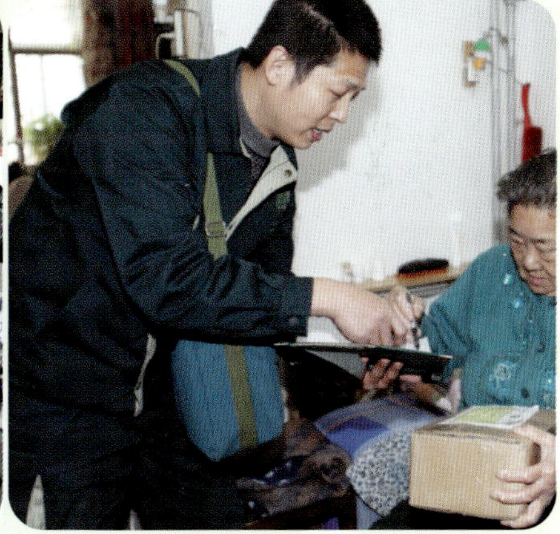

将邮件送到用户手中。

2014年11月28日，市邮政公司召开“双11”总结表彰大会。

邮政储蓄逻辑大集中系统顺利上线

2014年5月14日，邮储银行董事柯岩（右一）深入东楼邮电支局了解系统上线准备情况并慰问一线员工。

李聪琮 摄

5月23日，中国银监会信息技术监管部副主任李丹（右前三）、邮储银行副行长曲家文（右前二）一行到市邮政公司现场指导系统上线工作。

陈长中 摄

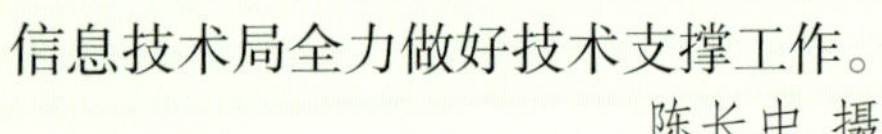

信息技术局全力做好技术支撑工作。

陈长中 摄

储蓄网点工作人员进行测试。

陈长中 摄

大港邮电局大力发展便民服务站。

陈长中 摄

2014年8月1日，河北区北宁湾邮电所正式开业。

顾英 摄

2014年8月5日，天津邮政第一台自助智能包裹机在天津站邮局安装完毕并投入使用。

陈长中 摄

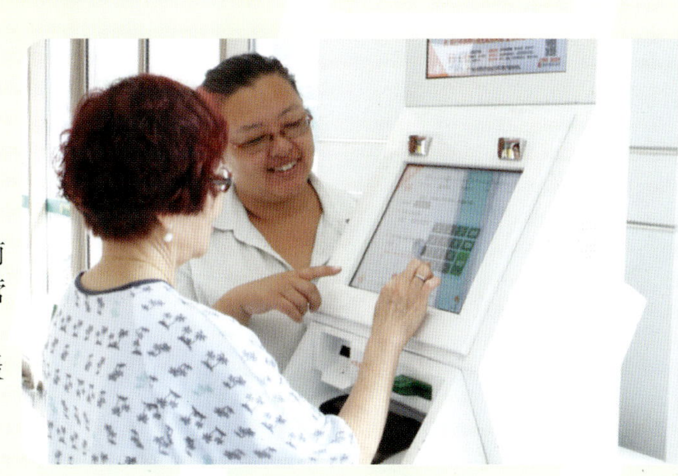

2014年8月，联通自助缴费机在南开区东马路邮电支局和大港邮电局营业厅开始试运营。

陈长中 摄

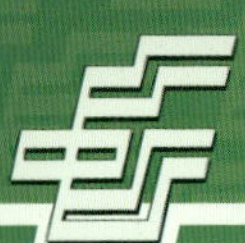

信息技术局积极引进研发“两包”系统支撑业务发展。

陈长中 摄

电子商务局项目负责人与信息技术局研发人员共同研究电子地图开发细节。

陈长中 摄

为提升“最后一公里”服务水平，9月1日，市邮政公司将1528部工作手机和100台手持终端PDA配发至投递员手中。

陈长中 摄

焕然一新的河东区七经路邮电所

宽敞明亮的红桥区中嘉路邮政营业厅

2014年，市邮政公司对邮政营业场所进行了全面的优化装修，为用户提供了更为优质的用邮环境。

陈长中 摄

2014年8月28日至9月3日，市邮政公司在延安干部学院举办领导干部培训班。

李志晔 摄

2014年5月9日，市邮政公司全体直管干部和18个区县邮电局市场部主任参加了领导干部应知应会测试。

李聪琮 摄

2014年1月6日，市邮政速递物流公司召开揽投部经理任命暨誓师大会。

李聪琮 摄

2014年7月，市邮政公司在北京大学举办“支局长管理能力提升高级研修班”。

宋岩 摄

2014年，市邮政公司组织了历时6个月的“播种希望·收获梦想”大学生创意大赛。

陈长中 摄

2014年，市邮政公司组织财务人员参加了天津市第四届会计业务知识大赛，荣获团队优秀奖、优秀组织奖。

陈长中 摄

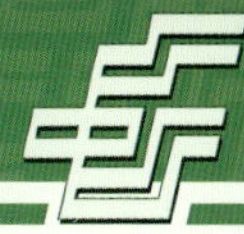

2014年5月30日，市邮政公司召开赴黑龙江、山东省邮政公司交流干部汇报会。黑龙江省邮政公司总经理刘福义（前排左五）、山东省邮政公司总经理马志民（前排左三）参加汇报会。

陈长中 摄

2014年7月28日至29日，市邮政公司总经理任永信，副总经理张德荣、常庆森率队赴河北省邮政公司学习考察。

李聪琮 摄

2014年8月7日，市邮政公司召开赴湖北省邮政公司挂职交流干部经验汇报会。

陈长中 摄

2014年9月11日，青岛市邮政分公司副总经理姚志刚一行来津交流考察。

陈长中 摄

2014年8月20日，和平区区长彭三、副区长姚增顺一行来到市邮政公司，与任永信总经理、顾洪文副总经理进行了座谈。

陈长中 摄

2014年9月5日，市邮政公司总经理任永信（左）与天津港股份有限公司董事长张丽丽（右）进行了会谈。

陈长中 摄

2014年12月9日，市邮政管理局局长陈凯（右二）、副局长王东（右一）一行到市邮政公司调研。

陈长中 摄

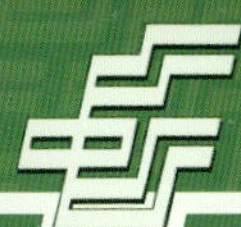

4月4日，市邮政公司召开2014年党建暨纪检监察工作电视电话会。

陈长中 摄

2014年6月27日，市邮政公司隆重召开“七一”表彰大会。

李聪琮 摄

2014年5月6日，天津邮政系统先进集体、先进个人代表座谈会在市邮政公司大礼堂召开。

陈长中 摄

全国“寻找最美邮递员”活动特别提名奖获得者：爱老信使——红星路投递分局刘树东。

陈长中 摄

全国“寻找最美邮递员”活动入围奖获得者：智慧信使——尖山投递分局王瑞燕。

陈长中 摄

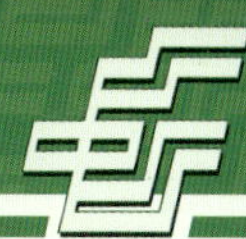

2014年，河东区一号桥邮电支局局长助理王溯捐献造血干细胞救助一名韩籍人士，这一跨越国界的大爱善举在津城引起强烈反响。

5月22日，市邮政公司领导任永信、顾洪文、常庆森会见了即将赴京捐献造血干细胞的王溯（左四）及其妻子（左三），并送上深深的祝福。

李聪琮 摄

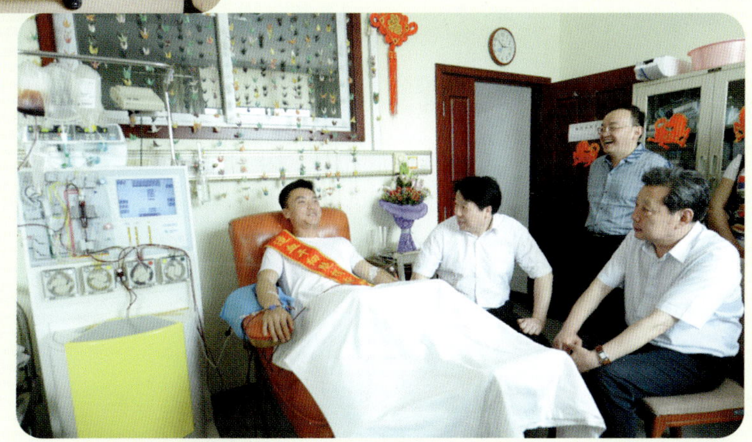

5月27日，中国邮政集团工会副主席张继政（右一）、市邮政公司总经理任永信（左二）前往医院看望并慰问正在捐献造血干细胞的王溯。

朱正义 摄

2014年5月11日，邮区中心局分拣二局分拣员刘昊（左）在突如其来的车祸面前，以血肉之躯保护住一名素不相识的三岁男孩。

韩金祥 摄

天津邮政职工为云南鲁甸地震灾区捐款捐物。 陈长中 摄

2014年8月18日，市邮政公司总经理任永信（右），副总经理、工会主席张德荣（左）为“天津邮政文化体育协会”揭牌。

陈长中 摄

2014年11月23日至26日，在中国邮政集团公司第二届“和谐企业杯”邮政职工乒乓球比赛中，天津邮政乒乓球代表队取得了历史最佳成绩。

陈长中 摄

2014年，市邮政公司举办首届“美丽天津 · 美丽邮政”职工书法绘画摄影展。

陈长中 摄

2014年8月25日，市邮政公司机关组织广播操比赛。

陈长中 摄

2014年6月12日，中国邮政集团公司文史中心主任李高照（左三）参观天津邮政博物馆。

陈长中 摄

2014年9月5日，市旅游局副局长史恩惠（前排右一）与旅游局活动处相关领导参观天津邮政博物馆。

裴娜 摄

天津日报集团《新金融观察报》与天津邮政合作组织了“给自己寄张明信片——走进天津邮政博物馆”活动。

李聪琮 摄

2014年1月23日，市邮政公司举办离退休干部迎春茶话会。

陈长中 摄

天津站邮局大院职工食堂创新推出红、黄、绿、黑四种彩色蒸饺，受到职工欢迎。

陈长中 摄

2014年9月19日，后勤保障中心在天津站邮局大院职工食堂举办了第二届烹饪大赛。

陈长中 摄

2014年9月17日，在离退休干部迎国庆茶话会上，老同志们表演了精彩的文艺节目。 《天津邮政》报 供图

编辑说明

一、《天津邮政年鉴》(2015)由天津市邮政公司主办,是一部具有公报性、资料性、权威性的大型年刊,翔实记载了2014年天津邮政取得的重大成就及所经历的重大事件及邮政业务、体制改革等诸方面的发展、变化。

二、本年鉴坚持以马列主义、毛泽东思想、邓小平理论和"三个代表"重要思想为指导,全面贯彻落实科学发展观。以反映现实、服务当代、惠及后人为宗旨,坚持实事求是的原则,科学、系统、准确地记述天津邮政事业的新发展、新成就、新经验、新趋势,为研究天津邮政、发展天津邮政、建设和谐企业,提供丰富翔实的资料,为天津邮政的改革和建设服务。

三、本年鉴在框架、结构编排方面,采用分类编辑法,按照类目、分目、条目三个层次进行编排。设专文、统计公报、综述、大事记、组织机构、企业管理、邮政经营服务与管理、邮政网络运营、党群工作、专业局(公司)、区县邮电局、直属单位、邮政系统、研究会协会、人物、荣誉与表彰共16个类目。类目下设58个分目,分目下设787个条目。条目为主要信息载体和基本撰稿形式,其标题统一用黑体加【 】表示。本着压缩精炼原则,对条目进行了"瘦身"。

四、本年鉴所刊登的数据均由市邮政公司相关部门和各单位提供。统计公报后附统计资料来源于市公司计划财务部。凡文中相关数据与统计资料不一致时,以统计资料为准。

五、本年鉴图片专栏、领导讲话、报告及重要会议、活动等栏目中的领导称谓以当时职务为准。

六、本年鉴在编纂过程中,得到市公司领导、机关各部(室)、各专业局(公司)、各区县邮电局、各直属单位领导以及邮政系统领导的大力支持,所用稿件均由各单位提供,并经领导审阅编辑人员修改而成。在此,特向提供指导帮助的各级领导、各有关单位、部门和所有撰稿人、照片提供者,表示由衷的感谢。

七、本年鉴逐年编辑,欢迎各单位届时积极赐稿,并对年鉴中存在的问题和不足之处,提出批评指正。

《天津邮政年鉴》编辑部

2015年7月

目　录

人力资源管理

计划财务管理

审计监督

安全保卫

离退休职工管理

邮政经营服务与管理

邮政经营

视察工作

邮电局所

营业业务管理

邮政网路运行

综述

分拣、封发、邮运管理

设备车辆管理

党群工作

党建工作

党委宣传工作

精神文明创建

共青团工作

纪检监察工作

邮政工会

人民武装部

专业局(公司)

金融业务局

分销业务局

邮政函件局

集邮公司

报刊发行局

电子商务局

机要通信局

邮政投递局

区县邮电局

和平区邮电局

河西区邮电局

河东区邮电局

河北区邮电局

南开区邮电局

红桥区邮电局

滨海新区塘沽邮电局

滨海新区大港邮电局

滨海新区汉沽邮电局

武清区邮电局

宝坻区邮电局

蓟县邮电局

宁河县邮电局

静海县邮电局

东丽区邮电局

津南区邮电局

西青区邮电局

北辰区邮电局

直属单位

天津邮区中心局

信息技术局

邮政运钞局

后勤保障中心

邮政系统

中国邮政储蓄银行天津分行

中邮保险天津分公司

天津市邮政速递物流有限公司

研究会协会

天津市邮政企业协会

职工思想政治工作研究会

天津市集邮协会

人物

荣誉与表彰

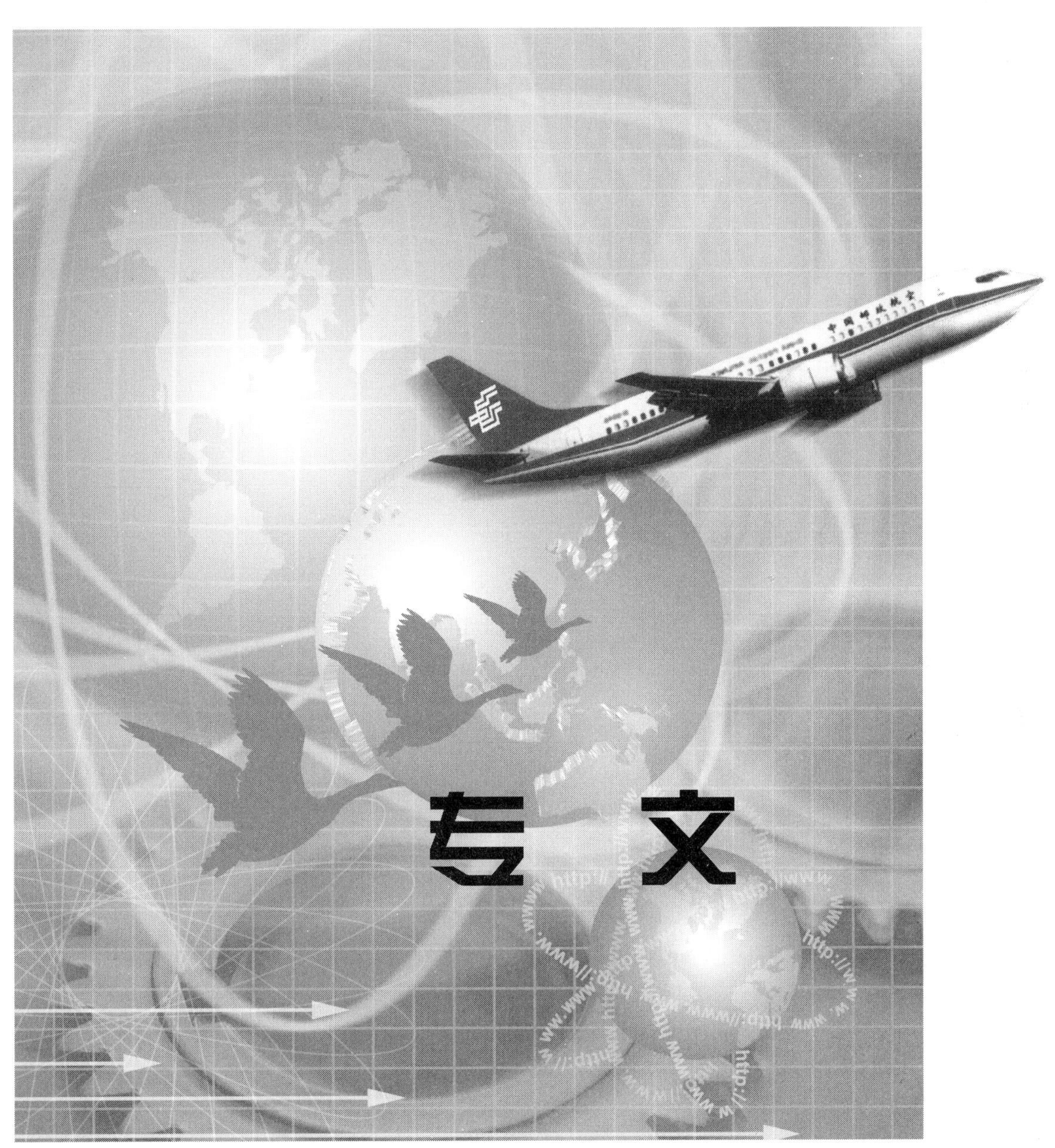
专 文

坚定信心　迎难而上　完善机制　加快转型　共创天津邮政特色发展新局面

——在天津市邮政公司首届二次职代会暨2014年工作会议上的报告

任永信

2014年1月21日

同志们，本次会议的主要任务是：总结2013年工作，分析形势，部署2014年任务，动员全体干部职工进一步坚定信心，迎难而上，完善机制，加快转型，为建设世界一流邮政企业贡献力量！

下面，我向大会作报告，请予审议。

一、全面回顾2013年主要工作情况

2013年，企业内外部发展环境发生深刻变化，经历了近年来少有的复杂严峻局面。公司上下知难而进，因势利导，牢牢把握“稳中求进、进中提升”的总基调，紧紧围绕“1124”工作主线，深入践行“创新驱动发展，实干成就价值”的核心价值观，扎实推进党的群众路线教育实践活动，凝心聚力，抢抓机遇，各方面工作取得新成效。

（一）经营质效稳步提升

全年累计实现系统总收入30.87亿元，同比增长14.6%。邮政业务收入15.06亿元，完成集团预算的105.6%，同比增长11.2%；有效收入10.89亿元，同比增长14.5%。其中代理金融收入7.57亿元，为年预算的102.2%，新增资金总量82.27亿元；函件收入1.62亿元，为年预算的113.1%；集邮收入2.49亿元，为年预算的100.1%；发行收入1.09亿元，为年预算的100.2%；电子商务收入1.04亿元，为年预算的100%；分销收入1936万元，为年预算的101.9%；包裹收入2017万元；代理速递物流收入2586万元。

2013年天津邮政加快转变发展方式，经营质效稳步提升，亮点频现。

一是进位争先取得成效

业务收入完成预算进度列全国第2位，前进26位；增幅列全国第11位，前进19位；有效收入增幅列全国第7位，前进21位。业务收入、代理金融收入、有效收入增幅全国排名均为分业经营以来最好水平。

代理金融收入增幅跃居全国第5，收入规模前进1位，列全国第25名；函件收入规模前进4位，列全国第20名；发行收入规模前进1位，列全国第26名；集邮收入规模与上年持平，利润排名上升1位，列全国15名；分销完成进度居全国第13名，上升14位；电商收入增幅居全国第20名，上升11位。

二是经营转型成果显著

有效收入增幅高于业务收入3.3%，代理金融收入占比达到50.3%，首次突破50%，收入结构进一步优化；代理金融新增存款市场占有率达14.35%，全国居首；代理保费实现21.27亿元，创历史最高纪录；电商短彩信业务收入规模列全国首位。

“两包”业务异军突起，全年业务量188万件，业务收入4884万元，增幅列全国第14位；“双11”期间，工作组靠前指挥，区县局激情比拼，专业、部室联动，中心局、投递局、电子商务局和信息局全力支撑，共收寄电商小包8.42万件。

全年推进金融销售化转型网点101个，其中集团级3个、公司级18个、区县级80个。转型示范网点保险业务同比增长3.5倍，理财销量增长1.5倍，基金定投增长43倍，VIP客户增量增长5倍。代理金融网点点均收入265.8万元，较上年提高34.8万元。

非金融网点转型同步推进，与华润万家合作，在代办邮政业务的基础上，以体院北支局、宾西路所和太阳城所为试点开办合作店，新增效益77.7万元；借力市商务委“万村千乡市场工程”，在西青和静海局新建了两个小型邮政超市。

2013年，以市场为导向，各方面工作扎实推进。

1.创新实践有特色

发展方式有转变。面对环境变化，我们顺势而为，积极“应变”，主动“求变”，与市场需求接轨，与企业能力接轨，扬长补短。代理金融克服存款市场资金总量比往年减少278亿、分档计息费率调整损失收入900万元的巨大困难，实现由注重余额向余额、保额双额并重转变，超额完成全年收入目标；函件业务在受市场环境影响收入同比下降13.4%的局面下，调整业务结构，突出“两包”发展，提前56天完成全年收入目标。

“三互”活动有新意。开展了“互看互比互学”活动，做到“五个结合”，即把教育实践活动与企业生产经营紧密结合，把学习与实践紧密结合，把公司战略与区县局实际紧密结合，把谋划长远与解决当前问题紧密结合，把提升内部环境与推广典型经验紧密结合，树立了敢于批评和自我批评良好风气，营造了敢说真话、共谋良策的和谐氛围，增强了干部分析问题和解决问题的能力，形成了齐心协力促发展的生动局面。

宣传方式有突破。利用微信、微博等新媒体，在拓宽宣传方式上做了有益尝试。市公司为“最美邮递员”评选活动开通官方微信，集邮公司、分销局、函件局、电子商务局均开通微博和微信，扩大了天津邮政的影响力。

2.战略合作促发展

成功与天津大学、联通天津分公司签订战略合作协议，与国家电网天津市电力公司客户服务中心签订代收费合作协议。携手天津大学举办了天津市第三届集邮节，并开展“最美天大”明信片评选活动；牵手联通深化合作，共赢发展；联手电力全年代收电费11.47万笔，代收金额达2.43亿元。

3.会展经济结硕果

全年共实现会展经济收入991万元。在第六届东亚运动会、第十四届黄崖关长城国际马拉松比赛、第二十届津洽会、天津台湾名品博览会等活动上，以独家经销纪念品、量身定制文化产品、制作专题邮册等方式，积极介入，认真策划，取得了较好效果。在北京马拉松赛上，“真邮你”手机客户端被组委会用于赛事宣传，为各国选手制作DIY明信片。

4.发展环境获改善

加强了与各级政府和集团公司的沟通，用好用活各项政策，共争取补贴和减免费用6258万元。相关部门和单位做了大量艰苦细致的工作，为企业外部环境的改善奠定了坚实基础。

（二）素质提升工程成效显著

以提升干部职工理论水平、管理水平、职业技能、健康素质为重点，深入实施“素质提升年”工程，效果明显。

拓宽思路，增长才干，打造高素质管理队伍。加强了对各层面管理者的培训。市公司领导班子参加了集团公司或专业机构组织的领导力高级研修班学习；组织三级副以上管理人员集中学习领导力相关课程；遴选支局长赴浙江大学培训；选派干部赴集团公司交流，去黑龙江、河南、浙江等省公司观摩学习，到山东省公司挂职锻炼；选拔41名优秀中青年员工参加天津大学MPA研究生课程学习。

按需施教，提升能力，打造高素质专业队伍。新增高级职称4人，中级职称7人；新增技师21人，高级技师2人，实现了高级技师零的突破。机要局在全国机要通信保密知识远程教育中，管理人员和机要员工两项考试成绩排名第一。选派信息技术局骨干赴浙江邮政学习，组织营销人员网络课程学习和赴石家庄进修，营销岗位累计持证率达100%。金融专业保险、理财、基金三证齐全人数达到306人，同比增长53%。

上下联动，强化技能，打造高素质员工队伍。市公司和各二级单位上下联动，积极开展"积聚正能量，提振精气神，共建美丽天津邮政"系列教育活动。组织开展营业、储蓄、投递、分拣、封发及财务会计6个职业的单项技能竞赛及金融知识竞赛，举办主题演讲比赛。出台《教育培训管理办法》及《在职学历教育管理办法》。与石家庄邮电职业技术学院合作，培养优秀订单生。全年累计培训超过万人次，培训率达100%。累计3506人参加14个职业的鉴定考试，持证率达91.5%，同比增长7.1%。中高级及以上持证人员达3401人，占比45.4%，超出预定目标10.4%。

（三）板块联动、专业互动有声有色

"大邮政"合作持续深化。市公司与邮政管理局、速递物流公司、邮储分行、中邮保险分公司定期召开"大邮政"联席会，进一步完善了政企联动，增进彼此间理解与协作。组织开展了邮政设施普查，配合完成481个小区32.5万户的信报箱更新补建工作，完成空白乡镇网点补建25处，完成普遍服务和机要基础设施补贴项目的申报。

进一步完善了三大板块间的关联交易协议和联席会常态机制。邮银之间坚持错位经营，实现了金融业务的快速高效发展；邮银深入沟通，密切协作，7·26案件得到解决。邮速之间通力合作，协力开发速递协议客户。邮保之间强化业务推进，中邮产品销量同比增长54.42%。

专业间互动更加紧密。代理金融与电商专业联手，建立联动考评机制，金融短信业务实现新突破，新增活期账户加办率达到66%，同比提高21%；函件与集邮专业利用各自资源，合作开发《魅力天津》邮册等产品；发行与函件专业联手，共同开发商函广告市场；分销与电商专业合作，利用邮乐网平台，拓展分销产品销售渠道。

（四）四项提升取得实效

1.管理效能持续加强

一是完善了激励评价体系和绩效考核办法，对专业和区县局实行有效收入等效益指标考核；二是加强干部公开选拔，开展了10个直管干部岗位竞聘；修订了《天津市邮政公司管理人员退出现工作岗位暂行规定》，提高了离岗人员的生活费标准，修改了留任审批流程及留任时间；三是深化了成本定额标杆、资金资产的管理和跟踪审计，运行费用持续下降，管理费用同比下降3.3%，完成工程项目审计222项，审减总金额315万元；四是整合了邮运网络资源，加强了安全网格化管理，有力支撑保障了生产经营；五是加大内部房屋资源整合挖潜，服务总公司、塘沽局各盘活房屋3处，增加年租金收入130万元，东丽局迁入二枢纽综合楼，和平局、集邮公司也将搬入新址，降本增效约120万元。

2.能力建设加快推进

一是平台建设力度加大。网点基本建设投资较上年增加3947万元，为近五年来投入最多。投资2446万元购置网点5处，增加营业面积1053平方米；翻建网点1处，建筑面积460平方米。改造网点79处，其中金融网点49处。金融设备及设施的投入较上年增加42.6%，包括ATM机11台、CRS24台、自助终端一体机35台、排队机87台、联网核查设备250台、运钞车20辆以及监控设备等。改造区域仓储配送中心2处，新建直营店仓储库房1处、便民服务站908处、"三农"服务站15处。武清邮件处理中心建设工程和北辰局还建工程竣工并投入运营。投递平台全年新配置22辆汽车，增强了乡邮投递能力。完成了第三批1000个村邮站信箱等物品的发放、安装工作。

二是平台服务转型升级。在窗口和便民站点平台搭载了代收电费业务，单月代收量达到4.15万笔。推进了邮政报刊亭向"邮政便民亭"的功能转变，在市内六区、塘沽和大港先后安装电动车充电站210个，单月充电业务量达到7万余笔。

三是信息应用成效显著。自主开发了铁通无线固话代收费系统、金融数据提取和发布系统等10个项目；完成36个统计类课题分析，其中《滨海新区金融数据分析》课题入选总行优秀案例库；信息中心各主机系统运行维护平均完好率100%，骨干网络完好率100%。"基于运维服务管理的IT生产作业管理系统"项目荣获第十届通信行业、第九届全国邮政企业管理现代化创新成果二等奖。

3.企业形象稳步提升

一是天津邮政博物馆得到各级领导的高度评价，成为展示天津邮政形象的窗口；二是开展星级窗口评选，切实加强了星级服务窗口的规范管理，用户满意度进一步提升，通过第三方测评综合得分达到93.11分，比2012年提高0.31分，高于集团公司评价指标8.11分；三是我公司被中国扶贫基金会授予“爱心包裹项目服务贡献奖”；四是天津机要通信质量实现“21连冠”；五是对15年未予维修的公司办公大楼进行了修缮，消除了安全隐患，提升了企业形象；六是报刊亭点的建设得到政府和有关部门肯定，零售公司被评为年度“诚信经营、文明服务先进单位”和“市容环境卫生先进单位”。

4.员工幸福指数不断提高

八件好事得到落实。一是提高了全部从业人员和离退休老同志的节日福利标准，由每年每人500元增至600元；二是提高了全部从业人员及退休老同志住院医疗费二次报销比例，全年为645人次补贴金额74万元；三是为全公司外勤投递员加发了夏季T恤1件；四是为使用电动车、摩托车作业的外勤投递员工配发冬季护腿防寒套1100件；五是扩大了离退休老同志享受高龄补贴的范围，由80岁以上扩大至75岁以上，全年新增335人，发放金额12万元；六是增设了残疾人慰问金，为持有国家残疾人证的员工每人每年发放一次性慰问金500元；七是提高了高级工的职鉴奖励标准，每人每月增加20元；八是建立了在职学历教育奖励制度。

五件实事全部办好。一是为615名患病职工补助金额65万元；二是为969名离退休老同志发放祝寿金17万元，为591名老同志发放高龄祝寿金28万元；三是组织125名先进员工健康休养；四是招用361名劳务工为合同制员工；五是组织了全体女职工体检。

在岗员工收益比上年提升15%以上，其中劳务工比上年提升18%以上，合同工比上年提升12%以上。

（五）党的群众路线教育实践活动扎实有效

紧扣主题，整体推进。活动始终牢牢把握“为民、务实、清廉”主题和“照镜子、正衣冠、洗洗澡、治治病”的总要求，以转变机关作风、破解发展难题、积聚正能量作为重要切入点，扎实开展了“学习教育、听取意见，查摆问题、开展批评，整改落实、建章立制”三个环节的各项工作。

深入学习，查摆问题。公司党委通过集中学习研讨、组织自学等方式，认真学习了习近平等中央领导同志讲话以及中央有关会议精神。多渠道、多层面征求干部职工、服务对象和社会各界的意见和建议367条，认真梳理出“四风”方面存在的17个突出问题，并深刻剖析原因，提出有效改进措施。

善做善成，确保实效。开门整改，加强监督和督导，以“钉钉子”的精神，确保有序推进，深入整改。严格落实了公务接待规定，招待费同口径下降14.7%；完善了会议管理制度，市公司召开会议数量减少21%，各类会议费下降63.9%；加强了行政费用管理，差旅费下降34.1%、办公费下降48.3%，业务宣传费下降22.1%；出台和修订了37项规章制度。

（六）企业文化建设有序推进

企业文化核心理念精炼锤成。核心理念包括：企业使命——情系万家，信达天下；企业价值观——创新驱动发展，实干成就价值；企业愿景——用户满意、行业先进、社会尊重、员工自豪的幸福企业。贯穿核心理念的主线是邮政服务，突出服务是邮政生存的根本。企业价值观是企业文化核心理念的灵魂，通过“创新驱动发展，实干成就价值”的不懈追求，促进天津邮政更好地履行企业使命，逐步实现企业愿景。企业文化建设工作得到全体员工的热烈响应和大力支持，凝聚了集体智慧，代表了广大员工的共同意愿。

精神文明创建再结硕果。金融业务局荣获“天津市五一劳动奖状”，刘树东等5人荣获“天津市五一劳动奖章”；南开区东马路支局、和平区鞍山道支局被全国总工会分别授予“全国巾帼文明岗”和“全国五一巾帼标兵岗”称号；南开区邮电局被中国通信企业协会授予“通信行业用户满意企业”称号；天津邮政博物馆相继成为国家三A级旅游景区和天津市青少年爱国主义教育基地。“最美邮递员”评选活动掀起选“最美”、学“最美”的新热潮，十人荣获“最美邮递员”称号。

同志们，这些成绩的取得，得益于市委市政府和集团公司的大力支持，得益于兄弟板块的精诚协作，得益于全体干部职工的努力拼搏。在此，我谨代表天津邮政，向市委市政府及社会各界，向集团公司，向兄弟板块，向公司历届领导班子，向离退休老同志，向全公司广大干部职工及家属，表示衷心感谢并致以崇高敬意！

二、准确把握当前发展形势

2014年天津邮政面临的发展形势更加复杂多变，可谓挑战与机遇并存，压力与动力同在。我们既要正视困难、直面挑战，更要把握机遇、未雨绸缪。既要以变应变、加快转型，更要以不变应万变、锐意进取。

（一）机遇

一是宏观经济持续向好为邮政发展增添动力。

十八届三中全会做出全面深化改革的决定，中央经济工作会议重申稳中求进的总基调，继续坚持稳增长、调结构、促改革、惠民生的方针，国民经济将保持平稳运行、长期向好的势头。随着全面深化改革战略的稳步实施，国民经济必将积蓄更大的内生动力，释放和迸发更多活力，将为邮政的发展增添动力。

随着国民经济的持续向好，寄递市场需求更加旺盛，电商产业将呈现几何级数的增长，有利于邮政“两包”业务进一步提升规模和效益；跨境电商业务的发展，有助于邮政拓展国际市场。政务公文、信用证明、文书票证、商函广告、电销保单等政务、商务及公私信用类寄递业务依然有着较大的市场潜力。国民文化消费需求日益增长，报刊、集邮等文化类邮政业务有进一步发展的空间。中小企业和城乡居民金融服务需求日趋旺盛，有利于邮政金融更好地发挥优势。

二是国家加大对公共事业的投入为邮政发展带来新机遇。

党中央、国务院高度重视邮政事业，支持邮政服务“三农”和小微企业，支持邮政在农村流通体系和金融服务体系建设中发挥作用，对邮政给予普遍服务及服务“三农”资金补贴，以及相对优惠的税收政策。十八大之后，政府加大向社会购买公共服务的力度，积极推动公共服务均等化和城乡一体化，继续保障邮政普遍服务，推进空白乡镇邮政网点补建工作，有利于邮政加快城乡基础服务网络布局，加快金融和物流服务体系建设，争取更多政策支持和资金补贴。

三是地方经济强劲增长为邮政发展奠定基础。

天津GDP增速继续领跑全国，服务业占比达到48%，城乡居民人均可支配收入持续提升。天津将以东疆综合改革创新区为引领，在新一轮改革开放中努力成为北方地区的“排头兵”和“领军者”，走在全国最前列。天津将继续调整产业结构，实施创新驱动战略，提升滨海新区龙头带动作用，建设北方国际航运中心和国际物流中心，打造具有一定规模的电子商务和物流产业聚集区、现代服务业集聚区。大力挖掘民俗文化、洋楼文化、工业文化内涵，促进文化产业发展。推进新型城镇化建设，着力做好京津“双城记”的大文章。持续改善民生，释放有效需求，提升城乡居民消费能力。上述为天津邮政提供了良好的发展环境。

四是天津邮政的成功实践为可持续发展积蓄了强劲能量。

我们在实践中磨砺和培养了一支有激情、有思路、有能力、不怕困难、勇于拼搏、敢打必胜的优秀干部职工队伍。通过“基础管理提升年”、“素质提升年”工程，夯实了发展基础，营造了和谐氛围，搭建了互动平台，提升了队伍素质。形成了以“创新驱动发展，实干成就价值”为核心价值观的企业文化，成为鼓舞干部职工奉献创新的强大精神力量。这为我们战胜困难提供了动力和保障。

连续两年我们加大结构调整力度，加快转变发展方式，取得明显成效，业务结构持续好转，发展质量稳步提升，提高了抗压能力。2013年代理金融收入占比首次突破50%，创历史新高，增加了资金流量，有效缓解了政策环境、市场环境的变化带来的压力。这为我们战胜困难积蓄了底气和实力。

天津邮政近两年的发展，绝非一帆风顺，同样面临很多困难和挑战。能够取得较好成绩，得益于我们能够正确研判形势，做出科学决策，并能够审时度势及时调整战略战术，从而保持正确的发展方向和较快的发展步伐。这为我们战胜困难增添了信心和把握。

（二）挑战

一是国家深化改革和政策调整客观上给邮政带来压力。

十八届三中全会提出，要推动国有企业完善现代企业制度，建立长效激励约束机制，强化国有企业经营投资责任追究；同时积极发展混合所有制经济，支持非公有制经济健康发展。邮政深化改革、加快转型的任务更加艰巨；另一方面，非公有制经济将在更广泛的市场领域与邮政形成全方位竞争。

国家改进预算管理，明确要求邮政控制普遍服务、特殊服务成本，表明对邮政普遍服务补贴资金的使用和管理将更加严格规范。国家深化税制改革，扩大"营改增"试点，将对邮政的成本、收入、利润、税负规模和结构，以及运行方式、经营模式、风险管控等产生直接影响。随着"营改增"对整体服务业转型升级的催化作用逐渐显现，邮政发展环境会发生新的变化。

中央厉行勤俭节约，出台"八项规定"，中纪委针对公款送月饼、公款购买印制贺年卡、公款购买赠送年货礼品等连续下发多项禁令，客观上对邮政转型发展提出新的要求。

二是资本市场多元化和快递竞争白热化的趋势为邮政发展带来挑战。

金融业将继续扩大对内对外开放，国家允许民间资本设立中小型银行等金融机构，贷款利率进一步放开，人民币利率市场化的步伐继续加快，金融市场势必更趋活跃。邮政金融面临的竞争将更为激烈，风险管控的难度也会加大，网络优势将遭遇民营银行的巨大挑战。

随着电商市场规模的急剧扩张，快递业的竞争更趋白热化，民营和外资力量将进一步加快融资步伐和战略布局，并通过同业合作等模式提升全网竞争能力，进一步扩大直营范围，提供仓储配送一体化服务，积极拓展国内和国际市场，更多小微快递企业纷纷成立，争夺电商落地配市场份额，上述对邮政"两包"业务及EMS业务构成更大冲击。

三是信息技术进步对邮政转型发展提出更高要求。

信息技术尤其是移动互联网技术更趋广泛和深入的运用，人们通过网络能够轻松完成交流、阅读、理财、订购、查询、缴费等活动，电子账单加快替代纸质账单，邮政信函、报刊发行、代收付、账单等业务受到强烈冲击。借助先进的技术优势，更多成熟的互联网企业将涉足通信、物流、金融领域，与邮政形成更直接、更全面的竞争。而邮政相对落后的技术水平难以支撑和引领营销服务手段的创新升级，难以满足信息时代客户的用邮需求。

借助信息技术，传统银行加快脱媒步伐，不断提高电子银行替代率，打造功能更丰富、服务更便捷的网上银行和手机银行。实力雄厚的网络公司进军互联网金融领域，余额宝、活期宝等互联网金融产品以高于市场的利率形成竞争优势，腾讯电商和苏宁云商已获批成立银行。阿里巴巴、腾讯等知名互联网公司携手平安保险成立了全球首家互联网保险公司"众安保险"。邮政金融将面临线上线下的双重竞争。

四是传统经营模式仍在制约着企业发展。

一是发展质量和效益有待进一步提高。二是内部机制尚需进一步完善。三是内部流程亟待进一步优化。四是区县局、专业局发展不平衡现象依然存在。五是执行力与现代企业的要求还有较大差距。

同志们，2014年可能是政企分开以来形势最严峻、发展最困难的一年，也将是天津邮政发展转型的重要"分水岭"。我们既要头脑清醒、居安思危，又要勇于直面挑战、科学破解难题。只要我们对发展方向不怀疑、不动摇，对存在的问题不忽视、不回避，就一定能够不断创造新的辉煌。

三、认真做好2014年各项工作

2014年工作总体思路是：以建设世界一流邮政企业目标为指引，围绕集团公司"24字"中心任务，继续坚持稳中求进、进中提升的总基调，抢抓机遇，加快发展，完善机制，释放活力，共创天津邮政特色发展新局面。

2014年工作总体目标是：邮政业务收入完成15.5亿元；利润完成集团公司下达目标。用户满意度保持85分以上。员工收益与企业效益实现同步增长。

2014年工作主要任务是：坚持一个中心、实施一项工程、把握三个关键、打造三个实力，可以概括为"1133"。即：始终坚持发展以经营为中心，深入实施"机制完善年"工程，牢牢把握"转型、整合、特色"三个关键抓手，全力打造硬实力、软实力和巧实力。

（一）始终坚持发展以经营为中心，更加突出效益。

1.大力发展金融业务

代理金融收入确保7.98亿元，资金总量净增82亿元，其中余额净增40亿元，保费30亿元，理财、基金、国债销量12亿元。

继续推进转型发展，创新求变，立足转型，实现效益的稳步提升。一是抓转型。积极推进观念、经营、网点、队伍、管理、服务六个方面的转型，实现从注重经营产品向注重经营客户的转变，网点由操作型向营销服务型转变，提高代理金融专业应对市场变化的能力。今年推进销售化转型网点50个。二是强能力。要在新增网点上有突破，全年力争新增代理金融网点15处，提升渠道竞争能力；加大自助机具投入，全年更新、新增CRS机具100台，提升网点自助服务能力；加强队伍建设，继续加大人力投入，健全网点负责人、理财经理、内控检查队伍。三是增质效。转变经营方式，突出市场占有率、电子渠道替代率、综合收益率目标。通过协议存款业务上规模，拓展理财业务做客户，推进电子银行、商易通等项目调结构，加快保险业务发展增效益，确保完成全年目标。四是控风险。规范经营行为，强化风险防控，加大安防建设，不断提升邮政代理金融风险管控水平。

2.重点发展“两包”业务

国内小包收入目标1400万元，国际小包收入目标6900万元。

“两包”业务是市场有需求、政府有支持、邮政有能力、员工有期盼的增长型业务。发展“两包”业务是邮政全面进军电商市场的重要战略举措，关乎函件业务转型乃至邮务类业务未来发展。我们要抢抓市场机遇，实行政策引导，加快客户开发，强化流程管控，提升服务品质，形成规模效益。各部门、各单位要各司其职，各尽其责，认真贯彻落实《国内小包业务管理实施办法》和《国际小包业务管理实施办法》。专业要加快组建“两包”业务部，引进人才，加强策划，提升能力；区县局要抽调专职人员，充实营销力量，全力发展业务。

国内小包：一是加大市场开发力度。专业要加强市场调研分析，梳理客户信息，明确开发目标，制定发展政策。区县局要建立客户档案，制订客户走访计划，实施“拓户增收”战役，突出抓好区域特色市场，加快对“天猫”、“淘宝”等优质电商客户的开发，确保日揽收两个频次以上，客户稳定率力争70%，客户活跃度力争60%。二是提升客户服务能力。根据发展需要，扩充收寄场地，购置生产设备，增配揽收车辆，实行信息化引领，快速提升服务品质，提高效率效能。适时建立电商客户仓储服务基地，为客户提供仓储理货、配送收款、信息反馈等一体化服务。三是强化全流程管控。国内小包经营管理和监督检查组要充分发挥组织、协调、督导和引领作用，加强业务运营管理，落实营销、收寄、内部处理、干线运输、投递、售后服务等实施计划，逐步将关键性运营质量指标纳入考核管理。四是加大营销培训力度。认真组织好对区县局分管副局长、函件分局长和营销骨干的培训。区县局要积极探索内训师队伍建设，通过远程培训、营销例会、现场观摩等方式，加强日常培训和岗位培训，实现营销培训的实战化、系统化和标准化。

国际小包：一是加大客户开发力度。紧抓滨海新区和环渤海经济圈快速发展机遇，锁定外贸企业、国际电商卖家等重点客户，研究客户需求，确定开发重点。市内六区局和塘沽局要提高直客的收入比重，其他区县局要加大直客开发力度，营销团队和营销人员要适应电商客户的发展，加快能力素质、目标客户、营销方式、售后服务的转型。专业要制定与市场接轨的经营政策，严格按照集团公司的规定，实行统一管控；对重点直客实施分级管理，搭建安检、收寄、发运优先处理的绿色通道。二是强化全流程管控。专业要按照“集中安检、集中收寄、集中处理、集中管理”的原则，在中心局设立国际小包集中收寄处理中心。11185客服中心负责时限、查询的监控工作。中心局优化作业组织，确保发运时限。信息技术局尽快实现电子化报关、收寄辅助系统的上线。人力资源部加快落实集中安检、集中收寄后的人员调配和岗前培训，推进业务外包进程。计划财务部做好监管场地改造和设备投入。三是加强对外协调。专业和中心局要在市公司统一部署下，积极协调海关，加快推进监管场地设置、电子化报关、系统对接、清关时限等工作，满足监管要求和业务发展需要。网运部要积极协调集团公司网路运行部、北京速递物流公司，调整发运计划，研究制定天津直航发运方案，加快邮件传递时限。四是规范经营管理。区县局要严格落实集团公司的“八条禁令”，加强验视，严控禁限寄物品的寄递，避免侵犯知识产权；市场部要抓好规范经营管理和通信服务质量考核。

3.创新发展各项邮务业务

函件：全年完成收入1.75亿元。一是推广约投挂号业务，通过服务升级，加快开发卡函、同城文件寄递市场；二是做强直邮商函，与广告公司合作，创新直邮媒体，应用新技术，发挥数据资源优势，为客户提供线上线下多渠道营销；三是整合邮政媒体资源，建立网点屏媒和户外屏媒发布渠道，通过对外合作提升网点媒体价值；四是拓展账单市场，以社保账单、银企对账单、政府公用事业账单、电销保单为抓手，做大高效业务规模；五是加快封片卡转型，面向个人、商务市场，强化设计创意，丰富产品功能，加大日常封片开发力度；六是加快“美丽天津”专用邮资图申报进度，贴近天津特色文化策划大项目、开发新产品。

集邮：全年完成收入2.40亿元。一是突出发展高效业务。优化产品结构，推进定向业务、个性化邮票、自制等高效业务规模发展，有效控制贵金属、礼品经营占比。二是突出资源文化引领。结合重点邮票发行，策划好生肖贺岁、热点事件、文化类及重点节日营销项目，创新特色产品，深度做好大众和团体市场营销。三是突出产品服务创新。围绕中小微和民营企业、会展经济、政府重大项目三大市场开发定向产品，由“礼品”功能向“文化”功能转变；紧扣“天天乐道、津津有味”城市文化，加强对地方文化的挖掘，主打“津味”品牌，拓展大众市场。

发行：全年完成收入1.13亿元。一是充分发挥报刊媒体资源优势，加大商务期刊、“印广发”一条龙项目的开发，尝试媒体化运营。二是优化业务结构，订零联手，做大畅销报刊规模，重点培育本市核心报刊产品；突出效益，提升高码洋、高费率期刊的市场占有率。三是加快由公费市场向私费市场和特定市场转型；加强信息应用和数据引领，实施精准营销，深挖市场潜力；深化邮报合作，联合开办动漫主题店。四是推进零售专业转型，增强市场掌控能力和产品运营能力。五是加强产品引进和研发，围绕地域特点、文化热点及消费需求，打造天津特色文化系列产品。

电商：全年完成收入9350万元。一是拓展渠道。抢占社会渠道，积极推进代收费业务，叠加门票、彩票、游戏点卡及小包代投等业务；成立渠道部，对便民站实行收入分级管理，鼓励增收，实行淘汰退出机制。二是促进转型。提高短信业务质量和规模；关注“邮保账”等转型产品，培育新增长点；做大“自邮一族”会员规模，做出特色；加快11185由支撑向经营的转型，成立电话营销部，以电销保险等外呼业务为抓手，尝试柜电结合营销模式，拓展电话营销新渠道。三是搭建平台。与电信运营商全面合作，建立功能较全的移动合作厅；做好邮乐网招商和运营；与第三方合作开发线上售票系统，实现线上下单、在线支付功能；以手机购彩为切入点，叠加商旅、邮乐、代收代缴等业务模块，逐步实现手机客户端全业务功能。

分销：全年完成收入2020万元。一是拓展客户需求。开发政府关怀市场，私企和中小微企业客户维护市场。二是拓展销售平台。建设“津邮绿色田园体验”天猫网店，整合11185客服、商投配送资源；尝试利用网络团购、电视购物平台，针对中高收入群体开展网络销售；烟酒店产品线由中高端向大众消费转型；继续做好华润万家的进店合作，因地制宜增加合作商家。三是拓展服务方式。开通跨区域、跨省商品自提配送服务，以及免费寄递或集订分送的代客送货服务。

4.积极发展代理速递业务

全年完成收入2600万元。一是严格落实集团公司对代理速递业务考核要求，进一步完善落实全资费收入考核。二是积极发挥邮政窗口阵地优势，加强代理速递业务宣传。三是深入研究市场，认真梳理有效客户，主动挖掘客户需求，明确重点客户、重点区域，充分发挥营业和投递队伍、营销员队伍的作用，积极开发协议客户，做好与国内小包的综合开发，实现互补。

（二）深入实施“机制完善年”工程，充分释放活力。

以机制完善为重点，继续深化改革。通过深入实施“机制完善年”工程，全面梳理和完善各项工作机制，提升机制的科学性、完整性、协调性，着力强化其激励和管控作用，进一步理顺生产关系、解放生产力，释放各层面的活力。重点完善以下几项机制：

科学管控机制。一是完善预算管理机制。强化对各专业经营预算的审核、分析和调整，突出导向作用，更多体现地域特色；继续推进成本标杆预算管理；建立资金预算申报和审批使用制度，实行专业资金创收增量的管理模式，加大资金增量考核。二是建立业务环节利润中心核算制度，以各环节承担的劳动量为标准建立相应的业务利润中心，对二级单位模拟结算省际处理费及内部收寄、处理、运输成本等，促进业务流程优化和业务结构调整。三是建立税收筹划应对机制，强化落实税收筹划和税改制度，适应“营改增”变化。四是完善内部控制与风险审计机制，围绕经营重点，聚焦大项目，规范审计制度和流程，确保合规。

企业经营机制。一是完善项目管理机制。提升项目策划和引领能力，建立项目评估、反馈、推广制度，打造效益高、规模大、适合常态化运作的精品项目。二是建立关键过程考核机制。突出效益优先，完善考核指标体系，重点激励高效、长效业务发展，培育重点市场，促进业务结构优化。三是创新经营激励机制。通过科学、公正的经营预算认档方式，充分调动各单位的积极性和主动性，对于完成全年经营指标贡献突出的单位，在成本费用、网点改造计划、金融网点牌照、劳务工转招指标、固定资产投资、培训名额、评先指标、总经理奖励基金等方面给予奖励。四是建立机关部室与经营单位帮挂机制。五是健全客户维护机制。划拨大客户维护专项费用，重点对年贡献收入10万元以上的大客户、金融储蓄余额50万元以上的个人客户进行专项维护和深度开发，通过VIP客户俱乐部培育客户粘合度。六是强化经营合规机制。逐步建立完整的客户开发管理体系，实行报备及保护期制度；规范销售类产品引进、开发及销售的审批流程；对违反禁令、恶意竞争等违规行为“零容忍”，用“重典”治理。

完善干部考核机制。一是领导干部“能上能下”。落实领导班子和领导干部考核机制，从政治素质、经营业绩、团结协作和作风形象四方面进行全方位考核，考核结果与任免、绩效挂钩，同时做好任期及任中审计工作。二是机关管理人员“能进能出”。建立市公司机关管理人员考核机制，围绕个人素质、工作态度、工作能力和工作业绩四个方面，由上级、同级和二级单位进行评定，评定结果与绩效奖励及工作岗位挂钩，实行末位淘汰。

完善分配激励机制。一是完善工效挂钩和二级单位分等分级办法，鼓励高效业务发展，工资总额和劳务性支出向发展好、效益好、贡献大的单位倾斜。二是完善二级单位领导班子绩效考核办法，实行差异化考核，按分管业务有针对性地设置指标，实行总体、分管按权重综合考核，突出专业有效收入和现金流量、利润指标，进一步发挥区域优势，体现区域特色。三是试行营销积分办法和星级员工评定办法，鼓励广大员工努力发展业务，自觉提升素质，通过诚实劳动提高个人收益。四是设立总经理奖励基金，重点奖励为企业发展做出突出贡献的单位和个人。

完善用工管理机制。一是适当扩大外包环节，按照集团公司指导性意见，对非核心岗位、环节或业务实行外包。二是推进投递及内部处理环节自动化、机械化水平，拓展电子渠道，逐步提高电子设备对人工的替代率。三是按照精简、效能和扁平化原则，压缩管理层级，精减管理人员。四是优化网络组织和作业流程，简化处理环节，合理配置人力资源。五是完善劳务工转招名额分配机制，进一步发挥劳务工转招的激励作用。

完善人才培养机制。一是落实干部交流制度，加大交流、挂职力度，使年轻干部开阔视野、积累经验，提高驾驭复杂局面的能力，今年选派部分一把手和副职赴外省交流学习。二是实施青年知识分子职业生涯规划指导意见，鼓励和引导青年知识分子岗位成才。三是完善教育培训管理办法，创新培训方式，提高培训效能，把员工业务知识和技能水平与评优、绩效、晋升、转岗等有效结合，调动广大员工主动学习、提升本领的积极性。奖励给企业做出突出贡献的员工高端培训机会，鼓励他们进一步提高技能，实现人生价值。

（三）牢牢把握三个抓手，找准工作着力点。

1.加快转型

加快观念转型。当前发展环境发生重大变化，必须加快转变观念，突破思维惯性，积极创新思路，坚决摒弃官商作风，按市场规律想问题、办事情。要正确认识市场，邮政不是没有市场，也不是市场不够大，关键是如何把自身优势和市场需求结合起来，去发现、挖掘、满足和引领市场需求，牢固占据市场主导地位，不断开辟蓝海领域。

加快经营转型。摆正速度与质量、规模与效益的关系，主动降速，提质增效，深化调整转型，把发展速度降下来，着力提升发展质量和效益规模。由提供通信服务向综合寄递服务转型，全力进军电商寄递市场；由储蓄业务经营为主向客户资产经营转型，推进普惠金融服务体系构建；由传统邮政服务向现代文化传播转型，深度融入文化创意产业；由提供普遍服务业务向公共服务转型，强化综合服务平台建设运营。以为客户创造价值为核心，从经营产品向经营平台转变，大力发展平台经济；从提供单一的产品服务向为客户提供综合解决方案转变。营业、投递平台由侧重服务向服务、营销并重转变，加大人力等资源投入，以适应针对大众市场的营销转型。

加快管理转型。继续加快由粗放型管理向精细化管理转型。强化战略管理，深入研究企业的战略定位、战略方向和实施战略的组织行为方式，保障战略规划的科学性、前瞻性；强化决策管理，包括决策的拟定、筛选、评估、完善、调整、执行、监督等各环节，提升各项决策的实践性和指导性；强化流程管理，深入梳理各项工作流程，精简和优化环节，提高效率，降低成本。

加快职能转型。明确各层面职能定位，形成健康、积极、通畅的双向压力传导机制。概而言之，市公司出思路、定方向，谋划发展战略，制定重大决策；职能部室出政策、强管控，引导经营行为和资源投向，控制过程，考核结果；专业出方案、做支撑，创新产品，策划项目，指导营销，保障服务；区县局出实招、创特色，落实市公司各项工作部署，结合区域特点创新实干。

2.深化整合

深化资源整合。坚持资源以效益为导向，向金融、“两包”等重点业务，向金融网点转型、信息化引领、流程优化等重点工作，向业务创新、项目拉动等重点环节，向滨海新区等重点区域加大资源投入。要打破专业壁垒，整合各专业数据库资源、客户资源、产品资源、设计资源、营销资源、渠道资源，深入研究跨专业的业务开发、产品创新、综合营销、联动服务。

深化资产整合。一是以自有房屋内部使用市场化为抓手，进一步引导经营单位充分利用自有房屋底商资源，提高房屋资产的优化使用；二是对处于繁华地段资产加大挖潜力度，充分利用户外广告媒体，实现资金升值；三是结合“两包”业务发展，积极与客户合作，加大对具有仓储功能资产的盘活力度，进一步提高客户黏度；四是结合“营改增”改制，做好存货结构分析和进货渠道整合，压存量，控增量，降税负，保证资产加快增值。

深化产品整合。梳理各专业产品，坚持有所为有所不为，围绕市场和效益，创新产品开发，严格产品审批，建立专业间产品协作通道，加强产品策划的市场针对性，规避产品同质化的弊病，提升产品的价值内涵和客户满意度，切实执行产品退出淘汰机制，构建更清晰、更科学的产品体系。

深化渠道整合。整合自营网点、报刊亭、代办点、“三农”服务站、便民服务站、村邮站等渠道资源，提升覆盖范围和服务能力，打造邮政综合服务平台，实现渠道终端的服务、营销、宣传等综合功能，提升渠道产能和潜能。年内力争新增便民服务站200处，激活休眠站点400处，有效站点达到2500处；与市民政局积极探索社区服务领域的融合。借助“美丽天津一号工程”，与均利达有限公司在其社区服务站叠加邮政代收费及代投包裹业务，推进现有6个试点工作，并逐步在其下属四十余个社区网点全面铺开邮政代办业务。

3.做出特色

探索特色发展模式。进一步深入研究适合天津的直辖市邮政发展之路，结合地方环境和邮政规律，在管理架构、生产组织、网络平台、经营方式、业务体系、服务手段等各方面深入探索，力争早日破题，突出特色产品、特色业务、特色市场、特色项目，突出有效益的发展，形成深具活力和潜力的天津邮政特色发展模式。

实现区域特色发展。依托各区域经济社会特点，谋划各区县局的发展，加大特色市场和特色业务的开发，形成优势突出、特色各异的发展局面。尤其是滨海新区邮政，要紧跟新区开发开放步伐，抓住东疆综合改革创新区等新契机，加快网络平台建设,占据重点市场,稳步提高新区邮政收入和效益占比,真正成为引领天津邮政整体发展的龙头。

加快特色邮局建设。率先建成"致青春"、邮政博物馆、五大道等特色邮局,扩大影响,形成效益。围绕天津的历史遗存、文化民俗、风景名胜等,深入推动特色邮局建设,开办特色业务,开展特色活动,将市场营销融入文化公益,结合整体城市文化品牌建设,培育特色增长点。

加强特色执行力建设。一分布置,九分执行。打造天津邮政特色执行力,要强调五种意识:一是责任意识,明确责任,守土有责,敢于担当;二是制度意识,依法合规,遵章守纪,要有底线思维;三是效率意识,精简环节,优化流程,尤其加快基层请示问题的反馈和处理速度;四是效益意识,围绕降本增效,科学发展,注重细节;五是创新意识,在深入调研、科学决策的基础上,大胆开拓,勇于实践。

(四)全力打造三个实力,保障可持续发展。

1.夯实硬实力

增强网点硬件能力。做好七十余处普遍服务网点的翻建和改造及机要通信网点的改造。加快网点转型,加大投入,购置和改造代理金融网点,添置CRS、ATM等设备,在二百余处金融网点安装约三百台数字屏幕媒体,提升网点服务功能,挖潜新业务增长点;推进有条件的非金融网点"超市化"经营,通过拓展多渠道合作模式加快转型;在有条件的网点实现无线网络覆盖。静海瑞和道邮电支局、武清邮政农资分销中心等项目年内确保竣工投产。

增强网运支撑能力。调整网络组织,优化处理流程,重点支撑"两包"业务发展,实现市内、区县运输网与投递、营业环节的紧密衔接,建立"两包"业务长效常态网运支撑机制。改革给据邮件交接办法和总包交接办法,推行总包批量开拆,实行干线邮路总包交接。调整区县局分支机构分拣前置作业组织,进一步简化环节。

增强投递支撑能力。一是重点提升国内小包投递能力,优化作业组织,在普邮投递部设专频、专段,或组织专网投递,在重点区域推行自取、代投、外包等组合投递方式。二是持续完善商务投递平台,依据业务量峰谷变化灵活调配人力物力资源,形成普邮投递与商务投递独立运行又相互协作的组织体系。三是进一步提升投递终端能力,增加机动车比重,提高大客户机动车直投率;为县级以下网点配备全套图形终端,为商投人员配备手持智能终端,支撑高端业务发展。

增强信息化引领能力。一是围绕经营,突出资源整合。完善数据库平台、营销体系、城乡综合服务平台建设。二是围绕效益,突出支撑转型。加强数据分析,推动金融转型,丰富邮务类新型业务、代理代办类业务产品线种类。三是围绕专业发展,突出引领特色。建设并完善分销信息系统,研发集邮网上经营信息系统工程,实现电商平台与他行业系统的快速数据交换,围绕集中管控和精细化管理,逐步形成天津特色的ERP管理平台。

2.增强软实力

切实加强党建工作。深化党的群众路线教育实践活动成果,持续抓好整改落实,标本兼治解决"四风"问题。要树立正确的政绩观,坚持实事求是,不为名誉浮夸业绩,不为奖励虚报数据,不搞花架子、不搞小动作;要勇于担当,创造性地开展工作,充满激情干事创业,决不能推诿扯皮、敷衍塞责。要严明党的政治纪律、组织纪律和干部人事纪律,切实落实"三重一大"决策制度,切实增强党组织和党员干部的组织纪律性。深入开展党风廉政建设和反腐败斗争,加强纪检监察工作,落实好党风廉政建设责任制,做好信访案件核查和处理。坚持群众路线,保障职工群众民主参与和民主决策权利、通过诚实劳动获得相应报酬的权利,为职工解决实际困难,严禁向职工硬性摊派任务。

持续提升队伍素质。立足长远,不断提升全员素质。重点抓好后备干部队伍建设;高度重视基层管理人才的培养和选拔,将支局长工作经历作为选拔区县局领导的重要条件;着力提升投递队伍的综合素质,建设高层次投递队伍;强化对网点负责人、理财经理、营销人员的培训,加强营销队伍建设,强化绩效考核,完善竞争机制,提高营销队伍的贡献率。

不断提高服务水平。持续深入开展星级窗口、星级员工、星级班组等评选活动,提升营业、投递、11185等窗口服务水平,提升邮件处理等内部环节服务水平。规范营业、寄递、咨询、投诉、赔偿等流程，高度重视客户体验，保障服务质量，不断提高服务满意度。认真落实各项服务规章制度，依法合规，严守禁令。机要通信质量确保22连冠。

全力抓好安全工作。牢固树立安全就是生产力的理念，高度重视，高度警惕。完善安全生产网格化管理和闭环管理机制，强化安全“三基”工作，加强安全制度建设和安防设施达标建设，加大宣传、教育、监督、检查、考核、惩戒力度，确保人身、资产、资金、消防、车辆等各方面的安全。强化对金库、运钞环节等重点部位的管理、检查，严防死守，杜绝资金案件发生。严格执行收寄验视制度和禁限寄规定，防止各类违禁超限物品流入邮政渠道。

积极建设精神文明。完善“工人先锋号”、“青年文明号”培养选树机制，扩大劳模及各类先进、标兵、模范的影响力。结合天津市“建设美丽天津我承诺·百万职工实践行”，开展“携手共建美丽邮政服务行”活动，积聚正能量，提振精气神。围绕企业转型发展，深入开展“五比一创”竞赛活动，营造积极奉献创新、争相建功立业的氛围。

3.塑造巧实力

强化品牌影响力。坚持“情系万家、信达天下”的企业使命，认真履行服务职能，完善城乡一体化服务网络布局，丰富普惠民生的服务功能，积极服务“三农”、服务小微企业，深入推进邮政公共服务均等化，做好“爱心包裹”等社会公益性业务，积极参与赈灾等公益慈善活动，努力树立良好的服务形象，营造和谐的公共关系和舆论环境，不断提升品牌价值，借助品牌影响力争取更多的理解和支持，为企业发展汇聚强大的外生动力。

强化“邮政”聚合力。增进政企联动，协调好普遍服务网点增、改、并、撤工作，落实好邮政网点规划纳入非经营公建，积极争取普遍服务、特殊服务资金补贴，结合空白乡镇网点补建加快邮政普遍服务网络布局。充分发挥三大板块各自优势，邮银之间重点解决好网点规划问题，协调好自营网点退出代理网点跟进工作，同址经营银行网点扩容邮政予以全力支持；邮速之间重点解决好电商小包与EMS错位经营的问题。通过深入构建“大邮政”平台，推进板块间错位经营，形成整体合力。

强化企业创新力。完善鼓励创新机制，全面提升管理、流程、营销、业务、产品、项目、服务、信息化引领等各方面的创新能力，以创新为杠杆，以实干为支点，撬动企业效率和效益的提升。创新力的重要体现是业务创新，要针对市场环境的变化和信息技术的进步，通过产品创新、营销和服务的创新，拓展新市场、新客户；加强新技术、新媒体的应用，提升“真邮你”客户端功能，探索云邮局、云贺卡等互联网营销服务模式；逐步建立成熟的微博、微信等新媒体营销运作模式，进军电子商务、传媒、网游等新兴行业。

强化文化内驱力。以企业文化核心理念为轴心，继续完善和丰富企业文化的内涵和外延，形成完整的企业文化体系。加大宣贯和执行力度，结合文化建设完善机制、强化培训，让企业文化成为员工高度认同、自觉遵守的行为规范，成为推动天津邮政战略转型的强大内驱力。

另外一项需要着重强调的工作，就是继续坚持为员工办好事实事，不断提升员工福祉。2014年要继续做好在职职工及离退休老同志节日福利发放工作，按照75岁的新标准发放高龄补贴，为持有国家残疾人证员工每人每年发放500元慰问金，做好高级工、技师、高级技师职鉴奖励发放工作，坚持在职学历教育奖励制度。今年还要做好8件好事：一是让员工分享企业发展成果，为企业在岗员工每月增发200元绩效奖金，实现员工收益与企业效益同步增长。二是加大劳务工转招工作力度，在往年转招比例基础上提高50%以上。三是为全公司八千多名员工办理人身意外保险。四是与南开大学合作组织本科（专升本）学历班，为优秀支局长、网点负责人等骨干人员提供学习机会。五是进一步提高职工住院医疗费内部补贴比例，在2013年核算的基础上再增加5%；退休老同志门（急）诊、门特医疗费二次报销比例在原基础上增加10%。六是进一步发挥好“互助互济”和“重病医疗帮困”两个基金会的作用，修改完善《员工困难补助管理办法》，扩大帮扶范围，提高补助标准。七是为全体在职职工及离退休老同志组织体检。八是为全体通信生产岗位员工制作标志服一套，外勤人员加发夏装一套。

同志们，成绩属于过去，未来更须努力。党的十八届三中全会开启了新一轮改革开放的伟大征程,中国邮政改革发展进入了崭新阶段。沧海横流,方显英雄本色。让我们以党的十八大精神为指引,认真落实全国邮政工作会议各项工作部署,坚定信心,迎难而上,完善机制,加快转型,共创天津邮政特色发展新局面,为建设世界一流邮政企业做出新的更大的贡献!

统计公报

2014年天津邮政事业发展统计公报

2014年，天津邮政认真贯彻落实集团公司和市委市政府的各项工作部署，坚持发展以经营为中心，紧紧围绕"1133"工作部署，牢牢把握稳中求进、进中提升的总基调，深入实施"机制完善年"工程，以转型、整合、特色为抓手，凝心聚力，真抓实干，顺利完成各项工作任务指标。

一、邮政通信业务

2014年集邮专业本着"文化引领，项目拉动"的经营思想，紧密围绕集邮业务转型发展，坚持突出效益，推广集邮文化，创新营销方式，严格合规管理，大力拓展市场，通过发展高效业务，不断提升整体效益水平；通过突出文化引领，不断培育集邮市场；通过实施"策划+活动+产品"的策略，不断创新营销方式；通过加大网络营销建设，不断拓展新平台；通过加强专业与区县局联动，不断积聚发展合力；通过强化专业管控，不断提高运行质量，有效促进了集邮业务转型发展，成效显著。策划组织了"马到成功""促转型 保进度""快推进 促增长""保目标 勇争先"等多个主题营销竞赛活动，先后举办了"甲午年""浴马图""消费者权益日""网络生活""鸿雁传书""动画——大闹天宫""红楼梦""邓小平同志诞生一百一十周年""诸葛亮""中国梦——民族振兴""中华孝道(一)""中国现代科学家(六)等多套重点新邮发行首发活动，先后举办了"第十届天津集邮展览""陈韶华与十二生肖""赵启明签售会""铁笔润石 巧雕万象"——庞冰印石雕刻艺术作品展、"天津集邮 情动廿载" 天津集邮邮品设计师签售会、"不曾忘却的纪念——天津集邮20周年回顾展等活动，取得了良好的经济效益。全年累计完成业务收入2.18亿元，完成预算目标100.2%，累计完成有效收入6483万元，完成全年预算进度的103.50%，收入规模位居全国第12位。

电子商务专业解放思想，完善机制，加快转型，推进整合，创新特色，联动各专业，服务区县局，积极推进电子商务专业可持续发展。2014年完成收入9386.8万元，绝对值全国排24位，完成年预算的100.39%，有效收入完成8129.1万元，为年预算的100.06%。2014年9月11日和18日分别在邮政网点和部分便民站相继试运行全国缴费业务，解决了异地用户缴费难题。新建移动合作厅63处。启动邮掌柜项目，开拓农村电商市场，自8月开始，成功在武清、静海、大港等局的400余处便民站开通邮掌柜系统，进销存交易金额达1300余万元，为邮掌柜项目的初期发展奠定基础。为丰富"天津邮政电商"微信平台的业务种类，开通微信平台机票预订查询功能。11185开通"淘淘乐"票务销售淘宝店，上线了演唱会门票、演出票、景点门票、娱乐类门票及车务服务五大类百余件商品。

报刊发行专业牢牢把握"转型、整合、特色"三个关键，进一步抢抓机遇、创新发展，推进了各项工作进展，为专业的创新转型夯实了基础，创造了更为有利的条件。2014年天津邮政报刊发行局向全国发行天津出版的邮发报刊203种，其中报纸24种，杂志179种；代发报刊13种，其中报纸7种，杂志6种；订销全国邮发(代发)报刊11286种，其中报纸2110种，杂志9176种。2014年发行专业累计实现业务收入10272万元，完成年预算91.07%，绝对值相差1008万元，收入规模全国排名27位，增幅排名29倍。其中订阅收入累计完成6353万元，完成预算的95.12%；发报刊收入累计完成1846万元，完成年预算的80.11%；零售收入累计完成2077万元，完成年预算的90.43%。2015年度报刊大收订全公司累计收进一次性报刊流转额20924万元，实现一次性报刊订销收入5746.31万元，完成集团公司制定目标的96%，列全国28位。

代理金融专业在网点产能提升、员工服务能力、客户分级管理等方面实现新突破。2014年代理金融收入完成8.173亿元，同比增幅7.9%，完成年收入计划8.067亿元的101.3%，绝对值超1061.6万元，收入占比达到54.97%。全市余额达到502.06亿元。累计代理保费38.59亿元，同比增幅81.4%，绝对值增长17.32亿元，点均保费1354万元，点均排名全国第4。理财类业务实现快速发展，年累计销量38.72亿元，理财保有量达到11.97亿元，同比增幅98.8%。基金年累计销量2.12亿元，同比增幅266.3%。在集团组织的重点基金销售竞赛中，天津销售进度及加权排名均居全国第2位。自助机具替代率提升至42.34%。金融业务局荣获2014年度全国邮政系统先进集体称号。

分销业务受宏观政策环境变化和营改增的影响，分销业务发展遇到了前所未有的窘境，分销专业以项目创新为引领，埋头苦干，大胆尝试，顺利完成了各项任务。2014年全年累计完成业务收入2067.4万元，同比增长6.8%，完成市公司年预算102.3%；累计完成有效收入1925万元，同比增长14.5%，完成年预算112.1%，高于收入进度9.8个百分点。节日营销仍是创收主旋律。"福至新春"实现销售额2688万元，形成收入666万元。"粽情端午"实现收入317.9万元。首次与函件专业联动，通过电商小包为客户提供香粽免费寄递服务，共寄递3697盒，形成小包收入2.8万元。"月满中秋"形成销售额1849万元，收入513万元。全局销售月饼93479盒，销售额710万元，实现收入252万元。通过与速递、函件专业联动，电商小包寄递月饼3777件，形成小包收入2.9万元；通过EMS邮寄月饼2784件，形成速递收入11.8万元。丰富分销商品，引进"真橙"清洁系列产品及"印师傅"气垫锅等非食类商品，形成收入85.5万元。

投递专业2014年邮政业务总收入完成3418.5万元，完成年预算收入3418万元的100%，收支指标完成-9022.1万元，完成预算-9023万元的100%。2015年度报刊收订一次性报刊流转额完成10949.30万元，完成任务指标11521万元的95.04%；一次性订销收入完成2941.92万元，完成任务指标3257万元的90.33%。投递环节用户满意度达90.76分，远远超出集团公司85分的标准。市公司重点考核的国内小包投递的四项指标全部大幅超过标准，全年未出现重大服务事件。给据邮件信息反馈及时率为100%，妥投率为86.36%。

函件专业面向寄递服务、文化传媒两大市场，函件业务收入提前56天报捷，实现了函件业务的进位争先。2014年全年累计完成收入19423万元，列全国第16位，排名较上年上升4位，完成年预算的110.7%；收入增幅20.1%，列全国第6位；全年有效收入达8718万元，完成任务的103.2%。

包件业务收入完成2000万元，同比增长3.52%。

二、邮政通信网络和通信能力

2014年天津邮政通信能力不断增强。年末天津邮政已与8个国家和地区建立了直封关系，国际特快专递邮件业务通达200多个国家和地区，拥有火车邮厢11辆，各类邮政汽车1233辆，邮路总条数94条，其中铁道邮路1条，汽车邮路93条，邮路总长度18767公里。自有房屋建筑面积425657平方米，其中邮政生产用房面积167799平方米，其他生产用房面积119297平方米，非生产用房面积138561平方米。

邮政信息网络建设进一步加快，提升科技引领能力。2014年完成邮储逻辑大集中、电子商务平台改造、网运分拣显示设备等多项信息化工程；试点上线国内小包订单管理及揽收派送系统、推广PDA终端收寄前置模式，研发小包业务辅助系统、小包详情单连续套打等项目。提高了小包处理效率；加强了业务数据分析能力，为经营发展提供决策依据，为邮政业务的大发展做好技术支撑。

三、邮政财务和经济效益

2014年，天津邮政业务继续保持健康平稳发展，经营质效进一步好转。

2014年全年完成邮政业务总收入160974万元，同比增长1.43%。其中：函件收入完成19150万元，同比增长19.17%；包件收入完成2000万元，同比增长3.52%；机要通信收入完成501万元，同比增长2.45%；报刊发行收入完成8962万元，同比减少7.97%；集邮收入完成19077万元，同比减少20.55%；代理和信息收入完成6596万元，同比减少35.70%；代理速递物流收入完成1456万元，同比减少41.69%；代理金融收入完成84358万元，同比增长11.37%；分销业务收入完成7339万元，同比减少5.96%；商品销售收入完成5220万元，同比增长40.32%；其他业务收入完成6315万元，同比减少1.90%。邮政业务总量完成140021万元，同比增长0.28%。

全年邮政业务总成本171742万元，同比增长3.87%。其中：主营业务成本完成144466万元，同比增长3.48%；其他业务成本完成837万元，同比增长141.21%；营业税金及附加完成1019万元，同比减少48.25%；管理费用完成24537万元，同比增长9.13%；财务费用完成892万元，同比减少3.04%；资产减值损失完成-9万元。收支差额总额完成-6137万元，调整后收支差额总额完成-311万元。

四、邮政通信服务水平和服务质量

2014年，天津邮政为提高服务必水平，树立企业形象，在公司内开展了满意在天津、建设美丽天津、美丽邮政、创星级服务窗口、争当工人先锋号、青年文明号、天津邮政机制完善年等创优争先活动及以提高服务质量，认真履行普遍服务职责，“视用户为亲人、视邮件为生命”为内容全面提升邮政服务质量系列活动，对局容局貌进行专项整治，加强了职业道德培训和作业流程管理，积极整改问题，强化服务意识，提高用户满度意。采取多项措施，面向用户缮发征询函，聘请社会监督员对邮政服务进行监督，听取市人大代表、政协委员建议，不断改善服务环境和质量。主要中央级报纸实行早报早投或上午投递，11185客户服务中心实行24小时服务，受理来信来访148件49人次，全部妥善处理。2014年命名五星级服务窗口1个，四星级服务窗口2个，三星级服务窗口23个。通过复评合格的星级服务窗口100%。局所改造59个，其中金融网点17个，改善了用邮环境，用户满意度为90.76分，再次获得“全国用户满意企业”称号。

为加强对外宣传，围绕业务发展重点，不断提升企业服务形象。每逢节假日，各专业及营业单位组织人力走上街头宣传新产品、新业务，大力宣传天津邮政履行普遍服务职责，服务地方经济和百姓民生。各营业网点设值班长专席接待用户咨询，在收听（视）率较高的天津电台交通台、天津电视台都市频道及本市各大报刊投放各类邮政业务广告宣传，每逢“市两会”“津洽会”以及在天津举办的夏季“达沃斯”论坛、“台博会”“旅游产业节”等重大活动均增设临时邮局现场服务。进校园、进军营办理邮政服务等均受到用户普遍欢迎。

五、固定资产投资

2014年末天津邮政资产总额177629万元，其中：流动资产52378万元，对外投资19353万元，固定资产80371万元，在建工程2102万元，无形资产及长期待摊费用23425万元。2014年完成投资计划7376万元，其中：基本建设投资1906万元，技术改造投资5470万元。

六、劳动工资

2014年末，天津市邮政公司全部从业人员到达8295人，其中合同用工A类3926人，合同用工B类478人，劳务用工3891人。

2014年末，全员劳动生产率按业务收入口径计算达到18.35万元/人。

七、企业管理

2014年，天津邮政以科学发展观为统领，深入学习贯彻落实党的十八大精神，继续深入开展党的群众路线教育实践活动，“深入实施”机制完善年工程，企业管理迈上新台阶。一是管理机制进一步改善，修订了预算管理机制、调整分配激励机制；创新人才培养机制；规范用工管理机制；强化内容审计机制；建立对口帮扶机制。二是能力建设进一步提升，加大基建和硬件投入，安排固定资产投资7375.7万元，为储蓄台席配置清分机738台，新增联网核查设备239台，补登查询一体机46台，安装开通CRS、ATM75台，改造营业和投递平台，改造普服网点59处，投资1275万元对52处网点和生产场地等进行装修改造，其中金融网点17处，同时提升了科技引领能力、网运支撑能力、安全保障能力。三是服务质量进一步提高，天津邮政认真履行普遍服务职责，再次获得“全国用户满意企业”称号，开展了服务质量提升活动，主题邮局凸显特色服务。四是和谐企业建设更加扎实，继续深入开展教育实践活动取得实效，严格贯彻中央八项规定，会议费下降86.27%，招待费下降20.1%，办公费下降18.8%。党风廉政建设持续深入，党群工作扎实推进，精神文明建设再创佳绩，邮政投递局陈晓菊荣获全国五一劳动奖章，武清区邮电局和金融业务局被评为全国邮政系统先进集体，刘树东等6人荣获全国邮政系统先进个人。在集团公司和光明日报社联合组织的“寻找最美投递员”活动中，天津市邮政公司获得活动组织奖，刘树东、王瑞燕分别获得提名奖和入围奖。

2015年，天津邮政将继续全面贯彻落实党的十八大和十八届三中、四中全会、中央经济工作会议、集团工作会议以及天津市委市政府相关会议精神，以习近平总书记系列重要讲话精神为指导，主动适应经济发展新常态，牢牢把握稳中求进工作总基调，落实好集团公司“24字中心任务”，用改革积聚动力，用创新激发活力，用责任和自律意识提高执行力，推进天津邮政全面深化改革，加快转型升级，努力实现天津邮政健康较快发展而努力奋斗。

（魏普金）

天津市邮政服务水平

地　区	土地面积(平方公里)	户籍人口数（万人）	局所（处）	平均每处局所服务面积(平方公里/处)	平均每处局所服务半径（公里/处）	平均每处局所服务人口（万人/处）
全　市	11916.85	1016.66	428	27.84	2.98	2.38
中心区小计	177.10	398.21	148	1.20	0.62	2.69
和平区	10.00	41.08	20	0.50	0.40	2.05
河东区	39.60	74.65	30	1.32	0.65	2.49
河西区	38.00	81.88	28	1.36	0.66	2.92
南开区	38.60	86.14	29	1.33	0.65	2.97
河北区	29.60	62.65	21	1.41	0.67	2.98
红桥区	21.30	51.82	20	1.07	0.58	2.59
滨海三区小计	2232.60	120.62	84	26.58	2.91	1.44
塘沽区	782.40	61.29	42	18.63	2.44	1.46
汉沽区	409.20	17.64	14	29.23	3.05	1.26
大港区	1041.00	41.69	28	37.18	3.44	1.49
环城区小计	1905.60	155.81	63	30.25	3.10	2.47
东丽区	478.50	36.06	18	26.58	2.91	2.00
西青区	566.30	38.16	18	31.46	3.17	2.12
津南区	387.80	42.91	10	38.78	3.51	4.29
北辰区	473.00	38.69	17	27.82	2.98	2.28
五县(区)小计	7445.00	342.02	133	55.98	4.22	2.57
宁河县	1296.00	39.51	22	58.91	4.33	1.80
武清区	1574.80	88.70	30	52.49	4.09	2.96
静海县	1475.70	58.91	26	56.76	4.25	2.27
宝坻区	1508.80	69.43	28	53.89	4.14	2.48
蓟　县	1589.70	85.46	27	58.88	4.33	3.17

主要通信能力

指 标	单 位	2014 年实绩	2013 年实绩	2014 年比 2013 年(±)
一、局所				
邮政局所合计	处	428	389	39
邮政支局	处	128	121	7
自办邮政所	处	240	245	-5
代办邮政所	处	60	23	37
二、房屋				
自有房屋建筑面积	平方米	425657	410819	14838
邮政生产用房面积	平方米	167799	169316	-1517
其他生产用房面积	平方米	119297	101580	17717
非生产用房面积	平方米	138561	139923	-1362
三、邮路				
邮路总条数	条	94	117	-23
邮路总长度	公里	18767	20926	-2159
铁路邮路	公里	2436	6311	-3875
自办汽车邮路	公里	11414	11948	-534
委办汽车邮路	公里	4917	2667	2250
四、设备				
火车邮厢	辆	11	11	0
邮政汽车	辆	1233	1297	-64
商业信函制作系统	套	4	4	0
信函分类理信机	套	1	1	0
信函分拣机	套	2	2	0
ATM 自动柜员机	台	340	275	65
邮资机	台	174	155	19
五、计算机				
计算机总数	台	2650	2683	-307
终端机	台	2842	2686	156

邮政通信企业主要财务指标

指标名称	单 位	2014 年实绩	2013 年实绩	2014 年比 2013 年(±%)
一、邮政业务总收入	万元	160974.00	158704.00	1.43
函件收入	万元	19150.00	16070.00	19.17
包件收入	万元	2000.00	1932.00	3.52
机要通信收入	万元	501.00	489.00	2.45
报刊发行收入	万元	8962.00	9738.00	-7.97
集邮收入	万元	19077.00	24012.00	-20.55
代理和信息收入	万元	6596.00	10258.00	-35.70
代理速递物流收入	万元	1456.00	2497.00	-41.69
代理金融收入	万元	84358.00	75747.00	11.37
分销业务收入	万元	7339.00	7804.00	-5.96
商品销售收入	万元	5220.00	3720.00	40.32
其他业务收入	万元	6315.00	6437.00	-1.90
二、营业总成本	万元	171742.00	165341.00	3.87
主营业务成本	万元	144466.00	139609.00	3.48
其他业务成本	万元	837.00	347.00	141.21
营业税金及附加	万元	1019.00	1969.00	-48.25
管理费用	万元	24537.00	22485.00	9.13
财务费用	万元	892.00	920.00	-3.04
资产减值损失	万元	-9.00	11.00	-
三、收支差额总额	万元	-6137.00	-6663.00	-
四、调整后收支差额总额	万元	-31.00	-2148.00	-

邮政业务量

指标名称	单位	2014年实绩	2013年实绩	2014年比2013年(±%)
邮政业务总量	万元	140021.18	139636.72	0.28
分项业务量				
函件总数	万件	7794.36	8626.29	-9.64
国内函件	万件	3828.80	4181.37	-8.43
无名址函件	万件	3618.37	4282.62	-15.51
国际及港澳台函件	万件	255.60	112.73	126.74
跨境交寄函件	万件	91.59	49.57	84.79
机要邮件	万件	45.23	41.76	8.32
包件	万件	130.52	128.68	1.43
国内普通包件	万件	97.79	95.26	2.65
国内快递包件	万件	25.46	28.57	-10.87
国际及港澳台包件	万件	7.27	4.85	49.75
代理特快专递	万件	101.00	128.84	-21.61
国内异地特快专递	万件	86.79	114.69	-24.33
国内同城特快专递	万件	12.58	12.30	2.30
国际特快专递	万件	1.63	1.85	-12.00
代理汇票开发笔数	万笔	109.88	145.92	-24.70
国内汇票笔数	万笔	109.87	145.89	-24.69
国际汇票张数	万张	0.01	0.03	-70.03
订销报纸累计份数	万份	20697.51	21564.15	-4.02
订销杂志累计份数	万份	1112.42	1235.98	-10.00
代投报刊	万份	58.35	241.43	-75.83
邮政储蓄平均余额	万元	4869334.03	4765178.09	2.19
邮政储蓄期末余额	万元	5020697.29	4922026.17	2.00
邮储异地存取交易量	万笔	477.43	878.73	-45.67
集邮业务量	万枚	3438.22	3707.24	-7.26
集邮品册数	万枚	91.92	95.73	-3.97
邮政其他业务量	万元	17736.21	17318.56	2.41

综述

2014年天津邮政发展综述

2014年，天津邮政坚持发展以经营为中心，紧紧围绕"1133"工作部署，牢牢把握稳中求进、进中提升的总基调，深入实施"机制完善年"工程，以转型、整合、特色为抓手，凝心聚力，真抓实干，顺利完成各项工作任务。

一、经营质效进一步好转

实现邮政业务总收入15.46亿元，同比增长2.7%，完成集团预算的102.6%。代理金融收入8.17亿元，完成年预算101.3%，同比增长7.9%；函件收入1.94亿元，完成年预算的110.7%；集邮收入2.18亿元，完成年预算的100.2%；发行收入1.03亿元，完成年预算的91.1%；电子商务收入9387万元，完成年预算的100.4%；分销收入2067万元，完成年预算的102.3%；包裹收入2050万元，完成年预算的99%；代理速递物流收入1459万元。

有效收入占比提升。有效收入完成11.23亿元，全国排名26位；同比增长3.2%，高于收入增幅0.5个百分点；有效收入占收入比重73.2%，全国排名20位，占比提高0.95个百分点。

结构调整成效显现。代理金融收入占比达到52.9%，同比提高2.6个百分点。代理保险收入累计完成1.09亿元，同比增长121.9%；代理保费38.6亿元，全国排名19位，其中期缴保费1.7亿元，全国排名第9位；中邮人寿渠道占比达到5.28%。集邮收入占比下降2.48%。两包业务增长迅速，完成收入9841.6万元，其中，国际小包8139.7万元，国内小包1701.9万元，两包收入占比6.4%。跨年度业务为2015年开好头起好步奠定了基础。报刊大收订收入5746万元；集邮新邮预订收入4701万元；企业形象年册收入1127万元；函件封片业务收入1825万元；邮储跨年度竞赛储蓄余额净增18.82亿元。

二、管理机制进一步改善

修订预算管理机制。修订了预算目标认档管理机制，更加注重综合效益、专业效益；深化财务标杆，修订了成本费用定额标杆，细化配置标准，降低了非生产性支出。

调整分配激励机制。调整了薪酬分配、工效挂钩管理办法和二级单位领导班子绩效考核办法，以及区县局专业考核办法，激励导向更加突出效益、贡献和增量。

创新人才培养机制。派出区县局一把手赴黑、鲁、鄂交流取经；组织青年知识分子创意大赛，200余名大学生员工62个项目参与角逐；实施了青年知识分子职业生涯规划指导意见，为447人配备了导师。

规范用工管理机制。出台合同用工分类管理办法，进一步完善了从劳务工择优招用合同工办法，突出经营成果与转招指标挂钩；优化了管理人员和营业网点人员配置实施方案；尝试非全日制用工，在两包收寄等环节推行业务外包。

强化内部审计机制。加大"三重一大"事项审计力度，强化了领导干部对大项目、大额资金、重大风险和隐患的管控责任。完成审计项目417项，审减工程费用700万元。

建立对口帮扶机制。制订了机关部室对口联系点制度，机关各部室工作前移，深入基层为对口单位协调解决实际问题。

三、能力建设进一步提升

加大基建和硬件投入。安排固定资产投资7375.7万元。为储蓄台席配置清分机738台，新增联网核查设备239台、补登查询一体机46台，安装开通CRS、ATM75台，推动了金融网点转型。

改造营业和投递平台。改造普服网点59处。投资1275万元对52处网点和生产场地等进行装修改造，其中金融网点综合改造17处，优化了营业布局。为投递员配备1528台手机、450台手持终端。试点布放智能包裹柜2台，发展自提服务网点1010处。

提升科技引领能力。完成储蓄逻辑集中、电子商务平台改造、网运分拣显示设备等多项信息化工程；试点上线国内小包订单管理及揽收派送系统、推广了PDA终端收寄前置模式，研发小包业务辅助系统、小包详情单连续套打等项目，提高了小包处理效率；加强了业务数据分析能力，为经营发展提供决策依据。

提升网运支撑能力。进一步优化了网运组织，撤销天津–廊坊一级干线汽车邮路，增加轻刊、国际邮件和国内小包发运计划，组开两包专线邮路。双十一期间，国内小包实现了无积压、无滚存、无延误，收寄8小时处理率达100%。

提升安全保障能力。完善了“党政同责、一岗双责”等安全管理规定，对安防设施进行全面更新改造；坚持邮银金融资金安全联席会议制度，进一步加强了资金、消防、邮件、交通和信息等重点环节的安全管理。全年未发生重大安全生产责任事故。

四、服务质量进一步提高

认真履行普遍服务职责。坚持做好邮政普遍服务和特殊服务，提前一年完成空白乡镇网点补建工作并全部开业运营，配合政府完成560个小区41.9万户信报箱的更新补建。再度获得“全国用户满意企业”称号，用户服务满意度为90.76分，高于集团75分的要求。机要通信实现22连冠，服务满意度达98分。

开展服务质量提升活动。深入开展了“美丽天津、美丽邮政”及“视用户为亲人、视邮件为生命”全面提升邮政服务质量系列活动，对局容局貌进行专项整治，加强了职业道德培训和作业流程管理，积极整改问题，强化了服务意识，提升了服务质量。

主题邮局凸显特色服务。加快了主题邮局建设步伐，“滨海航母”“我的大学”“致青春”“相声邮局”等主题邮局陆续开业。依托主题邮局，围绕市场需求，创新开发文化创意产品，为社会提供有特色、多样化的服务。

五、和谐企业建设更加扎实

教育实践活动取得实效。继续深入开展党的群众路线教育实践活动，两方案一计划全部落实。严格贯彻中央八项规定，加大整改落实力度，取得了明显成效，会议费下降86.27%，招待费下降20.1%，办公费下降18.8%。

党风廉政建设持续深入。认真落实“两个责任”要求，制定下发了落实党风廉政建设主体责任和监督责任的实施办法，建立了党风廉政建设联席会议制度；落实新任领导人员廉政法规知识考试和任前廉政谈话等制度；认真做好信访举报核查工作，执纪问责得到了强化。

党群工作扎实推进。对基层党建建立倒查机制，督促各基层党组织认真执行党内生活制度。加大党员培训力度，全年发展新党员46名，50名预备党员转正。各级工会组织开展重点业务劳动竞赛，推动经营发展；成立了5个群众文体协会，丰富了员工文化生活；发挥桥梁作用，促进企业民主管理。共青团组织积极开展创建“青年文明号”和“学雷锋”活动，服务生产一线。

精神文明建设再创佳绩。邮政投递局陈晓菊荣获全国“五一”劳动奖章，王溯等6人荣获市“五一”劳动奖章，滨海新区塘沽邮电局被授予市“五一”劳动奖状；武清区邮电局和金融业务局被评为全国邮政系统先进集体，刘树东等6人荣获全国邮政系统先进个人称号；4个单位、8位个人荣获天津市规划建设交通系统窗口优质服务先进集体和先进个人荣誉称号。在集团公司和光明日报社联合组织的“寻找最美邮递员”活动中，天津公司获得活动组织奖，刘树东、王瑞燕分获特别提名奖和入围奖。

为员工办好事办实事逐一落实。组织各类先进120余人健康休养；为近3000名投递、邮运和外勤职工发放防暑降温用品；互助基金会共为260名职工发放补助金21.6万元，重病帮困基金会共为400名职工发放补助金59万元；开辟9个环保蔬菜基地，受益职工300余人；为1014名离退休老同志发放祝寿金16.18万元，为595名离退休老同志发放高龄补贴28.90万元。

（刘敬文）

大事记

2014 年天津邮政大事记

一 月

6日 市邮政速递物流公司召开揽投部经理任命暂师大会。市邮政公司总经理、市邮政速递物流公司董事长任永信，市邮政速递物流公司总经理高向荣讲话。市邮政速递物流公司党委书记刘琮怡主持会议。会上宣布了44名揽投部经理的任命决定。

10日 市邮政公司与华润万家合作的体北店开业。

20日 天津市委副书记、市长黄兴国充分肯定天津邮政的工作成绩，并作出重要批示："过去一年天津邮政事业取得显著成绩。希望在新的一年里抓住全面深化改革扩大开放机遇，加快布局，大力发展电商、物流，切实做好便民服务，争取有更好的成绩。"

21日 市邮政公司召开首届二次职工代表大会暨2014年工作会议。会上，首先传达了黄兴国市长的重要批示。总经理任永信作了题为《坚定信心 迎难而上 完善机制 加快转型 共创天津邮政特色发展新局面》的工作报告。副总经理顾洪文作总结发言，副总经理石青宣读了2013年度先进单位、集体、个人和营销能手的表彰决定。会议由副总经理、工会主席张德荣主持。副总经理常庆森宣读了2013年经营发展奖励决定。市公司领导向受表彰的单位、集体、个人颁奖。

大会听取审议了关于市公司首届职工代表和主席团成员调整的说明，听取并确认首届一次职代会闭幕期间有关事项，听取了2013年招待费使用、2013年工资总额使用、劳务性支出及社会保险费用缴纳等情况的说明及市公司2014年工效挂钩办法的说明。审议通过了总经理工作报告，审议通过了《两个章程和一个办法》及市公司2014年工效挂钩办法、2014年工资协议。各二级单位与市公司签订了2014年经营责任书，递交了2014年安全生产责任目标签认书。

23日 市邮政公司举办离退休干部新春茶话会。

25日 市邮政速递物流公司召开首届二次职工代表大会暨2014年工作会议。

27日 国家邮政局副局长刘君一行在市公司总经理任永信等领导的陪同下，慰问机要局职工。

29日 天津市副市长、市政府秘书长孙文魁在市委副秘书长李福海、市交通运输和港口管理局局长武岱、市邮政管理局局长靳兵、市邮政速递物流公司党委书记刘琮怡、市邮政公司副总经理常庆森等相关领导的陪同下，深入邮政速递物流公司调研并看望慰问邮政速递物流员工。

二 月

本月起 天津邮政官方微信公众服务号"天津市邮政公司"全面升级。

14日 市邮政公司举办元宵喜乐会。

19日 市邮政公司党委召开党的群众路线教育实践活动总结电视电话会议。集团公司第一督导组副组长陈祖荫出席并讲话。市公司党委书记、总经理任永信对教育实践活动作全面总结。

20日 市邮政公司召开2014年天津邮政优秀大学生员工代表座谈会，任永信总经理与来自各单位各岗位的31位大学生员工代表亲切座谈。

三 月

3日 市邮政公司召开总经理办公会，迅速贯彻集团公司2014年党建和纪检监察及经营服务工作等会议精神。

4日~7日 按照市邮政公司党委的统一部署，天津邮政30个二级单位党委（总支、支部）召开党的群众路线教育实践活动总结大会。

5日 市邮政公司召开纪念"三八"国际劳动

妇女节暨女职工工作总结表彰大会。副总经理、工会主席张德荣出席并讲话。

6日 市邮政公司总经理任永信深入集邮公司、南开、红桥、和平局调研指导工作。

11日 市邮政公司召开代理金融转型发展研讨暨代理金融2月份经营分析会。金融业务局通报了1至2月份金融业务发展情况，各区县邮电局作表态发言，常庆森副总经理提出三项工作，任永信总经理要求做到“三严三实”、“三个并重”。

11日~13日 集团公司消防安全检查组对天津邮政三大板块、四大支柱消防安全管理整体工作情况进行了检查，对天津邮政安全管理工作给予充分肯定。

13日、18日、20日 市邮政公司总经理任永信分赴河西区、红桥区、和平区政府，分别与河西区代区长苑广睿、副区长刘永刚，红桥区区长蔡云鹏、副区长华长虹，和平区区长彭三等领导进行座谈，政企双方就进一步密切合作、谋求更大发展进行了充分交流。

19日 集团公司第二批党的群众路线教育实践活动第一巡回督导组到天津邮政检查指导工作。

是日 “天津邮政”微信订阅号正式开通。

23日 共青团中央书记处领导莅临天津大学指导调研新媒体科技创新工作。参观后，他接到天津邮政利用“真邮你”客户端制作的个性化明信片，连称制作迅速。

24日 市邮政公司组开“两包”专线汽车邮路，拉运塘沽局出口国际小包及武清局出口国内小包。

26日 天津市副市长、市政府秘书长孙文魁会见了市邮政公司总经理任永信、市邮政速递物流公司总经理高向荣，并就邮政服务地方经济、加快电商物流发展等话题进行了深入探讨。

四 月

1日~3日 中国国防邮电工会主席董秀彬、中国邮政集团工会常务副主席关荣顺一行4人来津调研检查。

4日 市邮政公司召开2014年党建暨纪检监察工作电视电话会，贯彻落实集团公司党组党建和纪检监察工作部署。市公司党委书记、总经理任永信讲话，纪委书记、副总经理张德荣作纪检监察工作报告。会议由副总经理顾洪文主持。各二级单位与市公司党委签订了《党风廉政建设责任书》。

7日 天津邮政在2014年“天大·海棠季”活动现场设立临时邮局，受到市民欢迎。

8日 中国邮政集团公司副总经理康宁一行来津考察，并与天津邮政三大板块领导座谈。

9日 中共中央政治局委员、天津市委书记孙春兰会见了中国邮政集团公司副总经理康宁一行，对中国邮政集团公司的工作给予高度认可，并提出五点希望。天津市委常委、市委秘书长段春华，副市长、市政府秘书长孙文魁参加会见。

15日 中央第十二巡回督导组莅津指导党的群众路线教育实践活动。督导组组长、全国政协经济委员会副主任、天津市政协原主席邢元敏等领导在天津迎宾馆听取天津邮政等十个中央垂直管理单位关于教育实践活动开展情况的专题汇报。邢元敏组长对天津邮政教育实践活动所取得的成绩给予充分肯定和高度评价，对下一步活动的开展提出明确要求。市邮政公司党委书记、总经理任永信，纪委书记、副总经理张德荣，市邮政速递物流公司党委书记刘琮怡，副总经理王伟岸，邮储银行天津分行党委书记、副行长朱大鹏，副行长刘淳等天津邮政三大板块领导参加了会议。

18日 市邮政公司总经理任永信一行赴宝坻局调研，与宝坻区委书记贾凤山、副区长陈宇举行座谈。

20日 市集邮公司在塘沽营口道邮电支局举办《老天津风情——沽上妙艺》系列封第二组首发活动。

24日 市邮政公司召开首次两包运行质量分析例会。

26日 天津滨海航母邮局正式落户国家AAAA景区——天津滨海航母主题公园内的俄罗斯风情区。

28日 中国邮政集团公司召开全国邮政系统先进集体、先进个人电视电话表彰大会，对邮政系统的140个先进集体及207名先进个人进行表彰。天津邮政4个集体、6名个人受到表彰。

29日　天津市庆祝“五一”国际劳动节暨建设美丽天津劳动竞赛推进会在天津礼堂隆重举行。市邮政公司总经理任永信、静海县唐官屯邮电支局投递员张天鹰、函件局商函中心质检员柴金华、河东区一号桥邮电支局局长助理王溯、邮储银行天津武清区支行理财经理时艳、市邮政速递物流有限公司静海县分公司副经理张洪莲等出席大会接受表彰。

30日~5月3日　“方寸艺术之美——天津市第十届集邮展览”在天津美术馆举办。

五　月

6日　市邮政公司召开学习先进座谈会

是日　电子商务专业在大港局召开邮政便民服务站现场推动会。

9日　天津电视台《都市报道》“寻找最美天津人”栏目报道了东楼投递分局投递员苑立华全心全意服务用户的事迹。

11日　第三届中国(天津)电子商务发展高峰论坛在赛象酒店举行。市邮政管理局局长靳兵、市邮政公司副总经理常庆森出席电子商务与快递物流协同发展分论坛并发表演讲。

14日　邮储银行董事柯岩莅临位于邮储银行天津分行的邮政储蓄逻辑大集中系统上线指挥部督战系统上线工作,并慰问连日奋战的邮银双方员工。

22日上午　市邮政公司总经理任永信,副总经理顾洪文、常庆森会见了即将赴京捐献造血干细胞的河东区一号桥邮电支局局长助理王溯及其妻子,并送上深深的祝福。

是日晚　天津电视台新闻频道《都市报道60分》栏目播出了王溯捐献造血干细胞救助一名韩籍人士的消息。

22日~25日　由中华全国集邮联主办、湖南省集邮协会承办的“长沙2014第16届中华全国集邮展览”在湖南省展览馆举行。天津市集邮协会选送的集邮展品取得骄人成绩:金奖+特别奖1个,大镀金奖+特别奖1个,镀金奖7个,大银奖3个(含文献类),银奖1个。

24日中午13时　天津邮政代理金融和邮储银行天津分行全部415个网点正式启用3.0系统版本对外服务,标志着天津邮政储蓄逻辑大集中系统上线工程圆满成功。

27日下午　中国邮政集团工会副主席张继政、市邮政公司总经理任永信前往空军总医院看望并慰问正在捐献造血干细胞的河东区一号桥邮电支局局长助理王溯。

30日上午　市邮政公司召开赴黑龙江、山东省邮政公司交流干部汇报会。

六　月

4日　分销进口食品项目全面登陆天津邮政窗口,率先在11个区县23家邮政网点上线销售。

7日~8日　中国邮政集团公司省际投递质量检查组对天津邮政投递服务质量进行了检查。

12日　中国邮政集团公司文史中心主任李高照参观了天津邮政博物馆。

15日　由天津欢乐谷、今晚传媒、市邮政函件局主办,今晚网、龙之风采·私塾承办的公益文化活动“2014年父亲节·书信文化大讲堂”在欢乐谷主题公园举行。

17日、18日、20日　市邮政公司总经理任永信到大港、和平、东丽局调研。

18日　天津市邮政公司文体协会成立。

19日　滨海新区少年邮局在塘沽徐州道小学正式揭牌开业。

21日　《中国古典文学名著—红楼梦(一)》特种邮票首发式在红桥区西沽公园举行。红桥区副区长马政与市邮政公司副总经理顾洪文为《红楼梦(一)》特种邮票揭幕。

27日上午　市邮政公司隆重召开“七一”表彰大会。党委书记、总经理任永信作了题为《继承光荣传统　肩负时代使命　为创建幸福邮政企业建功立业》的讲话。10个先进党组织、18个基层单位先进党支部和71名优秀共产党员受到表彰,21名工作在基层的党员干部被授予“优秀基层带头人”光荣称号。20名新党员代表宣读了入党誓词。

27日下午　市交通运输和港口管理局领导班子率部分处室负责人一行10余人到市邮政公司调研,在邮区中心局现场了解电商小包的作业流程,并与市公司领导班子进行了座谈。

七 月

1日 撤销天津—西安K213/4次火车邮路，同时开通天津—西安一级干线单向委办汽车邮路。

2日 市总工会常务副主席林引到市邮政公司调研。

10日 中共中央政治局委员、天津市委书记孙春兰对天津邮政工作作出重要批示:“市邮政公司以软、硬、巧三力宣传支持推介美丽天津建设的举措很好,体现了创新、夯实,相信一定会在文化、旅游商贸融合发展上有新的成效。感谢中国邮政集团公司对天津的支持。”

14日 市邮政公司召开半年工作会。

15日 网路部调整市内汽车邮路运行计划和交接频次，加快进出口各类邮件的传递速度，降低运行成本。

16日 天津邮政启动代理金融百强网点效能提升活动。

是日 天津市第四届会计业务知识大赛在天津电视台落下帷幕,市邮政公司代表队荣获团体优秀奖、优秀组织奖两项殊荣,南开区邮电局贾永凤取得企业类个人成绩第三名的好成绩,并获个人二等奖。

18日 中国邮政集团公司总经理李国华就天津市邮政公司《关于中共中央政治局委员、天津市委书记孙春兰对邮政服务地方发展做出批示的报告》进行了批复,对天津邮政各项工作提出新的希望。

21日~25日 市邮政公司组织56名支局长及市公司部室、专业管理骨干参加了在北京大学举办的“支局长管理能力提升高级研修班”的培训。

28日~29日 市邮政公司总经理任永信,副总经理张德荣、常庆森带领部分部室、专业、直属单位及区县邮电局负责人一行17人赴河北省邮政公司学习考察。

31日下午 邮区中心局与投递局进行报刊分发前置作业组织调整工作交接。

八 月

7日 市邮政公司召开赴湖北省邮政公司挂职交流干部经验汇报会。

8日 即日起，各汇兑营业网点免收汇往昭通地震灾区抗震救灾捐款汇费及相关费用,为本市群众开辟支援灾区的绿色爱心通道。

12日 市邮政公司总经理任永信与市旅游局局长阳世昊进行了座谈。

14日 市邮政公司召开后备干部座谈会。

19日 市邮政函件局名址中心副主任黄俊国作为第六批援藏干部奔赴西藏昌都,开始为期三年的援藏工作。

20日 和平区区长彭三、副区长姚增顺一行到市邮政公司,与任永信总经理、顾洪文副总经理进行了座谈。

22日 《邓小平同志诞生一百一十周年》纪念邮票首发式在滨海新区塘沽营口道邮电支局门前广场举行。

28日~9月3日 市邮政公司在延安干部学院组织领导干部培训。

31日 市邮政公司总经理任永信率队与陕西省邮政公司副总经理周新峰一行进行了座谈。

是日 “我的大学”主题邮局在天津师范大学西青校区正式营业。

九 月

1日 为提升“最后一公里”服务水平,市邮政公司将1528台用于预约投递的工作手机和100台手持终端PDA全部配发至投递员手中。

5日上午 市邮政公司总经理任永信与天津港股份有限公司董事长张丽丽进行了会谈。

是日上午 市旅游局副局长史恩惠一行参观天津邮政博物馆。

10日 “致青春”主题邮局在天津大学正式营业。

是日~12日 2014天津夏季达沃斯论坛在梅江会展中心举行。天津邮政在主会场及民园体育场开设临时邮局，并为主办方制作了主题纪念封。

16日　坐落在估衣街谦祥益内的全国首家相声邮局开业。

17日　市邮政公司举办离退休干部迎国庆茶话会。

19日~22日　2014中国旅游产品博览会在梅江会展中心举行，天津邮政进驻现场开设临时邮局。同时，天津邮政选送的《津津有味—天津话》系列纪念封摘得旅游纪念品大赛最高奖项——最佳创意奖，《穿越天津》《天津卫》主题邮册分获优秀奖。

24日　天津市人民政府办公厅发来致敬信，对天津邮政为2014夏季达沃斯论坛成功召开所付出的努力表示肯定并致以崇高敬意。

26日　市邮政公司总经理任永信来到西青区，与西青区委副书记、区长王学旺会谈。随后来到天津师范大学，与王润昌副校长就主题邮局如何突出特色交换了意见，并参观了该校“我的大学”主题邮局。

17日上午　中国邮政集团公司总经理李国华在天津市副市长、市政府秘书长孙文魁，中国邮政集团公司副总经理康宁的陪同下，考察了天津空港经济区，并与天津邮政三大板块主要领导进行了座谈，对天津邮政工作提出新的要求。

是日　中共中央政治局委员、天津市委书记孙春兰会见了中国邮政集团公司总经理、中国邮政储蓄银行董事长李国华一行。天津市委常委、市委秘书长段春华，副市长、市政府秘书长孙文魁，中国邮政集团公司副总经理康宁等参加会见。

20日~23日　中国邮政集团公司党组成员、纪检组长孙国栋到天津邮政视察指导工作。集团公司监察局局长睢红卫及天津邮政三大板块领导陪同调研。

29日下午　天津邮政“播种希望　收获梦想”大学生创意大赛决赛暨颁奖典礼在市公司大礼堂举行。

十　月

1日~9日　市邮政公司举办庆祝第45届世界邮政日系列活动。

9日上午　由中国邮政集团公司、光明日报社联合举办的纪念世界邮政日暨“寻找最美邮递员”活动颁奖揭晓，天津邮政评选成绩优异，刘树东、王瑞燕分获特别提名奖和入围奖，天津市邮政公司获活动组织奖。

15日下午　市邮政公司总经理任永信、副总经理张德荣一行前往新华通讯社天津分社，与该社社长杨维成、副社长刘庆禄就做好新华社系列报刊2015年度收订工作和舆论宣传工作进行了座谈。

16日下午　中国邮政集团公司总经理李国华在集团公司网路运行部总经理杜福、中国邮政速递物流公司总经理陈洪涛及市邮政公司总经理任永信、邮储银行天津分行行长唐云崧、天津邮政速递物流公司总经理高向荣的陪同下，深入西青区杨柳青邮电支局、邮储银行西青支行营业部、天津师范大学“我的大学”主题邮局及速递物流南开区华苑揽投部调研，并亲切慰问了一线员工。

十一月

6日~12月3日　天津邮政首届“美丽天津　美丽邮政”职工书法绘画摄影展在河东区新开路离退部老年活动中心举办。展览共收到作品460件，展出350余件。其规模之大、水平之高、内容之丰富为天津邮政历年之最。

7日上午　天津市24届“119”消防日宣传活动在天津大礼堂启动。市邮政公司总经理任永信受邀参加，市邮政公司投递员黑钢作为行业系统志愿者代表向全市消防志愿者发出“消防常识需牢记，安全不可一日忘”的倡议。

14日　市邮政公司领导班子到中心投递分局、邮区中心局慰问了连日奋战在“双11”一线的员工。

23日~26日　在集团公司第二届“和谐企业杯”邮政职工乒乓球比赛中，天津邮政乒乓球代表队获得历史最佳成绩。

28日上午　市邮政公司召开“双11”总结表彰会。据统计，11月11日至21日，天津邮政累计揽收国内小包业务18万件，收入134万元；小包进口量同比增长109.61%，再创新高。邮件妥投、电话接通率等各项质量考核指标均高于集团公司水平，保质保量地完成了邮件揽收、发运、投递各环节的时限要求。

是日上午　市邮政公司启动“邮储E动　星火相传”活动。

十二月

1日　《天津市邮政公司三年滚动规划（2015—2017年）》正式出台。

3日　环宇邮电国际租赁有限公司董事会在津召开。参会期间，中国邮政集团公司副总经理李丕征、集团公司老领导冯新生、环宇邮电国际租赁有限公司董事长高冀远一行到天津邮政调研。高冀远董事长与市邮政公司副总经理顾洪文陪同来津参会的日本NTT金融株式会社社长前田幸一一行参观了天津邮政博物馆。

8日上午　在市邮政公司总经理任永信、副总经理顾洪文的陪同下，和平区区长彭三一行到天津邮政博物馆实地考察，商讨解决博物馆历史遗留问题。

9日上午　天津市邮政管理局局长陈凯、副局长王东一行到市邮政公司调研。

11日　市邮政公司总经理、市邮政速递物流公司董事长任永信，市邮政公司副总经理常庆森一行到市邮政速递物流公司，就速递物流2014年的发展情况及今后的发展战略进行了分析。市邮政速递物流公司总经理高向荣、党委书记刘琮怡等领导班子成员及部分中层干部参加座谈。

19日　蓟县许家台、杨津庄邮政代办所正式开业，标志着历时4年的天津市空白乡镇邮政局所补建工作正式画上了圆满句号。据统计，天津市共有45处空白乡镇补建邮政局所开业运营。

22日　中国邮政集团公司对天津市邮政公司领导班子进行调整，决定李克超同志任天津市邮政公司总经理、党委书记，免去任永信同志天津市邮政公司总经理、党委书记职务。

23日　市邮政公司召开干部大会，中国邮政集团公司党组成员、纪检组长孙国栋出席并讲话，集团公司人力资源部副总经理李书杰宣读了集团公司调整天津市邮政公司领导班子的任免决定。

24日上午　市邮政公司总经理、市邮政物流公司董事长李克超到市邮政速递物流公司调研，与该公司总经理高向荣、党委书记刘琮怡等班子成员及中层干部进行了座谈。

是日上午　市邮政公司总经理李克超、副总经理常庆森，市邮政速递物流公司党委书记刘琮怡一行先后到市邮政管理局、市交通运输委员会走访，与邮政管理局局长陈凯等相关部门领导分别进行了会谈。

是日下午　市邮政公司总经理李克超、副总经理石青一行到中国保险监督管理委员会天津监管局走访，与江先学局长进行了座谈。

25日上午　市邮政公司总经理李克超、副总经理石青与邮储银行天津分行行长唐云崧、党委书记朱大鹏等领导进行了座谈。

是日下午　市邮政公司总经理李克超、副总经理常庆森一行先后到分销业务局、东丽区邮电局、邮区中心局调研旺季生产工作，看望慰问一线员工。

30日上午　天津市副市长、市政府秘书长孙文魁在市政府会见了市邮政公司总经理李克超、邮储银行天津分行行长唐云崧、市邮政速递物流公司总经理高向荣和市邮政公司副总经理常庆森。

是日上午　市邮政公司召开2015年首季开门红誓师大会。邮储银行天津分行行长唐云崧、副行长刘淳及分行相关部门负责人，市公司领导班子、机关部室及各二级单位领导班子和中层干部参加了会议。李克超总经理就此项工作提出明确要求，唐云崧行长提出了支持代理金融发展的10项具体举措，市公司副总经理、工会主席张德荣号召全体员工凝心聚力打好“开门红”战役。

是日下午　市邮政公司总经理李克超在市公司办公室、市场部、人力部及金融业务局等部门主要负责人的陪同下，到武清区邮电局调研指导工作。

31日上午　市邮政公司总经理李克超带领市公司办公室、市场部、人力部及金融业务局等部门主要负责人到滨海新区塘沽局、汉沽局、大港局调研。

是年　天津邮政实现邮政业务总收入15.46

亿元，同比增长2.7%，完成集团预算的102.6%。再度获得“全国用户满意企业”称号，用户服务满意度为90.76分，高于集团85分的要求。

（刘敬文）

·知识介绍·

《天津卫》主题邮册

分天津那些事儿、天津那些人、天津那些味儿、天津那些景儿四个章节，深度解读与诠释了天津卫这座古驿名都源远流长的历史积淀、海纳百川的人文特色、辉煌灿烂的民俗文化。

《纪念马三立诞辰100周年》系列明信片

以马三立《逗你玩》《练气功》《开粥厂》等10个脍炙人口的相声段子为题材，采用先进的AR技术，用户采用智能手机扫描明信片背面的二维码，即观看马三立经典原声相声。

一站式缴费

天津邮政现已开通代收全国话费、本市有线电视费及代收电费服务。目前。话费和有线电视费可在全市各邮政网点和便民服务站办理，电费可在各大邮政网点和部分便民站办理。今后，天津邮政还将逐步叠加代收水费等业务，真正让市民“进邮局门，缴多家费”。

开放式购物

邮乐网(www.ule.com.cn)是中国邮政携手TOM集团推出的网上综合购物平台，网站以“原汁原味原产地”的各省特色馆为主体，涵盖食品保健、个人护理、品牌服饰等几十万种商品。为适应购物掌上化趋势，邮乐还推出了邮乐APP，让邮乐购物更加便捷。

同时，为回馈广大客户5年来对邮乐网的支持，邮乐网近期推出了“金秋送福邮乐感恩”大促活动，客户可尊享四重好礼，包括“1元秒杀区”“半价专区”“包邮专场”和“网银支付全场特惠”。

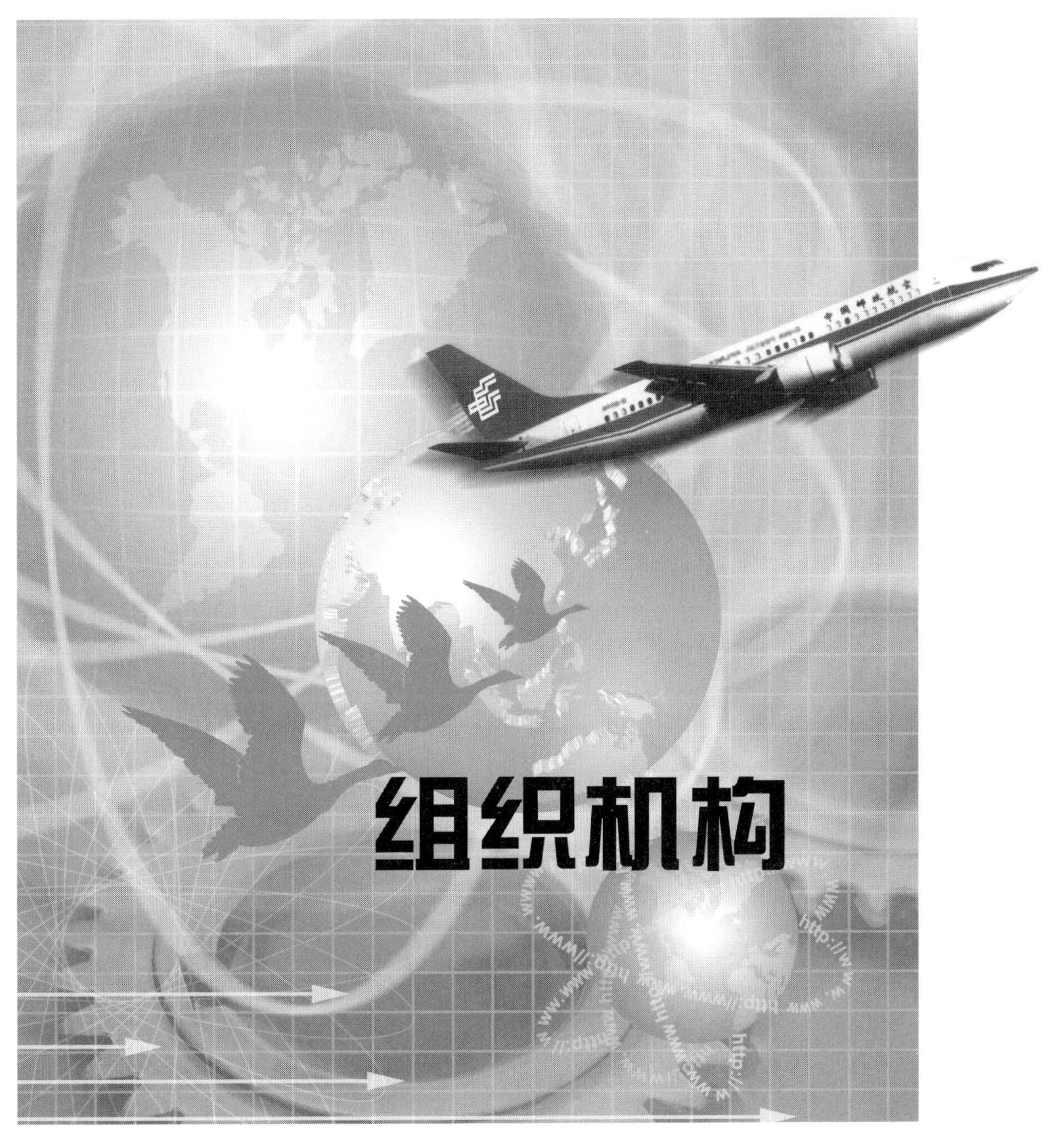

组织机构

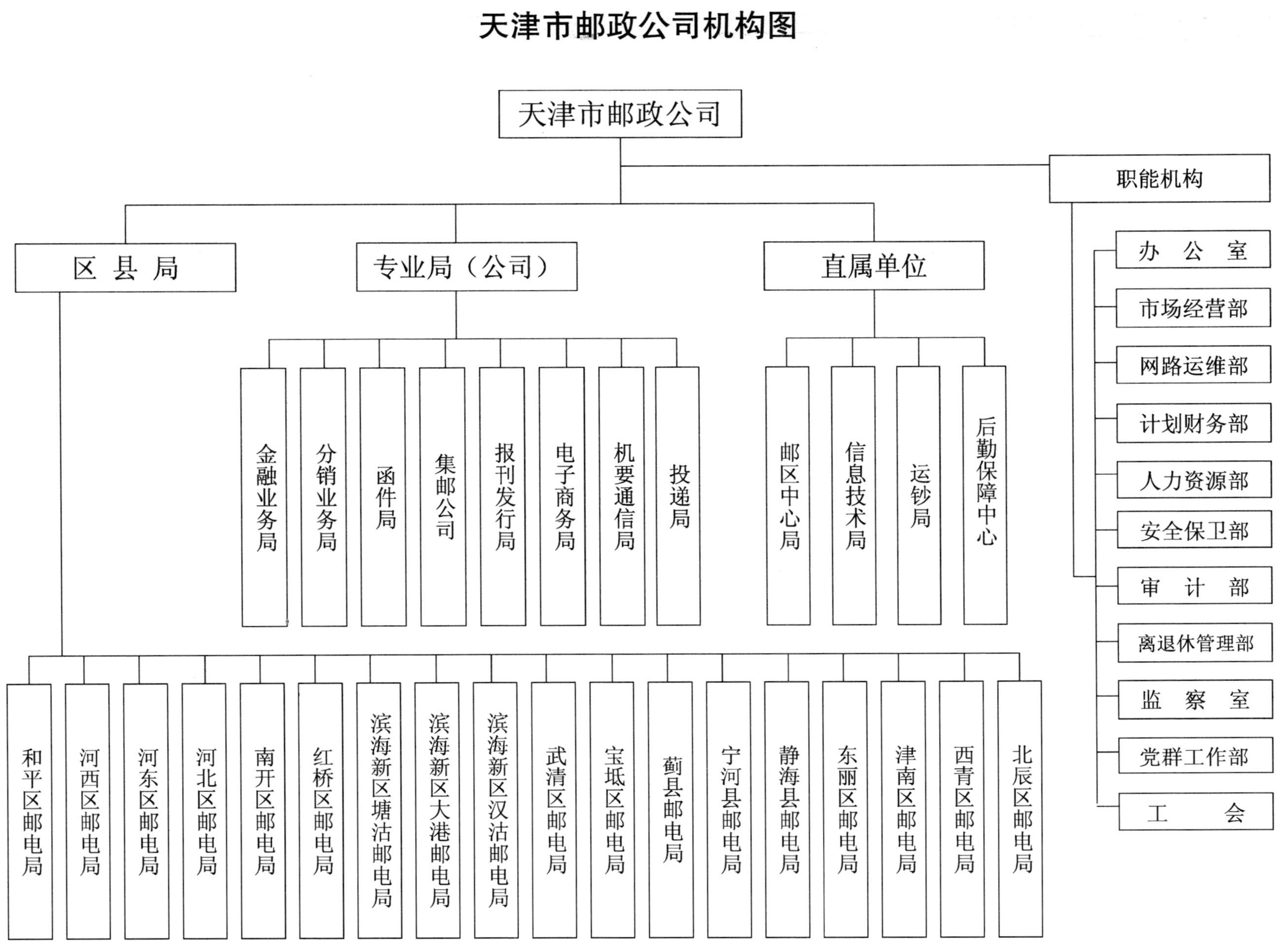
天津市邮政公司机构图
天津市邮政公司
区县局
专业局（公司）
直属单位
职能机构
金融业务局
分销业务局
函件局
集邮公司
报刊发行局
电子商务局
机要通信局
投递局
邮区中心局
信息技术局
运钞局
后勤保障中心
办公室
市场经营部
网路运维部
计划财务部
人力资源部
安全保卫部
审计部
离退休管理部
监察室
党群工作部
工会
和平区邮电局
河西区邮电局
河东区邮电局
河北区邮电局
南开区邮电局
红桥区邮电局
滨海新区塘沽邮电局
滨海新区大港邮电局
滨海新区汉沽邮电局
武清区邮电局
宝坻区邮电局
蓟县邮电局
宁河县邮电局
静海县邮电局
东丽区邮电局
津南区邮电局
西青区邮电局
北辰区邮电局

企业管理

行政综合管理

【概况】 天津市邮政公司办公室是全公司行政工作综合管理部门。现有主任1人,副主任2人,工作人员6人。市公司总值班室挂靠办公室,现有工作人员3人。天津邮政报社、天津邮政文史中心(天津邮政博物馆)隶属市公司办公室领导。

2014年，市公司办公室按照市公司统一部署,认真改进工作作风,注重提升办公室人员的综合素质和专业能力，全心全意为基层做好服务。办公室积极做好日常行政工作,完成了市公司领导重要讲话材料的起草和公文审核把关工作,依托《天津邮政》报、《天津邮政简报》、天津邮政微信平台等载体加强舆论引导,营造良好的内外部环境。办公室发挥综合协调作用,对于涉及多部门的重要工作,主动协调,认真督办,提高办事效率,保证公司各项工作落实到位。

【督办工作】 2014年,天津市邮政公司将督办工作列为强化内部管理的重点工作,办公室作为督办工作职能部门,严格按照《天津市邮政公司督办工作办法》,认真履行督办职责,紧紧围绕企业发展过程中出现的重点、难点问题,实施全程督办。督办工作为提高办事效率、确保重点工作的落实发挥了积极作用。

【来信来访概况】 2014年办公室办理来信来访148件,其中办理来信114件(上级机关及相关部门转交71件),接待来访34件49人次,其中集体访1件8人次。

(陈宏颖)

【文秘工作】 2014年天津市邮政公司办公室严格按照公文处理规定处理文件。全年共处理各类收文件3270件,套红发文737件。其中处理集团公司文件和传真1699份,银行来文266份,市政府文件、传真和其他部门文件61份,处理各类通知、请示及签报1059份，接收处理机要文件及信件185份。发公司发文396号,传真电报60号,办公室发文10号,津邮任发文25号,津邮函3号,其他各类文件243件。

(马丽峰)

【信息工作】 2014年,办公室继续加强对信息工作的管理,编发时限和质量均有所改进。全年共编发《天津邮政简报》165期,及时全面地反映了公司各项重要工作。全年上报中国邮政集团公司信息42篇,刊登15篇。信息工作为公司上情下达、下情上达,及推动各项工作起到重要作用,促进了公司的科学决策和各项工作的落实。

(边　宇)

【业务宣传】 办公室积极配合业务部门做好业务宣传,及时宣传天津邮政推出的新产品、新业务、新服务,大力宣传天津邮政履行普遍服务职责,服务地方经济和百姓民生所做的工作。结合新邮发行、金融理财产品发布、贺卡发行、报刊收订、节假日营业时间调整等业务活动,办公室向电视台、电台、《天津日报》《今晚报》《渤海早报》等都市报以及人民网、新华网、北方网等主流媒体发布投放软稿,全年共报道150余次,助推了业务发展。

(边　宇)

【新闻报道】 2014年,办公室将对外宣传作为公司实施品牌传播、树立企业良好形象的重要途径和有效手段,通过内强资源整合优化,外促媒企沟通合作,将公司产品和服务(含大型活动)、公司品牌形象、先进人物作为宣传主体,充分发挥主渠道和舆论导向作用,在中央以及省市级媒体上稿量取得了较大突破。

在中央人民广播电台、新闻台、交通台等热点频段全年累计投放新闻稿110余次，树立了自身品牌形象,提高了邮政业务的普众性。一些重大活动如生肖邮票发行、邮政日、大客户战略合作等，办公室均邀请电视台到场采访报道。本年度累计在天津卫视、天津滨海台、天津都市台报道天津邮政各类相关新闻30余次。在网络及平面媒体上，办公室与各大网络门户网站及报纸等平面媒体保持密切联系，第一时间将公司重要事件、重点业务开办等各类新闻稿向权威新闻媒体发布。全年累计在新浪网、搜狐网、新华网、北方网、中新网、凤凰网、中广网等网站上发布天津邮政相关新闻百余篇，在《天津日报》《今晚报》《每日新报》《城市快报》《渤海早报》《天津工人报》等本地最有影响力的党报、都市报上刊登天津邮政各类新闻百余篇，进一步提升了邮政品牌形象。

在中国邮政集团公司主办的《中国邮政报》上，天津记者站紧密联系天津邮政全面发展新形势，紧紧围绕中心工作，突出重点，形成特色，策划了基层支局长《兵头将尾的酸甜苦辣》、王溯赴京捐“髓”救人、金融网点转型等专版，以及集邮专业利用新媒体平台拓展宣传渠道等一系列深度报道，刊登70余篇。充分发动通讯员的力量，全年投稿300余篇，刊登200余篇，出色完成宣传任务。

（边　宇、李聪琮）

【总经理信箱】 2014年，办公室进一步完善了天津邮政“总经理信箱”，上下齐力维护，擦亮这扇“民意窗”。作为广开言路、了解实情、联系员工的重要途径，“总经理信箱”充分发挥了纽带作用。全年共收到来信53封。来信内容涉及改善用邮环境、为企业发展建言献策、员工业务能力提升、提高服务质量等方面。对每封来信，市公司领导都认真批阅，责成相关部门组织人员认真调研，限期落实，并上报结果，处理率达到100%，有效营造了民主和谐的企业氛围。

（刘海博）

【开通企业微信公众平台】 “天津市邮政公司”微信平台于2014年3月19日开通。截至12月末，共推送183期，包括邮政重要新闻动态、业界内外热点观察、经营管理理论、邮政历史、集邮文化等内容。该平台的设立旨在拓展新媒体渠道，利用微信宣传企业形象、创新服务方式。微信平台开通后，员工积极关注，关注人数达7000余人，每天互动信息近50条，成为继“总经理信箱”之后，又一条公司领导和基层员工沟通的渠道。

（李聪琮）

【法律事务工作】 全年对外签订合同2311份。其中，市公司签订合同677份；二级单位签订合同1634份。以上合同在签订、履行的过程中没有发生任何问题。办理企业诉讼（仲裁）案件26件。办理案件的过程中能够做到积极应诉，努力减少企业损失。参加企业对外集中采购招投标活动42次。提前参与企业的经济活动，预防发生法律风险。参与研究制定邮政业务外包政策，规范邮政业务外包合同。规范邮政委代办业务，协助各区县局签订委代办合同。解决遗留重大合同存在的问题。按照中共天津市委城乡规划建设交通工作委员会的要求开展了学法用法活动，深入开展普法工作。对各单位开展的生产经营活动提供了法律支持。

（齐建林）

文　史　档　案

【概况】 2014年，天津邮政文史中心（以下简称文史中心），仍挂靠天津市邮政公司办公室。文史中心内设年鉴编辑部、档案馆。天津邮政博物馆与文史中心两块牌子，一套人员。

年末，在职职工9人。其中党员5人，专业技术人员中，高级职称1人，中级2人。本科学历3人，大专学历6人。

2014年，文史中心认真学习贯彻市委书记孙春兰对天津邮政的重要批示，按照市公司领导对文史中心“发挥博物馆自身独特的资源优势，为促进企业发展多做贡献”的指导思想，重点围绕“加强管理，确保安全；发挥优势，服务大局；巩固成绩,创新发展"开展工作。编辑出版了《天津邮政年鉴》(2014);拍摄完成了《百年风云话邮政——走进天津邮政博物馆》电视专题片;完成《天津邮政投递发展史》初稿,拟于2015年底出版;完成《天津邮政博物馆》画册的设计工作,拟于2015年9月底出版。《天津邮政图片志》《天津邮政金融发展史》正在酝酿中。

2014年,文史中心档案馆各类档案的收集、整理、立卷、归档工作圆满完成。全年共收集、整理档案1232卷(件)。其中,永久保管期限的122卷(件);长期保管期限的273卷(件);短期保管期限的837卷(件);各种资料3盒,并较好地完成了档案日常借阅工作。

(王秉成)

【董秀彬一行参观邮政博物馆】 4月3日,中国国防邮电工会主席董秀彬、中国邮政集团公司工会主席关荣顺一行参观天津邮政博物馆。任永信总经理介绍了有关文物。董秀彬说:"天津是中国近代邮政的发源地,邮政博物馆设在大清邮政津局旧址,很好地保存了重要文物,为邮学研究提供了珍贵史料。"

(王秉成)

【李高照一行参观博物馆】 6月12日,集团公司文史中心主任李高照一行参观邮政博物馆。对天津邮政在大清邮政津局旧址建设博物馆及丰富的馆藏给予高度评价。表示对天津邮政博物馆下一步建设给予支持。

(王秉成)

【拍摄《走进天津邮政博物馆》电视专题片】 经中国邮政集团公司邮政文史中心与天津市邮政公司商定,由集团公司文史中心负责拍摄《走进天津邮政博物馆》电视专题片,9月10日至17日来津拍摄,对天津邮政博物馆馆藏文物及市内街景等精心拍摄,并赴塘沽、河西务、杨柳青等地拍摄,并采访了天津各界名家罗澍伟、郭凤岐、霍庆有、任永信、仇润喜等名人。至年底完成拍摄加工制作。

(魏普金)

【杜青林一行参观博物馆】 10月4日,中共中央书记处书记、十二届全国政协副主席杜青林参观天津邮政博物馆。

(王秉成)

【孙国栋一行参观博物馆】 10月22日,中国邮政集团公司党组成员、纪检组长孙国栋一行参观了邮政博物馆,对天津邮政十分重视历史文化给予肯定。

(王秉成)

【彭三一行考察博物馆】 12月8日,和平区区长彭三一行到天津邮政博物馆实地考察,商讨解决博物馆历史遗留问题。和平区领导认为,天津邮政博物馆所包含的历史文化丰富而独特,具有极高的学习研究价值,是展示中国文化,宣传美丽和平、美丽天津的重要窗口。他们表示,区政府会全力支持邮政博物馆二期建设工作,出实招、解难题。

(王秉成)

【完成《天津邮政投递发展史》出版稿】 为了记录天津邮政投递发展的历史轨迹,总结经验,昭示后人,由文史中心组织的《天津邮政投递发展史》编写工作基本完成出版稿。天津邮政投递从无到有,群众智慧无穷,历史上创造了名扬全国的以天津统一投递路线为主要内容的京津投递经验,小发明、小创造层出不穷,投递战线英模辈出,一代又一代投递员绽放津城,为人民群众送去温暖,带来佳音。此出版稿已交出版社印刷出版中。

(魏普金)

【《天津邮政年鉴》2014年版出版】 2014年版《天津邮政年鉴》于2014年12月由天津古籍出版社出版发行。全书共设17个类目、62个分目、1178个条目,约计75万字。刊载彩色照片111幅,插文黑白照片172幅。该年鉴是由天津市邮政公司主办,由天津邮政文史中心负责编辑出版工作,稿源由市公司机关各部(室)、各二级单位、直属单位以及邮政系统各单位提供,是一部具有公报性、资料性、权威性的大型年刊,每年编辑出版。2014年版《天津邮政年鉴》翔实记载了2013年天津邮政全体员工紧密围绕“1124”工作主线，深入践行“创新驱动发展，实干成就价值”的核心价格观，扎实推进党的群众路线教育实践活动，凝心聚力，抢抓机遇，坚持走效益型发展之路等所取得的重大成就及所经历的重大事件，以及邮政业务、体制改革、经营管理、文化建设等诸方面的发展、变化，以及天津邮政员工拼搏进取、无私奉献的企业风采。

（魏普金）

【夯实档案基础管理工作】 为进一步做好2013年文书档案归档立卷工作。3月份中旬，组织召开了兼职档案员文书档案归档立卷会议，督促各部室、专业局按照《文件材料归档范围和文书档案保管期限表》及有关规定，按时限要求完成了2013年文件材料整理、立卷、入库等归档工作，确保应归档的文件齐全完整、整理规范。

月日，完成了天津西站邮件转运中心及新建速递邮件处理中心工程建设项目的竣工资料移交工作，向集团公司档案馆移交该项目档案56卷。

（刘艳秋）

【继续做好档案征编工作】 进一步拓宽了档案接收征集范围，重点加强对实物档案和重大活动中形成的档案资料的收集整理，不断丰富馆藏，为今后邮政博物馆建设提供更为详细、生动的档案资料。另外，继续编写档案利用典型事例及大事记汇编、组织机构沿革汇编等多种较为实用的编研材料，日常利用需要。

（刘艳秋）

【开展档案管理培训工作】 9月中旬，开展了档案管理学习培训工作，组织所属单位兼职档案员认真学习了《档案管理违法违纪行为处分规定》，以及如何对各类档案进行收集、分类、立卷、归档、利用等管理程序，使大家进一步提高对档案工作重要性的认识，增强依法治档意识，提高自身业务素质和管理水平。

【档案提供利用工作重实效】 市邮政公司档案馆以为企业各项工作的发展服务，为机关基层服务为己任，不断拓宽服务领域，优化服务方式，档案工作焕发出了新活力。档案馆共接待查档126人次，调阅档案168余卷（件），共复制档案281页，并做好了查询登记和利用效果登记，通过积极主动提供利用档案，为领导决策和各项工作的开展发挥了重要作用。

（刘艳秋）

天 津 邮 政 报 社

【概况】 《天津邮政》共有员工11人，总编1人；副总编1人；文字记者5人；摄影、音像记者2人；办事员1人；183网站1人。

【及时报道天津市委书记孙春兰、中国邮政集团公司总经理李国华对天津邮政的重要批示】 7月10日、7月18日，天津市委书记孙春兰、邮政集团公司总经理李国华分别对天津邮政工作作出批示，对天津邮政提出新希望。《天津邮政》报对此情况进行了及时的报道，并专门开辟“落实两个批示见行动”专栏，刊登各专业、区县局落实两个批示的情况。

【跟踪报道“群众路线教育实践”活动】 自开展“群众路线教育实践活动”以来，《天津邮政》报记者跟踪采访报道各单位活动开展情况，及时刊登活动情况及进程，为深入开展活动发挥了舆论宣传作用。

2月19日市公司党委召开群众路线教育实践活动总结会。《天津邮政》报刊登了《群众路线没有休止符　作风建设永远在路上》的消息。

4月15日，中央第十二巡回督导组莅津指导教育实践活动。《天津邮政》报刊登了题为《出实招　办实事　解难题》的消息。

【突出报道市公司首届二次职工代表大会暨2014年工作会议】 2014年1月21日市公司召开首届二次职工代表大会暨2014年工作会议，任永信总经理作了题为《坚定信心　迎难而上　完善机制　加快转型　共创天津邮政特色发展新局面》的工作报告。《天津邮政》报在会议期间派出文字、摄像、摄影记者全程参会，及时刊登了会议消息、受表彰先进个人的照片、报告摘要，版面设计新颖不失严肃，圆满完成了此次宣传报道任务。

【及时报道市公司管理、经营、服务等会议情况】

2014年，《天津邮政》报积极报道市公司管理、经营、服务等重要会议，通过撰写消息、言论把会议精神及时传达给每位员工。

元月6日市邮政速递物流公司召开揽投部经理任命暨誓师大会。《天津邮政》报刊登了会议消息。

2月11日市公司1月份生产经营分析会召开。《天津邮政》报刊登《抢前抓早狠抓两额　抢抓机遇做大两包》的消息。

3月11日代理金融转型发展研讨会暨代理金融2月份经营分析会召开。《天津邮政》报刊登《用心做事　做到"三严三实"　坚定信心　做到"三个并重"》的消息。

3月19日，"天津邮政"微信订阅号正式开通。《天津邮政》报刊登了相关消息，号召员工及时关注。

4月4日市公司召开2014年纪检监察会。《天津邮政》报刊登了《围绕中心　服务大局　进一步加强党风廉政建设》的消息。

4月11日市公司召开一季度经营分析会。《天津邮政》报刊登了《狠抓"金包"　加速整合　融入地方　转型发展》的消息。

5月9日市公司召开4月份经营服务分析会。《天津邮政》报刊登了《居安思危　坚定信心　加快转型　特色发展》的消息。

5月23日，邮政储蓄"逻辑大集中系统"顺利上线。《天津邮政》报围绕此项工作进行了全面报道，刊登消息、通讯记录历史。

5月30日召开赴黑龙江、山东省公司交流干部汇报总结大会。《天津邮政》报刊登了《取经归来收获丰　全面对标方向明》的消息。

6月10日市公司召开5月份经营分析会。《天津邮政》报刊登了《坚定信心　对标发展　确保"双过半"》的消息。

6月27日市公司召开"七一"表彰大会，《天津邮政》报对此进行了全面报道。

7月14日市公司召开2014年半年工作会议，任永信总经理作了题为《坚定信心　强化执行　完善机制　加快转型　全力推进天津邮政健康可持续发展》的工作报告。《天津邮政》对工作报告进行了全面的解读及报道。

8月7日市公司召开交流干部经验汇报会。《天津邮报》刊登了题为《赴鄂归来话发展　对标赶超谱新篇》的消息。

8月11日市公司召开7月份经营分析会。《天津邮政》报刊登了题为《加强顶层设计　推进转型增效》的消息。

9月12日市公司召开8月份经营分析会。《天津邮政》报刊登了《主动作为稳增长　创新驱动激活力　狠抓执行增效益》的消息。

9月17日市公司举办离退休干部迎国庆茶话会，《天津邮政》报刊登了《聚一堂欢庆佳节　道祝福情暖人心》的消息。

10月11日市公司召开9月份经营分析会。《天津邮政》报刊登了题为《转型升级　练好内功　创新实干　提升效益》的消息。

11月6日市公司召开金融跨年度营销竞赛阶段推动会，《天津邮政》报刊登了《坚定信心　强化执行　着眼长远　历练队伍》的消息。

11月28日市公司召开"双11"总结表彰大会，《天津邮政》报刊登了《激情奋战　硕果累累》的消息。

12月10日市公司召开11月份经营分析会。《天津邮政》报刊登了《两手抓　收好官　早谋划起好步》的消息。

12月22日市公司召开干部大会。《天津邮政》报刊登了《中国邮政集团公司调整天津邮政领导班子》的消息，李克超同志任天津邮政公司总经理、党委书记。

【及时报道各专项营销活动】 2014年，为全面落实任总经理在首届二次职代会上提出的"1133

"工作部署,各专业组织开展了多项营销活动,各区县局积极参加营销竞赛,取得了丰硕的成果。《天津邮政》报对活动情况进行了及时的报道,起到了鼓舞士气、宣传推广的作用。

1月5日,集邮专业力推"马年生肖主题"营销项目,邮票首发活动受到集邮爱好者追捧。《天津邮报》对此项活动进行了报道。

3月15日各专业、区县局针对"315"组织了相关活动。《天津邮政》报对活动进行了报道。

3月24日,市公司组开"两包"专线汽车邮路,拉运塘沽局出口国际小包及武清局出口国内小包。《天津邮政》报刊登了《"两包"专线邮路开通》的消息。

2月25日,天津邮政累计发展中邮期缴保费2380.2万元,同比增长233.8%,提前7天完成2300万中邮期缴保费季度冲刺目标。《天津邮政》报对此情况进行报道。

4月3日,金融专业率先部署全力冲刺二季度。《天津邮政》报刊登了消息。

5月6日,电子商务专业在大港局召开邮政便民服务站现场推动会。《天津邮政》报刊登了题为《将便民服务站打造成全功能"小邮局"》的消息。

4月29日,"粽情端午" 专项营销活动启动。《天津邮政》报刊登相关消息。

6月4日,天津邮政在11个区县、23家邮政网点开始销售名优进口食品。《天津邮政》报刊登了《进口食品登陆天津邮政窗口》的消息。

截至6月底,市公司累计实现邮政业务收入8.08亿元,按照集团口径同比增幅3.1%,完成年预算的54%,圆满实现业务收入过半目标。《天津邮政》报及时对此情况进行了报道。

7月初,函件专业启动"大干三季度 奋力包全年"竞赛。活动围绕两包业务增收和基础业务转型开展,设立了小包客户开发、小包达人、小包贴士、旅游年票、减库压欠和项目创新等12项目标。《天津邮政》报对相关情况进行了报道。

7月16日,邮储"百强网点"效能提升竞赛启动。活动旨在应对当前金融市场的新形势、新变化,依托金融网点销售化转型,促进天津邮政代理金融快速、持续、健康发展。《天津邮政》报对此活动进行了全面报道。

7月末,儿童剧商演项目成功落地,打通了天津邮政函件媒体化运营的新渠道。《天津邮政》报撰写消息、通讯、言论等对各类商演项目进行了跟踪报道。

8月26日,市公司实现年累计代理期缴保费10036万元,规模首次突破亿元大关,同比增幅405%。《天津邮政》报刊发消息《代理期缴保险费规模破亿》。

9月初,天津邮政试水主题邮局,相声邮局、"致青春"主题邮局、"我的大学"主题邮局等相继开张纳客。《天津邮政》报跟踪报道了主题邮局的开办情况,并撰写通讯深度报道。

11月末,天津邮政全局动员奋战"双11",圆满完成寄递工作,展现了天津邮政全体员工勠力同心,奋力拼搏的精神。《天津邮政》报制作专版,以现场报道、通讯报道等形式全面展示了天津邮政人奋战"双11"的感人瞬间。

12月19日,2015年代理金融首季专项活动启动。《天津邮政》报刊登了消息。

【刊发"誓夺首季开门红"专栏】 全面采集报道了各专业、部室、区县局"首季开门红"期间的生产经营情况,起到了鼓舞士气,记录成绩的作用。

【开办"聚焦机制完善年"专栏】 通过此专栏对全公司各环节的机制完善工作进行报道,及时通报工作进程。

【开办"企业文化大家谈"专版】 通过整版面刊登了员工对企业文化的建议与观点。采用微博互动的形式倾听职工的想法,对公司企业文化建设起到了指导意义。

【开办"创新思维谋发展"2014年天津邮政公司工作会议报告"热词"解读】 连续刊登四个专版,公司干部员工根据自己的实际工作全面、立体、深入地解读了2014年天津邮政工作会议报告,使报告内容深入人心,具有超强的指导性。

【跟踪报道大学生创意大赛工作】 四月初天津邮政启动了"播种希望 收获梦想"大学生创意大赛,本次大赛历时6个月,旨在通过大赛展示大学生的能力,为企业选拔人才,从而实现个人职业生涯梦想。《天津邮政》报对此次大赛进行了跟踪报道。

【跟踪报道邮政职工王溯捐“髓”救人全过程】 5月22日，市“五一”劳动奖章获得者，河东区一号桥支局支局长助理王溯捐献造血干细胞救助一名韩籍人士。《天津邮政》报对此消息进行了全程跟踪报道，撰写消息、通讯、图片专版，多角度、全方位地对这种大爱善举进行弘扬，传递正能量。

【报道“五一”先进集体和个人事迹】 2014年，天津邮政系统共有6个集体，5位个人荣获五一劳动奖状、奖章、工人先锋号荣誉称号。为弘扬劳动模范的精神，《天津邮政》报制作“劳动创造价值　奋斗成就伟业”主题专版，刊登他们的先进事迹。

【刊发“七一”表彰专刊】 6月27日，市公司隆重召开表彰大会，表彰先进单位、党组织和先进党员。1102期《天津邮政》报刊登了表彰会的盛况及先进党组织、个人的事迹和照片，其中2、3版刊登了先进党组织和先进党支部的照片及简介，4版整版刊登优秀基层带头人和优秀党员照片。整张报纸主题清晰，设计精美，有力弘扬了基层党组织和共产党员无私奉献的崇高精神。

【精心策划邮政日宣传专版】 2014年10月9日为世界邮政日，《天津邮政》报积极配合市公司开展宣传活动，提前与市公司市场部精心策划，制作邮政日专版事宜。专版采用对开四版彩色印刷，2、3版以“情系万家　信达天下”为题，全版以新闻图片配文字说明为主，全面阐述了邮政“通政、通商、通民”的服务体系及邮政的企业文化、企业形象。

【刊发《天津邮政》报26周年特刊】 2014年6月20日为《天津邮政》报创刊26周年，《天津邮政》报提前策划，积极组织，搜集材料，刊发了以“足迹　见证　提升　岁月”为主题的四版专刊，全面展示了26年来天津邮政的风雨历程和几代天津邮报人为此付出的努力，生动记录了历史，版面设计活泼新颖，得到广大干部职工的一致好评。

【合理调整“183”网站栏目】 2014年，183网站以天津邮报社的信息网络为依托，不断丰富和完善各新闻板块的内容，进一步规划了网站结构，合并精简了一些栏目，新增了部分栏目并划分为五个板块。改版后由以前的18个栏目合并为4个，并新增“视频新闻”栏目。结合市公司重点工作，新增“活动掠影”板块，专门展示“创意大赛”“有奖读报”“一把手访谈”“首季开门红”等活动热点。为丰富版面、吸引读者，除继续精编“津邮文化”板块外，新设“才艺展示”和“协会园地”板块，用以展现天津邮政职工工作之外，精湛的才艺和丰富的业余生活。

（刘海博）

人力资源管理

【概况】 人力资源部负责全公司的人事干部、劳动用工、薪酬福利、员工招聘、社会保险、职工教育培训、职业技能鉴定及人事合同和档案的管理工作，设经理1人，副经理1人，管理人员8人。

邮政特有工种职业技能鉴定站，站长1人，管理人员3人；职工培训中心，教师7人；劳动服务公司，管理人员3人。

2014年，天津邮政人力资源工作积极贯彻落实集团公司各项工作部署，结合天津邮政发展实际，以转型、整合、特色为抓手、以完善机制为重点，进一步强化用工管理，提升全员素质。

【2014年指标完成情况】 1.全员劳动生产率达到18.35万元/人(按业务收入口径计算)。

2.全部从业人员年末到达8295人，其中合同用工A类3926人，合同用工B类478人，劳务用工3891人。

【以机制完善为重点,充分释放活力】 1.完善分配激励机制。一是完善工效挂钩办法,工资总额和劳务性支出向发展好、效益好、贡献大的单位倾斜。二是完善二级单位领导班子绩效考核办法,实行差异化考核,增加二级单位主要领导对班子成员的考核,加大了员工满意度考核力度。三是完善区县局专业考核办法,强化专业有效收入和区县局目标利润指标、现金流量指标,发挥区域优势,体现区域特色。四是调整了二级单位分等分级办法中的考核指标,强化了有效收入指标的考核。五是修订了邮电支局和专业机构设置及分等分级办法,明确了机构设置和等级评定的原则。

2.完善用工管理机制。一是尝试使用了非全日制用工,作为企业用工的补充形式。二是适当扩大外包环节,制定配套措施,对函件、中心局国际、国内小包收寄等环节实行业务外包,为企业节省了人力投入。三是进一步完善择优招用劳务工办法。实行经营成果与奖励劳务工转招指标挂钩,效果明显。四是积极配合干线邮件处理流程改革,妥善安置分流人员68人。

3.完善人才培养机制。一是首次派出一把手外出交流,选派18名区县局长赴黑龙江、山东省、湖北省邮政公司交流学习。二是实施青年知识分子职业生涯规划指导意见,447名青年知识分子自定了职业生涯规划,为其配备了辅导老师。三是组织天津邮政青年知识分子创意大赛,积极鼓励大学生员工发挥聪明才智,大胆为企业经营发展出谋划策。

【积极推进干部人事制度改革,加强干部队伍建设】 1.规范程序,提高干部选拔任用的公信度。一是认真贯彻执行领导干部选拔任用条例,实行提任公示制度,今年在去年竞聘及挂职交流中表现优秀的年轻干部中选拔9名进入直管领导行列。二是为规范邮政企业非领导职务设置和管理,改善干部队伍结构,健全管理人员晋升和领导干部退出通道,制定了三级及以下非领导职务设置规定;三是为规范二级单位领导人员行政级别晋升,完善激励机制,制定了“天津市邮政公司二级单位领导人员行政级别晋升办法”,明确了晋升各级行政级别必须履行规定的组织程序。每两年组织一次综合考核,对综合考核成绩差、不称职的,给予降低行政级别、免职处理。

2.优化领导班子结构。制定了天津市邮政公司直管领导退出领导岗位管理暂行规定,今年共计11名领导干部退出现岗位,领导班子结构得到进一步优化。

3.实施领导干部任期考核。根据“天津市邮政公司领导班子和领导干部考核暂行办法”,对市公司直管干部进行任期考核。

4.完善管理人员退出机制。在广泛征求意见的基础上,对管理人员退出办法进行了修订,更好地稳定管理人员队伍。

【严格用工管理,实现科学管控】 一是制定合同用工分类管理办法,将用工形式分为合同制员工A类、B类。二是为规范企业用工、防范用工风险下发了依法合规使用非全日制用工的通知。三是制定优化邮政营业网点人员配置实施方案,进一步提升邮政营业网点效益。四是制定管理人员优化配置实施方案,进一步压缩管理人员。

通过严格控制用工总量,全年共减少300余人,实现了减员增效。

【继续做好从劳务工中择优招用合同制员工工作】 按照集团公司的总体安排,继续从劳务工中择优招用合同制员工,全年共招用475人。

【创新培训方式,提升全员素质】 一是制定下发了《天津市邮政公司2014—2017年干部教育培训规划》,明确了今后几年的干部培训计划和方向。二是组织领导干部领导力提升培训班,组织部分直管干部赴延安干部学院培训;在2013年经营业绩突出的邮电支局中挑选50名支局长赴北京大学培训。三是组织三级副以上领导干部学习习近平总书记系列讲话,进一步提高政治素质和党性修养以及提升新形势下做好工作的能力。四是选派18名一把手和副职赴黑龙江、山东、湖北省交流学习,借鉴外省宝贵的经验和做法,起到了很好的指导作用。五是组织远程专项培训班,充分发挥远程培训网的资源优势和重要作用,增强培训实效。五是提高员工业务技能和服务水平,累计培训超过万人次,培训率达到100%。累计3800

人参加了14个职业的技能鉴定考试；全公司共有高级工969人、技师59人、高级技师3人，持高级工及以上证书人员占持证人员的15.04%；通信生产岗位的持证率为92.11%。

（宋　岩）

计 划 财 务 管 理

【概况】 计划财务部是管理全公司资金资产、财务收支、损益核算、网点效益、基本建设、集中采购、中长期规划、投资计划、预算管理、运费结算、省际结算、节能降耗、统计信息等工作的职能部门。现有经理1人，副经理2人，经理助理1人，管理人员11人，下辖资金调度中心2人，账务核算中心7人。

2014年计财部以国华总经理在全国财务工作会议上提出的“创新、精细、从严、集中”八字要求为指引，认真落实任总经理“1133”整体工作部署，紧紧围绕“管理以财务为重点，资源以效益为导向”的管理理念，深入践行“创新驱动发展、实干成就价值”的核心价值观，支撑业务发展，创新财务管理，强化财务管控，夯实管理基础，财务管控水平不断提高，各方面工作均取得了新的突破。

【各项经济指标完成情况】 2014年邮政业务总收入完成160974万元，同比增长1.43%；邮政业务总量完成140021万元，同比增长0.28%。

2014年邮政业务总成本171742万元，同比增长3.87%；2014年利润总额为-6137万元，净利润为-311万元。

2014年共完成投资计划7376万元，其中基本建设1906万元，技术改造5470万元。

2014年末资产总额177629万元，其中：流动资产52378万元、对外投资19353万元、固定资产80371万元、在建工程2102万元、无形资产及长期待摊费用23425万元。

【深化预算管理，着力机制创新】 实行预算目标认档管理，鼓励“认高档、认准档”，政策激励更加突出效益、贡献和增量，体现进位争先，更加注重综合效益、专业效益。以“比管理、比效益、比贡献”为目的，推行财务标杆管理。按照“横向到边、纵向到底”的总体思路，建立市公司、专业、区县、网点四个层面标杆管理体系和标杆指标体系。定期公布财务标杆数据，利用多平台进行财务标杆分析、经验分享，强化引领，注重传导，促进对标发展，提升管理水平。

【完善资产管理，激发内生动力】 积极配合集团对新固定资产管理系统上线前各项准备工作的布置与安排，保障了新系统上线后的正常运行。组织完成租赁给邮储银行土地房屋资产使用权类型变更登记工作，有力地支撑了邮储银行的改制工作。开展房屋土地资产清查工作，“彻底摸清家底、全面管好家底”，针对房屋土地产权档案管理随意、出租流程不规范、房屋使用效率不高等诸多问题，整章建制、跟踪督导、多管齐下，通过打出组合拳，夯实了资产管理基础，强化了资产经营意识，企业资产收益不断提高，真正地实现了国有资产的保值与增值。

【优化损益核算，力促效能提升】 积极开展专业产品效益分析，通过毛利水平变化、结构调整情况，科学评价产品效益，为业务发展定位、经营措施制定提供参考依据。加强网点损益核算对标分析，从收入规模、盈利状况、业务结构、资源配置、基础管理等多方面深入剖析对比，查找差距、发现问题、规范核算、提出建议，促进网点加快转型，提升产能。建立“两包”“商演”定期分析制度，对业务效益、成本结构、资金欠费等情况实施监控，引导业务部门在经营发展的同时，更关注发展质量和效益。

【提前描绘蓝图，指明发展方向】 天津邮政已迈入全面深化改革的新阶段，计财部在相关部门和专业的共同努力下，顺利完成了2015年—2017年的滚动规划编制工作，今年的规划工作打破以往的编制模式，按照“近细远粗”的原则，以春兰书记和国华总经理对天津邮政的重要批示为方向，以改革创新为抓手，做到顶层设计、提早谋划、凝聚共识、引领全局，对天津邮政未来三年的经营发展作出整体安排，突出了每项改革举措的改革路径，是今后企业改革的总施工图和总台账。

【夯实税务基础，实现平稳过渡】 财税(2013)106号文件指出从2014年1月1日起，将铁路运输和邮政业纳入“营改增”试点范围。市公司计财部一方面主动与主管税务机关密切联系，就邮政企业的总体状况、发票管理及部门职责等内容进行双向沟通，积极争取税收有利政策支撑。另一方面对不同层面、不同人员开展多角度、多维度的增值税培训工作，提高全员风险意识，主动应对税制改革带来的变化。通过不断夯实税收管理基础工作，优化业务流程，开拓思路，切实做好税收筹划，减少税改对业务影响，合理降低企业税负，确保税改平稳过渡。

【规范发票管理，防范经营风险】 出台《天津市邮政公司发票管理实施细则》，细化发票管理流程，规范发票的开具、取得及保管，加强对票据领购、发放、使用与保管、缴销等全过程的管理与监督。对增值税专用发票实行市公司集中管理，统一对外开具，加大了发票管控力度，进一步防范了企业税务风险。以发票专项检查和清理为抓手，通过自查、抽查相结合的方式，发现内部管理漏洞，排查风险隐患，确保发票管理合规合法。

【强化财务检查，发挥监督作用】 加大财务检查力度，做到事前有预案、事后有跟踪，坚持每月检查不少于两个单位的原则，实行远程和现场检查，针对经营管理欠缺、基础工作不规范、内部控制薄弱、执行力不强等问题提出了检查意见，切实履行了检查监督和服务职能。注重整改效果跟踪，落实长效，避免“水过地皮湿”，注重检查结果利用，定期汇总检查问题，实行全面预警，达到“一点带动，全面完善”，促进检查成果向管理服务转化。

【推进省际结算，提升效益意识】 本着“谁使用谁承担、谁服务谁受益”的原则，在国内、国际小包省际处理费结算基础上，增加了函件和包裹省际出口处理费结算。进一步提升了前端经营环节效益意识，使经营者在注重规模的同时更加注重质量。通过清晰反映各单位、各专业的实际效益情况，更加便于引导各单位、各专业进行结构调整、资源优配。

【稳步投资提升能力】 投资1275万元对52处网点和生产场地等进行了装修改造，其中金融网点综合改造17处。重点通过优化布局，贯彻落实新《企业形象管理手册》相关规定，随改造逐步统一了网点对外视觉形象，有效支撑了网点转型，有力促进了网点增加产能。通过竞拍以281万元成功购置了红桥区佳宁道1处网点的房屋产权。在中央预算的支持下，投资1718万元完成了54处农村普服网点改造，购置了12辆普服邮运用车及16辆机要通信用车，投资276万元新建了2处三农直营店仓库，购置农用配送车45辆、叉车1台、电动搬运车2台，较大提升了农村网点的普遍服务能力，进一步提升了邮政服务三农水平。45处空白乡镇补建局所全部开业运行。

【资金管控防风险】 通过建立资金预算申报制度，加强专业资金、投资资金支付的过程管控，完善绩效考核办法，树立成本、效益意识和货币时间价值观念。加大对资金增量的考核力度，应收账款按活动项目落实跟进，加强对项目资金回笼的管控，开展存货和往来款项的清理工作，从点滴抓起，聚沙成塔，促进资金回笼，增加企业效益，今年货币资金存量月均增量2347万元，清理集邮、分销、函件占压资金存货691.37万元，往来款项得到逐项梳理，企业可持续发展得到保障。

【增强企业市场竞争力】 今年安排固定资产投资7375.7万元，包括基本建设项目1906万元，技术改造项目5469.7万元。其中集团公司投资1032.3万元，省内投资6343.4万元。为支撑金融网点转型发展，投资2545万元为储蓄台席配置清分机设备738台；新增联网核查设备239台；新增补登查询一体机46台;安排ATM18台、CRS125台;投资1400万元更新、新增网点和生产场地监控设备。在红桥区佳宁道邮电所房屋产权购置一事中,计财部快速反应,决策及时,以优于市场价格成功竞拍,即节约了投资,又解决了后顾之忧。

【增强企业信息化引领】 投资679万元完成储蓄逻辑集中、电子商务平台改造、小包业务处理系统、邮政营销积分管理系统、网运和投递PDA设备上线及航母主题公园门禁系统等多项工程建设。通过应用系统软件的上线,完善了流程、强化了管理,提升了效率,重点支撑了高效业务的发展。

【增强企业集中采购管控】 为切实落实“三重一大”的要求,全年完成集中采购48次,共计费用2533万元,通过精心有效的商务谈判,有效降低了采购成本,相比预算累计节约费用273万元。

【队伍建设提素质】 市公司在天津市“第四届会计业务知识大赛”中荣获团体优秀奖、优秀组织奖两项殊荣,南开区邮电局贾永凤取得企业类个人成绩第三名,荣获个人二等奖。市公司高度重视此项活动,组织143名会计持证人员参赛,激发了会计人员的学习热情,全面掀起了会计业务知识学习新热潮。

（计财部）

审　计　监　督

【概况】 审计部设经理1人、副经理1人,专职审计人员6人。其中2人交流到集团公司审计局和河东区邮电局工作。2人由集邮公司和后勤保障中心交流到审计部工作。

2014年,审计部在集团审计局和市公司的正确领导下,认真贯彻落实集团审计局和市公司的总体要求,依据年度审计项目计划,围绕天津邮政“1133”中心任务,以“转型”“整合”“特色”为抓手创造性地开展审计工作,全面发挥审计监督职能。本年度共完成审计项目417项（集团口径统计）,其中完成集团公司统一部署的专项审计调查3项;完成领导干部离任审计项目12项,发现和规范各类问题62条,提出审计意见和建议121条;完成财务收支专项审计1项;完成基建工程项目审计15项;完成局所改造和维修项目共274项;完成技术改造20项;完成合同审签92项。实现项目审减费用700.25万元,综合审减率9.35%,为企业节约了建设资金,有效发挥了审计监督和管理职能。

【围绕集团管控要求,全力做好集团审计项目】 2014年共完成集团部署审计部牵头的审计项目3个,配合相关部门的审计项目2个,一是完成了对外投资清理督导工作,成立了项目组,制定了督导时间表,确保该项工作顺利、提前告捷,所出具的审计报告,成为了集团投资清理报告的模板;二是牵头完成了14年生肖邮票的破包破版监督检查工作,及时上报集团相关报表及影像资料,受到了专项检查组的认可,维护了集邮运营秩序;三是持续做好全行业财务收支审计工作,向全公司通报集团整体审计情况,提高认识,强化管控,从规范经营、科学发展的角度出发,要求基层单位树立正确的政绩观、效益观;四是合理调配审计资源,配合纪检监察部门完成了领导干部薪酬自查工作,配合财务部门组织开展‘小金库’专项治理工作。

【围绕公司战略,卓有成效地开展经济责任审计工作】 坚持离任必审的原则,组织开展经济责任审计工作。2014年接受人力部委托共完成领导干部离任审计12项,覆盖面达到100%。发现和规范各类问题62条,提出审计意见和建议121条。在经济责任审计中关注重点,一是监察基层单位“1133”工作任务落实情况,转型发展、资源整合、机制完善、特色经营的执行情况,正确评价领导干部的经济责任,反馈经营发展中存在的问题,揭示风险,助力基层单位管理规范;二是围绕权力监督,强化对“三重一大”事项的审计力度,聚焦八项规定的执行,扩充审计范围,推进基层单位建立规范健康的权力运行机制;三是围绕经济责任的履行,强化领导干部对大项目、大额资金、重大风险和隐患的管控责任,以审计的视角要求基层单位建立健全规范的运营机制,细化责任,规范流程,强化内部控制。

【重点开展局所改造结算审计,节省建设资金】 局所改造及维修项目的结算审计一直是审计工作的主要内容,在年初审计部与后勤保障中心进行了充分沟通,制定了工作计划和进度要求,面对项目数量较多、跨越时间较长、改造标准不尽相同的现状,审计人员合理安排时间和投入,将局所改造和维修项目穿插进行,仍然沿用建设单位参与的模式,坚持签证制度的落实,对隐蔽工程和变更部分加大审查力度,提高了工作效率。全年共完成局所改造和维修项目结算审计274项,实现工程项目审减费用700.25万元,综合审减率9.35%,为企业节省了建设资金。

【实施基建项目全过程跟踪审计,做好结算审计】 武清邮件处理中心和北辰瑞景邮局、武清城关支局三个基建项目已相继完工,并通过验收;并陆续展开了结算审计工作。目前,北辰瑞景邮局、武清城关支局两个工程的结算审计已经完成,武清邮件处理中心的结算审计工作已接近尾声。静海瑞和道支局的建设审计部依照集团公司对全过程跟踪审计的要求,在前期和中期的重点环节都予以重点关注和积极参与,在方案会审、施工招投标、施工合同审核、施工材料和主要设备的集中采购中进行了监督检查,有力地给予服务支撑。

【坚持参与集中采购招投标,行使审计监督职能】 审计部积极参与了设备购置项目的集中采购招标工作,对采购产品、方案提出了审计建议,对采购的相关环节实施监督,共完成合同审签92项,涉及金额共计1958.42万元,充分发挥了审计监督和管理职能。

【召开联席会议,有效发挥平台沟通作用】 一是审计部与计财部定期召开审计、计财联席会,就日常审检中发现的问题,双方进行深入的交流和探讨,在问题的认定、政策的执行、审检重点等方面达成了共识,有利于后续审检工作的开展,提高针对性,避免重复性,实现信息共享和工作互补。有效地促进审计和计财工作的衔接,形成管理合力,确保企业合规、健康运营。二是为了有效控制建设资金的合理支出,保障工程的施工质量及提高审计效率,共同提高工程管理水平,审计部倡导并召开了同计财部、后勤保障中心三部门的联席会,就工程审计过程中发现的管理中概算调整、签证制度执行、单项工程施工标准、维修费用审计、购置类项目决算审计等内容进行了探讨和沟通,取得了良好效果,并获得相关部门的赞同。

【积极参与内审协会理论研讨,论文在《中国审计报》上发表】 年初审计部共撰写两篇论文参与中国内部审计理论研讨,均被天津内部审计协会遴选上荐。8月20日,《中国审计报》发表了该部周海燕撰写的《实现企业内部审计增值应把握的几个重点》一文,文章从四个方面论述了内部审计如何提升企业价值、服务于企业目标的实现,是审计部集中学习、强化学习型审计组织建设的理论成果。成绩的取得,更强化了审计部加强学习、提升素质的信心和决心,进一步提高了干事创业的能力,为企业健康持续发展保驾护航。

(訾镇宇)

安 全 保 卫

【概况】 天津市邮政公司安全保卫部(含人民武装部)共6人。2014年,在天津市邮政公司和中国邮政集团公司安保处的正确领导下,紧紧围绕企业经营发展中心,坚持"安全第一,预防为主""谁主管,谁负责",全面推行安全闭环管理,提升安全保障能力。进一步完善了"党政同责、一岗双责”等安全管理规定，对安防设施进行全面更新改造；坚持邮银金融资金安全联席会议制度，进一步加强了资金、消防、邮件、交通和信息等重点环节的安全管理。荣立天津市公安局颁发的2014年度集体三等功。

【签订安全生产和综合治理目标责任书】 2014年1月21日，在安保部组织下，天津市邮政公司各二级单位主要负责人在天津市邮政公司首届二次职工代表大会暨2014年天津邮政工作会议上，向任永信总经理递交2014年安全生产和综合治理目标责任书，责任书内容涵盖人身、资金、消防、邮件、交通、设备、电气、信息、社会治安综合治理等九大类安全方面的目标和保证措施。确保实现安全管理一级抓一级、一级为一级负责的层次管理机制，确保各项安全管理工作制度化、科学化、规范化。

【完善安全生产考核和责任追究机制】 2014年，落实党的群众路线教育实践活动整改活动和“机制完善年”工作要求安保部牵头制定了《天津市邮政公司党政领导干部安全生产“党政同责、一岗双责”暂行规定》《天津市邮政公司安全生产安全保卫考核办法》等规定制度，明确安全责任，进一步充实安全生产考核控制指标，加大安全生产指标考核权重，更细化的层层建立安全生产责任制等，确保安全制度宽严有度、有法可依。

【强化安全检查制度】 2014年，除坚持按照规定频次，采用日查和夜查相结合方式，开展日常安全检查和重大节假日、重点时期安全排查外，安保部分别在5月、11月对各二级单位开展安全检查情况进行了一次抽查。并在下半年，集中调审了一次各二级单位安全检查报告书，规范二级单位安全检查制度落实，为全公司安全发展做好保驾护航。全年缮发《安全隐患整改通知书》17份。并督促安全隐患问题全部落实整改，并逐条进行了复查验收，整改率达到100%。

【建立与信息局联动机制】 2014年，安保部与信息局主动建立联动机制，通过每月召开两部门碰头会，每季度召开扩大(包含三家监控运维商)联席会等形式，强化信息化引领，超前谋划，做好有效衔接，实现安全技术防范设施的信息共享、科学管控。通过共同加强对服务商的管理，加强对网点安防设施的改善、提升性管理，提高安防设施完好率、有效率，对确实年久失效设备进行了更新、改造，最大程度发挥安防设施效能，监控设施等维护修复率和完好率显著提升，为金融业务转型发展提供了信息化引领和支撑。

【支撑代理金融业务转型发展】 2014年，安保部把支撑代理金融业务转型发展作为安防建设的重中之重。确保金融网点和CRS、ATM等自助机具安防开工、验收申报等工作全面提速。同时围绕武清邮件处理中心、北辰区邮电局等重点项目的金库、金融网点等重点部位安防需求，完善安防方案，做好施工跟进，特别是在安防项目开工、验收审批中，攻坚克难，做好与公安部门的沟通协调，全面提升对金融网点销售化转型工作的支撑、服务力度，全力助推金融网点改造工程进度。武清局领导4月份特赠送“践行群众路线　鼎力支撑基层”锦旗一面，对安保部表示感谢。

【支撑两包业务发展】 2014年，安保部按照市公司统一部署，全力配合完成二枢纽两包项目场地改造工程，并高质量完成监督监控网络布局、建设工作。

【创新安全宣传形式，走基层宣传安全知识】 2014年4月，市公司对部分领导岗位进行调整，其中一批年轻干部走上“一把手”或主管安全工作岗位，5至6月，安保部对所有调整领导班子的单位开展了有针对性走访、调研工作。了解他们需要安保服务支撑的方向内容；听取他们对安全工作的认识；宣传安全工作的方针、政策；宣贯市公司的安全要求和重点工作；督办安全重点工作推进进度和落实情况，受到基层欢迎。

【实施机关对口联系帮扶机制】 2014年，市公司建立机关对口联系帮扶机制，安保部按照市公司整体部署，积极做好对塘沽局、汉沽局的对口帮扶工作，深入一线与对口单位一起找差距、谋出路、想办法、解难题，并协助做好营销工作。两单位均圆满完成工作目标。

【板块联动消除安全隐患】 2014年,安保部不折不扣坚持"大邮政"理念,牵头不断完善与邮储天津分行和天津市邮政速递物流公司之间的安全板块联动机制。全年如期召开天津邮政金融资金安全管理领导小组联席会议。沟通金融资金安全方面各自的工作、发现的问题以及整改情况。通过完善联席机制,共同开展了消防安全检查、自助设备专项检查、运钞环节专项整治等活动,并共同进行了北辰和武清等邮政新建金库验收等工作,确保了邮银金融资金领域安全。

【邮银配合完成运钞局南开分部和南开支行点钞室整体搬迁工作】 按照市公司整体局所布局安排,2014年2季度,邮银安保部牵头完成了运钞局南开分部和南开支行点钞室整体由三马路支局大院迁至黄河道支局大院的工作。经过周密安排和有效沟通、衔接,顺利完成整体搬迁工作,确保重要安防部位实现集中规范管理,运钞线路整合优化,一定程度上减少了运行成本。

【消防安全管理常抓不懈,受到集团肯定】 2014年春季,按照集团公司统一部署,结合天津邮政实际,天津邮政三大板块联合开展了消防安全大检查和后续隐患整改等工作,并确保整改率达到100%。2014年3月11日至13日,集团公司消防安全检查组对天津邮政三大板块、四大支柱消防管理整体工作情况进行了检查,对天津邮政安全管理工作给予充分肯定。检查组认为:天津邮政和谐共处、共赢发展的局面在全国邮政堪称典范。对集团公司布置的消防安全大检查工作部署落实情况满意。2014年9月24日至25日,集团公司安保处资深经理郑克杰一行莅津指导检查工作,对春季集团检查组提出的问题进行复查,对天津整改工作表示满意。

【以"强化红线意识、促进安全发展"为主题开展"安全生产月"活动】 2014年6月,结合全国"安全生产月"活动安排,安保部牵头在全公司开展了以"强化红线意识、促进安全发展"为主题的"安全生产月"活动。通过开展习近平总书记关于安全生产重要讲话精神专题宣贯活动、以手机短信、微博、微信等为媒介的主题宣传活动、以征文、摄影、安全生产普法知识竞赛答题为载体的"安全生产月"主题活动以及生产安全事故警示教育活动、安全应急预案演练活动等,积极提高全员参与意识,营造良好安全氛围。并通过深入基层调研指导、传经送宝、答疑解惑等,将"安全生产月"各项活动扎实推进,取得实效。

(张毅敏)

离退休职工管理

【概况】 2014年,离退部按照市委老干部局、市建交工委、市退管会的要求和市公司的部署,紧紧围绕中心、服务大局,以求真务实的作风,诚心诚意、千方百计为老同志服务,做了大量卓有成效的工作。

一是组织老同志学习领会党的十八大和十八届三中、四中全会精神和习近平同志系列讲话,与党中央保持一致。二是第一时间将市委书记孙春兰、集团公司李国华总经理批示下发给老同志,使老同志深受鼓舞,一致表示要保持革命晚节,为建设"美丽天津、美丽邮政"做出新贡献。三是认真落实离退休干部生活待遇,满腔热忱做好服务工作。确保老干部"三个机制"平稳运行和困难补助所需资金。并建立帮扶体系,其中为离退休老同志发放祝寿金16.18万元、高龄补贴28.9万元、重病帮困款19.6万元。在建国65周年之际,走访慰问老干部、老劳模、重病、孤老等600余人次,把党和企业的关怀送到老同志心坎上。四是抓制度建设,对历年来的各项制度进行了梳理、完善和补充;制定了离退休干部标准化管理流程和退休职工管理规定,并将月、季度、半年的工作计划及重点工作安排定为制度,使之成为长效机制。五是完成了《津邮老年》报改版工作，受到老同志的欢迎。六是大力加强作风建设，使离退休工作队伍得到加强。全年为离退休职工办好事、实事帮扶人员达300余人。引导老同志发挥优势，全年共完成揽储超亿元。许多老同志投身公益事业，受到区街和社区的表扬。在信访工作中，全年共接待上访近百余人次，主要涉及因病致困、工伤、养老金偏低等问题，在做好帮扶工作的同时还依照有关政策进行疏导，较好地化解了矛盾，保持了队伍的长期稳定。

由于离退休工作成绩显著，被市总工会等四部门评为2012—2014年度天津市退休管理服务工作先进单位；贾平等四人被评为先进个人。

2014年，全公司共有离退休职工3585人，市内离退休人员2807人，区县局离退休人员778人，其中包括银行150人，速递38人。离休干部36人，包括区县局5人、银行1人，其中享受副局级待遇1人，处级干部32人，一般干部3人。退休局级待遇6人，其中享受正局级待遇2人，副局级待遇4人。退休处级待遇81人

2014年，为离退休职工祝寿1014人，高龄补贴595人，申请重病帮扶基金260人。全年病故79人，离退休人员平均寿命77岁。

【市公司举行离退休干部迎新春茶话会】 元月23日，市公司举行离退休干部迎新春茶话会，近130名老同志参加。

市邮政公司总经理任永信和班子成员，市邮政公司原总经理田玉海，新任天津邮政速递物流有限公司总经理高向荣、党委书记刘琮怡，邮储银行天津分行副行长刘淳，中邮保险天津分公司副总经理王艳萍，老领导曹守正、仇润喜、吕德培、陈实、李京明等出席了茶话会。

茶话会由张德荣副总经理主持。任总经理介绍了2013年企业在内外部环境发生深刻的变化，面对复杂严峻的局面，公司上下知难而进，牢牢把握“稳中求进、进中提升”的总基调，紧紧围绕“1124”工作主线，加快转变发展方式，经营质效稳步提升，进位争先取得成效。通过全公司干部员工的艰苦努力，圆满完成了集团公司下达的业务收入指标和各项经营任务。并介绍了在过去的一年里，“大邮政”理念达成共识，政企间、板块间联动持续深化。企业内外部发展环境持续向好，员工幸福指数不断提升。与此同时，为职工和离退休职工八件好事得到落实，五件实事全部办好。任总经理对老同志们为企业发展所做的贡献表示衷心的感谢。

老同志们衷心祝愿天津邮政，在党的十八届三中全会精神的指引下，马年会一马当先再创佳绩。

会上，离退休老年舞蹈队、合唱队和在本市地方戏曲大赛获一等奖薛三起同志为老大家演出了精彩的文艺节目。

任总经理与老同志们握手(离退部 供图)

【召开2014年离退休工作会议】 4月9日上午，市公司离退部召开了2014年离退休工作会议和相关业务知识的培训。各区县局负责离退休工作的同志和离退部全体工作人员参加了会议。会议传达学习了市老干部局、建交工委和市退管会有关文件，对2014年离退休工作进行了重点部署，听取了各区县局关于2013年工作的简要汇报，和对今后工作的意见和建议。会议由史辅华副主任主持。贾平主任首先做培训开班的动员，并对2013年离退休工作进行了全面总结。史辅华和张宝秋两位副主任遵照市规划建交工委和市退管部门的要求，分别对老干部工作和退休职工工作的重点，及市公司的要求做了具体的安排。

【老同志参观游览活动】 吕祖堂是本市红桥区爱国主义教育基地。吕祖堂建于1844年(明宣德年间)。是中国唯一的义和团运动遗址。4月30日，离退部组织75岁以上老同志前往参观，使大家重温了中国近代史上农民阶级反帝爱国运动的光荣历史。老同志看到1900年义和团首领曹福田在

吕祖堂建立总坛口的场景和各种实物。展品中有当年义和团战士打击侵略者的大刀、长矛和火炮。教育基地展出了保卫天津紫竹林战役和廊坊大捷的照片及壮烈场面。也展出了新中国成立后1955年德意志民主共和国的格列提渥总理向周恩来总理送还当年义和团使用的旗帜的珍贵照片等系列史料。

5月22日又组织参观游览了"五大道"、静园等景点。这些经过重新修缮的街巷和历史风貌建筑焕然一新,走在建筑群中,使人们感受了一次津城特有的文化熏陶与洗礼,欣赏了"美丽天津"的精彩瞬间。

【开展暑期慰问和送温暖活动】 离退部从5月中旬开始开展对高龄、病重、病危、特困等离退休人员进行入户慰问,转达公司领导的问候,并协助解决生活中的具体问题,及进行帮扶。史辅华主任及贾平、薛乃等首先来到年过8旬长期行动不便的张玉琴、李惠、佟玉春、刘弼芳、邵祥福等老同志家中,受到老人和家属的热情接待。老同志张玉琴兴奋地说:"自离开工作岗位后,组织处处关心我们,生活无后顾之忧,30年来确实感到'组织'就在身边,我衷心感谢公司领导和同志们的关怀,祝企业兴旺发达"。一席话道出了老同志的共同心声。

在看望吴焕文时这位乐观的北方汉子非常动情。史主任仔细询问病情后,将其与家属用车送往医院,做常规检查。

在探望离休干部韩嘉珩时,正赶上老人患病急送医院,家属正在马路拦车,"一刻也不能耽误!"史主任亲自驾车,把老人及时送到总医院住院治疗。家属感激不已,称离退部真是"及时雨"。在慰问中,他们为一些老同志送去了急需的药品、氧气瓶,还为有的老同志咨询了长期不能落实的房产购买等问题。

【举行老同志迎国庆65周年茶话会】 天津邮政老同志迎国庆65周年茶话会9月17日在公司礼堂举行。出席茶话会的有:市公司任永信总经理和班子成员,各板块的领导,原市公司老领导曹守正、仇润喜、吕德培,他们与老同志欢聚一堂,共庆祖国华诞。茶话会由市公司副总经理张德荣主持。任总经理在总结为离退休老同志服务工作时指出,今年上半年,我们组织了全体离退休老同志体检;为590名离退休老同志发放高龄补贴、为468人发放祝寿金。今后,天津邮政将一如既往高度重视离退休工作,认真执行国家相关政策,完善机制,更加有力有效地帮扶老同志,为老同志们排忧解难、雪中送炭。同时希望广大离退休老同志进一步发扬"爱企业,有觉悟;爱社会,有担当;爱生活,有激情"的优良作风,继续关心和支持天津邮政的发展,共创企业未来,共创社会和谐,共创美好生活。

在座谈中,老同志共同祝愿天津邮政在建设"美丽天津、美丽邮政"中谱写新的篇章。

【离退休工作受表彰】 经市总工会、市财政局、市退休职工管理委员会、市人力资源和社会保障局四部门评定,天津邮政市公司离退休管理部和塘沽区邮电局被评为2012—2014年度天津市退休职工管理服务工作先进单位。

贾平、郭喜才、隋继峰、李源源被评为先进个人;李荷萍、张乐萍、邵雅琴、郑永兰、张树棠被评为先进片组长。

在市市"庆祝建国65周年天津市退休职工文艺汇演"活动中,市公司荣获优秀组织奖。

合唱队的女生小合唱"芦花"荣获一等奖,李春明的女声独唱"亲吻祖国"荣获二等奖,舞蹈队的舞蹈"生活因我们而美丽"和"海派秧歌"分别荣获二、三等奖。

在市总工会、市委老干部局、市老龄委、市退管会、中老年时报联合举办的"津门恒大杯"第二届天津市退休职工戏曲大赛中,离退部荣获优秀组织奖。薛三起参赛的地方戏河南豫剧"七品芝麻官"选段荣获一等奖,张志清参赛的京剧"锁麟囊"荣获三等奖。

【《津邮老年》扩版升级】 《津邮老年》报于1990年6月开办迄今已24年,最初由市邮政局退管科主办,由退休职工自己编写,反映退休职工晚年的生活,不定期出版,在退休职工内部传阅。使之成为离退休人员与企业之间的联系纽带。《津邮老年》虽办报20余年,沿至今日手工刻印改由电子版印刷,丰富加大了小报的信息量,加强了正确舆论导向，2008年被市委老干部局授予《优秀自办刊物》。但仍有许多不足之处。突出为：报纸纸质差，加之字数多，字号小，老同志阅读不便，又因水平有限，编辑人员少，造成质量不高。

任总经理对离退休职工的精神文化生活高度重视和关心，提出进一步提高办报质量，办报人员异常兴奋。史辅华主任亲自主持了改版工作，经与编辑们共同研究，在天津邮政报的帮助下，先从三方面改进，试版听取意见后，从10月份起正式推出。

【开展冬季慰问活动】 入冬以来，离退部史辅华主任带队以各种形式，对离退休老同志进行走访慰问，如生活遇有困难，给予及时解决；并对病重和特困职工进行了慰问，转达了公司领导的问候。

【光荣榜】 经市委同意，市委组织部、市委老干部局决定，授予天津市邮政公司退休干部仇润喜同志为“天津市离退休干部先进个人”荣誉称号。

【召开通讯员会议】 11月28日，离退部召开《津邮老年》报通讯员会议。会议总结了《津邮老年》报一年来办报及近期改版升级情况，并就如何提高办报质量进行了研讨。

参会人员认为，《津邮老年》报这次改版升级是成功的，从纸质，版面设计，栏目内容，字号等都发生了显著的变化，方便了老同志阅读。希望以改版为新的起点，更进一步为离退休职工提供可读性更强，版式更美观，更受老职工欢迎的报纸。

【承办“美丽天津　美丽邮政”书法绘画摄影展览工作】 市公司首届邮政职工书法绘画摄影展览自2014年11月6日开幕至26日闭幕，历时21天，共展出各类书画、摄影作品400余幅。

此次书法绘画摄影展由市公司工会委托离退部承办。为了搞好这一大型展览活动，着重抓了两项工作。

一是超前谋划，提早安排。为使参展人员有充分的准备时间，我们提早发布了举办书画展通知，让职工中书法绘画爱好者早知道、早构思、早准备、早动手，确保了参赛作品的数量和质量。

二是准备充分，组织严密。首先做好作品的送裱工作。对上交的作品及时分类，先后分三批进行装裱。其次做好展室环境的设计工作。我们在展室布局、展架设计、射灯安装等细节上都做了精心的策划。为满足横幅作品的布展需求定制了13个大展架。为更好地衬托出作品的美感，在各展室安装了射灯，通过灯光照射，给展品增添了美的视觉；使作品的美和展室的幽静有机地融为一体，创造了优美的欣赏环境。第三做好开(闭）幕式的策划工作。对每个环节都进行了彩排，确保准确无误，衔接有序。

此次展览，虽然时间短，任务重，但离退部工作人员齐上阵，出色完成了布展任务，受到了上级和观众的好评。

（离退部）

·知识介绍·

多元化订票

经过近6年的发展，邮政代理航空票业务以其安全、便捷的特性在客户中树立了良好的口碑。查询订购机票，客户可拨打11185，也可在各邮政网点及部分便民服务站购买，邮政将免费送票上门。

客户还可登录天津邮政淘淘乐淘宝店(http://shop34450708.taobao.com)，该店铺专售热门演出票、景点门票等票务类产品。天津邮政还推出了“天津邮政电商资讯”订阅号和“天津邮政电商”服务号，市民只需关注两个微信号码，即可享受手机客户端机票的实时查询、预定支付、订单管理、行程单配送等服务，现微信平台还推出优惠活动，客户通过微信订票即享受票面价值2%的优惠。

邮政经营
服务与管理

邮 政 经 营

【夯实基础，完善营销管理机制】 下发了《关于做好2014年大客户中心重点工作的通知》《2014年二级单位大客户中心目标考核办法》《关于上报2014年大客户营销项目开发进展情况的通知》及《客户营销管理系统应用考核办法》《关于在区县局组建两包专兼职营销团队的通知》等文件，进一步明确了2014年大客户中心工作的总体思路、职能作用，考核目标和客管系统建设目标等内容，为健全大客户中心管理机制、推动大客户服务工作上水平奠定了良好的发展基础。

【加强培训，完善营销体系建设】 出台了《客户营销管理系统应用考核办法》考核机制，加强管理，加强通报，进一步促进了客管系统数据的完整性和准确性；启动了2014年营销人员的培训计划，约有350人营销人员参加，同时为进一步提升营销员综合能力，大客户中心积极与金融业务局联系，组织多次保险培训，为打造一支素质高、能力强、适应市场竞争、满足企业发展需要的营销队伍提供了契机。

【创新模式，创建营销积分管理】 出台《天津邮政营销积分办法》，牵头组织积分系统上线的准备工作，及时发现运转过程中的各种问题，实时总结，不断完善，把员工积分当做评先的必要条件。

【贴近政府，融入地方经济发展】 为服务会展经济，打响邮政品牌，积极与市政府、市商委、市旅游局、市台办、市乔联等政府机构沟通，积极参与"美丽天津"建设，先后成功进驻"津洽会""台博会""旅游产业节"现场，设立临时邮局，服务参展客商，实现收入60余万元，这是市公司积极服务地方经济建设，通过会展经济宣传美丽天津、美丽邮政的又一举措，取得了经济效益和社会效益双丰收，进一步树立邮政品牌形象。9月10日，2014年夏季"达沃斯"论坛在天津梅江会展中心隆重开幕，市公司高度重视此次论坛盛会服务，专门成立了以常庆森副总经理为组长的服务工作领导小组，大客户中心积极与"达沃斯"筹备组、市邮政管理局就邮政现场服务、投递、运输安全等方面进行协调沟通，制定了详细的服务方案和应急预案，并下发了《关于做好2014天津夏季达沃斯论坛邮政安全服务工作的通知》，全面细致安排布置达沃斯论坛邮政安全服务工作，得到了市政府的高度评价，专门来函，对论坛期间天津邮政提供优质服务表示感谢。

【拓展市场，天津邮政登录论坛】 5月11日，由天津市商务委员会、天津滨海高新技术产业开发区管理委员会主办，天津滨海高新区软件园管理中心、天津市电子商务协会承办的"第三届中国(天津)电子商务发展高峰论坛"举行。常庆森副总经理代表天津市邮政公司在会上作了题为"发挥邮政综合优势，发力跨境电子商务"的主题演讲。演讲彰显邮政对服务跨境电商的国际优势、政府支持、实物流优势、信息流优势、资金流优势等，同时也表达了天津邮政通过打造邮政服务站、推进智能包裹柜、成立商投队伍等一些具体举措，致力于服务电子商务发展的决心。

【发挥特色，邮品大赛获得殊荣】 在2014年中国旅游商品大赛在浙江省义乌市举办，全国29个省市逾百件旅游商品参加了此次大赛。市公司的集邮和函件专业6款文化性、纪念性、创新实用性较强的产品代表天津市和天津邮政参赛。经过激烈角逐，市公司参赛产品脱颖而出，全部荣获优秀奖；同年在9月19日至22日，由国家旅游局和天津市政府共同主办的2014年中国旅游产业博览会第四届旅游纪念品大赛颁奖仪式中，市公司的参赛产品以邮政的外形，巧妙融入天津地方特色文化，构思精巧，形式新颖，得到了比赛评委和旅游局领导的高度赞赏和一致认可。其中，集邮公司《津津有味—天津话》纪念封套装凭借诙谐幽默的天津俚语，扫描纪念封上的二维码即“可看、可听、可读”的新颖设计，技压群芳，在1185件作品中脱颖而出，摘取本次大赛唯一最高奖：最佳创意奖。《穿越天津》和《天津卫》两款主题邮册获得优秀奖，并被主办方选为本次博览会必购商品，在旅游纪念品展区展示销售，成为本次参赛的一大亮点。

【打造亮点，牵头总部项目工作】 一是牵头网点转型与华润合作项目：在去年成功与华润公司合作基础上，今年，继续推进落实全面合作的协议安排，天津邮政将在双方合作店中设置邮政专台，销售邮政函件和分销产品，并积极加入华润公司商品采购行列，在合作店产品中引入邮政分销的特色产品。

二是挖掘天津特色牵头主题邮局建设工作：天津邮政拥有400余处网点，是展示我市服务意识与文化水平的重要窗口，也是做好普遍服务的重要平台，在建设美丽天津的进程中责任重大。通过深挖区域文化特点，总结属地消费热点，结合社会关注焦点等方式，2014年先后建成的主题邮局有滨海航母主题邮局、致青春主题邮局，百年津局的建设也在紧张的筹备之中。

三是落实集团要求牵头板块联动项目工作：与邮储合作。ETC项目是2014年集团公司板块营销的重点工作之一。交通运输部、公安部已就此项工作共同下发了文件，其中明确邮政参与该项目的工作内容和职责。为积极落实集团公司工作安排，5月16日，大客户中心与邮储分行公司业务部及相关单位和部门共同召开了项目专题研讨会，并联合发文《关于成立ETC联合领导小组的通知》。6月21日，集团公司印发了《医药行业综合服务方案的通知》。为更好地落实集团医药板块项目，于6月25日召开了三大板块四大实体关于《医药行业综合服务项目》首次联席会。联席会确定成立了联合工作组，提出了共享客户资源、共商合作机会、共谋发展的工作思路。在会上邮政公司市场部大客户中心还向与会单位提供60余家用邮医院名址信息，并对各板块客户资源共享提出了深度开发的综合建议。南开区局有效地抓住客户在高端业务方面的寄递需求，通过分析客户寄递业务中收件人的等级划分，制定了专门的方案，最终成功开发医疗类客户——协和造血干细胞基因工程有限公司发票寄递，目前已经寄递7444件，形成收入4.3万元。和平区局以政府提高便民服务的需求为突破点，成功开发社保账单约投挂号业务，目前已经寄递905件，形成收入0.6万元。

【创新方式，加强大客户维护工作】 为加强对大客户的维护工作，精心策划、周密组织《2014年“十一”黄金周暨世界邮政日主题宣传活动》取得了良好效果。十一期间，各区县局在国庆黄金周期间组织开展形式多样的宣传展卖活动，局所门前的网点宣传、走进社区、农贸市场的亲民宣传、主题邮局的特色宣传、感恩重阳的主题宣传等，充分展现了邮政服务地方经济和社会民生良好的品牌信誉，取得了良好的社会效益和经济效益。10月9日世界邮政日，与金融专业携手共同举办了回馈金融大客户专题活动，近800但余位金融专业优质客户观看了舞台剧《夏洛特烦恼》。活动现场高潮迭起，笑声不断，使广大客体验到了邮政全新服务，得到了大客户的欢迎和高度评价，同时在邮政日当天还组织了免费参观博物馆、到邮政办业务有赠品、存款、订阅报刊有奖品等等特色活动，进一步拉近了与客户的距离，仅邮政日当天，新增存款余额3800余万元，有效地促进了各项业务发展。

【服务基层，深度合作统谈政策】 为进一步加强投递队伍建设，提升投递服务水平，市公司决定为每位投递人员配备手机及手机卡。在市公司领导的大力支持下，市场部与联通天津分公司主谈联通手机卡资费优惠政策，通过多次的沟通洽谈，最终确定除给邮政投递员赠送智能手机外，在使用话费资费政策上也特批极其优惠的政策，为一线投递员解决了末梢投递需要与客户联系的实际问题，受到了投递人员极大的欢迎。

视　察　工　作

【用户满意度进一步提升】　天津邮政委托天津市质量管理协会用户委员会，采用“用户满意度指数”评价方式，对各区县局、投递局的11项邮政服务内容进行了满意度测评，结果显示，公司用户满意度全年综合得分为90.76分，高于集团公司下达的评价指标。

【开展优秀视察员评选活动】　按照市公司《关于印发天津市邮政公司视察员管理考核办法（试行）的通知》综合全年履职情况，依据《邮政视察员履职考核标准》通过打分评选，中心局张庆、投递局刘义、武清局薄翼、大港局朱振亚、宁河局孙成权以及金融视察员南开局刘晨、东丽局王凯等7人，被评为2014年度优秀视察员。

【开展评选2014年星级窗口活动】　2014年度共申报三至五星级窗口33个，市公司检查验收组对申报的三星级窗口按比例进行了抽验，对申报的四星级、五星级窗口全部检查验收，申报合格率为78.79%；同时，对部分已获得星级称号的窗口进行了复评，复评合格率为100%。通过检查验收确定了晋升星级服务窗口26个，其中，五星级服务窗口：武清投发公司；四星级服务窗口：大港胜利支局，邮政投递局东楼分局；三星级服务窗口：河东香山道邮电所、十四经路储蓄营业所，东丽福东里储蓄营业所，津南团结路储蓄营业所、天山水榭储蓄营业所、柳林新都邮电所、咸水沽投递部，塘沽杭州道西储蓄营业所、宁波道储蓄营业所、闸南路邮电所，汉沽文化街邮电所、友谊路邮电所、战斗街邮电所、宜春里邮电所，大港阳光家园邮电所，武清下朱庄邮电支局、前进道邮电支局，宝坻南三路邮电所，蓟县尤古庄邮电支局，宁河经济开发区邮电所，静海子牙邮电支局、西翟庄邮电所、独流储蓄营业所。

邮　电　局　所

【局所迁址和更名】　2014年1月6日，和平区营口西道邮电所更名为天津市和平区营口道邮电所（地址：和平区营口道迎新楼12栋增1号，邮政编码：300052）。

2014年1月8日，宝坻区南三路邮电所迁移至宝坻区南三路南侧，邮政编码：301899。

2014年1月26日，南开区日华里邮电所迁移至榕苑路16号鑫茂科技园正门南侧，邮政编码：300384。

2014年6月23日，天津市滨海新区大港阳光家园邮电所更名为天津市邮政公司滨海新区阳光家园邮电所（地址：滨海新区大港团结西路174–178号，邮政编码：300280）。

2014年7月23日，北辰区东堤邮电所更名为天津市北辰区辰昌路邮电支局，并迁入天津市北辰区辰昌路1911号，邮政编码：300134，生产机构代码：30013410，隶属于北辰区邮电局管理。

2014年8月7日，滨海新区塘沽中心北路邮电支局迁移至中心北路苏州里7栋底商1号，邮政编码为300451。

2014年8月15日，北辰区万科新城邮电所迁移至北辰区万科新城凌霄苑增1号102–103，邮政编码为300402。

2014年8月21日，东丽区轻工商贸城邮电所更名为天津市东丽区大毕庄邮电所，并迁入天津市东丽区金钟街大毕庄村新村北里5号楼11号底商，邮政编码：300240，生产机构代码：30020402，隶属于徐庄子邮电支局管理。

2014年8月21日，东丽区河兴庄邮电所更名为天津市东丽区兴耀邮电所，并迁入天津市东丽区金钟街河兴庄村建昌道商业街底商，邮政编码：300240，生产机构代码：30024011，隶属于徐庄子邮电支局管理。

2014年8月21日，东丽区航鸿邮电所更名为天津市东丽区武警后勤学院邮电所，并迁入天津市东丽区东丽湖汇智环路1号，邮政编码：300309，生产机构代码：30030901，隶属于军粮城邮电支局管理。

2014年8月22日，西青区世纪辉煌大学生公寓邮电所更名为天津市西青区中盛里邮电所，并迁入天津市西青区李七庄遥环路中盛里小区19-2-101，邮政编码：300381，生产机构代码：30038107，隶属于中北邮电支局管理。

2014年8月26日，滨海新区汉沽茶淀所迁移至滨海新区茶淀中心镇39号楼1门102室，邮政编码为300482。

2014年9月1日，河西区外国语学院邮电所迁移至外国语学院院内迷你购物社4号，邮政编码为300204。

2014年9月3日，津南区柳林新都邮电所迁移至津南区双港镇津沽路北宋庄道东，邮政编码为300350。

2014年10月16日，滨海新区大港医大临床学院邮电所迁移至天津市大港区学苑路167号医大临床学院内，邮政编码：300270。

2014年10月16日，北辰区强宜里邮电所迁址至北辰区宜梦道普东莱市场东1号对外营业，邮政编码为300402。

2014年12月19日，天津经济技术开发区国翔公寓邮电所更名为天津市滨海新区塘沽邮电局开泰科技园邮电所（地址：天津市经济技术开发区第五大街41号开泰科技园，邮政编码：300457）。

2014年12月29日，武清区雍阳西道支局迁移至天津市武清区雍阳西道盛世郦园29号底商，邮政编码：301799。

2014年12月29日，武清区高新公寓所迁移至天津市武清区东蒲洼街雍阳西道南侧亨通花园南里西门物业楼，邮政编码：301799。

【局所撤销】 2014年1月17日，因租赁用房拆迁，红桥区商大邮电所停止对外营业并撤销。

2014年2月12日，为优化普服网点的设置，充分利用邮政资源，滨海新区塘沽芳林邮电所停止对外营业并撤销。

2014年4月1日，因租赁用房合同期满，和平区卫津路邮电所停止对外营业并撤销。

2014年4月8日，为优化普服网点的设置，充分利用邮政资源，河东区站北邮电所停止对外营业并撤销。

2014年4月9日，因租赁用房合同期满，河北区民生路邮电所停止对外营业并撤销。

2014年4月10日，因租赁用房合同期满，大港区港西运输邮电所停止对外营业并撤销。

2014年7月14日，因租赁用房合同期满，宝坻区环城东路邮电所停止对外营业并撤销。

2014年8月20日，因工业大学整体拆迁，河东区工业大学邮电所停止对外营业并撤销。

2014年8月28日，因租赁用房合同期满，西青区灵泉南里邮电所停止对外营业并撤销。

【局所设立】 2014年1月17日，天津市红桥区中嘉路邮电所对外营业。中嘉路所坐落于天津市红桥区中嘉路32-34号，邮政编码：300131，生产机构代码：30013107，隶属萍乡道邮电支局管理

2014年2月12日，天津市滨海新区塘沽邮电局云山道邮电所对外营业。云山道所坐落于天津市塘沽区厦门路1165/1173号，邮政编码：300459，生产机构代码：30045903，隶属中心北路支局管理。

2014年4月8日，天津市河东区凤亭路邮电所对外营业。凤亭路所坐落于天津市河东区凤亭路5号嘉华东安商业广场一层1002，邮政编码：300251，生产机构代码：30025105，隶属天山路邮电支局管理。

2014年4月9日，天津市河北区东四经路邮电所对外营业。东四经路所坐落于天津市河北区昆璞里1号楼B区9-13楼底商60号，邮政编码：300140，生产机构代码：30014003，隶属中山路邮电支局管理。

2014年4月10日，天津市滨海新区大港阳光家园邮电所对外营业。阳光家园所坐落于天津市

滨海新区大港油田团结西路174-178号，邮政编码:300280,生产机构代码:30028024,隶属南苑邮电支局管理。

2014年6月6日,天津市武清区陈咀邮电支局对外营业。陈咀支局坐落于武清区陈咀镇政府路五号，邮政编码:301741，生产机构代码:30174101,隶属于武清区邮电局管理。

2014年6月6日,天津市武清区泗村店邮电支局对外营业。泗村店支局坐落于武清区泗村店大东路70号，邮政编码:301735，生产机构代码:30172502,隶属于武清区邮电局管理。

2014年6月30日，天津市东丽区金桥邮政代办所对外营业。金桥所坐落于天津市东丽区金桥街龙城里小区,邮政编码:300303,隶属于张贵庄支局管理。

2014年6月30日，天津市蓟县东施古镇邮政代办所对外营业。东施古所坐落于天津市蓟县东施古镇镇政府东侧100米，邮政编码:301934,生产机构代码:30193401,隶属于上仓支局管理。

2014年6月30日，天津市蓟县桑梓镇邮政代办所对外营业。桑梓所坐落于天津市蓟县桑梓镇镇政府东侧500米路南商贸楼1-2层，邮政编码:301902,生产机构代码:30190203,隶属于尤古庄支局管理。

2014年7月14日，天津市宝坻区邮电局城关邮电支局对外营业。城关局坐落于天津市宝坻区城关学街1号,邮政编码:301899,生产机构代码:30180101,隶属宝坻区局管理。

2014年7月14日，天津市宝坻区邮电局周良庄邮政代办所对外营业。周良庄所坐落于天津市宝坻区周良庄镇,邮政编码:301830,生产机构代码:30183001,隶属中登所管理。

2014年7月14日，天津市宝坻区邮电局霍各庄邮政代办所对外营业。霍各庄所坐落于天津市宝坻区霍各庄镇镇政府西侧,邮政编码:301819,生产机构代码30181901,隶属建设路支局管理。

2014年7月14日，天津市宝坻区邮电局史各庄邮政代办所对外营业。史各庄所坐落于天津市宝坻区通唐公路,邮政编码:301816,生产机构代码:30181601,隶属田场所管理。

2014年7月25日，天津市武清区前进道邮电支局对外营业。前进道局坐落于天津市武清区前进道131号，邮政编码:301799，生产机构代码:30179902,隶属武清区局管理。

2014年7月31日，天津市宁河县俵口邮电所对外营业。俵口所坐落于天津市宁河县俵口乡政府旁，邮政编码:301514，生产机构代码30151401,隶属于小海北支局管理。

2014年7月31日，天津市宁河县苗庄邮电所对外营业.苗庄所坐落于天津市宁河县苗庄镇滨玉路苗庄镇政府旁,邮政编码:301507,生产机构代码30150703,隶属于宁河县县营管理。

2014年7月31日，天津市津南区邮电局丰泽道邮政代办所对外营业。丰泽道所坐落于天津市津南区八里台工业园丰泽二大道津台国际1号楼3-4底商,邮政编码:300356,隶属于咸水沽支局管理。

2014年7月31日,天津市津南区邮电局北闸口邮政代办所对外营业。北闸口所坐落于天津市津南区北闸口普惠御惠园3号楼底商4-5号,邮政编码:300350,隶属于咸水沽支局管理。

2014年7月31日，天津市西青区荣盛里邮政所对外营业。荣盛里所坐落于天津市西青区张窝镇荣盛里底商,邮政编码:300380,隶属于精武支局管理。

2014年7月31日，天津市蓟县白涧邮政代办所对外营业。白涧所坐落于天津市蓟县白涧镇政府东侧100米,邮政编码:301926,生产机构代码:30192601,隶属于邦均支局管理。

2014年7月31日，天津市宝坻区尔王庄邮政代办所对外营业。尔王庄所坐落于天津市宝坻区尔王庄镇商业街,邮政编码:301812,生产机构代码:30180302,隶属于大白庄支局管理。

2014年8月18日，天津市河北区北宁湾邮电所对外营业。北宁湾所坐落于河北区华光路51号致远家园配3-迎贤道4号，邮政编码:300402,生产机构代码:30040209，隶属宜白路邮电支局管理。

2014年8月27日，天津市武清区高村邮政支局对外营业。高村支局坐落于天津市武清区高村镇台头新苑小区公建楼21号楼6门底商，邮政编码:301737,隶属武清区邮电局管理。

2014年8月27日，天津市武清区大黄堡邮政代办所对外营业。大黄堡所坐落于天津市武清区大黄堡镇朝阳里小区商业公建楼2号楼1门底商，邮政编码:301731,隶属武清区邮电局管理。

2014年8月27日，天津市武清区曹子里邮政代办所对外营业。曹子里所坐落于天津市武清区曹子里镇花城西路60号，邮政编码:301727,隶属武清区邮电局管理。

2014年8月27日，天津市武清区下伍旗邮政代办所对外营业。下伍旗所坐落于天津市武清区下伍旗镇旗良路20号，邮政编码:301705,隶属武清区邮电局管理。

2014年8月31日，天津市静海县邮电局梁头邮政代办所对外营业。梁头所坐落于天津市静海县梁头镇梁头村内，邮政编码:301640,隶属于静海县局管理。

2014年9月29日，天津市武清区豆张庄邮政代办所(对外营业，豆张庄所坐落于天津市武清区豆张庄镇政府东侧京福公路旁，邮政编码:301707,隶属武清区邮电局管理。

2014年10月16日，天津市宝坻区邮电局潮阳邮政代办所对外营业。潮阳所坐落于天津市宝坻区潮阳街道宝星花园底商，邮政编码:301815,生产机构代码:30181501,隶属于新开口所管理。

2014年10月17日，天津市津南区邮电局双桥河邮政代办所对外营业。双桥河所坐落于天津市津南区双桥河镇还迁安置区商场内，邮政编码:300350,隶属于咸水沽支局管理。

2014年10月28日，天津市宝坻区邮电局朝霞邮政代办所对外营业。朝霞所坐落于天津市宝坻区朝霞街道，邮政编码:301899,隶属于田场所管理。

2014年10月29日，天津市武清区上马台邮政代办所对外营业。上马台所坐落于天津市武清区上马台镇内，邮政编码:301729,隶属武清区邮电局管理。

2014年10月29日天津市武清区大王古邮政代办所(以下简称:大王古所)对外营业。大王古所坐落于天津市武清区大王古镇京滨工业园晋元道12号，邮政编码:301739,隶属武清区邮电局管理。

2014年10月29日，天津市宁河县大北涧沽邮政代办所对外营业。大北所坐落于天津市宁河县大北涧沽镇政府旁，邮政编码:301599,隶属于宁河县县营管理。

2014年10月30日，天津市宁河县北淮淀邮政代办所对外营业。北淮淀所坐落于天津市宁河县北淮淀镇政府旁，邮政编码:301509,隶属于七里海支局管理。

自2014年10月31日起，天津市蓟县东赵各庄镇邮政代办所对外营业。东赵各庄所坐落于天津市蓟县东赵各庄镇东赵各庄村，邮政编码:301935,生产机构代码:30193501,隶属三岔口支局管理。

2014年10月31日，天津市蓟县东二营镇邮政代办所对外营业。东二营所坐落于天津市蓟县东二营镇政府东侧200米，邮政编码:301924,生产机构代码:30192401,隶属邦均支局管理。

2014年10月31日，天津市蓟县礼明庄镇邮政代办所对外营业。礼明庄所坐落于天津市蓟县礼明庄镇，邮政编码:301937，生产机构代码:30193701,隶属三岔口支局管理。

2014年10月31日，天津市蓟县穿芳峪镇邮政代办所对外营业。穿芳峪所坐落于天津市蓟县穿芳峪镇政府东侧100米，邮政编码:301938,生产机构代码:30193801,隶属马伸桥支局管理。

2014年10月31日，天津市蓟县孙各庄乡邮政代办所对外营业。孙各庄所坐落于天津市蓟县孙各庄乡夏家林村，邮政编码:301939,生产机构代码:30193901,隶属马伸桥支局管理。

2014年10月31日，天津市蓟县罗庄子镇邮政代办所对外营业。罗庄子所坐落于天津市蓟县罗庄子镇津围公路南侧，邮政编码:301944,生产机构代码:30194401,隶属下营支局管理。

2014年10月31日，天津市蓟县下窝头镇邮政代办所对外营业。下窝头所坐落于天津市蓟县下窝头镇白塔子村，邮政编码:301932,生产机构代码:30193201,隶属上仓支局管理。

2014年11月28日，天津市宁河县廉庄邮电所对外营业。廉庄所坐落于天津市宁河县廉庄乡政府旁，邮政编码:301599，生产机构代码30159901,隶属于宁河县县营管理。

2014年12月3日，天津市宝坻区邮电局郝各庄邮政代办所对外营业。郝各庄所坐落于天津市宝坻区郝各庄镇，邮政编码:301807,隶属于大口屯邮电支局管理。

2014年12月3日，天津市宝坻区邮电局大唐庄邮政代办所对外营业。大唐庄所坐落于天津市宝坻区大唐庄镇镇政府旁边，邮政编码：301813，生产机构代码：30181301，隶属于大白庄邮电支局管理。

2014年12月19日，天津市蓟县杨津庄镇邮政代办所对外营业。杨津庄所坐落于天津市蓟县杨津庄镇津围公路西侧，邮政编码：301906，隶属上仓支局管理。

2014年12月19日，天津市蓟县许家台镇邮政代办所对外营业。许家台所坐落于天津市蓟县许家台镇宝平公路东侧，邮政编码：301925，隶属邦均支局管理。

【投递部设置】 2014年7月15日，天津市邮政投递局天泰路商务投递部开始运营。天泰路投递部坐落于河北区天泰路12号华泰园底商（邮政编码300231）。投递范围为：300230、300231、300232和300402邮政编码区域。投递种类：负责国内小包、银企账单、电销保单、约投挂号的投递工作。

营业业务管理

【满足电商市场需求，开办两岸小包业务】 2014年1月1日起，正式开办"两岸小包（邮政e小包）"邮件产品。主要满足两岸电商轻小件寄递需求，由两岸邮政优先分拣投送，全程时限10天左右（不含海关验关时间）。与目前的台湾小包业务相比，时限快且稳定，投递信息也可上网查询。

【助力小包业务发展，推广使用商邮宝及热敏面单】 2015年5月份，为了更好地满足电商市场的寄递需求，提高国内小包收寄效率，增强竞争能力，实现降本增效，国内小包推广使用商邮宝系统及热敏详情单。

商邮宝系统解决了国内小包数据接入问题，解决为客户提供主动服务的途径问题，解决邮政为提供客户嵌入式软件服务的载体问题。

电商客户利用"邮商宝"通过两种方式完成热敏详情单的打印工作。一是电商客户同意使用"邮商宝"作为ERP管理软件，系统授权后使用"邮商宝"完成订单接收、处理、发货、打印、管理等工作；二是电商客户沿用自己的ERP管理软件，通过数据导入"邮商宝"的方式，仅实现热敏详情单的打印功能。

【提升小包服务水平，国内小包综合服务平台试点运行】 通过构建以订单管理为核心的电商综合服务平台，促进邮政各作业系统之间的融合与联动，实现电商物流全程可视化管理，逐步形成邮政电商一体化服务体系。2014年5月，国内小包综合服务平台在天津试点运行。试点运行取得了良好的效果，为全国范围内推广上线奠定的基础。

【提升服务能力，开办"同城小包"业务】 9月1日起，为进一步加快同城寄递业务的展，充分满足市场需求，在充分考虑邮政投递能力基础上，开办"同城小包"业务。

同城小包业务寄递范围天津市全境。重量规格为单件重量大于3公斤，小于5公斤，或者尺寸规格为长、宽、高之和大于100厘米，小于120厘米。计费方式采取重量和规格标准综合计算，对超规格邮件同时收取两项资费。首重3公斤，资费标准为7元，每续重1公斤增加1元。最大续重至5公斤。邮件长、宽、高之和超过100厘米的，增加一个续重资费，即增加1元。相关环节业务规定及系统操作比照国内小包处理。

【提前一年完成45处空白乡镇邮政局所补建工作并全部运营目标】 12月19日，随着蓟县许家台、杨津庄邮政代办所的开业运营，标志着历时四年的天津市空白乡镇邮政局所补建工作圆满结束。天津公司提前一年完成补白网点的开业运营。

空白乡镇邮政局所补建工作是加强农村邮政基础设施建设、改善民生、服务三农、加快农村经济社会会发展的一项重要举措。公司高度重视，成立以分管副总经理为组长的工作组，积极主动参与前期选址、装修工作，针对补建工作中“补建成本高、地方财力差”等问题，从大局出发，从方便百姓用邮的角度邮发，适度降低补白建设和验收标准，优化内部处理流程、加快处理速度，确保在移交后以最快的速度开业运营。因地制宜选择经营模式，实行以委托社会力量代办（委代办）为主的经营模式保证其健康长效运营和可持续发展。加强管理，做好普遍服务。对经营人员定期进行邮政业务基本技能培训，做好业务指导和监督检查工作。要求补白网点严格按照邮政法的规定，全面开办信件、印刷品、包裹业务，要积极创造便民汇款业务的开办条件，确保规范经营和服务水平。

【代收货款邮件，窗口投交】 6月12日起，邮政营业窗口代投速递代收货款邮件。代投邮件范围超出邮政速递物流公司专业化投送区域的代收货款邮件。

营业窗口代投代收货款邮件将支持邮政速递业务快速发展、增强市场竞争能力。充分发挥了邮政全网资源优势，提升代理速递邮件投递服务水平，支撑和促进邮政速递业务持续、快速发展。

【国际业务综合平台上线】 为进一步优化国际业务全流程作业，实现相关系统互联互通，完善国际业务信息质量并加强时限监控，国际业务综合平台于7月9日在我公司正式上线运行。

平台分为六个子系统：生产作业、业务管控、查验、内部结算、统计分析以及数据交换子系统（内部数据交换和对外数据交换）。

（侯慧妍）

·知识介绍·

两包寄递　专业　安全　优惠

国际小包

国际小包是指重量在2000克以内（阿富汗除外）通过邮政寄往国外能小邮包。各类小件物品，除禁止寄递和超过规定限量寄递的以外，都可作为国际小包寄递。

服务特色：通达全球两百多个国家或地区；通关更便利；国际小包100克起计算运费更合理；客户可选择挂号服务，方便查询。

国内小包

国内小包是邮政针对国内轻小件寄递市场推出的实行批量交寄、预约投递、上门签收的全新业务。小包每件重量以3公斤为限，单件尺寸限度为长、宽、高三面合计不超过100厘米。

服务特色：全天候应对突发流量；国内小包派送地域无死角；派送时限差异化，偏远地区时限、质量优于其他快递；有覆盖全国的仓储优势；揽收派送常年无休；偏远地区资费低于其他快递；服务专线(11185)提供24小时服务。

EMS寄递　快速　灵活　便捷

国内经济快递

国内经济快递主攀为电子商务B2B、B2C及C2C规模客户及为商业客户提供时限较稳定的物品类寄递服务。

国内特惠箱业务

特惠封(箱)产品实行“一封一价、一箱一价”的寄递方式，主要面向当天13点前下单的江、浙、沪、皖商务类现金客户及广大零散客户，如写字楼、商厦、专业商贸市场和大中院校等。

邮政网络运营

综　　述

2014年，天津邮政网运部门紧密围绕市公司"1133"工作部署，以公司重点业务发展为中心，强化网运支撑能力，加快网运转型步伐，深化网运改革，优化作业流程，增强网络核心能力建设，提升了网络运营质量和管理水平，较好地完成了全年工作任务。

分拣、封发、邮运管理

【组开"两包"专线汽车邮路】 为支撑两包业务发展，自2014年3月24日起，市公司组开"两包"专线汽车邮路，拉运塘沽局出口国际小包及武清局出口国内小包邮件。该邮路的开通，解决了运能紧张问题，有利于营业、内部处理及运输环节的作业组织，加快了邮件的传递时限，为两包业务的健康、快速发展提供了有力支撑。

【充分利用网路资源，加快"两包"邮件传递速度】 "两包"专线汽车邮路开通后，随着各局两包业务量发展变化，网路部进一步调整"两包"专线汽车邮路的交接频次、运行计划。该邮路增加与北仓支局的交接频次，带运该局出口的小包邮件。通过调整撤销了北辰局每日自送小包邮件至中心局的运输任务，加快了邮件的传递速度，降低了运行成本，支撑了小包业务的发展。

【调整相关汽车邮路运行计划、交接频次】 为加快邮件的传递速度，支撑"两包"业务发展。自2014年4月21日起，对晚静海快速汽车邮路的交接频次、运行计划进行调整。晚静海快速汽车邮路撤销与北辰支局的交接频次，返程增加与西青海泰软件园的交接频次，带运出口的国际小包邮件。通过调整邮路组织，减轻了原由塘沽局自行运输海泰国际小包带来的人员和车辆压力，同时降低了市公司的总体运营成本，加快了邮件的传递时限。

【调整天津至王庆坨普通汽车邮路运行计划和交接频次】 自2014年6月6日起，调整天津至王庆坨普通汽车邮路的运行计划和交接频次，该邮路增加与陈咀支局的交接频次，带运该局关门点出口的各类邮件，返程撤销与王庆坨、汉沽港支局的二次交接。通过调整撤销了北辰局每日自送小包邮件至中心局的运输任务，加快了邮件的传递速度，降低了运行成本，支撑了小包业务的发展。

【调整津南普通汽车邮路运行计划和交接频次，确保"两包"邮件传递时限】 随着津南局收寄国际小包邮件量的增加，该邮件原在双港邮电所进行处理，因场地原因不能满足国际小包业务发展的需要，因此将国际小包邮件的处理迁至辛庄邮电所内。为此，网路部调整了津南普通汽车邮路的运行计划和交接频次。该邮路返程增加与辛庄邮电所的交接频次，带运该所出口的国际小包邮件。通过调整邮路，解决了津南局处理国际小包邮件的困难，确保了"两包"邮件的传递时限。

【加强国内小包邮件运行时限管控工作】 通过简化国内小包处理流程，对大宗收寄中心交发的国内小包实行批量开拆，有效提高了国内小包的处理效率。通过强化日常监控和管理工作，市公司进出口国内小包限时处理及时率达到得到明显提高。

【调整速递邮件发运计划，确保邮件传递时限】 因速递物流公司网路组织调整，根据速递物流公司的要求，自2014年1月18日起，对各区县局

(区县营支局）出口11点指标速递邮件的发运计划进行了调整。将各区县局(区县营支局)原发速递汽车邮路出口11点指标的速递邮件与关门点指标合并发运。出口关门点指标速递邮件的发运计划不变。

【调整早塘沽汽车邮路运行计划和交接频次】 由于速递物流公司调整速递汽车邮路,撤销了塘沽局所属黄海路、洞庭路支局的交接频次,影响了该局出口11点指标各类邮件的传递时限。为加快邮件的传递速度,自2014年3月5日起,调整早塘沽汽车邮路的运行计划和交接频次。该邮路增加与黄海路、洞庭路支局的交接频次,带运黄海路、洞庭路支局出口11点指标的各类邮件,返程撤销与东站、速递邮件处理中心的交接频次。

【调整市内汽车邮路运行计划和交接频次，加快进出口各类邮件的传递速度】 为加快进出口各类邮件的传递速度,降低运行成本。网路部优化调整了市内汽车邮路运行计划和交接频次,并于2014年7月15日执行。此次调整,网路部重新编制了市内汽车邮路二次班运行计划和交接频次。13条二次班返程邮路全部撤销与天津站、西站速递邮件处理中心的交接频次，趟车接收营业局、所出口11点指标邮件后直接返回中心局。中心局调整了盘驳邮路的运行计划,市内汽车邮路二次班返程带运的速递邮件，由中心局赶发盘驳邮路,于14点前送达西站速递邮件处理中心。市内汽车邮路二次班运行计划调整后,减少了邮路跑行天津站、西站的运行里程,降低了运行成本。同时为进口报刊分发前置作业组织方式变革后,三次班邮路早出局,方便投递、营业环节作业,加快邮件传递时限奠定了良好基础。

【调整早、晚塘沽汽车邮路运行计划和交接频次】 为充分利用网路资源，加快邮件的传递时限。自2014年8月7日起,对早、晚塘沽汽车邮路的运行计划和交接频次进行了调整。早、晚塘沽汽车邮路分别撤销与中心北路支局的交接频次;晚塘沽汽车邮路增加与春光路支局的交接频次,带运该局关门点指标出口的各类邮件。

【根据业务需求,调整相关邮路】 根据河北区邮电局成立天泰路投递分局业务需求，自2014年8月15起,调整了市内汽车邮路一、二、三、四次班的运行计划和交接频次，分别增加与天泰路投递分局的交接频次，确保该局进口邮件的投递时限。

【调整市内汽车邮路三次班运行计划】 为加快进口各类邮件和报刊的传递速度，保证投递时限。自2014年8月26日起,调整了市内汽车邮路三次班的运行计划。调整后,汽车邮路三次班的出局时间由13点30分出局,调整13点至13点10分出局,使三次班带运下午投递的各类邮件和报刊提前20至30分钟到达各投递分局,保证了各类邮件和报刊的投递时限。

【组开中心局至宝坻快速汽车邮路】 为加快邮件、报刊的传递速度,全力支撑经营业务发展,提升投递“最后一公里”的服务水平。根据网路组织的实际情况，本着最大可能降低运行成本的原则。自2014年11月10日起,组开了中心局至宝坻快速汽车邮路,每日运行一个频次。该邮路的开通不仅解决了原邮路运能紧张问题,同时加快了进出口邮件的传递速度。

【制定代收货款邮件交接办法】 按照集团公司《关于进一步做好代理速递邮件投递工作的通知》(中国邮政〔2014〕143号)要求,营业窗口将投递代收货款邮件。基本流程:窗口投递的代收货款邮件,由速物邮件处理中心封发至相关区县局速物分公司,速物分公司按照窗投规格,重新封发总包后,交二级邮路或区县内自组邮路,带运到窗投网点。根据目前网路组织的实际情况,网路部制定了代收货款邮件的交接办法。一是各二级汽车邮路在相关区县局直接与相关区县局的速递物流分公司办理交接。二是由相关区县局的速递物流分公司封成总包并制作路单一式三份。三是各二级汽车邮路带运的代收货款邮件与其他邮件直接交投递部门,由投递部门转交相关营业窗投局。

【天津至成都K257次行李车停止运邮】 市公司

自2011年10月开始租用天津至成都K257次行李车3.5吨容间运邮。但随着铁路部门的调整变化，一是要求邮政部门增加运费，运费由2580.9元/日，增加到3083.8元/日，日增加502.9元，年增支出运费18.36万元。二是邮件必须进行安检，邮件进行安检，除造成员工劳动强度增加、作业时间加长外，还不可避免地对有的邮件的运递时限造成影响。网路部通过综合分析、研究，并积极与集团公司沟通协商。自2014年3月1日起天津至成都K257次租用铁路行李车停止运邮。中心局原发K257次带运的各类邮件改为天津至西安K213次车带运，在不影响邮件传递时限的基础上，节约了运行成本。

【取消德州站火车邮路交接频次】 根据集团公司网运部《关于取消德州站火车邮路交接频次的通知》(网运调字〔2014〕007号)。经研究决定，自2014年1月24日起，取消途径德州站所有一级干线火车邮路交接频次，原天津至西安K213次带运的德州邮件改由济南至天津一级干线汽车邮路返程带运。

【做好沈阳至武汉邮路接发工作】 根据集团公司网运部《关于开通沈阳至武汉等一级干线汽车邮路等有关问题通知》(网运调字〔2014〕042号)。经研究决定，自2014年5月17日起开通沈阳至武汉一级干线往返汽车邮路。沈阳至武汉(辽1)去程带运天津发湖北省各类邮件，返程带运天津发辽宁省信函、报纸、国内小包邮件。此外，自2014年5月28日起，该邮路去程增加发湖南各类邮件计划，返程增加发辽宁省重件计划。此计划的增加，可减少天津至沈阳临时加车的频次，降低运行成本。

【完成干线运输方式改革工作】 按照集团公司干线运输方式改革方案总体要求，结合市公司干线邮路实际运行情况，研究制定出具体调整方案。在市公司和中心局的共同努力和配合下，2014年6月30日市公司干线运输改革工作顺利完成。改革后干线火车的接发频次由26趟次调减到11趟次，且天津西站停止了普邮的接发频次；干线汽车邮路接发增至50个频次。此外，为做好干线运输方式改革后邮件发运计划的补充和完善工作，网路部又对现有的邮件发运计划进行了梳理，提出了修改补充和完善意见。在集团公司的大力支持下，7月21日在相应的邮路上增加了大同、朔州报纸、轻刊计划；银川、呼和浩特、沈阳、大连、锦州国际信、国际刷、国际包计划；在天津至郑州干线汽车邮路上增加郑州国内小包计划。至此，天津中心局各类邮件发运计划补充完整，适合各类邮件的发运时限，有力的支撑了市公司各类业务发展的需要。

【调整253/4次车接发频次】 根据集团公司网运部《关于取消衡阳等部分局一级干线火车邮路邮件交接频次的通知》(网运调字〔2014〕050号)。经研究决定，自2014年6月1日起取消途径衡阳、株洲一级干线火车邮路交接频次，天津至广州T253/4次车原计划卸株洲、衡阳各类邮件，改卸长沙局经转。

【开通哈尔滨至天津一级干线汽车邮路】 根据集团公司网运部《关于开通哈尔滨至天津一级干线汽车邮路有关问题的通知》(网运调字〔2014〕059号)。为加快邮件传递时限，经研究决定，自2014年6月9日起，开通哈尔滨至天津一级干线往返汽车邮路，该邮路6点哈尔滨始发，次日7点到达天津。邮件发运计划调整为：原天津发天津哈尔滨1521次车寄达黑龙江、海拉尔的快包、重件、经济快递、国内小包、报纸等各类邮件。

【组开天津至济南一级干线汽车邮路】 根据集团公司网运部《关于开通济南至太原一级干线汽车邮路等有关问题的通知》(网运调字〔2014〕060号)。为提高网运双效，经研究决定，自2014年6月10日起开通天津至济南一级干线自办汽车邮路，该邮路由天津中心局承担组开。去程：天津6点开，13点到达济南；返程：济南16点开，23点到达天津。带运天津发山东省各类邮件。

【组开天津至杭州一级干线汽车邮路】 根据集团公司网运部《关于开通济南至太原一级干线汽车邮路等有关问题的通知》(网运调字〔2014〕060号)。自2014年6月10日起开通天津至杭州一级干线委办汽车邮路，该邮路由天津中心局外包金陆通运业有限公司承担组开。去程：天津6点开，2点到达杭州，返程：杭州中心8点30分开，8点35分到达杭州速递，9点开，5点到达天津，带运天津发浙江、江西、福建省寄各类邮件。发天津—杭州(津1)。

【撤销天津至锦州一级干线汽车邮路】 根据集团公司网运部《关于开通济南至太原一级干线汽车邮路等有关问题的通知》(网运调字〔2014〕060号)。自2014年6月10 日起撤销天津至锦州一级干线往返汽车邮路，该邮路带运的锦州局各类邮件改发天津—沈阳一级干线汽车邮路带运。

【撤销64次车天津西站接发频次】 自2014年6月15日起，取消T64次天津西站的火车邮路交接频次，合肥发T64次寄达天津各类邮件，改发合肥至济南汽车邮路。

【撤销天津至乌海西1135/6次一级干线火车邮路，开通北京至天津(京7)一级干线汽车邮路】 根据集团公司网运部《关于开通北京至徐州一级干线汽车邮路等有关问题的通知》(网运调字〔2014〕061号)。为加快邮件传递时限，经研究决定，自2014年6月16日起撤销天津至乌海西1135/6次一级干线火车邮路，同日起开通北京至天津一级干线往返汽车邮路。新开通北京至天津(京7)一级干线往返汽车邮路，北京23点开，2点到达天津；天津8点开，11点到达北京，带运天津发北京、呼和浩特、大同、银川各类邮件。

【撤销西安火车，开通西安单向委办汽车邮路】 根据集团公司网运部《关于开通郑州至成都等一级干线汽车邮路有关问题通知》(网运调字〔2014〕073号)。经研究决定，自2014年7月1日起，撤销天津至西安K213/4次一级干线火车邮路，同时开通天津至西安一级干线单向委办汽车邮路。天津至西安一级干线汽车单向委办邮路，去程中心局发车时间5点30分，到达西安中心局时间为次日3点30分，带运天津发西北各省的各类邮件。

【撤销32次车天津西站接发频次】 自2014年7月1日起，取消杭州至北京T32次天津西站的邮件接发频次，沿途局原发该车带运的天津各类邮件，改发至相关汽车。至此天津西站邮件转运站普邮的接发频次全部停止接发。

【调整北京至天津(京4)一级干线汽车邮路交接频次】 根据集团公司网运部《关于调整北京至呼和等一级干线汽车邮路运行计划的通知》(网运调字〔2014〕094号)。为提高网运双效，经研究决定，自2014年7月25日起调整北京至天津(京4)一级干线汽车邮路交接频次。一是北京至天津(京4)一级干线汽车邮路返程取消天津站的交接频次，由二枢纽始发。二是调整北京至天津(京4)一级干线汽车邮路返程始发时间，调整后由二枢纽(天津中心)18点30分始发。三是调整后邮件发运计划不变，中心局将K76次车卸转的北京等邮件通过盘驳邮路盘驳至二枢纽，发北京至天津(京4)一级干线汽车邮路返程带运。

【优化调整二区三县分支机构投递收发分拣前置作业组织方式】 为贯彻落实集团公司“关于全面推进和规范中心局及地市局集中分拣到段工作的通知”要求，结合近年天津邮政分拣前置工作实际，为进一步整合资源，通过对中心局分拣前置工作进行调研，并广泛征求市场部、投递局、中心局、二区三县邮电局意见，自2014年8月1日起，优化调整了二区三县分支机构投递收发分拣前置作业组织方式。中心局发往二区三县62个投递分部进口平挂信函、平挂印刷品、报刊，改按62个投递分部分拣封发。二区三县62个投递分部进口平挂信函、平挂印刷品、报刊由各投递分部自行组织分发。通过优化作业组织，提高了报刊的分发效率。

【优化邮件处理流程】 根据集团公司“关于改革普通给据邮件相关处理规定的通知”要求，组织中心局对进出口包状邮件推广实施“批量开拆”，通过优化邮件处理流程，提高了邮件的处理效率。

【强化网运成本管控，努力降本增效】 为贯彻落实公司领导提出的“细化租车成本管理，努力降本增效”的指示精神。网路部从精细化管理入手，强化运输成本管控。一是根据集团公司有关规定，进一步规范了租用社会资源运邮的管理工作。明确了社会资源运邮原则、运邮企业选用标准、运邮车辆选用标准，并加强了社会资源运邮合同的管理。二是重新核定邮路里程。通过实际跑行和重新核定，外包邮路总跑行里程减少了427公里。三是重新核定临时租车邮路运价。经反复与外租公司商谈，临时租车邮路运价由原来0.014元/袋公里调整为0.0135元/袋公里，每袋公里运价降低了0.0005元。

【撤销天津至廊坊一级干线汽车邮路】 天津至廊坊邮路自2008年年底开通运行以来，带运廊坊局出口速递邮件到天津转发天津至上海至南京邮航航班。由于速递的分营，原该邮路带运的邮件已不在天津局经转，致使该邮路的运能利用率非常低。为降低运行成本，经与河北省公司网路部沟通、协商，并报请集团公司网运部同意，撤销天津至廊坊一级干线汽车邮路。原天津局出口廊坊邮路改由北京至天津汽车邮路返程带运。撤销该邮路，年约降低运行成本37.78万元。

【加强车辆管控，降低成本支出】 一是根据干线运输方式改革后火车邮路逐步减少情况，加强对火车邮厢维修费用的管控。在确保邮路正常运行的前提下，经过多次与铁路部门沟通、协商，最终取消了1辆天津至西安（K213次）火车邮厢段修计划，节省费用25万元，同时将1辆天津至广州（T253次）火车邮厢大修改为段修，节省费用70余万元。上述两项共为企业节省费用支出100余万元。二是优化精减邮政车辆。按照市公司总经理办公会提出的“优化精减邮政车辆”的要求。经过对各单位车辆使用情况进行调研，制定了邮政车辆优化整合办法，计划用4年的时间削减以夏利为主的微型车360辆，今年安排削减65辆，预计可以减少运行成本支出约70余万元。

设备车辆管理

【完成车辆更新工作】 为落实天津市政府关于机动车管理的相关要求，网路部按计划完成了46辆“黄标车”的更新工作，保障了通信生产的正常进行。

【完成中心局挂信分拣显示设备上线使用工作】

按照集团公司统一部署，2014年9月19日，中心局挂信分拣显示设备完成上线试运行工作。该设备投产后，一是可利用网上收寄信息自动计算邮件格口，分拣工作由需熟记分拣封发关系的按址分拣转变为比较简单的“看数”分拣，用工难度大幅降低；二是格口数量增加，出口邮件及大部分进口邮件可一次分拣到位，生产由原来的所有邮件都需初、细分二次分拣简化到大部分邮件可一次分拣到位，实现“初分、细分、抄登”的三合一；三是由人工实物分拣改为信息指导分拣，在网上收寄信息正确的前提下，分拣准确率可达到100%。

【完成包件分拣机OBR升级改造工作】 按照集团公司统一安排，2014年12月12日，天津中心局包分机OBR升级改造工程如期完成。改造后的OBR设备识别率可达到96%以上，大大提高了邮件的处理效率。

【推行应用PDA设备进行封车解车工作】 为加强干线汽车邮路运行监控管理，确保邮件传递时限，提高全网时限管控水平。按照集团公司统一部署，自2014年10月13日起，中心局在一级干线汽车邮路全面推行应用PDA设备进行封车解车工作。通过应用PDA开展封车解车工作，将推动网运生产流程优化改革，为用户提供更高质量的邮政服务。

（耿华荣）

党群工作

党　建　工　作

【概况】 党群工作部是市公司党委处理党务工作的办事部门。作为企业党建工作的综合职能部门,发挥着推动天津邮政党建主体责任落实的重要作用。主要职责包括:协助公司党委抓好全公司党的思想建设、基层党组织建设、作风建设,组织开展党的专题教育活动,协调推动各级党组织党风廉政建设主体责任的落实,推动党的制度建设和落实;负责党的宣传思想政治工作、企业文化建设工作、精神文明创建工作,做好党的群团工作和统战工作;负责市公司机关党建工作;负责市内各二级单位组织发展工作。二级单位党组织现有党委2个、党总支18个,直属单位党支部11个,市公司现有在职党员1660名。部门现有管理人员4人,其中主任1人,团委书记1人,工作人员2人。

【大力加强企业基层党组织建设和制度建设】 新形势下,公司党委牢牢把握全面从严治党这条主线,突出抓好"五个着力",全面推进天津邮政党建工作。在组织建设方面,一是开展了治理整顿软弱涣散党组织工作。把配齐配强基层党组织班子、工作人员作为首要任务。以扩大基层党组织的覆盖面,消灭党员空白支局为主要目标。全面构建公司党委、二级单位总支(支部)、基层党小组三级组织架构,为提升最后一公里的服务水平打下基础。二是开展了党组织书记述职评议工作。30个二级单位党组织开展了书记述职评议。三是开展了民主评议党员工作。以支部为单位,对全公司1660名在职党员开展了民主评议,评为"好"的占80.8%,评为"一般"的占19.2%。四是加强了组织发展工作。按期举办入党积极分子培训班,邀请市委党校教授做专题讲座;发展新党员46名,50名预备党员按期转正。

制度建设方面,经过深入调查研究,结合天津邮政实际,修订完善《天津市邮政公司党委工作规则》《民主生活会制度实施办法》《党风廉政建设联席会议制度》《中心组理论学习制度》《思想政治工作相关制度》《党建工作联述联评联考制度》等规章制度,并出台了《党群工作考核办法》,将"三会一课"、民主生活会等党内生活八项制度落实情况量化考核,确保基层党建不虚、不空。

【弘扬正气,选树先进典型】 为纪念中国共产党成立93周年,6月27日上午,市公司党委在二枢组大礼堂召开"七一"表彰电视电话会议,对一年来为天津邮政事业做出突出贡献的10个先进党组织、18个基层单位先进党支部和71名优秀共产党员予以表彰,并授予21名工作在基层的党员干部"优秀基层带头人"的光荣称号。以鼓励先进,树立榜样,弘扬正气,为天津邮政健康发展营造比学赶超的良好氛围。

【深入开展党的群众路线教育实践活动】 按照中央精神和集团公司安排部署,天津市邮政公司党的群众路线教育实践活动从2013年7月至2014年2月顺利推进。市公司党委深刻领会开展教育实践活动的重大现实意义,紧密结合天津邮政经营发展实际,牢牢把握"为民、务实、清廉"和"照镜子、正衣冠、洗洗澡、治治病"的总要求,认真查找市公司领导班子在"四风"方面存在的突出问题,坚持立行立改、善做善成。把转变机关作风,破解发展难题,增强服务意识,提高工作效率,积聚正能量,提振精气神作为重要内容,借活动之力,破解改革、发展中的难题,各项工作取得了新的成绩。

【全面总结教育实践活动,部署各项整改落实任务】 市公司于2014年2月19日召开总结大会,集团公司第一督导组副组长陈福荫出席并讲话,对天津邮政教育实践活动的开展及取得的成效给予充分肯定。会议全面回顾了开展教育实践活动的基本情况,对开展活动以来取得的成果和存在的不足进行了实事求是的总结,并提出下一步工作任务。“收尾不收场、总结不终结”,作为第一批教育实践活动单位,天津邮政圆满完成了教育实践活动规定的各项任务,但作风建设没有休止符,此次教育实践活动巩固成果、整改落实的任务依然十分繁重。公司党委以持之以恒的态度,对市公司及各二级单位两方案一计划的完成情况进行跟踪,一抓到底,切实抓出成效,确保承诺兑现。

【中央第十二巡回督导组充分肯定天津邮政教育实践活动】 4月15日,中央第十二巡回督导组莅津指导教育实践活动,督导组组长、全国政协经济委员会副主任、天津市政协原主席邢元敏等领导在天津迎宾馆听取天津邮政等十个中央垂直管理单位关于教育实践活动开展情况的专题汇报。邢元敏组长对天津邮政教育实践活动所取得的成绩给予充分肯定和高度评价,对下一步活动的开展提出明确要求。会上,任永信书记代表三大板块详细汇报了天津邮政开展教育实践活动的总体情况以及市邮政公司第一批教育实践活动“两方案一计划”的整改落实情况。

中央第十二巡回督导组认真听取天津邮政专题汇报,就天津邮政活动中的亮点现场点评,详细询问了解决管理人员退出现有工作岗位以及邮政服务地方经济社会发展等情况。邢元敏组长指出:天津邮政能够站在一定的高度,切实解决企业干部职工的切身利益问题,出实招、办实事、解难题,整改落实工作掷地有声、落地生根,做到了立行立改,效果明显。下一阶段教育实践活动的好坏不仅是对天津邮政工作的检验,也是对邮政集团公司工作的检验,更是对整个教育实践活动开展全方位的检验,要确保活动不虚不空、不走过场。

【各项整改落实工作取得显著成效】 2014年,市公司党委以深入开展党的群众路线教育实践活动为契机,对群众反映的热点问题立行立改,17项整改落实任务和26项专项整治任务已全部完成。教育实践活动取得成效:一是改进了文风会风。完善了会议管理制度,市公司召开会议数量减少12%,会议费同比下降86.27%,绝对值减少44万元,办公费下降18.8%,业务招待经费同比下降20.1%,业务宣传费下降11.3%。二是转变了机关作风。两级机关党员干部开展深入基层劳动实践活动,于冬夏生产旺季、双11期间深入邮件收寄、投递、处理作业现场与一线职工共同奋战,分担一线生产压力。公司党委实行“一岗双责、对口帮挂”制度,每个机关部室对口1—2个区县局,每月深入生产经营一线开展调查研究,帮助解决实际问题。三是认真落实中央八项规定和集团公司党组20条实施意见,加强日常管理和节假日等关键时点的监督检查,党员领导干部能较好地遵章守纪,未发生重大违规违纪问题。

(张　松)

党委宣传工作

【认真学习贯彻党的十八大及十八届三中、四中全会精神】 十八大以来,党的建设发生深刻变化,全面从严治党已经成为贯穿党的建设的核心和主线。公司党委始终把各级领导干部的思想建设放在首位,力求把各级干部的思想认识统一到中央和市委的工作部署要求上来。一是加强了理论中心组学习。市公司党委组织了3次理论中心组和领导干部集中学习;各二级单位党组织落实计划,精心组织学习活动。党员领导干部思想政治理论水平得到提高,进一步增强了同党中央、上级党组织保持高度一致的思想自觉和行动自觉。二是开展了主题学习活动。市公司党委组织二级单位、机关部室主要负责人、专职书记、部分区县局副职等70人赴中国延安干部学院参加为期一周的集训,感悟延安精神的时代价值,坚定正确的政治方向。三是丰富了学习内容。市公司党委为全体直管领导干部购置《十八大以来廉政新规定》《习近平谈治国理政》等书籍,并组织三级副以上领导干部观看《四风之害》《焦裕禄》等教育影片。围绕企业生产经营中心工作，市公司党委还组织三级副以上领导干部参加了“领导力提升培训”课程学习，营造了良好的学习氛围，为圆满完成各项工作任务打下了牢固的思想基础。

（张　松）

精神文明创建

【天津邮政精神文明建设硕果累累】 武清区邮电局和金融业务局被评为全国邮政系统先进集体，6人荣获全国邮政系统先进个人称号；4个单位、8位个人荣获天津市规划建设交通系统窗口优质服务先进集体和先进个人荣誉称号。塘沽邮电局、武清邮电局、东丽邮电局荣获2012—2014年度天津市文明单位称号；在集团公司和光明日报社联合组织的“寻找最美邮递员”活动中，天津公司获得活动组织奖，刘树东、王瑞燕分获特别提名奖和入围奖。青年员工王溯捐献造血干细胞、刘昊舍身救人的事迹展示了邮政职工的良好形象。深入开展“美丽天津、美丽邮政”和“视用户为亲人　视邮件为生命”等系列活动，切实提高员工的职业道德，提升邮政的服务质量。2014年获得“全国用户满意企业”称号，用户服务满意度为90.76分，高于集团75分的要求。

（张　松）

共青团工作

【天津市邮政公司获团市委多项表彰】 3月4日，共青团天津市委员会召开天津市企业共青团2013年表彰会暨2014年工作会议，对2013年度天津市企业共青团工作进行了总结表彰，市公司共有4个单位、6名个人受到表彰。金融业务局转型突击队、函件局鸿雁青年突击队、汉沽金融业务局青年突击队荣获2013年度天津市优秀青年突击队称号；静海县局投递部荣获2013年度天津市青年安全生产示范岗称号；和平区局滨江道邮电支局陈德楠、红桥区局丁字沽储蓄银行王林、宝坻区局建设路支局张晓丹、滨海新区汉沽局新开路支局张语薇、投递局东楼分局苑立华、投递局八里台分局黑钢荣获2013年度天津市青年岗位能手称号。

【北辰区局团委组织团青参加学雷锋志愿活动】 3月4日上午，共青团北辰区委员会组织开展了“弘扬雷锋精神、共建美丽北辰”3.5学雷锋青年志愿服务活动。北辰区邮电局团总支积极响应号召，组织区局机关、专业、支局团员青年10余人为北辰界内用户提供邮政服务，宣传邮政业务，取得了良好的宣传效果，进一步提升了区内广大居民对邮政业务的认知度，得到团区委和区内用户的一致好评。

【宁河局团青“学雷锋”热情宣传真情服务】 3月5日，宁河局团支部在团县委的支持下，在县城中心地段了开展了宣传活动，局团支部派出部分优秀团青担任宣传员。团青们着工装，挂绶带，展现了天津邮政青年团队英姿飒爽、朝气蓬勃的形象。宣传当中，团青们细心回答每一位过往客户提出的业务问题，热情宣传，真情服务，让客户感受到了邮政的全心服务和无限关怀。

宁河局学雷锋宣传活动(团委 供图)

【组织团青参加天津市服务行业青年职工集中服务日活动】 3月15日上午,公司团委组织和平区局团委、滨江道支局代表市公司团青参加了团市委举办的天津市服务行业青年职工集中服务日活动。现场受理咨询、推介业务、销售邮品、明信片,实现了社会效益、经济效益的双丰收。天津邮政团青代表良好的精神风貌、热情的服务、娴熟的业务得了参观活动的团市委领导和市民的高度赞扬。半天的宣传活动,充分展示了天津邮政的形象和邮政团青的风采,使邮政服务进一步深入人心。

集中服务日活动现场(团委 供图)

【召开"奋斗的青春最美丽"分享交流会】 4月29日下午,市公司团委组织各二级单位团组织书记及部分团青代表召开了"奋斗的青春最美丽"分享交流会,市公司团委邀请了同为服务行业的天津市公共交通三公司8路车队驾驶员(全国青年岗位能手标兵)刘世津和市公司东楼投递分局投递员(2013年天津市杰出最美轻工)苑立华,为团青分享工作、成长道路上的事迹,团青们积极互动,提问题、谈感受,现场气氛活泼、热烈。会上,刘世津讲述了自己从事公交事业的历程,热心公益帮助挽救12岁患癌症女孩生命的事迹,带领本单位团青服务百姓、提升技能的故事。苑立华讲述了自己干一行、爱一行用青春谱写奋斗篇章的理想,做好投递工作的执著精神及热心帮助居民排忧解难的事例。会上,团青们被他们乐观执著、无私奉献、爱岗敬业的精神所打动,表示在工作中挥洒青春的汗水,奋力拼搏,为企业发展做出贡献。

【团市委表彰】 投递局东楼投递分局苑立华荣获天津市最美轻工称号(全天津共12人)及五一劳动奖章;二是投递局八里台分局黑钢荣获第十四届天津青年五四奖章;三是金融业务局市场部荣获天津市新长征突击队称号;四是信息技术局张名扬、河东区邮电局冯志鹏、函件局李钎荣获天津市新长征突击手称号;投递局红星路投递分局荣获五四红旗团支部称号;电子商务局团支部书记赵蓓荣获天津市优秀共青团干部称号。

【宁河局工会团委联合举办青年职工业务技能大赛】 为持续掀起精业务、强素质的学习热潮,建立员工素质提升长效机制,宁河局借"五四"青年节之际,由行政、工会、团委联合开展了青年职工业务技能大赛,经过初赛笔试答题,选拔出了六个优秀团队。并于5月4日晚,举办了一场精彩纷呈的决赛。此次大赛紧紧围绕邮政业务知识,从"金融、邮政营业、投递"及"天津邮政"微信公众号中的顶级思维四个方面选题,设为必答题、抢答题两个环节。根据各队比赛结果得分,依次决出一、二、三等奖。比赛中,选手回答错误题目则设为现场观众题,现场互动不断,气氛异常活跃。经过了一个多小时的激烈角逐,最终在抢答赛环节决出了胜负,县营支局一举获得一等奖,汉农、造甲支局荣获二等奖,小海北、经济、贸易支局荣获了三等奖。

宁河局青年职工业务技能大赛（团委 供图）

【组织职工团青为鲁甸灾区捐款捐物】 在得知云南省昭通市鲁甸县发生6.5级地震以后，灾区人民的生活时刻牵动着天津邮政职工的心。在市公司办公室的大力支持帮助下，市公司与云南省邮政公司取得了联系，通过邮政渠道运送物资至灾区，为鲁甸及鲁甸邮政抗震、恢复再生产出一份力。市公司团委向全公司团青及职工发起了捐款捐物的号召，大家积极响应，纷纷收集衣物，献出一份爱心。截至8月15日，全公司共为鲁甸捐献衣物1600余件，捐款7860元，并通过邮政渠道发往鲁甸支局。

【参加团市委青年文明号20周年巡展活动】 市公司青年文明号创建活动得到团市委的认可，并邀请市公司参加青年文明号20周年巡展活动。市公司将青年文明号创建工作及成果制作成展板，参加在全天津市范围内的展示。

【完成青年文明号自查工作】 按照集团公司《关于开展2013—2014年度邮政系统精神文明建设检查工作的通知》，市公司组织全公司24个符合条件的青年文明号窗口进行了自查活动，公司团委对其中8个窗口进行了抽查，并对抽查情况进行了反馈。

【开展学雷锋活动】 3月上旬，市公司团委组织开展了企业团青学雷锋活动，今年的活动呈现出参与单位多，内容丰富等特点。全公司22个单位组织了形式多样的活动，更好的传承了雷锋精神。

【组建天津市邮政公司青年足球队】 6–9月组织部分区县及专业足球运动爱好者，组建天津市邮政公司青年足球队、篮球队，定期训练并参加了团市委及天津市新浪网组织的足球、篮球比赛。

【组织部分团青参加第五届青年体育节活动】 参加了真人CS及三人篮球比赛，均进入前8强。

【组织二级单位完成团组织换届选举工作】 根据团市委《关于做好基层团组织选举工作的通知》，组织各二级单位完成了基层团组织的换届选举工作。

【开展“党团动员做贡献　齐心迎战‘双11’”活动】 向全体团员发出倡议，积极投身“双11”包裹投递工作，并组织部分团青对口支援相关投递分局。

（栗　莹）

纪　检　监　察　工　作

【概况】 2014年天津市邮政公司认真贯彻落实习总书记系列重要讲话精神、十八届中央纪委三次全会精神及集团公司相关要求，在推动企业改革发展的同时，结合开展党的群众路线教育实践活动，进一步加强了党风廉政建设。

【认真落实“两个责任”，构建惩防腐败体系】 一是签订党风廉政建设责任书。年初，根据集团公司相关精神，公司纪委修订了《天津市邮政公司党风廉政建设责任书》，由党委书记与各二级单位党政负责人签订。为确保党风廉政建设责任书落到实处，公司纪委还制定了具体的百分制考核评价办法，年终组织检查验收。随后，公司又召开纪检监察工作会议，全体直管干部参加，纪委书记作纪检监察工作报告，党委书记作专题讲话，对纪检监察工作提出相关要求。

二是制定了落实“两个责任”实施办法。9月份，按照中纪委三次全会要求和集团公司关于落实“两个责任”文件精神，公司制定下发了《天津市邮政公司党委关于落实党风廉政建设主体责任的实施办法》和《天津市邮政公司纪委关于落实党风廉政建设监督责任的实施办法》，明确公司党委要切实担负党风廉政建设主体责任，纪委承担监督责任；强调各级党组织特别是主要领导必须树立不抓党风廉政建设就是严重失职的意识，主要领导是第一责任人，领导班子成员根据工作分工对职责范围内的党风廉政建设负领导责任，要把廉政建设的要求体现到业务工作和管理实践的各个方面，既要守责尽职，又要带好队伍；对于产生不正之风和腐败现象的部门和单位，既要追究当事人责任，又要追究相关领导责任。

三是制定了反腐倡廉工作五年规划实施细则。为加强对党风廉政建设的领导和规划，根据集团公司组局的相关要求，制定下发了《天津市邮政公司贯彻落实〈建立健全惩治和预防腐败体系2013—2017年工作规划〉的实施细则》，坚持突出重点与全面实施相结合，重点研究重点领域和关键环节的有效治理，规范和监督各级领导干部用权。同时制定了《天津市邮政公司党风廉政建设联席会议制度》，明确了领导小组成员和常设机构，再次提出了党委履行党风廉政建设主体责任、纪委履行监督责任的具体要求，形成党风廉政建设齐抓共管的整体合力。

四是对公司领导班子分工进行调整。根据中央和集团公司相关要求，于12月初对公司领导班子分工进行了调整，纪委书记不再分管生产经营工作，集中主要精力抓好纪检监察、审计等相关工作。

【深入落实中央八项规定，持之以恒纠“四风”】 一是加大日常检查工作力度。把监督检查落实到日常工作的各个方面，做到统筹安排。根据集团公司组局工作部署，公司纪检监察部门联合人力部、计财部、审计部开展了领导人员薪酬发放合规检查，30个二级单位全部开展了自查，公司联合检查组重点对区县局和专业局进行了抽查。通过开展专项检查，进一步规范了各级领导人员的薪酬发放，增强了各级领导人员的合规意识。

二是加大重要节点的监督检查力度。“四风”问题具有反复性、顽固性，公司纪检监察部门深入贯彻中央和集团公司的相关要求，坚持在节假日等关键时点对八项规定等有关问题发文提醒，并开展监督检查，防止“四风”问题反弹，确保不发生相关违纪违规问题，收到了较好成效。

【加强对领导干部的思想教育，增强自律意识】 深入开展了“党风廉政宣传教育月”“六个一”活动。具体内容为讲一堂党课、看一部警示教育片、开一个专栏、读一本书、接受一次现场教育、举办一次考试。在市公司领导班子成员、全体直管领导干部参加的集中学习活动中，公司纪委书记带头讲党课，作了题为《深入学习习总书记系列讲话精神，进一步加强党风廉政建设》的反腐倡廉专题辅导报告，取得良好效果；大家集中观看了警示教育片《四风之害》。教育月活动期间，在《天津邮政报》上开辟“经纬线”专栏，刊登警示短文；向《中国邮政报》投稿报道我公司党风廉政宣传教育月活动，被采纳刊登新闻类一篇、通讯类一篇。为每位直管领导干部配发了《十八大以来廉政新规定》一书。部分二级单位还组织党员干部参观了周邓纪念馆等教育基地。

【加强对选人用人程序的监督】 近年来，公司纪委不断加强对选人用人的监督工作。一是落实公司直管干部任前征求纪委意见制度。二是拟提拔干部公示期间畅通举报渠道，设立举报信箱、开通举报电话。三是对公司直管干部的各类测评、考察活动由纪委派人参加加强监督。四是严格落实新任领导人员廉政法规知识考试和任前廉政谈话等制度。今年以来，公司纪委对15名新任直管干部进行了廉政法规知识考试和任前廉政谈话，并协助集团公司对2名新任资深经理进行廉政法规知识考试。

【不断完善效能监察工作，促进企业效能提升】 公司纪委参与企业集中采购招投标工作，涉及信息技术类设备、车辆、基建和局所改造、低值易耗品等，对招投标程序进行监督。根据集团公司要求，市公司对对外投资进行了清理，监督小组成员由纪委派员担任。截至今年8月份，该项工作已经顺利完成，实现了国有资产保值增值。

【认真做好信访举报核查工作，营造和谐发展环境】 市公司认真做好信访举报受理工作，加大信访核查力度，对接到的信访举报通过调查、函询等方式进行了认真核查。本着对事业、对干部负责的态度，及时了解掌握领导人员的思想、工作、生活情况，对存在的问题要早发现、早提醒、早纠正、早查处，对苗头性问题及时约谈、加强诫勉谈话工作，防止小问题变成大问题，纠小错、防大错。

（纪检监察室）

邮　政　工　会

【概况】 2014年天津邮政工会认真贯彻落实上级工会工作部署和公司党委的工作要求。以市总“基层工会活力建设年”为载体，围绕市公司“1133”中心工作，落实工会五大工作重点和二十六项任务，组织广大职工开展形式多样，成效显著的工会活动，进一步激发基层工会活力，增强工会吸引力、凝聚力。

【开展“大教育”，积聚正能量】 一是大力宣传市公司精炼锤成的企业文化核心理念，广大干部职工在各自的岗位上主动践行，成为自觉行动。二是广泛宣传集团公司编印的《2014年邮政形势任务宣传教育读本》，并将1000本宣传册下发到基层，组织职工学习，增强职工的使命感。三是组织3名选手参加市总举办的“中国梦·劳动美·我与改革创新”主题演讲比赛，一人获得三等奖，两人获得优秀奖。四是以天津快板书的文艺形式，创作《把天津建成美丽花园明天更辉煌》，并组织4名劳模先进现身说法，参加市总文艺汇演，展示天津邮政员工形象。荣获市总工会、市文广局等四单位联合颁发的2014年天津市文艺工作者深入职工创作实践活动优秀组织单位，最佳文艺创作奖、优秀奖，张德荣主席荣获深入职工创作实践活动带头人等四项称号。五是贯彻落实《天津邮政全民健身计划(2011—2015)》。结合实际，以“普惠”广大员工为原则，开展生动活泼、健康向上、情趣高雅、喜闻乐见的群众性文化体育活动。上半年相继成立了天津邮政文化体育协会，创新文体活动方式，丰富活动内容，下沉活动重心，在二级单位下设了书画、摄影、乒乓球等5个协会，进一步健全完善了职工宣传文体工作机制。各协会制定章程、健全制度、发展会员、举办培训、开展竞赛，促进了健康发展。六是11月6日，天津邮政首届“美丽天津、美丽邮政”职工书法绘画摄影展在河东区新开路离退处老年活动中心拉开帷幕。市公司领导班子出席了活动开幕式，任永信总经理、张德荣主席为仪式剪彩，并于前来的100多名二级单位工会主席和爱好者一起参观展览。据统计，经过一个多月的征集，此次展览共收到各类艺术作品460余件(幅)，最终有来自200余名职工的390件作品入选展出，一个半月展览结束后，部分优秀作品移至市公司礼堂展览，先后有2000多人观展，给予好评，弘扬了企业文化，这次展览其规模之大、水平之高、内容之丰富为天津邮政史上之最。七是7月份参加天津市第十三届职工运动会乒乓球比赛，高齐(河东局)获得女子甲组单打季军，和朱方晨(河东局)合作获得混双甲组季军；11月份参加全国第二届“和谐杯”邮政职工乒乓球比赛，天津邮政乒乓球代表队取得历史最佳战绩。任永信总经理获高管组男子单打冠军，高齐、王主(东丽局)分获甲组女子单打冠、亚军；市公司代表队荣获“体育道德风尚奖”。八是7月份羽毛球队参加天津第十三届运动会。杨立(邮区中心局)、王磊(信息局)获得男子丙组双打第七名，10月份，参加天津市职工(个人)羽毛球比赛，二人又提高成绩，荣获男子丙组双打亚军；张宝平(红桥局)与朱恩祥(邮区中心局)合作，取得男子甲组双打第七名，为市公司参加上级羽毛球比赛历史最好成绩。

【开展“大竞赛”,推进企业改革发展】 一是紧密围绕企业“转型、整合、特色”总体要求,突出“五比一创”竞赛主题,深化建功立业活动,激发职工群众创造活力,为天津邮政改革发展增添动力。二是深入开展邮储业务竞赛活动,召开了竞赛活动推动会,部署了竞赛方案,制定了竞赛目标,奖励办法,扩大了参赛范围。全年发展储蓄业务53.21亿元,其中非经营单位14.73亿元,经营单位38.48亿元,促进了金融业务发展。三是开展“两包”业务竞赛活动。将“两包”业务纳入竞赛考核,制定相应的激励政策,完善竞赛考核标准,全年评选“两包—达人”120余人,并进行表彰奖励,调动职工积极性,促进了函件业务的快速发展。四是实现开展竞赛单位覆盖率100%,职工参与率100%。五是在全总和市总评先活动中,投递局陈晓菊获得2013年度全国“五一”劳动奖章先进个人。塘沽区邮电局荣获2013年度天津市“五一”劳动奖状先进单位;任永信、王溯等6人被授予2013年度天津市“五一”劳动奖章先进个人;在全国邮政系统先进集体,先进个人评选活动中,邮政金融局、武清局获得全国邮政系统先进集体;刘树东、刘健等6人获得全国邮政系统先进个人荣誉称号。六是5月6日,在市公司礼堂召开天津邮政系统先进集体,先进个人座谈会。天津市邮政三大板块领导;受到表彰的先进及老劳模代表出席了会议并作了发言。七是做好推荐评选2015年度天津市劳动模范的推荐评选上报工作,经过认真地培养,推荐投递局刘树东、邮区中心局范佳参加评选工作。九是关心劳模生产生活状况,调查了解他们的家庭生活情况,解决他们家庭生活遇到的困难。向市总工会申请,全年为3名全国劳动模范办理了低收入、特困、节日慰问“三金”补助。八是认真开展“安康杯”安全竞赛活动,做到全年安全生产无事故,被天津市总工会和天津市安委会授予安全生产先进单位。十是发挥“巾帼社”作用,广泛开展女职工竞赛、文体活动。落实集体合同规定,维护女职工特殊权益。3月5日,召开庆“三八”表彰暨座谈会。会上,安排部署了2014年女职工重点工作,表彰了市公司2013年度5个优秀女职委、5个示范岗和10名先进女职工;市级女职工先进集体和个人做了典型发言。十一是2014年在全市女职工工作评比中,塘沽邮电局营口道支局荣获天津市“女职工建功立业示范岗”,和平区邮电局岳阳道邮电所荣获天津市“三八”红旗集体,电子商务局张永春家庭荣获市级“五好文明家庭”称号。

【开展“大维护”,加强企业民主管理】 一是2014年1月21日召开了市公司首届二次职工代表大会。传达了黄兴国市长对天津邮政工作汇报的重要批示。听取审议了任永信总经理的工作报告;审议通过2014年工效挂钩办法,签订了《工资协议》、经营承包责任书,安排部署了全年工作任务,掀起了业务发展的新高潮。二是加强对二级单位民主管理工作的指导,深入基层调研民主管理工作,提出深化民主管理、发挥职代会(职工大会)作用的建议,推动了基层单位召开首届职工代表大会,为新一年工作奠定了思想基础。三是加强工会劳动法律监督,充分发挥工会在扩大职工参与和依法维权方面的积极作用;依托劳动关系三方协调机制,加强工会劳动法律监督;加强对重点单位的劳动关系预警预判和劳动争议调解工作。四是4月1日至3日,中国国防邮电工会董秀彬主席在中国邮政工会关荣顺常务副主席陪同下一行4人,到天津邮政公司就邮政系统工会基层组织工作现状与问题、职工切身利益与实际困难、贯彻实施《劳动合同法(修正案)》和《劳务派遣暂行规定》、工资集体协商制度进展、职代会制度建设、进一步加强产业工会工作等问题进行综合调研和督促检查工作。邮政三大板块工会主席分别进行汇报,肯定了天津邮政工会工作。调研组还分别深入武清邮电局、邮政投递等单位等慰问职工,召开座谈会,听取一线职工的心声。五是落实《劳动合同法(修正案)》要求,做好企业劳务派遣工用工方案的调整、辅助性岗位的确定、劳务工转聘办法的制定,全年共协助行政,邀请职工代表监督审核完成了五批次,575名劳务派遣工转为企业合同工制员工(A—B类)的审核把关工作。

【开展“大关爱”,构建企业和谐】 一是认真落实市总提出的“面对面、心贴心、实打实服务职工在基层”活动要求,建立完善服务职工群众长效机制,修订完善了两个基金会管理章程和《职工困难补助管理办法》，进一步完善困难职工帮扶机制。扩大了帮扶范围，提高了补助标准，并经职代会通过，广泛宣传企业为职工办好事措施，受到职工的欢迎。二是全年职工互助基金会共为398余名职工补助，金额达32.79万元；重病帮困基金会共为310余名职工（包括退休）补助，金额达52.8万元；职工家庭困难补助626人，金额达25万元；使困难职工感受到了企业的关怀和温暖，增强了爱企业的深厚感情。三是2014年市会共分6批组织各类先进120余人到华东五市、西安等地进行健康休养，在职工中引起了良好的反响。四是为259名职工下发了30年工龄毛毯。五是扎实做好帮困送温暖工作。积极做好寒暑期送温暖、送凉爽和年节期间慰问工作。暑期来临，为近3000名外勤投递员购买藿香正气水和胶囊。六是建立“困难职工帮扶基金”制度，下发困难职工帮扶专项基金25万元。七是为特困职工雪中送炭。完全了市总工会对困难职工 “两节”慰问款和“金秋助学”资金的调研、统计、申报工作，市总工会下拨困难补助金11.02万元，金秋助学金1.3万元。代表上级工会为247人（金秋助学17人）困难职工和家庭进行了补助，使广大职工感受到了温暖和关怀。八是由市会组织与天津弘昊农业科技发展有限公司合作（西青区），建立了绿色蔬菜园基地，每周定期到11个点位送菜，使18个单位的300余名职工解决了“菜篮子”问题，受到了广大职工的欢迎。

【开展“大组建”，强化工会组织作用】 一是深化“基层工会活力建设年”工作要求，以增强基层工会活力为目标，进一步加强以“一清双亮六有五健全五上墙”（“一清”——职工清楚工会组织。“双亮”——工会组织亮牌子，工会主席亮身份。“六有”——有工会组织基础台账，有工会组织体系、职工和会员名册、召开职工（会员）代表大会和换届的原始资料，有工会工作手册，有工会公章，有工会法人资格，有工会单独工会账号。“五健全”——健全工会委员会，经费审查委员会，女职工委员会；工会联合会规范建全单独基层工会或联合基层工会；基层工会规范健全工会分会或工会小组。“五上墙”——工会工作职责上墙，工会组织结构上墙，工会委员会名单上墙，四好领导班子标准上墙，建设职工之家标准上墙）基层工会规范化建设要求，夯实工会组织基础。二是今年7月4日市总工会林引常务副主席一行三人到天津邮政工会调研工作，张德荣主席汇报了市会落实市总工会“基层工会活力建设年”工作情况，林主席对市会工作给予充分的肯定，希望天津邮政继续发扬传统，关爱职工，搞好和谐，为天津经济建设作出新贡献。三是对“建家”工作深入调研，开展“建好职工之家，当好职工娘家人”活动。完善“建家”要求，明晰量化标准，加强分类指导、监督和考核。要牢固树立“建小家为大家”的理念，共创邮政和谐大家庭，选树了武清雍阳东道支局等十个叫得响、有特色、职工满意的示范小家，以点带面，选树典型，巩固和深化小家建设。四是要按照“建家”标准，积极推动网运职工之家规范、提升工作，实现邮政集团工会规范、提升要求目标。五是接待台湾邮政工会领导，参观东楼支局，就职工小家创建活动进行了研讨交流。六是今年10月份设立了工会主席信箱，公布了信箱号码，开辟了新的职工诉求渠道，为维护职工合法权益起到了保障作用。七是加强工会工作制度建设，进一步修订完善工会（常委）委员会定期会议、信息管理、理论研究会、经费和资产管理等项工作规章制度，形成行之有效的管理机制，更好地为企业发展和职工群众服务。八是加强工会组织自身建设，建立工会干部培训、学习制度。做好新上任工会主席上岗培训、信息报道工作。九是开展“改进工作作风、服务广大职工”竞赛活动。采取二级工会“一对一”结对子，互学互帮、定期走访、横向交流、深入调研、研讨会和论文发布等方式，使工会干部思想工作作风得到提升，工作能力得到进一步提高。推荐投递局工会参加市总工会创新工作展示会。荣获创新成果优秀奖。十是2014年，在市总工会评选2012—2014年度工会工作先进集体、先进个人活动中，天津市武清区邮电局委员会被市总工会授予模范职工之家；大港邮电局小王庄支局荣获市级模范小家；孟宪军、赵斌（市会）、郭刚（邮区中心局）被授予市级优秀工会工作者；张津慰（集邮）、曹培（保障中心）被授予市级优秀工会积极分子；左继祥（保障中心）被授予市级优秀工会之友等荣誉称号。

（赵　斌）

人民武装部

【概况】 2014年，部门认真履行武装部职能，从事关国防建设全局的高度，深刻认识新形势下加强武装工作的重要性，结合工作科学统筹安排，高质量的抓好各项武装任务落实，确保了年度武装工作抓紧抓实抓出成效。3名同志在天津市和平区武装部的年度评选上榜上有名。阎德起主任获得优秀兼职领导称号；乔建忠、张毅敏同志获得优秀专武干部称号。

【发布汛期预警信息，确保安全度汛】 2014年夏季，根据雨水分布、流量特点，继续根据天气预报状况，部门在强降雨期间及时向各二级单位发布预警信息，做好防御暴雨应急组织工作。截至汛期结束，共发布4期《天津邮政汛期安全预警信息》，为全公司应对每一轮强降雨做好支撑服务。

【民兵组织整顿】 根据和平区武装部的安排，人民武装部于2014年3月对全公司民兵、预备役组织重新进行了整顿。

（张毅敏）

·知识介绍·

助推企业发展 记录辉煌历程

《形象宣传年册》是由中国集邮总公司专门设计、印制，在邮票年册的基础上增加企事业单位的宣传内容，将企业文化与邮票年册进行有机结合而成的时尚文化礼品。

传播范围广：从一个新的角度，把企业一年中重大事件以一种厚重的形式记录下来，传播出去。

文化韵味浓：一年里，企业发展中有开拓的豪迈、成功的喜悦，形象年册将这点点滴滴，尽现方寸之间。

珍藏价值高：形象年册是中国集邮传承59年的文化产品，是独有的资源，通过中国邮政杰出的团队，倾力打造出的年度集邮精品，具有不菲的收藏价值。

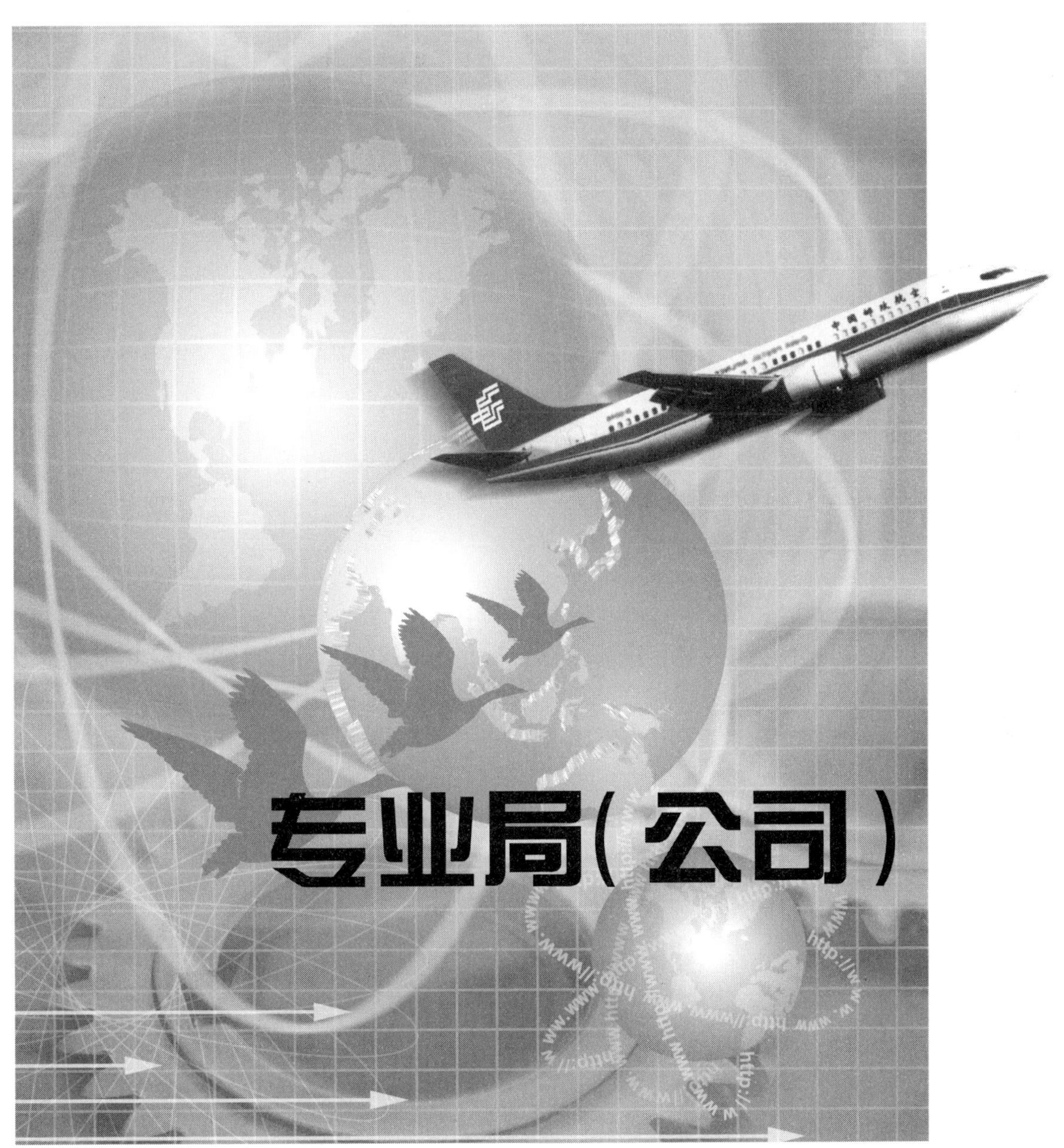
专业局(公司)

金融业务局

【概况】 2014年,天津邮政代理金融认真贯彻集团公司和市公司党委的工作要求,以集体公司24字方针为指导,贯彻落实任总经理1133工作部署,在网点产能提升、员工服务能力、客户分级管理等方面实现了新的突破,圆满的实现收官。代理金融收入完成8.173亿元,同比增幅7.9%,完成年收入计划8.067亿元的101.3%,绝对值超1061.6万元,收入占比达到54.97%。截至2014年12月31日,全市余额达到502.06亿元,至此,天津邮政代理金融迈上了新台阶。累计代理保费38.59亿元,同比增幅81.4%,绝对值增长17.32亿元,点均保费1354万元,点均排名全国第4。理财类业务也实现了快速发展,年累计销量38.72亿元。理财保有量达到11.97亿元,同比增幅98.8%,实现了快速发展。基金年累计销量2.12亿元,同比增幅266.3%,在集团组织的重点基金销售竞赛中,天津销售进度及加权排名均居全国第2位。自助机具替代率提升至42.34%,较去年末上升了11.74个百分点。2014年度获得全国邮政系统先进集体、市公司先进单位、先进党支部称号。

【1月份代理保险业务创单月保费新高】 截至1月31日,市公司累计完成代理保费6.74亿元,为进度的355%,同比增幅740%。保费规模及应进收入创2009年以来企业单月代理保费新高。

【开展外围区县局代理金融转型大使“再教再试”活动】 3月18、19日,金融业务局联合转型项目组针对外围区县局转型大使开展了邮政代理金融“再教再试”活动。培训采用集中面授培训和研讨交流的形式进行,有效地进行了点面结合,深入剖析网点转型的各个环节,优化整体效果。在授课过程中通过引入“试讲”和“互动”模块,提高了整体内训能力,明确了改进和提高的方向。

【中邮期缴提前7天完成季度冲刺目标】 在“金融转型,重在保险;抢‘钱’抓早,排除万难”工作思路的引领下,全公司把握营销旺季,践行“转型发展,效益为先”的经营理念,推动中邮期缴保险高速发展。截至3月25日,全市累计发展中邮期缴保费2380.2万元,同比增幅233.8%,提前7天完成2300万中邮期缴保费季度冲刺目标。

【邮政储蓄逻辑大集中系统顺利上线】 5月23日,天津邮政储蓄逻辑大集中工程顺利上线,标志着天津邮政储蓄科技化建设迈出了重要的一步。邮储银行董事柯岩、中国银监会信息科技监管部副主任李丹、邮储银行副行长曲家文、天津银监局副局长王文刚等领导先后莅津督战,并慰问了连日奋战的工作人员。作为第三批逻辑大集中推广单位,天津与山西、安徽、江西、湖北、四川共同于5月23日正式切换上线。为确保顺利实施,该项工程自4月起进入倒计时阶段。邮银双方密切合作成立了由市公司总经理任永信任指挥长,邮储天津分行行长唐云崧及市邮政公司副总经理顾洪文、常庆森任副指挥长,及由金融业务局、信息技术局等组成的项目指挥部,下设技术支持组、业务组等,全力做好切换工作,并提前做好搭建演练环境,业务、技术培训等工作。并于4月28日至30日、5月12日至14日分别进行了两轮切换演练,各组工作人员密切配合,紧张有序,随时处理突发情况,保障演练顺利进行。

【金融业务发展现场会在静海召开】 二季度,静海局金融业务快速发展,资金总量净增7870万元,成为各区县局对标学习的榜样。6月25日,金融业务局组织召开静海经验推广现场会,市公司副总经理常庆森、金融业务局、各区县局负责人参加会议。会上从区局分析市场、顶层设计、到专业确定方向、制定措施、督导代理金融网点转型落地等多个层面,通过ppt演示,图文并茂地详细介绍经验。

【邮储“百强网点”效能提升竞赛启动】 天津邮

政代理金融百强网点效能提升活动于7月16日启动。市公司副总经理常庆森及市场部、金融业务局、各区县局主管领导参加了启动仪式。活动旨在应对当前金融市场的新形势、新变化，依托金融网点销售化转型，促进天津邮政代理金融快速、持续、健康发展。

【代理期缴保费规模破亿】 截至8月26日，市公司实现年累计代理期缴保费10036万元，规模首次突破亿元大关，同比增幅405%，绝对值增长8050万元，为2013年全年期缴保费规模的2.5倍。累计实现期缴应进收入1209万元，实现了期缴保险业务发展的新突破。

【“邮储E动　星火相传”活动启动】 11月28日上午，“邮储E动　星火相传”活动在市公司大礼堂举行了启动仪式。活动以“星火相传”的形式在全市推进，由市公司总经理任永信通过手机银行向4位副总经理转账“火炬基金”，再逐级向下传递，直至每名基层员工，旨在以邮储手机银行“行内异地转账、跨行汇款交易手续费免费”政策为契机，发动全市邮政员工使用邮储手机银行业务，进而主动营销，扩大客户规模，提升手机银行客户数量和交易替代率。

【代理金融余额规模成功突破500亿】 面对激烈的市场竞争环境，全市18个区县局认真落实市公司要求，克服压力、势如破竹，圆满实现了历史跨越。截至2014年12月31日，全市余额达到502.06亿元，至此，天津邮政代理金融迈入了新的篇章。

（沈　娆）

分销业务局

【概况】 2014年受宏观政策环境变化和营改增的影响，使分销业务的发展遇到了前所未有的窘境。面对不利的发展环境，全局上下凝心聚力，以转型、整合、特色为抓手，以项目创新为引领，埋头苦干，大胆尝试，顺利完成了各项工作任务。全年累计完成业务收入2067.4万元，同比增长6.8%，完成市公司年预算102.3%；累计完成有效收入1925万元，同比增长14.5%，完成年预算的112.1%，高于收入进度9.8个百分点。

【节日营销仍是创收主旋律】 “福至新春”活动实现销售额2688万元，形成收入666万元。“粽情端午”活动实现收入317.9万元。活动期间首次与函件专业联动，通过电商小包为客户提供香粽免费寄递服务，共寄递3697盒，形成小包收入2.8万元。“月满中秋”活动形成销售额1849万元，收入513万元。全局销售月饼93479盒，销售额710万元，实现收入252万元。通过与速递、函件专业联动，电商小包寄递月饼3777件，形成小包收入2.9万元；通过EMS邮寄月饼2784件，形成速递收入11.8万元。

【依靠政府强能力、扬品牌】 2014年分销专业得到了农委充分肯定，为使邮政服务“三农”向纵深发展，专业以邮政支持特色产业村农产品配送名义进行了项目申请，经过严格审定后获批，并获得了60万元的财政补贴资金。

经过与市烟草局沟通，在成功取得“罚没烟”经销权的同时，确定了网上访烟和罚没烟经销主渠道的相关事宜，有效地降低了库存、加快了资金周转。

【分销专业开展“缤纷女人节”主题营销活动】 三八妇女节期间，分销专业全面开展“缤纷女人节”主题营销活动，本次活动特为广大女性同胞推出了多款洗护类、洗化类及女性用品等特色产品。

为促进销售，专业在产品品牌和价格定位等方面力求贴近市场，服务大众，引进上做到精益求精。主要品牌包括伊能、光明开尔、碧珍等洗化产品，宝洁旗下海飞丝、潘婷、飘柔、清扬等洗护产品，苏菲、ABC等女性用品，怡依家纺产品以及小熊、ACA、灿坤等家电产品。另有百事果缤纷礼盒、3+3蜂蜜、莹丽酸枣汁、芳临豆乳、乐朗红酒和施密特世家等适销农副产品及部分快消品。价位方面涵盖了福利和个人消费市场需求,10元以内的产品15款,10元至30元以内的产品22款,30元至100元以内的产品25款,100元以上的产品40余款,限量让利及特价产品9款。

【分销专业开展"3·15"邮政烟酒回馈酬宾活动】 在"3·15"消费者权益日来临之际,秉承邮政烟酒"真烟、真酒、真心、真意"的经营理念,分销专业开展"3·15"邮政烟酒回馈酬宾活动。

为保证货真价实,产品可追溯,邮政烟酒店对烟酒产品严格保证粘贴防伪签,为客户发放信誉卡。本次活动销售的五粮液和剑南春等名酒不仅具有市场信誉度,更在价格上具有市场竞争力,大润发超市52°五粮液售价为828元,52°剑南春售价为569元。华润万家超市52°剑南春售价为539元,52°五粮液目前店内缺货。而邮政销售的52°五粮液售价仅为739元,52°剑南春售价仅为428元,并推出买一箱赠施密特世家杰格红干红葡萄酒一箱(6瓶)的促销政策。不仅名酒价格较低,中低端酒水价格同样吸引人眼球,并有买酒赠烟等优惠活动。

(陈 福)

邮 政 函 件 局

【概况】 2014年,函件局在市公司的正确领导下,落实"稳中求进、进中提升、进位争先"的指导思想,紧紧围绕"1133"工作部署,践行"创新驱动发展 实干成就价值"的核心价值观,全局干部职工积极落实函件业务转型发展的中心任务,坚持以经营发展为中心,面向寄递服务、文化传媒两大市场,经受住了重重挑战,函件业务收入提前56天报捷,实现了函件业务的进位争先,荣获"2014年度天津市邮政公司先进单位"荣誉称号。全年累计完成收入19423万元,列全国第16位,排名较去年上升4位,完成年预算的110.7%;收入增幅20.1%,列全国第6位,与上年持平;全年有效收入达8718万元,完成任务的103.2%。

【两包业务成效显著】 国内小包业务全年实现收入1702万元。国际小包实现收入8140万元。一是建章立制,夯实两包发展基础。在两包工作组的领导下,相继出台了《国内小包业务管理实施办法》《国际小包业务管理实施办法》《国内小包业务运行质量考核办法》等系列文件,完善了制度保障,强化了制度管理。二是强化管控,提升两包发展质量。围绕邮件收寄、营销、客服、网运、投递等环节,制定了37项指标,确立了市公司相关部门和支撑单位参与的每周运行质量监控分析会制度,坚持问题导向,压茬改进,各项运行指标取得了稳步提升。三是整合资源,提升国际小包运行质量。国际小包集中收寄中心实现了协议客户业务的"六集中"处理模式,达到了规范作业流程、杜绝客户欠费、降低经营风险、提高业务效益、提升服务品质的目的。四是信息引领,提高两包业务信息化水平。联合信息局开发了国际小包预报关系统、大宗导入软件,小包业务辅助系统等信息化工具,提高了邮件数据的处理时效,保证了数据传输的准确性。

【基础业务加快转型】 一是积极推广商演项目。积极引进商演项目取得突破,丰富儿童剧、话剧、舞台剧等剧目种类,不断优化商业运作模式,累计创收174万元。二是三大类账单业务实现全增长。银企对账单收入比增2.3%;公共事业类账单收入比增18.6%;寿险类账单收入比增32.6%。三是约投挂号业务有效拓展。累计开发8大类,19家客户,主要涉及金融、医疗、教育、交通、公用事业等行业。四是封片卡业务多点开花。以超值优惠的旅游年票深挖旅游市场,创收370万元;以"幸运刮刮卡+客户回馈方案"主攻个人市场,创收347万元;联合市关工委,组织中小学书信书法大赛,全市15个区局实现招商,共有53万学生参赛,创收38.7万元;积极拓展封片卡渠道,建立了邮政博物馆、航母主题公园、天大"致青春"、师大"我的大学"和"谦祥益"相声等主题邮局。

【强化财务管控，提升发展效益】 函件局紧跟业务转型步伐,充分发挥财务支撑导向作用,强化成本费用核算与管理,有效收入超额完成全年预算。

【商函制作中心处理能力不断提高】 2014年,函件局制作各类邮件2600万件,出口邮件合格率达99.99%以上,邮件延误率为0。一是加大与外包公司的合作,强化手加工环节培训,整体处理时限和质量明显提高。二是加强设备管理与维护,提高了设备运行完好率，添置必能宝封装机一台,有效地提升了生产效能与处理时限。三是完善班组基础管理,规范了邮资打印环节计件工资统计口径,强化了内部闭环管理。

【名址信息中心各项工作扎实推进】 一是函件局名址中心完成了本市分拣资料库专项维护工作,共维护地址段道规则29692条。二是通过充分的前期数据准备，与营销平台开发商多次沟通、反复测试，确保了全国数据库营销平台顺利上线。三是稳步推进名址建设及维护,基础地址数据维护40.3万条,组织机构数据维护8.84万条。四是数据整合分析团队推出了"时尚一族"等10类数据产品，个性化数据累计使用量为82.41万条,并为金融专业制定了客户数据外拓等服务方案。

【顺利通过质量管理(ISO9001)和信息安全管理(ISO/IEC27001)认证年审】 组织全局内审员开展专题培训,强化学习管理标准,细致梳理专业经营管理各项工作,顺利通过了质量管理与信息安全管理两个体系认证年度审核。

【专业直邮项目组协助和平局成功开发《"3·15"消费指南》整版广告】 2月,直邮项目组全体成员加强与各区县局函件分支机构的沟通联系,直邮项目组成员在协助滨江道邮电支局走访某品牌直邮老客户过程中,分析以往数据库商函宣传中的诱因,积极整合2014年《"3·15"消费指南》专刊新卖点,突出专刊品牌效应,帮助客户完善宣传策划方案,努力提升宣传效果,赢得了客户的认可,成功开发专刊整版广告,创收1.2万元。

【函件专业推出"3·15"消费者权益日邮资机符志及纪念封】 为纪念"3·15"国际消费者权益日,函件专业策划、推出"3·15"消费者权益日邮资机符志及纪念封,产品售价5元/枚。产品围绕2014年"3·15"国际消费者权益日主题——"新消法 新权益 新责任",通过邮资机符志、纪念封等媒体,面向社会扩大消费者权益保护的宣传,更好地保护消费者权益。该产品邮资图为特别设计发行的"3·15"国际消费者权益日邮资机符志,邮资面值为1.2元；纪念封采用布纹纸，规格为230×120mm(6号封),过戳时间为2014年3月15日。

【函件专业成功开发《新消法宣传册》项目】 2014年,函件专业在了解到消协今年的重点是突出宣传"新消法"后,策划了《新消法宣传册》项目,在宣传新消法的同时,为区县局搭建了新的项目平台。《新消法宣传册》项目由专业招商、印刷,由天津市消费者协会组织各区县消协于"3·15"期间,在全市消协宣传点位进行发放,2014年共印发《新消法宣传册》20万件。

【函件专业推出《美丽天津》风光明信片】 3月,函件专业借助"美丽天津"工程契机,选取天津地标建筑、风景,开发了《"美丽天津"风光明信片》,以天津不同的风貌,全方位展示美丽天津。此套产品共12枚,分别为文化中心、津门津塔、天津港、津湾广场、马可波罗广场、海河码头、小白楼CBD、静园、天津经济技术开发区、劝业场、海河夜景、天津之眼,采用映日荷花大规格明信片的形式。整套售价20元/套,可拆套销售单枚2元/枚。

《美丽天津》明信片(函件局 供图)

【函件专业推出《旅游年票》】 3月，函件专业紧抓旅游需求旺盛的契机，积极与超级旅行网达成合作，联合推出《旅游年票邮资明信片册》，产品涵盖涵盖北京、天津、江苏、浙江、安徽等省市共12家3A级以上知名景区景点，旅游资源各具特色、景区景点互补性高，交通畅通便捷，方便游客的出行。以明信片式景区免费门票的形式，售价50元/册。

《旅游年票》(函件局 供图)

【函件专业发行《二十四节气与诗》明信片】 3月，函件专业深挖中国传统文化，开发《二十四节气与诗》明信片，以中国传统24节气作为卖点，每一张明信片代表一个节气，而且每个节气下配以一首以该节气的古诗，整套产品时尚而不失文化品位。该套产品共24枚，采用映日荷花明信片，外套采用300克进口牛皮卡纸印刷，售价40元/套。

《二十四节气与诗》明信片(函件局 供图)

【函件专业开展"马上约投"专项营销活动】 4月16日，函件专业启动"马上约投"专项营销活动，明确了二季度约投挂号信函业务收入目标，推出了专项业务发展奖，为区县局提供市场切入点分析、潜在客户名录、客户开发方案等方面的支撑，大力推广约投挂号信函业务，指导区县局进一步拓展文件类寄递市场。

【函件专业启动"培训到基层"活动】 4月，函件专业启动"培训到基层"活动，专业培训组将利用两周时间深入区县局，把重点项目与产品、市场开发策略、推介方案、营销话术送到营销一线，帮助区县局拓展区域市场，确保完成上半年函件业务发展各项目标。4月16日，专业"培训到基层"活动首场培训在津南局召开，大港、津南两局业务主管、营销员参加了此次培训。

【直邮项目组成功承揽专刊整版广告】 4月16日，2014年《学生服务资讯》专项营销活动启动，当日，专业直邮项目组成功开发金融行业新客户专刊首单整版广告，创收0.8万元。

【函件专业推出2014款《旅游年票》】 4月，函件专业与超级旅行网联合推出2014年新款《旅游年票》产品，采用明信片为载体，兼邮寄、收藏、实用为一体。该产品售价50元/册，整册年票景区、景点的免费总额高达到1100余元。

【专业直邮项目组微博营销再获佳绩】 5月，函件专业直邮项目组通过微博、微信平台营销互动，积极开拓市场，成功开发中国民航大学定制型"感恩母爱"明信片1000枚。

【2014年国际博物馆日专题邮资纪念封发行】 5月18日是国际博物馆日，为加强邮政文化宣传，纪念2014年国际博物馆日，函件专业于当日发行天津邮政博物馆专题邮资纪念封1枚。

【专业携手天宝公司启动MINI环保明信片"绿手帕行动"】 5月14日，函件专业与天津天宝MINI在天津邮政博物馆共同举办了"爱生活，爱护我们的家园，共创美丽天津"环保明信片启动仪式。2014年，函件专业联合市消协、天津电视台，开展了"美丽天津·绿手帕"公益行动，通过书写和寄递环保明信片，号召广大市民重拾手帕，减少使用纸巾，保护森林资源，积极营造建设美丽天津、文明环保的消费氛围。

【函件专业召开“小包达人”座谈会】 5月29日，函件专业组织市内六区、环城四区及武清局两包业务骨干营销员召开业务发展座谈会。11位营销员均来自营销一线，他们中有4月份PK赛中胜出的“小包达人”、有支局的骨干营销员，基层经验丰富、营销业绩突出。

【专业推出《游在天津看历史风貌建筑》邮资明信片】 6月，函件专业联合天津市保护风貌建筑办公室（简称“风貌办”）发行了《游在天津看历史风貌建筑》邮资明信片。首期发行12枚，每枚售价1.2元，计划发行1000套。

【2014年《高考学生服务资讯》专项营销活动收官】 截至6月12日，函件专业2014年《高考学生服务资讯》专项营销活动结束广告承揽，该项目共计创收39万元，其中市内组版形成收入35万元，外围区县自行组版形成收入4万元。

【函件专业举办“父亲节·书信文化大讲堂”活动】 6月15日父亲节，函件专业联合今晚传媒集团、天津欢乐谷主题公园共同举办“父亲节·书信文化大讲堂”活动。中国语言文化学者、天津师范大学教授谭汝为、原天津市邮政局副局长仇润喜、今晚报社编委李贤、欢乐谷总经理助理庄志亮、邮政函件局、东丽区邮电局相关领导及工作人员参加了该项活动。《今晚报》、今晚网、《渤海早报》等媒体，分别于6月6日、17日对活动的开展进行了跟踪报道。

【函件局直邮网站上线】 6月，函件局围绕直邮新客户营销，开发了函件局直邮网站（津邮传媒www.tjpostdm.com），并于6月23日正式上线，宣告直邮营销进入线上线下整合营销新时代。

【《津津有味——天津方言建档纪念》邮资明信片发行】 6月，函件专业与天津市档案馆合作开发“天津方言语音建档工程”明信片项目，先期限量发行1000套《津津有味—天津方言建档纪念》邮资明信片册。此次发行的12枚明信片，由天津市著名文化学者谭汝为精选具有浓郁地方特色的歇后语组成；插图由天津籍画家王志恒绘制；在明信片中增加二维码技术，把地道、老派、正宗、具有代表性的“天津话”以音频的形式记录下来。用户通过扫描二维码，可听到纯正天津方言的语音。语音由天津市档案馆录制，明信片上图、文、音并茂。

《津津有味—天津方言建档纪念》明信片（函件局 供图）

【函件专业发行《秦征油画》邮资明信片1000套】 7月，函件专业限量发行1000套著名油画家秦征作品为主题的系列邮资明信片套装，该套产品共12枚明信片，单片规格为148×100mm，售价为18元/套。

【为“马三立100周年诞辰”活动策划文化创意产品】 为纪念马三立100周年诞辰，函件局于8月30日在红桥区芥园道邮局举办《马氏相声》明信片、邮资封产品发行活动仪式，并邀请画家王志恒、明信片、邮资封设计者进行现场签售。整套明信片采用先进的AR技术，用户采用智能手机扫描明信片背面的二维码，可观看马三立经典原声相声，极具趣味性。明信片选取马三立《逗你玩》《练气功》《开粥厂》《吃元宵》《家传秘方》《买猴》《追》《卖挂票》《黄鹤楼》《十点钟开始》十个脍炙人口的相声段子为题材，由王志恒根据作品绘制配图，整套产品内容风趣幽默，特色明显，极具收藏价值。

【函件专业推出《护国保民　福喜双致——天津天后宫（妈祖）祈福幸运封》】 2015年将迎来妈祖林默娘娘诞辰155周年。天津天后宫是海运漕粮的终点，北方唯一的天后宫，清乾隆帝御批的唯一的皇会所在地。9月，函件专业推出《护国保民、福喜双致——天津天后宫（妈祖）祈福幸运封》，售价66元/套。专业在东马路邮电支局设立天后宫祈福邮局。各区县局销售后，客户可加贴“定日递”或“非定日递”标志，由当地局收取直封东马路邮局，东马路邮局拆封后，将“非定日递”幸运封加盖东马路邮戳后寄出；将“定日递”幸运封保存，加盖正月初一（2015年2月19日邮戳）后寄出。

【巅峰之战，敢打必胜，函件局全力奋战“双11”】 11月11日至20日，全市共收寄国内小包18万件，形成收入134万元，量收同比增幅分别为114.3%和114.4%；收寄量完成力争目标的112.5%，日均收寄量为18017件，是三季度日均收寄量的2.8倍，11日单日收寄量最高峰值为29247件；全市各投递单位进口国内小包19.2万件，较去年同期增加10万件。收寄8小时处理率、地市城区投递8小时处理率、县及县以下地区24小时处理率等指标均高于全国平均水平，名列前茅。“双11”巅峰之战取得喜人的战果，凝聚着决策之智、信念之坚、关爱之情、务实之风、奉献之光。市公司领导高度重视、运筹帷幄，市公司相关部室、专业局、支撑单位、各区县局精心组织、措施得力、团结协作、奋勇拼搏，共同谱写了一曲动人的战歌。

奋战“双11”（石颖娜 摄）

【函件专业提前一个半月完成全年收入目标】 截至11月15日，函件专业累计完成收入17566万元，完成年预算的100.15%，提前一个半月完成全年收入目标。津南、蓟县、武清、河西、宝坻局完成全年收入目标，东丽、西青、宁河、汉沽、静海、红桥、大港局完成收入目标的90%以上。

（石颖娜）

集　邮　公　司

【概况】 2014年，集邮专业紧盯全年业务效益两大经营目标，通过发展高效业务，不断提升整体效益水平；通过突出文化引领，不断培育集邮市场；通过实施“策划+活动+产品”的策略，不断创新营销方式；通过加大网络营销建设，不断拓展新平台；通过加强专业与区县局联动，不断积聚发展合力；通过强化专业管控，不断提高运行质量，有效促进了集邮业务转型发展，成效显著。

全年累计完成业务收入2.18亿元，完成预算目标100.2%，累计完成有效收入6483万元，完成全年预算进度的103.50%，收入规模位居全国第12位。

【开展主题竞赛，聚集发展动力】 专业紧密围绕集邮业务发展，本着“强力推动，发挥合力”的思路，根据不同阶段的经营目标，将开展主题营销竞赛贯穿全年始终，相继组织开展了“马到成功”、“促转型　保进度”、“快推进　促增长”“保目标　勇争先”等多个营销竞赛。竞赛中，通过政策引导，组织发动，每季度开展“十佳营销员”“十佳营业员”“十佳支局”“定向转型”评选活动等，有效激发了区县局、支局、营销人员多个层面的积极性，为推动集邮业务转型发展聚集了动力，为确保全年任务的实现奠定了坚实的基础。

【突出文化引领，以活动拓市场】 专业始终坚持贯彻“文化引领　项目拉动”的经营思路，结合新邮发行、新品发布、社会热点、节日热点及区域特色，实施“策划+活动+产品”策略，发挥专业顶层策划作用，加强专业与区县局联动，开展了一系列丰富多彩的营销活动，促进了产品销售，培育了市场，提升了影响力。

一是紧密围绕《甲午年》《浴马图》《消费者权益日》《网络生活》《鸿雁传书》《动画——大闹天

宫》《红楼梦》《邓小平同志诞生一百一十周年》《诸葛亮》《中国梦——民族振兴》《中华孝道(一)》《中国现代科学家(六)》等多套重点新邮发行,先后联合市旅游局、市科委、市老龄委、滨海新区等政府部门,先后举办多场首发活动,并借助产品展卖、名家签售等活动不断丰富活动形式,促进主题产品销售。

二是紧密围绕宣传推广集藏文化,先后举办了"第十届天津集邮展览""首届天津集邮钱币博览会""首届天津集邮贵金属节""陈绍华与十二生肖""赵启明签售会""铁笔润石 巧雕万象"——庞冰印石雕刻艺术作品展、"天津集邮 情动廿载"天津集邮邮品设计师签售会、"不曾忘却的纪念——天津集邮20周年回顾展等活动,大力推广普及集邮文化,取得了良好的经济效益。

三是借助元宵节、三八妇女节、母亲节、六一儿童节、母亲节、国庆节、世界邮政日等节日契机,先后举办了元宵喜乐会、进店"邮"礼、节日特卖等节日营销活动,通过产品组合打包、限时特惠等方式,带动节日客户消费,进一步满足了节日市场的需求。此外,专业联动18个区县局,先后在全市范围内开展贵金属、钱币巡展和品鉴会等活动,为促进业务发展提供了保证。

【《浴马图》特种邮票首发纪念活动精彩纷呈】 2014年3月1日上午,集邮专业在红桥区芥园道邮局设活动主会场,举办"赏传世名画 展墨宝芳华"——《浴马图》特种邮票首发纪念活动。此次活动吸引了近三百余名集邮爱好者的热情参与,《浴马图》相关邮品受到集邮爱好者的大力追捧,销售现场十分火爆。

《浴马图》邮票小型张揭幕(集邮公司 供图)

为配合《浴马图》邮票首发,集邮专业特邀请李娜、季莹、金山等5名本市著名书画家参加《浴马图》首发揭幕仪式,并由呼万昌先生与画家李娜女士共同为《浴马图》邮票小型张揭幕。

画家现场作画(集邮公司 供图)

【邮票辨伪识活动 维护消费者权益】 2014年3月15日,为积极配合《保护消费者权益》邮票发行,集邮专业联合天津市集邮协会在本市东马路津邮集邮专卖店联合举办"您的权益 邮我保护"——《保护消费者权益》邮票首发纪念活动。为配合《保护消费者权益》邮票首发,集邮专业在现场举办了邮票辨真伪专题邮展,同时还邀请了杨洪儒、张效健、王家禄等多名资深集邮家现场为集邮爱好者进行邮票品鉴及邮票辨伪知识讲座等活动。数十名集邮爱好者带着珍藏多年的各类邮票前来寻求专家品鉴。

专家品鉴邮票(集邮公司 供图)

【首届天津集邮钱币品鉴会精彩纷呈】 2014年3月28日，集邮专业在东马路津邮集藏专卖店内，举办了首届天津集邮钱币品鉴会，特别邀请到多家具有实力的产品供应商携特色产品参展。活动现场工作人员对钱币收藏知识进行了讲解，对珍稀藏品进行了介绍。

集邮钱币品鉴现场（集邮公司 供图）

【天津市第十届集邮展览正式开幕】 2014年4月30日，由天津市邮政公司与天津市集邮协会举办的“方寸艺术之美——天津市第十届集邮展览”在天津市美术馆正式拉开帷幕。

藏品陈列展台吸引众多集邮爱好者（集邮公司 供图）

此次邮展共展出竞赛类展品40余部，展示类展品10余部，共计220框（国际标准展框），所展出的邮集中有70%为新作，这些邮集作品从不同角度，见证了我国不同时期的集邮文化发展，诠释着天津集邮人对集邮文化的款款真情。

展览期间还力邀本市著名集邮家、知名学者，举办名人讲堂、邮票上的中国名画展、天津地方邮品展售等主题活动。

邮展现场（集邮公司 供图）

【《陈绍华与十二生肖》名家品鉴签售会火爆异常】 2014年6月28日，集邮专业在津邮集藏专卖店内举办了《陈绍华与十二生肖》精装册名家品鉴签售会。邮票设计大师陈绍华先生亲临活动现场，与参加此次活动的广大藏友互动交流。区县分公司邀约了百余名大客户前来参加，从开场的南派舞狮到名家访谈、微信互动再到现场抽奖。现场气氛层层递进，以陈绍华老师与藏友的面对面签售交流达到顶峰，许多藏友现场追加购买。与此同时专业还在邮集藏专卖店内举办了生肖文化展和生肖产品的现场展卖活动。

陈绍华现场签售（集邮公司 供图）

【天津集邮首届贵金属节成功举办】 2014年8月15日上午，由天津市集邮公司主办的“金秋金月”天津集邮首届贵金属节东马路集藏专卖店内隆重开幕。在本次贵金属节开幕仪式上，集邮专业相关负责人与前来参加活动的厂商举锤破冰，共同推出黄金每克288元的冰点价格，在活动进行中，模特们佩戴着精致的黄金、珠宝饰品，迈着轻盈的步伐进行现场展示秀，将此次活动推向了高潮，众多市民闻讯前来选购，现场气氛异常火爆。

为了丰富活动的内容，集邮专业还在现场举办了“关注集邮微信”幸运抽奖活动，让更多的人关注天津集邮微信。

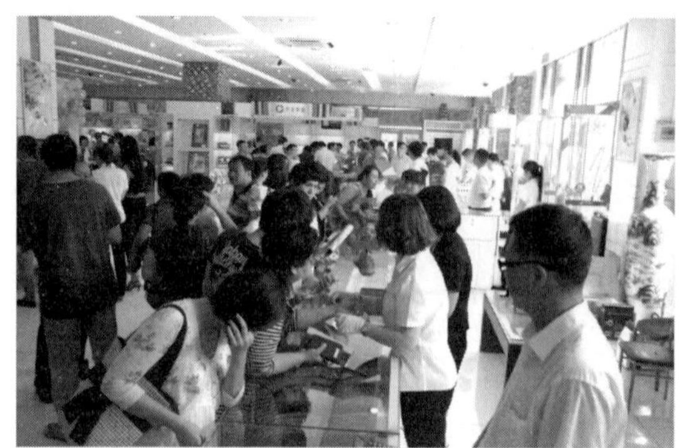
首届贵金属节异常火爆（集邮公司 供图）

【邮政日成功举办设计师签售会】 2014年10月9日上午，为纪念第45届世界邮政日和天津市集邮公司更名20周年，集邮专业在东马路津邮集藏专卖店隆重举办了“天津集邮 情动廿载”天津集邮邮品设计师签售会。集邮专业特以这20年间所经历的重大事件、历史节点为线索，安排现任的6名设计师分别设计纪念封一枚，全套6枚。活动现场，《天津市集邮公司更名20周年》纪念封取得了广大集邮爱好者的认可，销售场面十分火爆。

设计师现场签售邮品（集邮公司 供图）

【《津门邮票设计家的乡情》主题邮册为家乡生日献礼】 2014年12月23日适逢天津建卫610周年，为纪念天津建卫610周年纪念日这一重要历史节点，集邮专业组织开发了《津门邮票设计家的乡情》《沽上妙艺》等天津地方题材主题邮册，集邮专业在开发《沽上妙艺》主题邮册时得到了多位天津民间艺术家的鼎力支持，并与民间艺术家建立了深厚的情感。在首发仪式上，集邮专业还得到了天津著名刻字艺术家卢克利老师赠送的由其亲手雕刻的艺术作品，将本次活动推向了高潮。

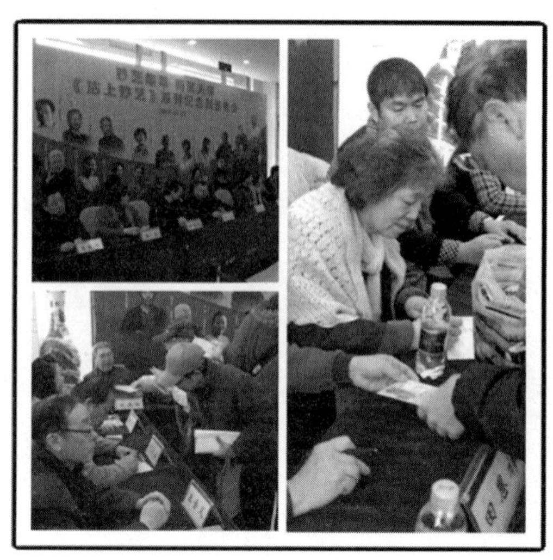
设计家签售邮品（集邮公司 供图）

为丰富活动内容，集邮专业还特意邀请了为《沽上妙艺》系列纪念封供稿的民间艺术家举办了“妙艺集萃 同贺天津”《沽上妙艺》系列纪念封大型签售会，近20位民间艺术家出席现场联袂为广大集邮爱好者签售，热情的邮迷纷纷与民间艺术家合影留念，现场气氛十分火爆。

【首届集邮文化季，提升集邮品牌】 首届集邮文化季是集团公司今年推出的重点项目。专业根据集团总体部署，结合天津实际，本着“做出影响，做出特色，做出效果”的思路，以传播集邮文化为主旨，以开发潜在客户、维护忠实客户、提高客户满意度为目标，紧密依托特供产品、新邮发行、集藏热点，主打集邮文化牌，针对高端客户、忠实客户、网络客户三大目标市场，加强与政部门合作，强化与区县局联动，通过整合资源、扩大宣传、创新形式，先后成功举办高端客户鉴赏会、忠实客户交流活动、网络客户互动活动，取得了社会效益和经济效益的双丰收。

【深入挖掘地方文化，精心打造津味邮品】 为积极响应“建设美丽天津”号召，大力发展地方特色市场，通过用邮品讲好天津故事，2014年集邮专业相继开发推出了《天津话（简装版）》《沽上妙艺》《津沽旧艺（续篇）》《穿越天津》《信天游》《新特字邮票集锦》《卫嘴子——舌尖上的天津（小吃篇)》《津门发轫》《津门邮票设计家的乡情》等多款具有浓郁津味特色的产品，受到了政府部门、广大市民高度认可。其中,《天津话》系列纪念封荣获天津市旅游纪念品大赛唯一一个最佳创意奖,《穿越天津》《天津卫》同获优秀作品奖。

【创新网络平台，搭建营销新渠道】 一年来,专业进一步拓展了网络平台功能,强化了线上与线下的相互配合，先后策划举办了“马上有马票”“我爱猜灯谜”“会员狂欢节”等一系列活动,并以微杂志的形式重新恢复了停刊长达7年之久的《天津集邮》，增强了平台的知识性与趣味性,有效地提升了邮迷的互动参与度,进一步带动了天津集邮网络平台的产品销售,受到了集团公司的高度赞扬。2014年,微信平台增加粉丝一万余人,会员增加8000余人,微商城全年实现销售收入30余万元，举办各类线上线下互动性活动近20次，为集邮借助电商营销，推动业务转型积累了经验,增强了信心。

由于在微信营销上的显著成绩,天津也率先成为中国集邮网上营业厅首批五个试点省（市）之一。自上线起,天津集邮积极配合集团公司的工作要求,开展了集邮网厅天津专区的邮品零售业务,上架各类天津地方题材邮品和生肖贺岁产品30余种,上线仅3个月时间,已形成收入近40万元。借助大平台的宣传效应和电子商务的渠道优势,《穿越天津》《黄梅戏》邮册、《桃花》《十二生肖总动员》极限片等多种天津地方邮品受到各地集邮爱好者的广泛欢迎。

【推动年册开发,做好新邮预订】 形象年册和新邮预订是集邮两大重点业务。为了全力做好两项木本业务,专业与区县局克服环境困难,加大推动力度,确保两大业务的稳步发展。一是围绕形象年册,专业制订营销方案,加强政策激励,及时做好跟进,举办专题特训营,大力推进年册项目开展;各区县局全力出击,以消灭支局空白点为带动,在做好老客户维护的同时,积极开发新客户,取得了显著效果。二是借助中国集邮网厅上线试运营，采取线上线下双渠道并举的方式,积极组织区县局大力推进新邮预订工作,并在市公司的大力支持下，在全市18个网点全部增设了“二代身份证识读设备”，开通了互联网终端,加强预订户线上预定新邮的体验，为全面做好新邮预定工作提供了保证，圆满完成了新邮预订任务。

（徐　雷）

2014年个性化邮票开发统计表

序号	项目名称	主图	版数
1	天津长芦海晶集团纪念	花卉–康乃馨	150
2	环林环境纪念 2–2	和谐	162.75
3	环林环境纪念 2–1	太阳神鸟	150
4	仁恒在天津纪念	同心结	1063
5	天津市民政局工会纪念	和谐	195
6	博瑞康纪念	和谐	150
7	给您拜年了	张灯结彩	5250
8	捷兴商贸汽车有限公司纪念	一帆风顺	225
9	天一建设	诚信	1125
10	4–4 善林金融	和谐	525
11	4–3 善林金融	一帆风顺	525

序号	项目名称	主图	版数
12	4-2 善林金融	诚信	525
13	4-1 善林金融	爱	525
14	2-2 沽上妙艺—合集	马踏飞燕	525
15	2-1 沽上妙艺—合集	马踏飞燕	525
16	喜气羊羊	五福临门	7260
17	天津科技馆建馆 20 周年纪念	同心结	1500
18	天津大学国际教育学院	同心结	1500
19	岁次乙未 给您拜年	团圆	13500
20	生肖大拜年	岁岁平安	2500
21	舌尖上的天津之小吃	马踏飞燕	375
22	沽上妙艺第十期(泥塑、糖塑)	马踏飞燕	250.5
23	3-3 天津市水利科学研究院成立 40 周年纪念	和谐	25.5
24	3-2 天津市水利科学研究院成立 41 周年纪念	和谐	300
25	3-1 天津市水利科学研究院成立 42 周年纪念	张灯结彩	300
26	中国民生银行天津分行	一帆风顺	750
27	津门邮票设计家乡情	花卉-月季花	4250
28	流金岁月	同心结	20
29	3-3 天津中医药大学第一附属医院建院六十周年纪念	同心结	250
30	3-2 天津中医药大学第一附属医院建院六十周年纪念	爱	1000.5
31	3-1 天津中医药大学第一附属医院建院六十周年纪念	同心结	4000
32	2-2 天津港焦炭码头有限公司十五周年纪念	一帆风顺	600
33	2-1 天津港焦炭码头有限公司十五周年纪念	和谐	600
34	2-2 天津众业石化建筑安装工程有限公司成立纪念	诚信	277.5
35	2-1 天津众业石化建筑安装工程有限公司成立纪念	竹	277.5
36	3-3 北疆海事局纪念	长城	31.5
37	3-2 北疆海事局纪念	长城	375
38	3-1 北疆海事局纪念	一帆风顺	375
39	天津凯发电气股份有限公司成立十五周年纪念	同心结	1000
40	2-2 南开中学建校 110 周年(加印)	同心结	32
41	2-1 南开中学建校 110 周年(加印)	同心结	500

序号	项目名称	主图	版数
42	沽上妙艺(叠层石雕、树皮画)(加印)	马踏飞燕	15000
43	2-2 天津市政工程设计研究院(加印)	一帆风顺	375
44	2-1 天津市政工程设计研究院(加印)	马踏飞燕	375
45	沽上妙艺(叠层石雕、树皮画)	马踏飞燕	250.5
46	邮政网上营业厅上线纪念	岁岁平安	5250
47	舌尖上的天津之小吃	马踏飞燕	375
48	3-3 家——天津中新药业集团股份有限公司	和谐	103.5
49	3-2 家——天津中新药业集团股份有限公司	太阳神鸟	103.5
50	3-1 家——天津中新药业集团股份有限公司	岁岁平安	103.5
51	3-3 天津经济技术开发区纪念	长城	750
52	3-2 天津经济技术开发区纪念	音乐	750
53	3-1 天津经济技术开发区纪念	一帆风顺	750
54	2-2 天津南水北调中心工程通水纪念	花卉-月季花	125.25
55	2-1 天津南水北调中心工程通水纪念	花卉-月季花	1500
56	2-2 祥云瑞彩	诚信	1500
57	2-1 祥云瑞彩	竹	1500
58	三道公社纪念	诚信	375
59	杨柳青庄园纪念	马踏飞燕	375
60	沽上妙艺(木刻、木版年画)	马踏飞燕	250.5
61	瓷房子 中国心	太阳神鸟	750
62	天津港口医院	一帆风顺	406.5
63	天津师范大学	五福临门	250
64	2-2 核工业理化工程研究所纪念	和谐	375
65	2-1 核工业理化工程研究所纪念	长城	375
66	天津市红楼梦研究会	竹	2250
67	天津歌舞剧院建院五十五周年	音乐	5250
68	卧龙吟	太阳神鸟	500
69	邓小平同志诞生 110 周年纪念	和谐	500
70	2-2 天津市政工程设计研究院	一帆风顺	1125
71	2-1 天津市政工程设计研究院	马踏飞燕	1125

序号	项目名称	主图	版数
72	天津市誉普特礼品有限公司	花卉-牡丹花	285
73	汤臣津湾一品	同心结	1126
74	天津空港配餐纪念	太阳神鸟	300
75	天津地铁吉祥物甄选纪念	花卉-月季花	375
76	沽上妙艺(微缩模型、农民画）	马踏飞燕	250.5
77	南开中学建校 110 周年	同心结	1063
78	天津地铁纪念个性化邮票(加印）	花卉-月季花	375
79	天津市福润达电瓷电器有限公司	和谐	300
80	谦祥益文苑	音乐	813
81	天津市天房滨海建设发展有限公司	和谐	150
82	天津地铁纪念邮册	花卉-月季花	375
83	沽上妙艺——麦秸花、剪纸	马踏飞燕	250.5
84	人民公园	马踏飞燕	569.25
85	中建幸福城	同心结	1500
86	天津大学 1990 级应用化学系毕业 20 周年纪念	同心结	200
87	寻找善行义举好市民活动纪念	和谐	150
88	全民健身日-天津市红桥区体育局	音乐	81.75
89	津沽旧艺-天津市泥人张世家绘塑老作坊	岁岁平安	900
90	2-2 天津港滚装码头有限公司十周年纪念	和谐	487.5
91	2-1 天津港滚装码头有限公司十周年纪念	一帆风顺	450
92	《沽上妙艺》个性化邮票(葫芦烙画、毛猴）	马踏飞燕	7500
93	中国国际矿业大会	同心结	1000
94	耕林艺术个性化邮票	同心结	250
95	中国建设银行 60 周年纪念	竹	750
96	瓷房子 中国心	太阳神鸟	750
97	天津邮政博物馆(加印）	马踏飞燕	7500
98	《沽上妙艺》个性化邮票(葫芦烙画、毛猴）	马踏飞燕	250.5
99	天津市海河文化发展基金会成立五周年纪念	五福临门	32
100	中国通号工程局集团有限公司天津分公司	和谐	375
101	天津津卫国际旅行社有限公司	同心结	200

序号	项目名称	主图	版数
102	黄梅戏--数字中国画个性化邮票	音乐	500
103	同筑中国梦 共建美丽天津——天津市人民政侨务办公室	同心结	1000
104	集快乐 邮品味——天津市集邮公司微信会员特供个性化邮票	太阳神鸟	3000
105	天津生态城绿色之友生态文化促进会	花卉-月季花	150
106	天津邮政博物馆	马踏飞燕	150
107	桃园地区第十四届安居节	马踏飞燕	450
108	爱新觉罗伯骧作品集	太阳神鸟	285
109	沽上妙艺第四期——面塑、刻瓷	马踏飞燕	250.5
110	南开大学荷花节	和谐	63
111	塘沽少年邮局迁址塘沽徐州道小学更名为滨海新区少年邮局	花卉-向日葵	150
112	金陵十二钗	花卉-月季花	450
113	黄埔军校建校 90 周年	同心结	532
114	中恩（天津）医药科技有限公司（加印）	长城	150
115	爱新觉罗梦玉 爱新觉罗伯骧 母子作品集	太阳神鸟	150
116	纪念天津市金茂投资发展有限公司成立十周年	同心结	200
117	纪念袁静诞辰 100 周年	花开富贵	532
118	纪念鲁黎诞辰 100 周年	花开富贵	532
119	天津市大学软件学院	太阳神鸟	487.5
120	沽上妙艺——第三期（鱼骨画和树叶画）	马踏飞燕	250.5
121	天津市迪莎客运服务有限公司	和谐	855
122	谭元寿先生舞台生涯八十周年纪念	长城	813
123	民园广场-天津市旅游局	马踏飞燕	150
124	天津和平区劳模协会开展英模共建二十周年	同心结	1063
125	瓷房子 中国心（加印）	吉祥如意	1000
126	天津汇通天下金融服务有限公司	同心结	1000
127	博识教育 10 周年纪念	马踏飞燕	750
128	中国银联股份有限公司天津分公司	马踏飞燕	150
129	泥人张世家绘塑老作坊	岁岁平安	375
130	天津五大道——民园	马踏飞燕	687.75

序号	项目名称	主图	版数
131	沽上妙艺——第二期(版画和根雕)	马踏飞燕	250.5
132	天津海事局船舶交通管理中心	一帆风顺	150
133	美丽河北——中国旅游日	马踏飞燕	1312.5
134	天津东风建捷装饰设计有限公司	岁岁平安	150
135	天津大学海棠花季纪念	和谐	187.5
136	天津市迪莎客运服务有限公司	和谐	150
137	庆祝兴业银行天津和平支行开业 5 周年	同心结	350
138	纪念梁斌 100 周年诞辰	花开富贵	532
139	金显宅诞辰 110 周年纪念	花卉——月季花	4062.75
140	感恩的心 感谢有你	爱	375
141	沽上妙艺-天津民间美术纪念封	马踏飞燕	250.5
142	巾帼情怀——中新药业天津乐仁堂制药厂	音乐	225
143	运河桃花节	马踏飞燕	50.25
144	中国人民解放军大将	天安门	20630
145	天津师范大学附属小学迁址纪念	花卉——牡丹花	162.75
146	天津五大道——民园	马踏飞燕	1750.5
147	3-3 家——天津中新药业药品营销公司	和谐	285
148	3-2 家——天津中新药业药品营销公司	太阳神鸟	285
149	3-1 家——天津中新药业药品营销公司	岁岁平安	285
150	中国人寿 VIP 客户尊享纪念(加印)	岁岁平安	243.75
151	甲午年给您拜年个性化邮票(加印)	张灯结彩	1000
152	津津有味 天津话	马踏飞燕	1500
153	马说个性化邮票	马踏飞燕	500
154	天津港集装箱码头有限公司 2013 年十大新闻	同心结	1500
155	中国人寿保险股份有限公司天津市分公司纪念	岁岁平安	375
156	中国人寿 VIP 客户尊享纪念	岁岁平安	2437.5
157	天津市河东区人民检察院	和谐	225
158	谨贺新禧	马踏飞燕	2250
159	天津中汽南方汽车销售服务有限公司	同心结	500
160	马到成功——甲午大吉个性化邮票	喜上眉梢	1000

2014年天津市启用各种纪念邮戳一览

沽上妙艺
老天津风情
根雕
The ingenious folk arts of Tianjin
中国 2014.4.20 天津
方寸艺术之美—天津市第十届集邮展览纪念
中国 2014.4.30-5.3 天津
唐卡
中国 2014.5.18 天津

沽上妙艺
老天津风情
版画
The ingenious folk arts of Tianjin
中国 2014.4.20 天津

2014
2014青岛世界园艺博览会
中国·天津 2014.4.25

友好
CPAFFC
60周年
中国人民对外友好协会成立六十周年
中国 2014.5.3 天津

中国天津第二十一届投资贸易洽谈会开幕纪念
CTII
2014.5.9
中国·天津

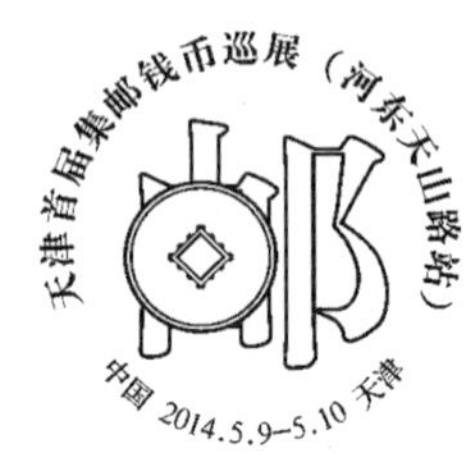
天津首届集邮钱币巡展（河东天山路站）
中国 2014.5.9–5.10 天津

鸿雁传书
中国 2014.5.10 天津

沽上妙艺
老天津风情
The ingenious folk arts of Tianjin
中国 2014.5.24 天津

沽上妙艺
老天津风情
鱼骨画
The ingenious folk arts of Tianjin
中国 2014.5.24 天津

动画—《大闹天宫》
中国 2014.6.1 天津

《动画—〈大闹天宫〉》邮票首发纪念
中国 2014.6.1 天津

六一国际儿童节
中国 2014.6.1 天津

米立方嘉年华 大闹天宫主题活动纪念
中国 2014.5.31-6.2 天津

纪念中法建交50周年中国画展览
中国 2014.6.7–15 天津

天津晋江商会周年庆典纪念
晋
商
通
津
中国 2014.6.8 天津

纪念全军军事大比武50周年
中国 1964.6.15 —— 2014.6.15 天津

纪念黄埔军校建校九十周年
陆军军官学校
中国 2014.6.16 天津

滨海新区少年邮局成立纪念
中国 2014.6.19 天津

庆祝大港油田勘探开发建设五十周年大型集邮展览纪念
中国 2014.6.20 天津

庆祝大港油田勘探开发建设五十周年大型集邮展览纪念
中国 2014.6.20 天津

中国古典文学名著—《红楼梦》(一)发行纪念
黄叶村
中国 2014.6.21 天津

中国古典文学名著—《红楼梦》(一)
中国 2014.6.21 天津

金陵十二钗
李纨
中国 2014.6.21 天津
金陵十二钗
巧姐
中国 2014.6.21 天津
金陵十二钗
王熙凤
中国 2014.6.21 天津
金陵十二钗
秦可卿
中国 2014.6.21 天津
金陵十二钗
贾惜春
中国 2014.6.21 天津
金陵十二钗
林黛玉
中国 2014.6.21 天津
金陵十二钗
贾探春
中国 2014.6.21 天津
金陵十二钗
史湘云
中国 2014.6.21 天津
金陵十二钗
薛宝钗
中国 2014.6.21 天津
金陵十二钗
贾迎春
中国 2014.6.21 天津
金陵十二钗
贾元春
中国 2014.6.21 天津
金陵十二钗
妙玉
中国 2014.6.21 天津
沽上妙艺
The ingenious folk arts of Tianjin
面塑
中国 2014.6.21 天津
沽上妙艺
The ingenious folk arts of Tianjin
刻瓷
中国 2014.6.21 天津
桃园地区第十四届安居节开幕纪念
TAO YUAN AN JU JIE
中国 2014.7.3 天津
天津中德职业技术学院
2014.7.4
毕业留念
艺术系
黄梅戏
中国·天津
2014.7.6
闫晟铭 生日快乐
Happy Birthday
Mickey
中国 2014.7.9 横店
水果（一）
中国 2014.7.15 天津
打猪草
主题邮品签售会纪念
《黄梅戏》特种邮票
中国·天津
2014.7.15
女驸马
主题邮品签售会纪念
《黄梅戏》特种邮票
中国·天津
2014.7.15
天仙配
主题邮品签售会纪念
《黄梅戏》特种邮票
中国·天津
2014.7.15
天津集邮微信平台上线一周年纪念
Happy BIRTHDAY
中国 2014.7.17 天津
铁瓷润石 巧雕万象—庞冰印石雕刻艺术作品展
中国 2014.7.18 天津

中国集邮文化季
CULTURAL FESTIVAL OF CHINA PHILATELY
中国 2014.8.8—10.8 天津

第二届夏季青年奥林匹克运动会
NANJING 2014
YOUTH OLYMPIC GAMES
YOG DNA
中国 2014.8.16 天津

中国梦·北辰情
中国·天津 2014.9.20
中国天津集邮文化季滨海新区珍邮品鉴会姜伟杰先生签售会
中国 2014.9.26 天津
"开国第一银钞"赵启明大师天津签售留念
65
中国 2014.9.27 天津
30分
天津港集团集邮协会成立三十周年纪念
中国 2014.9.27 天津
中华孝道（一）
天津市滨海新区塘沽少年邮局
孝
中国 2014.9.30 天津
中华孝道（一）
孝
中国 2014.9.30 天津
中华孝道
（一）
特种邮票首发纪念
百善孝道 和谐万家
中国 2014.9.30 天津
烈士纪念日
中国 2014.9.30 天津
烈士纪念日
中国 2014.9.30 天津
烈士纪念日
中国 2014.9.30 天津
承文脉、中国风精品书画作品展
暨梁启超旧居落成百年纪念
中国·2014.10.1·天津
天津市集邮公司更名二十周年纪念
THE 20TH ANNIVERSARY OF THE RENAMING OF TIANJIN PHILATELIC COMPANY
20
中国 2014.10.1 天津
新疆生产建设兵团成立六十周年
60
1954
中国 2014.10.7 天津
第四十五届世界邮政日
中国 2014.10.9 天津
中国现代科学家（六）
天津市滨海新区塘沽少年邮局
中国 2014.10.16 天津
中国现代科学家（六）
中国 2014.10.16 天津
智汇闪耀
艺绝津门
中国 2014.10.16 天津
津沽旧艺之二十九·卖"甘蔗"的
中国 2014.10.16 天津
津沽旧艺之三十·箍灰的
中国 2014.10.16 天津
津沽旧艺之二十八·卖灰纸麻秆香
中国 2014.10.16 天津
老天津风情
书法木刻
沽上妙艺
The ingenious folk arts of Tianjin
中国 2014.10.18 天津
老天津风情
木版年画
沽上妙艺
The ingenious folk arts of Tianjin
中国 2014.10.18 天津
不曾忘却的纪念—天津集邮20周年回顾展
20
中国 2014.10.31-11.7 天津
亚太经合组织第二十二次
领导人非正式会议
中国 2014.11.10 天津

第十届中国国际
航空航天博览会
中国 2014.11.11 天津

津沽旧艺之三十二·修理笼屉的
中国 2014.11.20 天津

津沽旧艺之三十三·水夫
中国 2014.11.20 天津

津沽旧艺之三十一·卖袜楦儿的
中国 2014.11.20 天津

中国极地科学
考察三十周年
中国 2014.11.20 天津

舌尖上的天津之小吃
包子
Tianjin Baozi
卫嘴子
中国·天津 2014.11.22

舌尖上的天津之小吃
麻花
Tianjin Mahua
卫嘴子
中国·天津 2014.11.22

舌尖上的天津之小吃
炸糕
Tianjin Zhagao
卫嘴子
中国·天津 2014.11.22

老天津风情
叠层石雕
沽上妙艺
The ingenious folk arts of Tianjin
中国 2014.11.22 天津

老天津风情
树皮画
沽上妙艺
The ingenious folk arts of Tianjin
中国 2014.11.22 天津

纪念北京军区人民防空领导小组成立40周年
华北人防
中国 1974.11.22—2014.11.22 天津

舌尖上的天津之小吃
卫嘴子
中国·天津 2014.11.22

首届书画题材邮品展全国巡展—南通始发纪念
中国 2014.11.26 天津

元曲
中国 2014.12.1 天津

全球最大19100万TEU集装箱轮“中海环球”首航天津港
中国 2014.12.2 天津

1.91万TEU集装箱船—“中海环球”轮首航天津港
中国 2014.12.2 天津

天津市集邮研究会成立十五周年
中国 2014.12.5 天津

宁河县集邮协会成立三十周年
天津 2014.12.17 宁河

中国共产党天津港（集团）有限公司第一次党员代表大会
中国 2014.12.18-19 天津

系列纪念封第二组
首发纪念
天天乐道 津津有味
舌尖上的天津之小吃
卫嘴子
中国 2014.12.20 天津

舌尖上的天津之小吃
煎饼馃子
卫嘴子
中国·天津 2014.12.20

舌尖上的天津之小吃
嘎巴菜
Tianjin Gabacai
卫嘴子
中国·天津 2014.12.20

舌尖上的天津之小吃
卷圈
Tianjin Juanquan
卫嘴子
中国·天津 2014.12.20

天津建城设卫
TIANJIN 610年
系列活动纪念
中国 2014.12.20-23 天津

津沽旧艺之三十四·卖夜壶的
中国 2014.12.21 天津
津沽旧艺
主题邮册发行
暨系列封续篇收官纪念
中国 2014.12.21 天津

津沽旧艺之三十五·套火炉的
中国 2014.12.21 天津

津沽旧艺之三十六·转彩插彩
中国 2014.12.21 天津

近代中国看天津
《津沽发轫 华夏先河》
主题邮册暨《津沽旧艺》
系列纪念封续篇第四组
首发活动纪念
中国 2014.12.21 天津

津沽发轫 华夏先河
中国 2014.12.21 天津

天津建城设卫610周年纪念
610
The 610th Anniversary
of the Founding of Tianjin City
中国 2014.12.23 天津

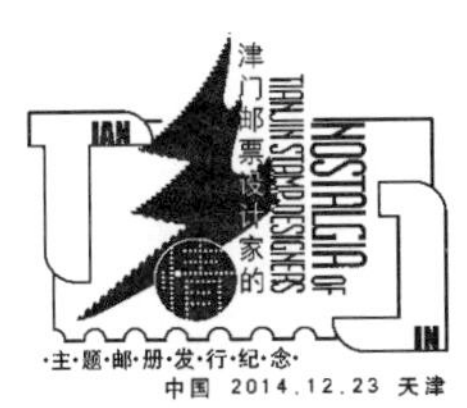
津门邮票设计家的
NOSTALGIA OF TIANJIN STAMP DESIGNERS
·主·题·邮·册·发·行·纪·念·
中国 2014.12.23 天津

沽上妙艺
主题邮册发行暨系列封收官纪念
中国 2014.12.23 天津

沽上妙艺
The ingenious folk arts of Tianjin
中国 2014.12.23 天津

《津门邮票设计家的
乡情》主题邮册暨《
沽上妙艺》系列纪念
封首发纪念活动
邮芳集萃 同贺天津
中国 2014.12.23 天津

沽上妙艺
The ingenious folk arts of Tianjin
中国 2014.12.23 天津

关爱“小羊羔”，我们在行动！

天津集邮 给您拜年
甲午大吉
中国·天津

天津之眼
中国·天津

天津建城设卫六百一十年纪念
（1404-2014）

纪念鲁藜诞辰100周年
中国 1914–2014 天津

纪念梁斌诞辰100周年
中国 1914–2014 天津

纪念袁静诞辰100周年
中国 1914–2014 天津

长虹公园天天欢唱歌友团留念
中国·天津

报刊发行局

【概况】 报刊发行局(零售公司)行使市邮政公司发行专业的管理职能,负责邮政报刊业务的经营、管理及发展,承担市内报刊订阅、报刊和邮件的投递、报刊零售、报刊汇总要数、结算等生产工作。

报刊发行局(零售公司)机构设置为:办公室、市场部、财务部、订单部、零售经营部、零售视察室、配送部共7个部室。直接从事报刊零售经营、管理、运行的部门为:零售经营部、零售视察室、配送部和订单部。

2014年,天津邮政报刊发行局向全国发行天津出版的邮发报刊203种,其中报纸24种,杂志179种;代发报刊13种,其中报纸7种,杂志6种;订销全国邮发(代发)报刊11286种,其中报纸2110种,杂志9176种。

2014年,发行专业累计实现业务收入10272万元,完成预算的91.07%,同比降幅5.94%,绝对值相差1008万元.收入规模全国排名27位,增幅排名29位。其中:订阅收入累计完成6353万元,完成预算的95.12%;发报刊收入累计完成1846万元,完成年预算的80.11%;零售收入累计完成2077万元,完成年预算的90.43%。

【发行专业开通网络宣传平台】 为充分借力网络宣传平台,发行专业开通了"天津市邮政报刊发行局"官方微博及"天津邮政报刊发行局"微信平台,搭建起一座与读者互动沟通的直通桥梁。发行官微以"万种报刊览天下,邮政订阅到您家"为服务宗旨,倾力打造以关注社会前沿资讯、宣传精彩期刊,发布订阅咨询,推广各类优惠活动,解答客户咨询的综合宣传平台。

【首期惠悦读俱乐部"亲子课堂"开讲】 8月17日发行专业惠悦读俱乐部 "亲子课堂"系列讲座第一课隆重开讲。本次讲座是惠悦读俱乐部回馈会员的福利之一。"惠悦读俱乐部"是发行专业利用与全国两千多家优秀的报刊社、出版社间合作的资源,搭建起来与读者交流的平台。针对少儿和家长的亲子共读专题,俱乐部不断推出好书介绍,优惠会员。以此增加与会员、读者及微粉间的粘合度,扩大报刊发行的影响,拓宽报刊发行渠道。

【2015年度报刊收订工作全面启动】 9月26日,天津邮政2015年度报刊收订工作启动会在市公司礼堂召开,会上全面部署了年度收订工作,就收订奖励办法及重点项目进行了说明,投递局、塘沽局、大港局和东丽局分别作表态发言,市公司张德荣副总经理到会并作重要讲话。

【2015年度报刊收订工作总结】 在天津市邮政公司的正确指导和大力支持下,天津发行专业树立"大校园、大健康和大商务"发展的"三大理念",加速发行专业的"转型、整合、特色"发展,在全体干部员工的共同努力下,顺利完成2015年度报刊大收订战役。

(一)整体情况

全公司累计收进一次性报刊流转额20924万元,实现一次性报刊订销收入5746.31万元,完成集团制定目标的96%, 列全国第28位。其中静海局、蓟县局、东丽局、汉沽局、宝坻局、西青局和津南局等7个单位完成流转额和预收入双项考核目标。

(二)重点板块

1. 期刊流转额实现5562.11万元, 占比26.44%;

2. 重点突破报刊收进2085.72万元, 占比9.91%;

3. 新华社系列报刊收进892.84万元, 占比4.24%;

4. 四种都市报收进3109.51万元, 占比14.78%;

5.行业报刊收进3333.64万元,占比15.85%;

6.党报党刊收进1065.86万元,占比5.07%。

(三)报刊专用单(订阅卡)销售情况

全公司累计销售报刊专用单(订阅卡)53429张,形成流转额1206.07万元。其中,投递局销售37905张, 形成流转862.3万元, 占总体销售额的71.5%。

(四)报刊上划款率

截至2014年12月31日,全公司平均报刊上划款率为93.02%。其中武清局、投递局达95%以上。

【光荣榜】

市场部被评为2014年度天津市邮政公司先进集体。

沈俊英被评为2014年度天津市邮政公司先进生产(工作)者。

刘金涛被评为2014年度天津市邮政公司营销标兵。

(徐金娣)

电 子 商 务 局

【概况】 2014年,电子商务专业按照集团公司和市公司的工作安排, 坚持稳中求进的总基调,解放思想、完善机制、加快转型、推进整合、创新特色,联动各专业,服务区县局,积极推进电子商务专业的可持续发展。

2014年完成收入9386.8万元,比增-9.34%,绝对值全国排24位,完成年预算的100.39%;有效收入完成8129.1万元,为年预算的100.06%。

【开发车险业务】 借鉴江苏发展模式,按照市公司将车险业务打造成第二个保险业务的要求,专业引进江苏车险申报、比价内部管理系统,实现在窗口办理业务,并逐步研究开发微信平台车险询价支付功能,为用户提供线上线下车险业务办理通道。车险业务交易量逐月提升,为今后逐步做大车险业务,增强邮政话语权奠定了基础。

【开办全国缴费业务】 在集团公司和信息技术局的支持和配合下,2014年9月11日和18日分别在邮政网点和部分便民站相继试运行全国缴费业务,解决了异地用户缴费难题,为代收费业务提供新的抓手。

【开办移动合作厅业务】 通过专业与移动公司沟通,利用现有邮政网点资源,新建移动合作厅63处,成功铺设100兆办理业务免费专线,在市公司计财部的支持与信息局的全力配合下,完成全新WIN终端的布放工作。专业进行全员调研,深入开办网点了解具体情况,反馈存在问题,为业务顺利开展奠定基础。

【升级微信平台服务功能】 专业推出了经官方认证的"天津邮政电商"微信号,实现每日推送最新优惠促销消息,以及机票与各类商品的查询和订购功能,提供了更好的客户体验。

【启动邮掌柜项目】 按照集团公司要求,以服务各专业、服务区县局为原则,试点搭建邮掌柜平台,开拓农村电商市场,为加盟站点或商户提供包含商品批发、线下代购、进销存、会员管理、便民服务及积分换礼等功能于一体的线上线下农村电子商务平台。自8月份开始,专业成功在武清、静海、大港等局的400余处便民站开通邮掌柜系统,进销存交易金额达1300余万元,为邮掌柜项目的初期发展奠定基础。

【自邮一族“畅行无忧”营销活动受集团公司表彰】 集团公司于2013年底开展自邮一族“畅行无忧”全国标准会员服务试点上线暨营销活动,并于2014年3月底顺利结束。天津邮政作为此次营销活动的四个试点省份之一,累计新增自邮一族会员4360名,实现收入186万元,其中保费收入5.64万元,在试点省份中排名第一,天津邮政电子商务局荣获达标组织奖,红桥区芥园道支局荣获优秀组织奖。

【积极参与邮乐重点营销活动】 开展事件营销,利用端午节日契机,开展“屈原穿越送惊喜”现场营销活动,并派发红包,吸引大量市民参与,电商微信新增关注108人。

集团公司在开学季推出针对2014年高校新生的“邮梦想 乐学子——乐享2000元梦想红包”活动,引导学生扫描此次活动专用二维码,领取2000元梦想红包,参加邮乐网的抽奖和兑换代金券活动。各单位共进驻40处大学校园开展活动,2.5万名学生关注邮乐扫码成功,3243名学生参与抽奖,累计订单达418笔,订单额11万元。截至9月30日活动结束,共扫红包2.5万个,名列全国第1位。

10月份联合分销业务局与各单位开展了邮乐“五周年感恩大促活动”。至活动结束,累计上线商品11款,共产生订单806单,支付金额5.26万元(其中邮储网银支付2.85万元),招商补贴金额5.84万元。分销、发行、集邮、塘沽、武清获得招商收益,同时带动了小包寄递业务。

【11185全力支撑全公司业务发展】 人工接通率89%,同比提高5%,全年客户满意度为99.22%,持续居于全国前列。抽调专人对国内小包整体运行质量进行实时监控,为方便营销员、大客户的电话快速接入,还开通了11185-766电话绿色通道及小包QQ群。双“11”期间,11185话务员延工时、停公休、带病上岗,电话接通率达到97%,获得市公司颁发的“双十一活动”团结协作奖。全年为市公司、电商、函件、投递、邮区等各专业、区局提供有参考价值的信息分析300余件,为经营提供有效的数据依据。

【电子商务专业召开便民服务站现场推动会】 5月6日,电子商务专业在大港局召开邮政便民服务站现场推动会。常庆森副总经理出席会议并讲话,市公司市场部领导,环城四区、五区三县主管领导及分支机构负责人,电子商务局领导及相关人员参加了会议。

会上,大港局详细介绍了本局在发展便民服务站工作中的做法,就站点建设、统一标识、叠加业务、专人管理、职能分工等方面的成功经验与参会者进行了分享。与会单位就业务发展方式、人员管理及用人机制等方面内容与大港局进行了交流,共同研究邮政便民站的未来发展方向。

【微信平台机票预订功能开通】 为丰富“天津邮政电商”微信平台的业务种类,为广大客户提供便利的订票渠道,专业开通了“天津邮政电商”微信平台商旅票务模块的机票查询、订票功能。客户关注“天津邮政电商”微信平台后,可进入“商旅票务—机票”进行机票预订。

【邮乐天津馆全新亮相】 1月初,邮乐天津馆以全新形象亮相地方特产专区,重装后的天津馆共分四个板块。“吃嘛嘛香”板块定位天津特色食品,包含十八街麻花、小宝栗子、栗羊羹等三十余种小吃;“哏儿都文化”板块定位天津文化产品,主要为彰显天津地方特色的函件和集邮产品;“玩在哏儿都”板块定位天津旅游景区景点,销售七里海湿地公园、滑雪场、温泉城等景点门票;“哏儿都专享”板块定位天津本地产品,通过与分销专业联动,上线多款红酒、礼包等产品,主要面向天津地区团购客户。

【11185开通“淘淘乐”票务销售淘宝店】 为推动多项经营、拓宽销售渠道,专业在淘宝网上线

“天津邮政淘淘乐”淘宝店铺，专注销售票务产品，力求与微信商城联动发展，打造手机、互联网一体化的邮政电子商务。专业根据11185客服中心呼入咨询电话情况，分析市场需求，与各合作商洽谈产品政策，开发电子票渠道，上线了演唱会门票、演出票、景点门票、娱乐类门票及车务服务共五大类百余件商品。

（祁　婷）

机要通信局

【概况】 天津市机要通信局是市邮政公司所属专业局，负责本市机要通信现业及职能管理工作，主要服务于国家政治，服务于党、政、军及国民经济各部门，在肩负着重大政治责任的同时，还承担着国家邮政集团公司考核天津市邮政公司“国家秘密载体失密丢损率”和“机要通信服务用户满意度”的考核指标。

机要通信局设有综合办公室、业务科和三个生产班组。现有干部职工50人，其中党员40人。

2014年，在市邮政公司的正确领导下，天津邮政机要通信局坚持“通信质量第一、政治服务第一、社会效益第一”的指导思想和“机要通信工作十大纪律”、“四项基本制度”，安全妥善处理国家秘密载体，确保党和国家秘密载体传递万无一失，实现了天津邮政机要通信质量连续二十二年无事故的佳绩，在集团公司开展的邮政机要通信保密安全和服务质量用户满意度调查中，全国排名第四位，进入全国机要先进之列。

一年来，机要局为市委、市府提供24小时全天候服务，成立了“一点三线”市委机要交换站，做到随时收寄、及时投递，确保了市委及市府的政令畅通，圆满完成了市委、市府等用户交给的任务，受到了市委、市府领导的肯定和表扬。机要局为党政军等广大机要用户提供了优质服务，用户满意度100%。

机要局在确保质量、服务、安全的前提下，力争多创收，完成业务收入471.90万元，完成计划的102.65%。

【光荣榜】

机要局荣获2014年度天津邮政公司先进党支部称号。

封发组荣获2014年度天津邮政公司先进集体称号。

肖颖、张泉同志荣获2014年度天津邮政公司先进党员称号。

李震同志荣获2014年度天津邮政公司先进生产者称号。

杨环同志荣获2014年度天津邮政公司服务明星称号。

孙爱东同志荣获2014年度天津邮政公司工会优秀工作者称号。

李宝生同志荣获2014年度天津邮政公司工会积极分子称号。

（李向东）

邮政投递局

【概况】 天津市邮政投递局下设商务投递局、绿洲公司、17个投递分局和机关四部一室（办公室、财务部、人力部、业务部、社区管理部）。服务面积180平方千米，服务人口457万。

2010年投递局调整为专业局，投递实行专业化管理，对全市投递业务、服务质量执行指导和监督。

工作内容：市内普邮以投递邮件、报刊为主。其中，邮件包括国内国际平挂函件、给据邮件、国内普通包裹、快递包裹和国际包裹（含通知单）、各类商函、银企对账单、国内小包、邮送广告，同时还承担收取报刊费、EPOS代收业务、分销商品配送及其他专项营销工作。

【各项工作指标完成情况】 1.经营指标：2014年，邮政业务总收入完成3418.5万元，完成年预算收入3418万元的100%。收支指标完成-9022.1万元，完成预算-9023万元的100%。全年未发生重大安全事故。

2. 服务满意度指标：2014年投递环节用户满意度达90.76分，远远超出集团公司85分的标准。市公司重点考核的国内小包投递的四项指标全部大幅超过标准。全年未出现重大服务事件。

3. 业务管理指标：2014年给据邮件信息反馈及时率为100%、妥投率为86.36%，基础地址规范率为99.87%，小区建筑物抽检准确率为99.5%，组织机构库正确率为93.79%，组织机构库非重复率为96.48%，平常函件投递质量、名址数据维护质量和邮件接转点跟段检查均达标。

【团结一心，奋战“双11”】 2014年的“双11”国内小包投递工作，投递局遇到了前所未有的压力和困难，高峰时期小包日进口量达到1.6万件，是往年同期的2倍。面对激增的小包投递量，投递局及时启动应急预案，普邮段作为主要投递力量，商投专段作为辅助投递网承担所辖区域的实时支援。各投递分局通过增加投递频次或组织业务骨干专投等方式赶投国内小包。投递局调动一切资源，全员停休；市公司机关和各专业局人员作为机动力量，纷纷派员支援投递一线。在全局干部职工的共同努力下，“双11”国内小包专项投递工作圆满完成，投递局共投递国内小包12.6万件，当日妥投率93.81%，难能可贵的是服务质量达到了高水准。天津的“双11”国内小包投递工作，受到集团公司李国华总经理的高度评价，在市公司组织的表彰大会上投递局和多名员工得到表彰。

【亲情服务，模范涌现】 2014年，投递局涌现出许多优秀员工，他们以真诚热情、细致周到、“视用户为亲人”的优质服务为天津邮政赢得了极大的荣誉：中心投递局荣获天津市模范集体称号；陈晓菊荣获全国“五一”劳动奖章、苑丽华荣获天津市“五一”劳动奖章、刘树东荣获全国邮政系统先进个人、天津市劳动模范。刘树东和王瑞燕在全国“寻找最美投递员”活动中分别获得提名奖和入围奖，进京参加了集团公司的表彰。

刘树东、王瑞燕参加全国“最美邮递员”颁奖活动
（投递局 供图）

【职工小家，凝聚人心】 2014年，投递局工会共创建职工小家11个，为基层工会添置电饭煲、微波炉、电磁炉、冰箱、冰柜、净水器、体育器械等多种设施。在此基础上，工会开展“夏季送凉爽、冬季送温暖”活动，暑季为一线购买冰棍、冷饮、西瓜、藿香正气等食品、药品。在报刊大收订期间，工会全部慰问18个基层单位，购买方便面、饼干、牛肉、蔬菜、水果等食品；两节期间对63名困难职工进行帮扶、慰问，并发放了困难补助。

【努力创收，多做贡献】 2014年，投递局积极响应市公司号召，为企业的各项业务发展多做贡献。全局全年发展金融业务6.5亿。代揽速递实现13621件，形成收入21.9万元；分销业务形成2.4万元；代收话费19.14万笔。

【克服不利因素，实现收订结构调整】 在2015年报刊收订工作中，牢牢把握全局的收订方向和重点，实现了收订结构调整。一次性报刊流转额完成10949.30万元，完成任务指标11521万元的95.04%；一次性订销收入完成2941.92万元，完成任务指标3257万元的90.33%。但随着结构调整，员工压力最大、收订难度最大的高费率品种得到基本解决，而都市报、行业报、党报党刊的收订份数达到了稳中有升。

【优化投递网络，提升综合能力】 一是重新组划道段。依据各分局人员、道段和业务量情况以及核算标准，重新组划了普邮、社区的道段规格。二是调整作业组织方式，优化报刊分拣流程。市公司调整进口报刊分发前置作业组织方式，撤销中心局报刊投递道段直封格口，改为由各投递分局自行分发。缩短了报刊的处理时限，提高了报刊分发效率。三是增设天泰路商务投递部。均衡了河北区的网店布局。

【推动平台建设，确保服务到位】 一是做好村邮站的协调管理工作。配合政府相关部门，继续推进村邮站功能提升工作；完善村邮站投递服务质量管理，减轻农村投递压力；对各单位报送的业务量认真复合，严格把关，确保代办费按月发放。二是配合做好旧楼区信报箱更新补建工作。2014年对560处中心城区旧楼区的41.9万户信报箱进行了更新、补建。

【做好业务支撑，提供优质保障】 一是做好宜家宣传册的投递服务工作。2014年宜家公司在本市共计开展了十余批次宣传册的寄递工作，投递夹报及地毯式广告67万余份，投递会员宣传册95万余件。宜家客户对投递局的投递质量表示满意。二是做好平安人寿账单的投递工作。11月份开始的“平安人寿保单效力中止通知账单”投递，恰逢双11投递高峰，投递局克服投递难度大、手续繁琐等困难，加强回执回收质量监控，做到无丢失、无延误、无误退、无有理由投诉，圆满完成了任务。三是做好2014年高考成绩单的投递工作。妥投1.7万件，妥投率99.7%。

【提前准备、有效组织，圆满完成2014年秋季高考成绩单投递工作】 为做好一年一度高考成绩单的投递工作，投递局提前召开专项工作会议，研究部署投递方案，要求各单位要安排好人员及车辆，按规定时间做好成绩单的领取拉运工作，并严格执行保密制度。各分局也提前制定出相应的投递预案，以确保顺利完成今年高考成绩单的投递任务。

由于高考成绩单是连夜赶发制作，为确保投递时限，6月22日晚上，投递局领导和业务部人员就提前到岗，严阵以待，并在制作期间，频繁多次前往函件局制作中心查看成绩单的最新制作进度，并对半夜制作完成的成绩单进行全力分拣，分拣中重点对市内与区县局咬界的区域进行明确划分，避免在投递过程中存在咬界不清，延误用户收件的情况发生。6月23日早上7点左右，各分局则指派专人专车前往东站拉运成绩单，回局后则立即组织局内人员，争分夺秒进行内部处理。

外部投递过程中，全体投递人员以高度负责的精神，热情饱满的工作态度，积极克服天气炎热、时间紧、任务重等困难，全力以赴做好每一件成绩单的投递工作，对于外局的成绩单则实行跨局、跨界的投递，确保成绩单及时妥投到用户手中。本次高考成绩单市内投递量共计17045件，截至6月30日，共妥投17002件，其中，市内跨局、跨界投递接近1000余件，妥投率达到99.7%。

【邮政投递工作手机正式运行使用】 2014年9月1日，市公司为全市投递员配置的投递工作手机已经发到全市各投递分局，并配发使用。本次配置的投递工作手机共计1528部，配置范围包括全市普邮投递段、大户投递段、社区投递邮路及商务专投段等岗位人员。本次发放的投递工作手机为智能手机，功能丰富操作便捷，资费优惠力度较大。投递员拿到手机后对手机的款式、性能和资费标准都非常满意。

【市内运行计划调整　投递环节效果初显】 在进口报刊分发前置作业组织调整后，为进一步优化网路组织，加快进出口各类邮件的传递速度，自2014年8月26日起，市公司网络部对市内汽车邮路三次班的运行计划进行了新的调整。

此次调整中，市公司网络部给予了投递末梢环节大力的支撑与帮助。在经过前期多次调研之后，邮区中心局重新修订了盘驳汽车邮路的运行计划，及时调整作业组织，通过提前市内汽车邮路三次班的出局时间，使趟班到达各投递分局的时间平均提前了半个小时左右，为投递员的外部投递争取到了更多宝贵时间，有效确保了进口邮件的投递时限。

【开展"视用户为亲人,视邮件为生命"提升邮政服务质量系列活动】 2014年,投递局按照市公司提升邮政投递服务质量工作安排,以提高投递服务质量为主题,开展了"视用户为亲人,视邮件为生命"提升邮政服务质量系列活动,以此强化投递员工的对外服务意识,提高职业责任感和服务水平。各分局分阶段有序开展系列活动。并以此次活动为契机,进一步强化服务措施,有效提升投递对外服务水平。各投递分局采取集中和自学相结合的方式对《邮政法规》《邮政投递"五条禁令"》等各项基础制度进行学习。同时,将相关投递业务和职业道德等知识利用电视视频滚动播放,让员工利用工余时间自主学习。分局还通过开展自查自纠活动,严把质量关,促进提升邮政投递服务水平,更好地服务于广大用户,维护天津邮政良好的社会形象。

【开展创建"五好包区"评比活动】 为进一步深化投递改革,有效整合投递资源,进一步提高投递整体服务质量,自3月起,由投递局工会牵头,在17个所属分局内开展了创建"五好包区"评比活动,充分发挥包区协作、协调管理作用,提高工作效率。

此次开展创建"五好包区"评比活动,旨在有效整合包区投递资源,提高包区整体质量、服务、经营等工作效率。参与活动的分局,以包区为单位,根据"通信质量好、对外服务好、团结协作好、经营发展好、工作出勤好"的五项评比标准,每季度推荐一至两个优秀包区,再由投递局综合评定审核。获得"五好包区"荣誉称号的包区及包区组长,将获得一定的经济奖励。

【开展"学习身边的先进"巡回演讲活动】 自5月12日起,为配合市公司"双先"宣传月活动,投递局工会将三位载誉归来的先进职工:全国五一劳动奖章获得者陈晓菊、全国邮政系统先进个人刘树东及天津市五一劳动奖章获得者苑立华组成巡回演讲团,利用每天中午的午休时间,在17个投递分局中开展"学习身边的先进"巡回演讲活动。三位先进职工分别介绍了自己的工作经历及相关事迹,他们的发言引起了在场投递员们的共鸣。大家从他们的身上看到了自己的影子,看到了当代投递员对工作、对企业、对用户的忠诚和执著。在阵阵掌声中,全国五一劳动奖章获得者、八里台投递分局投递员陈晓菊难掩激动之情:从一名下岗女工到天津市劳动模范、全国五一劳动奖章获得者,每一步的成长都付出辛勤的汗水和巨大的努力。进入邮政企业,就像找到了温暖的港湾,成为一名为广大百姓服务的投递员感到无比荣幸和光荣,工作中常怀感恩之心为广大用户做好投递服务,以优异的成绩回报企业的培养和用户的信任。全国邮政系统先进个人,红星路投递分局投递员刘树东和他三十年来无私帮扶韩爱莲老人的故事,已在投递员中广为流传,刘树东用坚守和敬业精神刻画出非凡的意义,将真情洒满他所热爱的邮路,为广大用户做好服务。天津市五一劳动奖章获得者苑立华表示在今后的工作中,要向全国劳模王秀红、全国五一劳动奖章获得者陈晓菊、全国邮政系统先进个人刘树东等老大哥、老大姐学习,更加努力的工作,在平凡的邮路上走出不平凡的人生。

【召开三个层面职工座谈会】 5月27日,投递局分别召开了投递质检员、投递员及投递分局团支部书记三个层面的座谈会,局领导班子成员、机关部室主任及基层职工代表等60余人分别参加了会议。座谈会上,与会代表踊跃发言,就"提高服务质量、优化作业流程、有效整合资源、提高管理效率、发展投递业务"等问题进行交流,同时结合生产实际,共提出四个方面25条建议。会议现场气氛热烈,对于能马上答复的问题,局领导进行了一一解答,对职工代表提出的建议,投递局领导表示将在调研的基础上进行深入研究。

(沈晓筝)

区县邮电局

和平区邮电局

【概况】 和平区地处天津城市核心区。和平区邮电局(以下简称和平局)机关坐落在解放北路89号。和平局服务面积9.97平方公里，服务人口26万。区局下属6个邮电支局、14个邮电所。机关内设市场部、计财部、办公室，专业有金融业务局、函件局、集邮公司、电子商务局。截至2014年底，全局共有职工272人，其中劳务工121人，合同工151人。

【经营情况】 2014年，和平局累计完成邮政业务总收入8627.2万元，有效收入完成5480.4万元，收支差额完成1391.1万元。

金融业务收入3639.3万元，完成预算92.82%；函件业务收入2341.8万元，完成预算100.41%；集邮业务收入2085.48万元，完成预算77.96%；电商业务收入260.77万元，完成预算82.52%；分销业务收入108.4万元，完成预算102.31%。发行收入11.5万元，包裹收入81.6万元，代理速递收入94.4万元。

金融专业同比下降2.1%，集邮专业同比下降25.8%，函件专业同比下降8.3%，分销专业同比增长9.2%，电商专业同比下降11.8%，代理速递同比下降42.9%。

【生肖邮资明信片销售火爆】 2014年元旦，和平局结合中国传统文化元素、地域特色和优势，借助马年生肖热点题材，推出马年生肖邮资明信片，引起社会强烈反响，消费者热捧，市级宣传媒体争相报道。

和平局紧紧围绕“转型　整合　特色”，积极探索封片卡转型发展，以生肖题材为切入点，2014年元旦在鞍山道邮电局举办马年生肖主题邮局活动，推出集藏型马年生肖邮资明信片，受到市民热烈追捧。整套邮资片共计八枚，以国画大师徐悲鸿八骏图为素材，配以2014年1月1日的首发日戳、风景日戳以及八枚八骏马纪念邮戳。

活动当天，在销售马年生肖邮资明信片等产品的同时，为回馈客户，征订天津市首枚生肖交替邮资符志封，穿插定时抽奖，明信片的设计者还亲临现场为广大市民进行现场签售。活动现场人头攒动，广大客户争先抢购并加盖纪念邮戳。

马年生肖主题邮局和生肖邮资明信片的发行，引起了市级宣传媒体的高度关注，天津电视台、今晚报、城市快报等主流媒体纷纷给予报道，很多网站、微博、微信同时转载。

【2014年甲午年生肖特种邮票开卖】 元月5日，2014年甲午年生肖特种邮票开卖，虽然正值隆冬时节，天气寒冷，但是区局各集邮网点还未营业，门前便早已排起几十米的购票长队。许多集邮爱好者为了买到心仪的邮票，从清晨五点就已经来到销售网点开始排队。

为了确保此次甲午年生肖邮票发行销售工作的顺利进行，区局于1月3日召集各支局支局长及全体集邮员召开了相关工作的布置会，重点强调销售纪律及认真落实安全工作预案。发行当日，区局一把手亲自坐镇指挥，全体支局长到岗，区局从机关抽调人员协助负责安全保障工作，确保了活动当天邮票发行销售工作顺利进行。

此次甲午年特种邮票发行销售的火爆，为集邮专业“首季开门红”打响了头炮。

【召开职代会】 1月24日上午，和平局召开首届二次会员(职工)代表大会暨2014年工作会，区局领导班子成员、各支局、各专业局(公司)、机关各部室负责人、职工代表和先进集体及个人代表参加了会议。

会议传达了任总经理在市公司职代会上的工作报告。郭昊局长作了题为《凝心聚力　迎难而上　完善机制　加快转型　为实现和平局持续健康发展而努力奋斗》的工作报告。

大会审议通过了郭昊局长的工作报告、《和平区邮电局2014年绩效工资考核办法》，表彰了2013年度先进集体、先进个人、服务明星、营销标兵、优秀基层带头人和优秀班组长(所长)。

【"中邮自驾意外险"业务发展创当日新高】 3月5日,和平局成功销售"中邮自驾意外险"共计21单,当日业绩创新高,其中解放北路支局聚力出击,成绩斐然,销售"中邮自驾意外险"达14单。

自该业务推出以来,解放北路支局快速反应,迅速行动,支局领导身先士卒,两位支局领导分别销售"中邮自驾意外险"各1单,营销员王福隆发挥能人优势、营业员工陈勇红、葛欣积极行动,纷纷出单,同时储蓄网点员工整合思路,强化宣传,积极推介,支局所辖山西路、开封道两个网点均斩获佳绩,其中山西路网点销售5单,开封道销售4单。

当日5个支局的6个储蓄网点出单,实现了"双高":即单日出单量最高、网点参与率最高。同时各岗位联动发展更加紧密,各战线员工参与积极性更加高涨。

【参加天津市服务行业青年职工集中服务日活动】 3月15日上午,在市公司团委组织下,和平局团委、滨江道支局代表市公司团青参加了团市委举办的天津市服务行业青年职工集中服务日活动。现场受理咨询、推介业务、销售邮品、明信片,实现了社会效益、经济效益的双丰收。

当日上午八点半,滨江道支局就满载着丰富的宣传品、集邮品、明信片等提前到达活动举办地滨江道,精心布置展台。服务人员身披绶带、精神饱满、热情如火地投入到服务和宣传活动中。天津邮政团青代表良好的精神风貌、热情的服务、娴熟的业务得到了参观活动的团市委领导和市民的高度赞扬。半天的宣传活动,充分展示了天津邮政的形象和邮政团青的风采,使邮政服务进一步深入人心。

【成功开发一户代发工资业务】 3月份,在市公司机关有关部室的大力支持下,和平局成功开发一户代发工资业务,每月代发金额近百万元。

和平局把代发类业务作为金融发展的重点项目,列入全年重点工作。3月份,在市公司机关有关部室的帮助下,洽谈的一户代发工资业务顺利推进,在不到半个月的时间内,完成协议签订、开户工作,4月开始正式代发,首次代发人数达到624人,代发金额达到93.7万元。

【长春道网点电子银行、理财业务联动发展】 在等额时间中创造高价值:为降低柜面客户积压,减少客户等待时间,网点所长孙国亮有效利用电子银行渠道开发理财业务,实现业务的联动发展,其带来了自家的电脑,同时支局强力支撑,为网点购置了一台打印机。通过此方法,方便客户现场通过登录网上银行购买理财,同时极大地缩短了理财客户的业务办理时间,简化了业务流程,自此项工作开展以来,七天时间成功销售理财89万元。

为了便于后期客户跟进,网点建立了理财客户档案,逐笔登记信息,为后续业务推动打好了基础。

【金融宣传日活动首战告捷】 4月代发养老金首日,全局开展了金融宣传日主题营销活动,以此深度开发代发养老金客户资源。根据网点反馈情况,当日吸收存款共计12.3万元,7个网点定期余额实现正增长,中邮期缴保险屡出战绩,形成保费1.7万元。

代发高峰首日,和平局全体成员齐出动,区局领导深入一线,全面了解活动进展情况;区局金融业务局全体人员、机关和专业分赴网点协助宣传;各支局长亲自坐镇指挥宣传;网点员工放弃公休全身心投入宣传。各网点人员集思广益,方式独具匠心,效果显著,宣传中亮点频现:

营口道网点丰富积分物品,特色产品吸引客户眼球,有三个从其他银行转来的存款客户被丰富的积分奖品吸引,当即将存款存入网点,客户还预定了其他积分奖品。

赤峰道网点在开展存款送鸡蛋活动的同时还准备丰富代发高峰日的低积分物品,借此吸引更多客户。网点通过精心计算,灵活发放鸡蛋,共计节省28个,在发展的同时注重降低成本。

鞍山道网点充实积分物品,20日当天开展了存款双倍积分活动,效果立竿见影,吸引很多客户二次光顾网点存款。开门1个多小时时间,促成首单中邮期缴保险0.5万元,随后再度发力,销售合众1万元。

多伦道网点以中邮期缴保险为宣传重点，以办期缴送夏凉被为主题吸引客户，当日连连出单，成功销售中邮期缴保险1.2万元，同时网点提前做足功课，向客户预热后期的更多精彩活动。

宜昌道网点重新布局厅堂，制作的产品宣传单醒目，重点突出。

万荣网点内外结合，厅内外均有专人进行宣传，在吸引厅内养老金客户的同时达到了外部营销的效果。

山西路网点别出心裁，自制排队叫号条，并将此次宣传活动内容印制其中，客户在排队过程中便可同时知晓活动详情，一张小条既使得网点内外井然有序，又起到了宣传业务的效果，客户对这样的叫号方式也纷纷表示认可与赞同。

长春道网点开展“支取再存，优先办理”活动，并对前20名办理的客户再附赠一份精美小礼品的方式，成功截留12户养老金客户，回流资金2万余元。网点对存款客户还设置了专口办理业务，极大节省了客户的二次等待时间。

【鞍山道支局开展储蓄短信当日之星竞赛活动】 储蓄短信是二季度电子商务专业重点推动的业务，鞍山道支局领导高度重视该项业务的发展。为了提高柜员的窗口主动性，发挥柜员的营销潜力，支局决定开展储蓄短信当日之星评比活动，当日加办短信3个以上的柜员参与评比，加办量最高者当选为短信当日之星，每天支局领导都会为其颁发小奖品以示鼓励。自竞赛活动开展以来，两个网点积极参与，网点内部形成了“比、学、赶、超”的良好竞争氛围，使加办量有了明显提升，推动了短信业务的发展。

【“五一”节日宣传展卖活动效果好】 “五一”期间，和平局精心组织宣传展卖活动，取得显著效果。和平局借五大道民园广场开街之际，开展主题宣传活动，策划发行开街纪念和艺术节相关邮政特色产品，备受游客和收藏爱好者追捧，引起社会热烈反响，进一步树立了邮政服务地方，服务民生的良好形象。活动三天共计销售集邮、函件和分销产品6万余元，

和平局以庆祝五大道民园广场开街暨艺术节开幕活动为主题精心策划“五一”宣传主题活动。活动前期通过报纸、网站、微博微信等媒体的全方位宣传，为活动造势。活动通过微信宣传，现场售卖的线上线下互动营销模式开展。

活动当日，发行以新民园广场为主题的纪念封、邮资明信片一枚和邮资封两枚，特别设计了此次艺术节纪念戳两枚、五大道风情小洋楼纪念戳十二枚，供游客及集藏爱好者加盖。活动现场，还首次推出了“时光慢递”服务，让全国各地的游客把自己的心情、理想、祝福、憧憬寄给未来的自己和他(她)。活动中，还推出了现场制作么么闪印“DIY明信片”。“你是我梦里最美的誓言”、“我的、范er”和“五大道邮局–半个世纪的沉淀，永久的回忆”三个特色模版吸引了成百上千的游客，情侣间互赠心声，父母子女间美好留影以及许许多多的青年男女秀靓照，成为旅客争相选择的产品之一。

与此同时，和平局还在和平路支局举办了为期四天的钱币展，受到钱币收藏爱好者的热捧。“五一”期间，和平局精心组织的金融宣传活动，在各金融网点展开。三天时间，发展代理保险90万元，中邮期缴保费6.8万元。

【和平局联合发行专业开展“六一”公益活动】 和平局联合发行专业于6月1日在天津邮政博物馆联合举办“请把我的书，带回你的家”——爱心图书传递公益活动。活动前期，该局利用“津津邮味”微信公众平台、短信及DM夹报广告等方式对该活动进行了全面宣传。此次活动以倡导孩子们向贫困山区的孩子捐赠图书的爱心公益活动为切入点，同时配合开展邮政博物馆免费参观、个性化明信片制作和“大闹天宫”动画邮票销售等多项活动。

通过前期的有效宣传，吸引了众多家长于“六一”当天带领孩子前来捐赠，家长们在鼓励孩子捐出旧书的同时，又为孩子选购新书、制作个性化明信片等作为奖励。参加这次捐赠活动的小朋友年龄最小的仅有3岁，家长希望孩子通过参加类似这样的活动，培养孩子关爱他人、帮忙他人的爱心意识。一位家长在活动微博上留言说，这是孩子过的最后一个“六一”儿童节，过的非常有意义，以后将会让孩子参加更多这样的活动。活动当天共募得爱心图书300余册，累计销售图书2000余元，销售函件、集邮产品2000余元。

【成功开发代理速递协议户首次交寄700件】 自市公司部署关于加快代理速递业务发展的专项工作后，和平局高度重视，认真贯彻市公司会议精神，及时成立了以分管局长挂帅的工作小组，制定了活动方案，明确了发展目标，细化了工作措施，增设了专项奖励，分批组织召开了支局、营销团队、窗口邮政营业员等不同层面的推动会，积极宣贯市公司及区局的奖励政策，充分调动全体员工发展代理速递业务的积极性。

员工营销热情高涨，业务发展初见成效。八里台邮电支局认真落实工作要求，支局长带领营销骨干积极开展客户走访，寻求业务发展的突破口。走访过程中，了解到某房地产开发商需要寄发入住通知书700件，龚局长亲自上门拜访，发挥多年积累的速递营销经验，积极推介邮政EMS业务，从服务、时限、价格等方面介绍邮政的优势。经过努力，最终用户签订寄递协议，于6月26日一次性寄递668件EMS,形成资费收入9358元。

【开发绿卡3169张　代发补助款950万元】 和平局高度重视代发类客户开发，6月份成功开发补助款代发业务，一次性开卡3169张，代发补助款950.7万元。

为积极贯彻落实专业要求，加大代发类业务的开发，和平局主要领导亲自挂帅，加大大客户的开发力度，与某政府部门达成代发补助款的协议，实现了代发业务的新突破。

为做好后续服务，和平局征得客户同意，将本次代发补助款全部以绿卡形式发放。区局金融业务局制定了周密的方案，从身份证联网核查、开卡、打印封装、业务宣传方面做了细致的安排，保证为客户提供满意的服务。

首批补助款的成功开卡发放，得到了客户的肯定和认可，表示后续批次的代发也要采取绿卡方式发放。

【和平路支局提前完成全年分销业务收入目标】 截至7月8日，和平路支局实现分销业务收入22万元，完成全年预算目标122%，提前6个月完成全年分销业务收入目标，成为区局第一个完成分销收入目标的支局。同时，该局在防暑降温产品的销售上业绩突出，一单实现销售额36.14万元，形成收入6.29万元，为2014年市专业分销产品销售第二大单。

在分销业务发展中，和平路支局始终坚信，观念的转变是实现转型发展的关键。2014年，面对市场环境新的挑战，和平路支局领导高度重视，精心组织，带领支局全体员工从新的角度，用新的眼光对待困难，寻找新的发展机遇，创新经营，快速发展。在区局开展的“福至新春”、“亲情粽”、“冲刺二季度，实现半年红”、“奋战三季度，冲刺总目标”等专项营销活动中，该局认真研究产品卖点，研究客户需求，找准销售目标客户，发挥营销能人优势，屡创佳绩，一路夺魁，圆满完成了各个阶段活动目标，为全年收入指标的提前完成奠定了坚实的基础。

和平路支局分销业务战绩不俗，主要得益于支局对分销业务发展的高度重视，对营销项目的精心组织推动；得益于支局全体干部职工营销意识的快速提升，支局长、专职营销员、窗口营销能人发挥了带头引领作用，专职营销员薛建军综合营销业绩突出，为分销业务发展做出了突出贡献；得益于支局不畏困难，奋勇争先的拼搏精神。

【板块联动重效率　巧抓时机促经营】 11月20日，和平局各网点利用代发养老金及集邮线下预订高峰日，在营业厅及门前积极宣传金融、邮政及集邮业务，各支局邮政营业班组长、相关专业人员、机关各部室抽调人员协助网点进行宣传，充分把握时机发展业务，板块联动增强了宣传效率。

为使活动取得实效，和平局准备充分，区局领导于19日深入各支局、网点，利用参加夕会时间安排部署代发日宣传工作，并于活动当日来到各网点现场督阵。各支局提前做好预案，印制宣传页，准备精美礼品，并对集邮线下预订工作进行重点部署。代发日当天，各支局调集邮政台席精兵强将，放弃公休，在协助金融网点宣传的同时，还积极宣传报刊订阅、集邮线下预订等业务。鞍山道支局与区局市场部联手，在网点大厅内进行“印师傅”气垫锅现场演示销售，以及进口食品和散装白酒展卖活动，同时该支局还联合区局集邮分公司积极宣传并引导客户办理集邮线下预订业务，收到良好效果。各金融网点充分利用代发日高峰，开展"存1000送精美礼品"活动，得到高度关注。其中，赤峰道网点当日上午成功办理千元定期储蓄20单，通过对大厅内等候办理业务客户积极宣传，成功销售新华三年期保险一单6万元。其他各网点也通过积极宣传，全力发展意向客户及中小客户，并通过填写客户服务卡，不断完善客户建档工作。

【举办"'衣'依不舍，'越'动津城"活动】 12月16日，和平局结合"美丽天津、美丽邮政"这一主题与市场对接，在鞍山道支局策划并举办了"'衣'依不舍，'越'动津城"爱心寄递捐赠活动。

此次活动将视角聚焦于人们日益提高的生活水平，以及生活当中频繁更新的衣食住行物品，产生的过度丢弃造成的极大浪费，而一些贫困地区的家庭正为最基本的温饱问题发愁，急需大量越冬及日常生活物品这一社会热点问题。通过为爱心用户提供免费使用的包装袋，以及搜集全国需要接受捐助的贫困地区及名址，从而为大众搭建了一个爱心捐赠平台。同时和平局还积极与天津地区爱心组织联手，利用爱心组织微信平台、QQ群以及和平局自有微信公众平台"津津邮味"进行同步宣传。并通过对前来营业厅办理业务的用户进行积极宣传，此次活动得到了广大用户的踊跃参与，已接受20余名用户寄递捐赠，并通过用户们的口口相传，吸引来了更多的周边居民前来咨询活动具体细节，在广大用户中引起了强烈的反响，得到了广大用户的交口称赞。

【光荣榜】 2014年，和平区邮电局函件分局被评为天津市邮政公司先进集体，陈爽、陈德楠、杨晓燕被评为天津市邮政公司"先进生产者"，张涛、刘同、薛建军被评为天津市邮政公司"营销标兵"，王宝虹被评为天津市邮政公司"服务明星"，武捷荣获天津市邮政公司2014年"邮储营销能手"称号。侯建忠、刘涛宁被评为天津市邮政公司2013—2014年度优秀共产党员，武捷被评为天津市邮政公司2013—2014年度优秀基层带头人。杨晓燕被评为天津市邮政公司2014年度"女职工建功立业先进个人"，苏彤被评为天津市邮政公司2013年度优秀工会工作者，刘娜、杨晓燕被评为天津市邮政公司2013年度优秀工会积极分子。在天津市邮政公司2014年营销体系建设先进单位、优秀营销团队和优秀营销项目进行表彰中，和平区邮电局合力营销团队荣获"优秀营销团队"。

（刘涛宁）

和平区邮电局局所分布表

名称	地址	邮编	联系电话
八里台邮电支局	卫津路 215 号	300070	2337.8621
宜昌道邮电所	宜昌道 72 号	300070	2335.3271
解放北路邮电支局	解放北路 153 号	300040	2330.5980
山西路邮电所	山西路 181 号	300040	2330.1744
开封道邮电所	开封道 27 号	300041	2330.5116
营口道邮电所	营口道迎新楼 12 栋增 1 号	300040	2782.0264
滨江道邮电支局	滨江道 125 号	300022	2711.6026
赤峰道邮电所	赤峰道 67 号	300041	2712.1470
长春道邮电所	长春道庆泰里 1 门 101 号	300022	2730.0536
和平路邮电支局	和平路 123 号	300020	2730.7387
多伦道邮电所	多伦道 200 号新福方里底商	300021	2730.9031
民园邮电支局	长沙路 101 号	300050	2330.5152
岳阳道邮电所	岳阳道 32 号	300051	2330.5548
宝鸡东道邮电所	宝鸡东道 3 号	300052	8781.1007
五爱里邮电所	鞍山道 146 号	300052	2782.2837
邮电大厦邮电所	新兴路 27 号	300052	8781.1008
万荣公寓邮电所	宜昌道万荣公寓 105 号	300051	8352.1075
鞍山道邮电支局	鞍山道 50 号	300020	2730.6051
新文化邮电所	福安大街新文化花园新秀居 D1 号	300021	2730.2831

河 西 区 邮 电 局

【概况】 河西区邮电局(以下简称河西局)坐落于梅江道107号,服务面积42平方公里,服务人口90余万人。区局下属6个邮电支局、27个邮电所,机关内设办公室、市场部、计划财务部三个职能部室,专业有金融业务局、函件局、集邮分公司及电子商务局四个专业分支机构。拥有国家级“青年文明号”和“市级青年文明号”各一个;“三星级对外服务网点” 五个、“五星级对外服务网点”一个。截至2014年年底,共有职工355人,其中合同工179人,劳务工176人,各类管理人员39人,党员48人,团员47人。

【经营状况】 2014年,河西局累计完成业务总收入12068.30万元, 完成市公司预算的103.02%,进度排名第五位,比增5.43%,排名第五位,收支差额完成3326.19万元,收差绝对值排名全公司第一位,人均收差9.48万元,首次列全市第一位。

【金融类业务】 2014年, 金融业务龙头地位凸显。全年完成业务收入6938.19万元, 为预算的100.55%,收入占比57.49%,比增7.91%。受金融市场冲击,余额发展遇到困境。全局上下认清形势,凝聚共识,知难不畏难,余额负增长7805.7万元,有效扼制了严重滑坡的局面。年度实现代理保费2.43亿元, 实现收入924.93万元, 其中期缴保费3437.15万元, 占比14.9%, 中邮保费累计完成2180.85万元,渠道占比8.9%,保险业务平均收益率达4.08%, 高于专业平均收益1.03个百分点,保险规模列第9位,收入规模列第3位。

【函件、发行业务】 全年实现收入2286.77万元,为预算的123.68%,占比18.95%,比增17.73%。账单业务发展态势良好,,出现高幅增长的势头,形成收入1109.8万元,比增50.3%。“两包”业务异军突起,实现业务收入731.2万元,比增75.9%,拉动了函件业务的整体发展。城市商演项目初窥门径,为传统业务转型积累了宝贵的经验,年度共举办3次商演活动,实现业务收入近十万元。

【集邮业务】 2014年完成业务收入2020.36万元,为预算的106.28%,占比16.74%。面对市场的变化和发展的压力,及时调整经营策略,细分市场,抓牢各阶段销售旺季,组织多场展卖活动,营造集邮氛围,既创造了社会效益,也拉动了收入增长近200万元。同时,注重发挥“窗口”和营销员两个平台开发市场的作用, 并借助网上营业厅功能,大量招募集邮微信会员, 年度新增会员1400余名,并销售微信会员特供邮折25万元。为集邮业务长远发展,培养新的客户群体奠定基础。此外,不遗余力开发商务市场,企业形象年册共开发客户17户,4820册,形成收入115.6万元。

【电子商务业务】 2014年,实现电子商务专业收入401.77万元,为预算的88.5%,占比3.33%。积极拓展代收费市场,加强政策引导,扼制窗口业务下滑的态势。同时,以代理车险、邮乐网、电销保险、自邮一族等项目为抓手,有效促进了业务发展。其中,代理车险作为新型高效业务,仅2014年四季度新增保单22单,形成保费5.5万元。

【召开二届十九次职代会】 1月23日, 河西区邮电局召开第一届三次职工代表大会,会议全面传达了市公司首届二次职代会会议精神,认真听取并审议通过了田跃进局长所作的《机制引领,突出转型,降本增效,和谐发展,携手共创河西邮政新篇章》的工作报告以及2014年工效挂钩等考核办法,会议圆满完成了各项议程。

【东楼邮局开发《百年好合》个性化邮册400册】

2014年新年伊始,东楼邮局开发《百年好合》个性化邮册400册共计收入6万元。成为2014年首单成功开发的定向业务,为2014年定向业务的开发打响第一炮。《百年好合》邮册作为某客户发放给员工的福利已经连续6年与东楼局进行合作,该客户已成为东楼局忠实的客户，同时此单业务也成为一项连续性开发的业务。通过6年的亲密合作关系，河西局在客户心目中有了很高的信誉度，这样也对企业的服务提出了更高的要求。尤其是2014年，客户力求新意，提出更换设计图稿的要求，并且客户的要货时间非常的紧迫，鉴于此情况，东楼局的营销员迅速与市公司市场部设计团队取得联系。在短短一天的时间里，经过精心设计，设计人员就将初稿交到营销员手中。经过客户的审核、修改，以最快的速度完成定稿、签订合同等工作，如期把邮品交到了客户手中。

【梅江邮局成功开发《沃尔沃纪念邮折》500套】 1月21日，梅江局借助年底各大商家搞客户回馈的大好时机成功开发《沃尔沃纪念邮折》500套，形成业务收入2万元。沃尔沃汽车销售公司近期新车下线，该汽车销售公司准备对新老客户进行回馈，得到该消息，梅江局立刻和该销售公司取得联系，经过了解，营销员将邮政DM广告业务介绍给该公司，但客户表示沃尔沃汽车是款档次比较高端的进口车，单纯的做邮政DM广告不能显示该车的档次，也不能起到吸引高端客户的作用。营销员了解到客户这一需求的时候，立刻转变营销思路，将邮政的集邮定向制作介绍给客户。该营销员通过每周三例会的集邮专业培训，对集邮定向业务有一定的了解，他为客户策划了非常完善的销售方案，得到客户的大加赞赏，当机立断制作500套纪念邮折作为回馈客户的礼品。在市公司市场部的大力配合下，仅两日就完成了图稿的设计，客户对图稿设计也非常的满意，立刻签订了制作合同。

【枫林路邮局成功开发邮资封4000枚】 4月18日，河西区枫林路邮电支局成功开发旅游行业客户邮资封4000枚，创收1.2万元。为抢抓二季度旺季发展机遇，全力冲刺区局制定的“双过半”的发展目标，该局认真梳理区域内潜在客户信息，发现某旅游行业客户经常寄发信函，为满足客户日常办公需求，该局组织营销人员向客户积极推介邮资封等函件类产品，重点宣传鼓楼、喜鹊登枝两种邮资图的邮资封，满足客户办公通信需要的同时，也在寄递过程中提升了客户的企业形象。同时，该局协助客户测算邮资封使用量，最终客户决定两种邮资封各定制2000枚。

【梅江邮局成功开发个性化邮折】 河西局二季度围绕“时间过半，任务超半”的发展目标组织各单位积极开展经营生产工作，“五一” 节刚过，河西区梅江邮电支局传来捷报，成功为某公司开发“汇通天下银行”个性化邮折，形成业务收入3.95万元。自2013年下半年，随着有关政策相继出台，集邮业务面临了较大的发展压力，2014年年初，河西局积极调整业务结构，力求使集邮专业重回收入贡献生力军的行列。进入二季度以来，该局按照市公司及专业的相关部署，加大了对于定向开发业务的关注度，以定向开发业务为抓手，内练队伍，外创效益，确保集邮专业保持续健康发展。梅江支局在坚持挖掘存量客户的同时，加大对新客户的开发力度，并发挥专业联动的优势，整合客户资源，甄别潜在的意向客户，积极推介定向邮品的商用价值。通过细心观察市场动向，随时留意身边的客户需求并及时跟进。5月7日，该局成功与某公司签订定向邮折制作合同，为其定制1000套个性化邮折作为该公司业务推荐及开业庆典用，形成收入3.95万元，成为该局成功开发第二单定向开发业务。

【校园服务促发展】 河西区函件局认真贯彻区局制定的二季度发展部署，在积极发展“两包”业务的同时，确保函件专业各项业务均衡发展。5月7日，该局成功为某培训机构开发《学生服务资讯》宣传版面，共形成收入8.4万元。《学生服务资讯》项目自2006年开展以来，经过七年时间的成功运作，在社会上已形成了广泛的知名度，成功打造成天津邮政广告的一个经典项目，为商家和即将步入新的学习领域的学生架起一座互通的桥梁。河西局结合区域内高校、培训机构较为密集的特点，深度挖潜客户需求，充分发挥《学生服务资讯》项目的优势，积极向区域内教育培训类客户宣传业务特色，进入二季度以来，该局通过坚持跟进潜在意向客户，成功为某培训机构开发封面1版、内页4和内页5，为推动区局全力冲刺二季度函件发展目标开了个好头。

【举办“感恩母爱·为母亲献礼”主题营销活动】

5月10日至11日，在河西区东楼邮电支局举办的“感恩母爱·为母亲献礼”主题营销活动，展出了多款独具匠心的商品供广大市民选购。

为全力冲刺二季度“时间过半，任务超半”的发展目标，河西局抢抓节日商机，以节造势，由区集邮分公司组织策划了“母亲节”主题营销活动，活动现场共开辟了“足金饰品特价销售”、“母亲节主题明信片销售”和“爱心包裹”收寄三大区域。同时该局发挥专业联动优势，组织理财经理利用微信和短信的方式预先对此次活动进行广泛宣传，向金融专业大客户发送特惠活动信息，以此作为回馈客户的有效抓手，销售首日仅一个半小时已便已形成了2万余元的收入，在母亲节当天许多市民更是冒雨前来为辛劳一生的母亲选购礼品。在“母亲节主题明信片销售”专区，该局结合“鸿雁传书”特种邮票首发时机，在向广大集邮爱好者销售“鸿雁传书”系列邮品的同时，抓住节日商机，积极推介“母亲节”主题的明信片，得到了现场邮迷朋友们的青睐。此外，该局组织专人向前来购买邮品、饰品的顾客，结合节日主题，积极宣传邮政“母亲邮包”公益项目，有效推动区局各项业务均衡发展。据悉，截至5月11日，河西局此次“母亲节”主题营销活动共计形成收入13万余元，为该局实现阶段性发展目标奠定基础。

【枫林路邮局成功开发首单个性化邮折650册】

5月20日，枫林路邮局成功开发个性化邮折650册，成为2014年枫林路邮局首单开发成功的个性化定制业务，为本局填补了定向开发业务空白，并形成集邮定向收入3.97万元。

该局主管领导从2012年就与本市一市高等院校建立了邮政业务关系，通过邮政业务上的交流，逐步对该学校的校园文化有所了解并得知该校每年毕业季都会选择一些小礼品作为毕业纪念品发放给学生。得知这一情况刘局长开始对该所学校进行业务上的深度挖掘，由于刘局长不是集邮业务出身，对集邮业务并不是非常了解，但是他以他坚韧的耐心去学习，不断向集邮公司专业人员请教，并成功在2013年开发定制了U盘作为毕业礼品。新年伊始，该局刘局长就提前和该学校负责人进行联系，建议提前规划毕业礼品的事宜。此次，学校有了新的想法，希望提升礼品的收藏性和纪念性，刘局长此次推翻了2013年的设计理念，建议校使用个性化邮票作为宣传校园文化的载体，更能突显该校的文化品位，经过刘局长的不断讲解，校领导对个性化邮票定制给予了充分的认可，但是，校方提出，在突显礼品的收藏性同时还要突显其升值价值。经过与集邮分公司专业人员的沟通，决定建议校方使用“马年生肖纪念币”与个性化邮票相结合的方式来体现其收藏性和升值价值。校方拿到方案后，感觉创意很好，既迎合了2014年的生肖主题又取祝学子“马到成功”之意，当即决定照此方案定制650套。在市集邮公司团队的大力帮助下，经过几次不断的修改图稿，终于将一份客户满意的图稿交到客户手中。通过设计、修改、定稿、签订合同，刘局长往返于客户与集邮公司之间不下十余趟，最终形成业务收入3.97万元。

【体院北邮局成功销售高值邮品18万元】 5月21日，河西区体院北邮电支局组织了高值邮品销售活动，累计形成收入近18万元。随着相关政策规定的出台，集邮专业的发展面临前所未有的压力，河西局集邮专业组织各支局集邮营业员，认真践行区局调整经营思路，培养新的集邮客户群的营销理念，积极应对淡季所带来的挑战。体院北支局加大对集邮市场的开发和新客户的培养力度，根据本局特点及时调整经营方式，将销售重心转移至个体收藏爱好者，结合年底预订及一季度集邮旺季，大量收集客户资源，与客户建立良好的关系。通过与客户的沟通交流，了解到每个集邮用户收藏邮票的习惯和需求，按照用户收藏兴趣将用户分类，并有针对性的为用户介绍相关的集邮知识以及邮品理财的理念，进一步提高用户集邮的兴趣，经过长期的交流，取得用户的信赖，以及对邮政集邮产品的认可。在此次高值邮品销售活动中，该局共销售74–82集邮册万元，康银阁人民币四连体大全册7.5万元，流通纪念币大全册1.25万元，并成功培养了一批新的集邮客户群体，冲破淡季发展阻碍的同时，为区局集邮业务的长效发展积聚力量。

【梅林路储蓄网点成功销售百万元趸缴保险】 诚信营销是梅林路储蓄网点每名员工坚持践行的营销理念，这也为这个迁址新建仅1年之余的网点迅速从D类网点晋升为C类，更为该网点积累了丰富的客户资源，而这张百万保单的主人公张先生便是该网点的老顾客之一。因为该网点热情、周到的服务，家住在距该网点较远的双港新家园小区的张先生，每次都会选择到该网点办理各种业务。2014年4月初，柜员田亚婕在为张先生办理业务时，得知其计划卖房，这样的讯息自然引起了小田的注意，于是，小田便有针对性地向张先生介绍目前热销的保险产品，逐步向其渗透理财观念，培养、激活客户的理财需求。同时，小田以资产配置为突破口，以其专业的业务知识，将邮储热销保险产品的保值增值、抵御通胀以及人身保障功能详细地向张先生进行讲解。通过小田的悉心维护与前期的精耕细作，得到了客户的信赖与认可。5月中旬当张先生的房款到账后便决定把这笔房款存在该网点，并主动咨询小田该如何配置这笔房款更合适，小田以客户需求和资金用途为出发点，为张先生合理配置了部分定期存款和100万元的趸缴保险，同时详述了该保险产品具体的保障事宜与注意事项，以确保张先生全面了解所购买的保险产品。

【东楼邮局成功开发护肤品旗舰店寄递业务】 5月下旬高温不断，东楼邮电支局员工发展“两包”业务的热情却比那骄阳还要炙热，他们按照市公司和河西局要求全力发展两包业务，先后与津津有味、宠物用品等多家新客户达成合作关系，并成功激活了小商贸等老客户的用邮需求。截至5月29日，东楼支局累计收寄国内小包6171件，占河西局收寄国内小包业务量的80%以上，发展势头喜人。而淘宝网“护肤品旗舰店”就是他们近期开发的最大一单小包业务。

该护肤品旗舰店作为东楼支局界内较大的电商客户，从2013年10月份开始就与邮政进行合作，2014年4月末，得知该客户因服务问题决定与社会快递解除合作关系，东楼支局立刻上门走访，从邮政小包365天不停业、不爆仓，国企信誉度高，不存在资金周转问题，热敏面单、赔偿机制逐渐完善等方面为切入点宣传邮政小包业务，并承诺可以成立由支局领导、邮政班组长、营业员和邮运司机组成的电商小包兼职营销团队，为对方提供全程跟踪服务。他们的诚意打消了客户的种种顾虑，对方同意将山东、江苏、湖南、河北等区域快件交给邮政，进行小包试寄。市函件局两包工作组鼎力支持，优化作业流程，帮助支局提升服务质量，做到“件件有人管、件件有着落”，得到了客户的认可。5月19日，经过一个多月的沟通与试寄，客户终于将其全部快件改发邮政小包，日发寄量在300—700余件之间，月均发寄量超万件。

【“红孩子”项目再创佳绩】 6月18日至19日，市函件局商函制作中心内一派热火朝天的工作景象，内件、袋子等物料和名址一应俱全，市函件局的工作人员与河西局抽调各部门人员20余人组成的突击小队，正在这里加班加点地进行封装制作共计8万件“红孩子”会员DM刊。“红孩子”原为河西局开发的商函客户，被苏宁集团并购以来停发会员刊，造成数据库商函收入年流失60万元以上。2014年，经过该局营销团队的不懈努力与积极走访、洽谈，成功与该客户重新签订了商函发寄合同，由该局为“红孩子”发寄数据库商函8万件，此项目预计为该局形成商函收入4万余元。

【打响校园包裹“收寄战”】 盛夏六月，莘莘学子完成了学业纷纷准备离开校园，又是一年毕业季，又一次揭开了校园包裹“收寄战”的序幕。河西区枫林路邮电支局负责区域内工程师范学院、财经大学等院校的包裹收寄工作，截至6月底，该局共收寄校园包裹3471件，较2013年同期增收412件，比增11.87%，形成收入近11万元。

为全面打响校园包裹“收寄战”，河西局借鉴以往经验，抓住大学生毕业时间集中、包裹交寄量大的特点，抢前抓早，提早谋划，预先向市公司请领了地秤等收寄设备，并于5月底组织相关支局成立“校园包裹收寄项目组”，为校园包裹“收寄战”取得全面胜利夯实基础。枫林路支局更是在第一时间落实区局的工作要求，明确宣传、收寄、转运、技术、账目、支撑等各个环节的分工，责任落实到人，并在前期安排专人深入高校，全面搜集毕业生离校的各种信息，同时为进一步提高服务水平，方便广大毕业生邮寄包裹，该支局不仅为学生准备了笔、针线、纸箱和蛇皮袋等用品，还组织员工深入学生宿舍帮助学生扛运包裹，于细微之处体现邮政"以人为本"的亲情化服务理念。

【梅林路储蓄网点巧破转账诈骗陷阱】 7月16日上午10点，已过古稀之年的李奶奶与其家人来到了梅林路储蓄网点，李奶奶手持锦旗，对该网点员工帮助自己识破电话诈骗陷阱，保护百姓财产免受损失的义举表示深深的感谢。

7月8日下午14点，神情紧张的李奶奶拿着两万元现金来到河西区梅林路储蓄网点，要求办理向外地卡转账的业务。由于区局领导和金融局对日常防范各类金融诈骗的宣贯工作落实到位，李奶奶这样大额汇款的业务自然引起了柜员们的警觉。接待李奶奶的柜员小姜首先询问起李奶奶与收汇方的关系以及李奶奶的汇款目的，李奶奶说自己相当肯定对方的身份，认定打电话的人是自己的侄女婿，说其正着急用钱，需要李奶奶马上把这两万块钱汇到他的账户上。李奶奶焦急的神情和柜员小姜的质疑引起了正在大堂工作的理财经理焦梅梅的注意，焦梅梅来到窗口，详细询问李奶奶接电话的全过程，其中发现了很多疑点。首先，对方打来电话时并未自报家门，而是先让李奶奶听声音猜自己是谁；其次，李奶奶接电话时家中只有李奶奶和保姆二人，老伴儿和孩子都不在身边，李奶奶并未征询家人意见，便执意要给对方汇款；最后，李奶奶也说到自己的侄女婿一般都在天津，很少会去外地，这次向外地银行卡汇款的确不太寻常，但由于救急心切，李奶奶只得抓紧为其汇款。在焦梅梅冷静、耐心的分析下，李奶奶也逐渐发现了个中疑点，同意暂时不汇款，回家先给家人打电话核实情况。同时焦梅梅也向李奶奶承诺，如果情况属实，确实是李奶奶的家人急需用钱，邮局一定会及时为李奶奶办理汇款业务。7月16日上午，李奶奶携家人再一次来到了梅林路储蓄网点，为梅林路网点全体职工赠送锦旗，并对该网点员工表示深深的感谢。

【东楼储蓄网点成功开发350万元趸缴大单】 自转型工作开展一年以来，东楼网点严格落实客户管理工作流程，对中高端客户实施专人管理，通过长期细节关怀，成功开发高端客户趸缴保费一单350万元，创区内单笔趸缴保费新高。

客户王先生是东楼网点在转型期间发掘的"潜力股"客户，由于家住较远，平日很少到网点办理业务。东楼网点负责人闫晗作为客户的专职客户经理，利用各种机会，始终坚持和客户保持联系。每逢年节假日、天气变化之际，及时为王先生发送问候短信；利用网点销售各种产品的时机，定期为客户发送个人资产配置建议；用户生日当周，精心挑选小礼物，送上祝福。功夫不负有心人，王先生终于被闫晗的诚意所打动，2014年4月份客户到东楼体验了贵宾厅的优质服务，并办理了贵宾卡，在之后的数次接触中，闫晗的专业精神和网点的服务品质更是令王先生赞不绝口。在年中网点开展客户回馈活动之际，闫晗致电王先生，表示网点为VIP客户提供了集邮品进行回馈，希望王先生可以到网点来体验服务。但由于王先生工作一直较忙，7月20日王先生才来到网点办理业务，在交流中闫晗敏锐地察觉到王先生在他行还有存款和长期协议存款，因此判断客户有财力、有能力接受期限较长的理财产品。闫晗根据客户的财力和家庭经济情况，为王先生资产进行了专业配置，主推网点热销的趸缴保险产品。闫晗通过对市场环境的分析、对不同资产配置的风险收益情况、保险市场未来发展趋势及趸缴产品的特性等，耐心的为客户进行解释，打消了王先生的种种顾虑，柜员周杨也巧妙地为客户进行收益演算，经过一下午的详尽的介绍，王先生在闫晗的专业规划下，将其资产分别购买了350万元趸缴产品，将余下的200万元存入东楼储蓄网点。王先生对资产的配置表示十分满意，并表示下一步会逐步将其他到期资产转存至该网点做进一步配置。此外，在交谈的过程中，小闫根据王先生的理财需求向其渗透了长期保障型的期缴产品的理念，为未来其他业务的开展做足了功课。

【举办进口食品展卖活动】 河西局利用区位优势，抢抓中秋佳节的销售商机，提早预热市场，9月1日至10日，与区域额内大型卖场联手举办进口食品展卖活动，收效显著，仅活动首日便售进口食品百余件，销售额达0.2万余元。

2014年以来，面对市场环境和政策环境的变化，为尽快扭转节日性商品消费的下滑态势，河西局因地制宜，积极培育个人市场，并在市分销业务局的鼎力支持下，引进大量进口食品，实现从大客户市场向个人零售市场的转变，有效缓解了环境变化所带来的冲击。进入三季度以来，河西局更是以两个重要批示及任总半年工作报告为行动指南，提早谋划，由专业组织策划，从各支局、专业部室抽调精兵强将，抢抓中秋商机，举办进口食品展卖活动。9月1日一大早，许多市民便来到新业广场天津邮政进口食品展卖活动现场挑选自己喜爱的商品，在短短1小时的时间里部分商品便已售罄，分销局更是全力支撑，迅速备货，确保了货源充足，活动所售商品也得到来往顾客的一致认可。此次活动是继进社区组织消夏晚会后，河西局转战个人消费市场的又一次成功尝试。

【举办《梦唤芭比公主》大型儿童剧商演活动】 9月14日傍晚，由河西局举办的大型儿童舞台剧《梦唤芭比公主》商演活动在光华剧院隆重登场，现场气氛火爆、热闹非凡。此次商演活动共形成收入2.8万元。其中招商收入2.5万元，门票销售收入0.2万元，现场销售集邮和函件、电子商务产品0.1万元。

三季度以来，河西局深刻领会冀邮在传统邮务类业务转型，特别是会展、商演及两包业务发展等方面的成功经验，结合区域内场地优势，“试水”邮政商演之路。该局坚持以项目为抓手，搭建商演项目平台，联合各赞助商家共同推出“扫二维码有礼”“保险知识普及互动活动”“儿童类特色邮政产品展卖”“个性化台历征订” 等活动，并活用微信平台广泛宣传，为活动造势，预热市场，吸引了众多家长和小朋友的关注。招商工作作为商演项目的关键环节，河西局在项目启动之初便有针对性地面向教育培训、幼儿园、游乐场、儿童商品等商家进行推介。由区局主管领导亲自挂帅，洽谈成功一家商户作为主赞助商，函件专业与各支局的招商工作亦全面展开，最终两家赞助商确定合作，招商费用2.5万元。同时，该局充分调动职工积极性，借助窗口平台推动门票销售，据统计，共销售门票近百张，创收0.2万元。

【POS机开发工作成绩喜人】 进入三季度以来，河西局认真践行市公司转型发展的工作部署，紧密围绕“一主两翼”做文章。同时在学习复制黑鲁两省先进经验的基础上，加大对于“五小”市场的开发力度，并在8月初以市金融局启动的POS机项目为抓手，大力推动活期余额发展，截至8月28日，该局在不到一个月时间里，共开发POS机意向客户84户，成功安装29户，吸引资金740余万元，沉淀活期余额90余万元。

【深入开展金融外拓宣传工作】 按照市金融业务局九月份工作部署，在市公司大力推动余额发展的关键时期，河西局不等不靠，充分把握“金九银十”节日契机，组织下属支局开展了以“明月满中秋，邮礼随心行”为主题的离行式定点宣传。同时伴随季节变化，启动开展“邮储伴您，温暖一冬”活动，提前为深秋入户宣传打好基础。

中秋当日，河西局提前印制了以活动主题为内容的宣传条幅，全局50余人参与到本次宣传活动之中，分别在超市入口、社区广场、商铺集市等人流密集地设立8个离行式宣传摊位，通过摆放实物、发放广告、馈赠礼品等方式、充分营造活动氛围，吸引了广大居民驻足询问。与此同时，9月11日、12日两晚，河西局共组织下属支局，联合社区先后举办了两场“邮您点播”观影宣传活动。除去特定的观影环节外，为扩大余额规模，加强活期沉淀，参与支局对邮政储蓄协议存款、通知存款、零存整取、邮储绿卡、电子银行等业务做了重点推介，并对保险、大理财、基金等知识进行了普及，得到了现场居民的一致好评。

【举办“三羊开泰·金贵相约”主题营销活动】 从10月22日开始，为期一周的 “三羊开泰·金贵相约”羊年贺岁金银条营销活动在东楼邮电支局礼品店正式开启，活动展出了多款独具匠心的贵金属商品供广大市民选购。

10月22日上午9时，秋高气爽，艳阳高照，市集邮公司经理刘彦波、河西局主要领导和天津宝泉投资有限公司总经理宋金龙在东楼支局礼品店共同开启“三羊开泰·金贵相约”羊年贺岁金银条首发仪式，活动现场共开辟了“羊年贺岁金银条特价销售”、“感恩有奖回馈”和“川藏爱心包裹收寄”三大区域。此次特惠促销的“羊年贺岁金银条”是由宝泉公司提供，独具匠心的5类26款产品，是百姓在岁末馈赠亲朋、理财收藏的不二选择，得到了广大顾客一致认可，销售现场十分火爆。同时，该局发挥专业联动优势，组织理财经理利用微信和短信的方式预先对此次活动进行广泛宣传，向金融专业大客户发送特惠活动信息，以此作为回馈客户的有力抓手，销售首日仅一个半小时便已形成了6万余元的收入。在“感恩有奖回馈”专区，该局结合羊年生肖邮票预订时机，精心挑选热销邮品以此回馈来店消费的顾客，营造出“赏佳邮·鉴珍品”的典雅氛围，赢得了现场邮迷朋友们的青睐。此外，活动中特别增加公益捐赠项目，借助活动由宝泉公司向川藏贫困地区孩子们捐赠邮政爱心包裹，实现了社会效益与经济效益同步增长的目的，本市各大新闻媒体也对此次活动进行了报道。

【河西、和平局联手举办《甜心宝贝》互动音乐童话剧商演活动】 11月1日上午，在这个秋高气爽的周六，由和平、河西两个区局联合举办的大型互动音乐童话剧《甜心宝贝》商演活动在光华剧院隆重登场，众多市民带着孩子们前来分享这场文化盛宴，现场人气火爆、热闹非凡。据统计，本次商演活动共形成收入2.7万元，现场销售集邮、函件和电子商务产品0.2万元。

【举办《世界经典电影金曲》视听音乐会商演活动】 12月7日下午3点，由河西局主办的商演活动《世界经典电影金曲》大型视听音乐会在津湾大剧院精彩上演，现场气氛火爆、热闹非凡。据统计，本次商演活动共形成收入6万余元。

自三季度以来，河西局按照市专业部署努力探索转型发展之路，积极尝试邮政城市商演模式。为全力打赢年末收官之战，该局巧借重点客户成立十周年之际，精心策划答谢客户为主题的商演活动，诚邀天津歌剧团以交响乐的形式演奏世界著名影视金曲，为广大市民献上一场传奇经典的音乐盛宴。同时，该局积极搭建商演项目平台，联合各赞助商家共同推出“扫二维码有礼”，并活用微信平台广泛宣传，为活动造势，预热市场，吸引了众多市民的关注。招商工作作为商演项目的关键环节，河西局在项目启动之初便有针对性地面向意向商家进行推介，并由区局主管领导亲自挂帅，洽谈成功一家商户作为主赞助商，函件专业与各支局的招商工作亦全面展开，最终两家赞助商确定合作。同时，该局充分激发职工销售热情，借助窗口平台推动门票销售，据统计，共销售门票近百张。活动当天，1100人的津湾大剧院座无虚席，由于河西局前期召开商演项目筹备会，协商研讨活动细节性工作，确保了各个环节万无一失、有条不紊。活动现场，由天津歌剧团演奏的每首经典影视金曲，令现场观众感受到音乐那穿越时间和空间界限，触及人们心灵的特殊魅力，美妙动听的音乐也陪伴着大家度过了一个温暖愉快的周末。此次活动是河西局在商演项目上的又一次成功尝试，为该局传统邮务类业务转型积累了宝贵的经验。

【光荣榜】 2014年，河西区函件局被评为天津市邮政公司先进集体；李晨、刘鸿、杨晨光、陈曦被评为天津市邮政公司“先进生产者”；柴恩娜被评为天津市邮政公司“服务明星”；冯万颖、刘晓阳、张权、刘健、王蕾被评为天津市邮政公司“营销标兵”。

在2014年“营销创百优”劳动竞赛中，河西函件局万众亿鑫营销团队被评为优秀营销团队。

东楼邮电支局为“五星级服务窗口”；枫林路邮电支局、体院北邮电支局、陈塘庄邮电支局、佟楼邮电支局、梅江邮电支局获得“三星级服务窗口”称号。

（崔喆伟）

河西区邮电局局所分布表

名 称	地 址	邮 编	局所编号
枫林路邮电支局	枫林路 14 号	300222	8
榆林路邮电所	榆林路 5 号	300222	115
梅林路邮电所	梅林路 1 号	300222	
学苑路邮电所	桂山里 3 门	300222	683
财经大学邮电所	泗水道财院东大学生公寓院内	300222	248
工程师范学院邮电所	津南区柳林东路 天津市工程师范学院院内	300222	代办
东楼邮电支局	大沽路 656 号	300200	16
利民道邮电所	利民道与越秀路交口	300201	231
南昌路邮电所	南昌路 101 号	300203	233
谦德庄邮电所	苏州道荣华小区底商	300204	186
厦门路邮电所	厦门路富邦花园 2–3–103	300203	263
广东路邮电所	中裕园小区底商	300201	251
土城邮电支局	解放南路 433 号	300210	34
光明里邮电所	光明里 35 号增 1 号	300211	232
尖山邮电所	黄山路红专公寓底商 5 号	300211	133
友谊东里邮电所	平江道 11 号	300210	149
巨福熙园邮电所	南北大街与小围堤道交口	300210	567
陈塘庄邮电支局	东江道 32 号	300220	36
柳苑公寓邮电所	大沽南路柳苑公寓 1 号楼底商	300220	580
科技大学邮电所	天津科技大学院内	300222	代办
津沽路邮电所	津沽路友鹏海鲜底商	300220	682
太湖路邮电所	太湖路通达尚城底商	300220	696
东江道邮电所	东江道 32 号	300220	224
医专邮电所	柳林路 14 号天津医学 高等专科学校院内	300222	242
佟楼邮电支局	围堤道增 1 号	300074	44
友谊路邮电所	友谊路 13 号	300201	585
外国语学院邮电所	外国语学院内迷你购物社 4 号	300204	702
梅江邮电支局	梅江道 107 号	300221	46
体院北邮局	环湖中道 6 号	300060	21
瑞江花园邮电所	瑞江花园梅苑 8–2–101	300221	695
珠江道邮电所	珠江道 65 号	300222	575
芳竹花园邮电所	芳竹花园底商 13 号	300221	
越秀路邮电所	越秀大厦底商	300201	195
宾西邮电所	宾西路 61 号	300061	234
河西区邮电局	梅江道 107 号	300221	---

河 东 区 邮 电 局

【概况】 河东区邮电局(以下简称河东局)坐落在河东区新开路223号，服务面积共计40平方公里，服务人口达86万人，现有天津站、大直沽、一号桥、新开路、北海里、天山路6个邮电支局，下辖网点29处；内设办公室、财务部、市场部3个机关部室与金融业务局、函件局、集邮公司、电子商务局、分销业务局5个专业分支机构。截至2014年底，河东局共有在册职工388人，其中合同工192人，劳务工196人，各占比约50%；党员66人，团员74人。全局共有管理岗29人，占比7.4%；专职营销人员16名，其中高级营销员2人，营销员12人，业务推广员2人。

【经营情况】 2014年，河东局面临着严峻考验和巨大压力，全局干部员工迎难而上，始终坚定发展信心，牢牢把握区局“1324”工作部署，围绕全年发展目标，积极转型创新，在经营发展上取得了较好的成绩。全局累计实现业务总收入1.17亿，完成年预算的102.1%，净增加702.5万元，同比增幅6.4%，列市内六区第2位；有效收入实现7653万元，完成年预算的101.2%，列市内六区第1位。实现收支差额2510万元，同比增幅3.7%，市公司排名第1位。其中，代理金融专业收入 6773.3万元，完成年预算的103.7%；函件专业收入1777.1万元，完成年预算的94.5%；集邮收入2117.5万元，完成年预算的114%；电子商务专业完成收入653.8万元，完成年预算的101%；分销专业完成收入116.8万元，完成年预算的77.9%。

【召开首届三次职工（会员）代表大会】 1月24日，河东局召开首届三次职工代表大会，学习传达市公司首届二次职代会暨2014年工作会议精神，回顾总结2013年各项经营管理工作，谋划部署2014年整体目标任务。区局领导班子、机关部室负责人、支局班子成员、营业班组长、网点负责人、全体营销员、部分受表彰人员以及全体职工代表共计70余人参加了会议。会议传达了市公司首届二次职代会暨2014年工作会议精神，审议通过了局长工作报告和2014年绩效考核办法，听取审议了2013年工资总额使用情况和业务招待费使用情况，对2013年各类先进进行了表彰奖励，圆满完成了大会各项议程。

【河东局优秀员工王溯捐“髓”救人感动津城】 河东局一号桥支局支局长助理王溯捐献骨髓无私救助韩国友人感动津城，王溯是天津市首位向韩国患者捐献造血干细胞的志愿者，也是天津对国(境)外捐献造血干细胞的第6人。同时，他还是天津邮政系统义务捐献造血干细胞的第一人。

王溯于2010年7月报名登记成为中华骨髓库天津分库一名造血干细胞捐献志愿者。2014年2月底，王溯接到中华骨髓库工作人员的通知：远在韩国的一名血液病患者与他配型吻合，王溯当即表示愿意捐献造血干细胞。5月23日，在完成最后一次高分辨体检后，王溯住进了北京的空军总医院。经过4天的动员剂注射，于5月27日，第一次采集造血干细胞。采集过程中，中国邮政集团工会副主席张继政专程前往医院看望慰问王溯，对他的善举表示肯定，嘱咐他注意休息养好身体，鼓励他在今后的工作中取得更好的成绩。天津市公司总经理任永信在慰问过程中高度肯定和赞扬了王溯义务捐献造血干细胞的善举。任总经理表示，这种大爱无疆延续生命、甘于奉献不求回报的行为，不仅仅向全体邮政职工，更向全社会传递了一种爱心、一种温暖、一种积极向上的正能量，这是“美丽天津、美丽邮政”建设中最具道德感召力的表现。

5月30日下午，河东局工会主席王梦军带领区局相关人员到捐“髓”救人职工王溯家中进行了探望，送去慰问品和慰问金的同时，更送去了河东局全体干部职工的关心与问候。

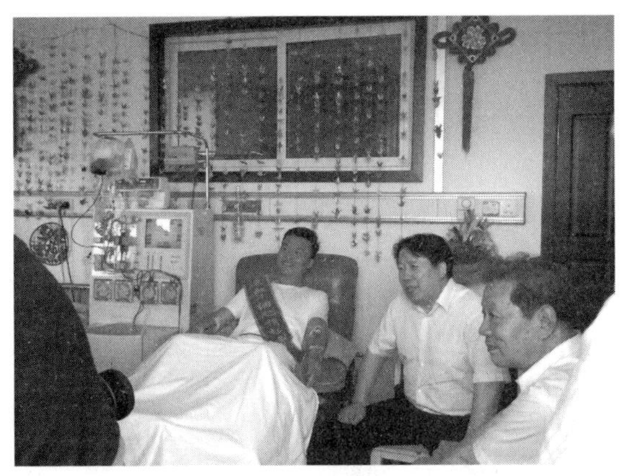

王溯捐“髓”救人感动津城(河东局 供图)

【成功举办市内首场大型儿童剧《爱丽丝梦游仙境》商演活动】 9月6日上午,河东局举办的《爱丽丝梦游仙境》大型儿童剧在华夏未来剧场隆重上演,演出现场气氛火爆,热闹非凡。

自商演项目开展以来,河东局领导班子高度重视此项函件业务,结合地域资源,多次研讨分析,制定招商方案。主管局长亲自挂帅,带头走访本区域内高端客户,成功冠名了此次商演儿童剧《爱丽丝梦游仙境》。为确保市内首场商演的“开门红”,河东局多次召开筹备会,并对活动当天邮政特色产品展销与现场营销做了详细分工,各支局、部室与专业也是选派精兵强将去现场做好服务支撑,确保现场秩序井然。活动当天,演出效果十分火爆,整个剧场座无虚席。在现场开展的邮政特色产品展销活动也是反响非凡,进口分销食品、主题毛绒玩具、集邮个性化邮票等多种产品受到了小朋友们的追捧。仅毛绒玩具销售就达到百件,现场累计形成收入近万元。此次商演儿童剧《爱丽丝梦游仙境》的举办,为河东局后续的商演项目开创了良好的开端,锻炼了营销团队,积累了宝贵经验。

举办商演活动(河东局 供图)

【开展“世界邮政日”主题宣传活动】 为庆祝第45届“世界邮政日”,河东局于10月9日在天山路、大直沽、新开路、北海里等多个支局同时进行“邮政日”主题宣传,现场发放传单,开展烟酒促销、分销产品展卖、满额抽奖等多项活动。投递、发行专业与河东区局共同联动,在天山路支局门前设立主会场,现场热闹非凡。

河东局高度重视此次“世界邮政日”主题活动,积极落实市公司指导精神,区局市场部早做谋划、提前布置,对此活动进行了精心准备,外部提早联系,获得了政府相关部门的支持,内部联动部室专业,为活动做好服务支撑。发行局的同事也积极参与到活动中来,现场发放展示多样报纸、刊物。专业的大力的支持参与为“邮政日”宣传活动锦上添花。活动开始后不久,就吸引了大批的顾客,现场人潮涌动。区局提前布置,在现场发放宣传折、传单、邮政日专刊邮报等进行相关宣传,并开展烟酒促销、函件集邮产品销售、分销产品展卖、满额抽奖等多项活动。尤其是抽奖环节,吸引了许多顾客们的眼球,大家消费满额后争相抽奖,促进了分销烟酒的销售,仅上午累计销售就达4000余元;现场还对分销气垫锅进行了操作演示,通过无油爆米花、煎带鱼等方式吸引了大量客户围观购买,当场售出五口气垫锅。投递与发行专业也在天山路支局举办 “精彩悦读乐享生活”与”2015年大收订”等相关活动,为“世界邮政日”宣传造势。

“世界邮政日”宣传活动(河东局 供图)

【举办芦台春酒现场品鉴会系列活动】 10月18日上午,河东局在天山路支局开展芦台春酒现场品鉴会系列活动,活动现场热闹非凡,区局各专业与支局联动，在现场组织了酒水买赠促销、电商微信扫码送礼、函件挂历明信片展卖、烟酒促销、气垫锅销售抽奖、进口食品展售等丰富多彩的活动，河东局董乃旗局长，分销业务局李杰、刘萍副局长也亲临现场为活动指导督阵。

河东局提前布置，早做谋划，从人员安排、产品展售、现场气氛等多方面着手对品鉴会进行了精心准备。对外提早联系，获得了政府相关部门的支持，对内部联动部室，为活动做好服务支撑。现场还准备了进口食品、分销气垫锅、函件挂历明信片等多种产品来配合芦台春散酒销售。市分销局相关领导与同事也来到现场，与区局联动为酒水品鉴、分销展卖助力助威，使得此次芦台春酒品鉴会锦上添花。品鉴会开始后不久，就吸引了大批的顾客，现场人潮涌动。电商微信扫码送礼与函件挂历明信片展售效果火爆，仅明信片刮刮卡就销售200余张；烟酒促销、进口食品展卖更是让大家争相购买，半天累计销售接近5000元；现场还对气垫锅进行了操作演示，通过无油煎鸡蛋、爆米花等方式吸引了大量客户围观，并且区局还开展了购买气垫锅即抽奖的活动，吊足了顾客的胃口，当场售出四口气垫锅；芦台春酒更是获得了消费者的一致好评，顾客品鉴后纷纷表示要立即购买此酒，现场销售散酒252斤，整场活动合计销售额达万余元。

芦台春酒品鉴会（河东局 供图）

【开展新邮预订系列活动】 11月1日，2015年新邮预订工作正式启动，大直沽邮电支局作为河东区预订网点，全力为"邮迷们"做好服务工作。借此契机，河东局开展新邮预订系列活动，各专业与支局联动，在现场组织散酒买赠促销、电商微信扫码送礼、函件挂历明信片展卖、烟酒促销、气垫锅销售、进口食品展销等多样活动，为新邮预订造声势、添人气，河东局领导班子，市公司办公室崔峰副主任也亲临现场指导督阵。

针对此次预订活动，河东局提前谋划，精心准备，从人员安排、活动内容、现场气氛多方面进行布置，确保活动开展的高水平、高质量。活动当天，预订还未开始便吸引来了大批"邮迷"，整场活动顾客络绎不绝。各专业也相互联动，为新邮预订"摇旗助威"。电商微信扫码送礼与函件挂历明信片展售效果火爆，仅明信片刮刮卡就销售近200张；烟酒促销、进口食品展卖更是让大家争相购买，半天累计销售4000余元；现场还对气垫锅进行了操作演示，通过无油煎鸡蛋、爆米花等方式引得许多客户驻足观看；芦台春酒更是获得了消费者的一致好评，现场售卖散酒150余斤，整场活动合计销售额近7000余元。此次活动，以新邮预订为契机，市专业、区局各专业、支局共同联动，既为新邮预订增添人气，又切实发展了业务，塑造了品牌形象，取得了较为理想的效果。

【召开金融跨年度推动会】 11月8日上午，河东局召开了金融跨年度推动会，区局领导班子、全体中层干部参加了会议。

会上，董乃旗局长传达了市公司金融跨年度营销竞赛阶段推动会的相关部署，学习解读了任总经理等领导的讲话精神，进一步分析总结区局当前金融发展情况及存在的问题并就下一步具体工作提出要求：一是坚定信心，鼓足干劲。区局上下要统一思想，坚决贯彻市公司的工作部署，坚定发展"余额"的决心不动摇，针对各个网点的经营情况逐个分析，制定有效方针，确保进度，至本月底力争消灭所有负增长网点，确保完成本月余额增长目标。二是提早布置，周密安排。各支局要以"早安排、快起步"争取主动，以"五加二、白加黑"赢取时间，周密安排，继续深化网点转型。利用晨夕会进行布置与总结，加大客户宣传的力度，以金融沙龙、拓展宣传为有效抓手，以优质服务吸引客户为手段，拉动余额发展。三是多管齐下，扎实推进。区局专业部室与各支局建立对口联系点，主动帮助网点进行外拓宣传。区局班子与全体中层要带头深入基层，了解实际情况，做好强力支撑和督导，扎实推进金融业务发展；继续在专业部室中开展揽储竞赛，充分调动积极性，发挥“第七支局”强大的攻坚力量，多管齐下的拉动余额增长。推动会的召开进一步坚定了全局迎难而上、拼搏进取的信心，鼓舞了全体员工发展余额的干劲。

金融跨年度推动会(河东局 供图)

【光荣榜】

2013—2014年度天津市邮政公司先进党组织：河东区邮电局

2013—2014年度天津市邮政公司基层单位先进党支部：天山路邮电支局党支部

2013—2014年度天津市邮政公司优秀共产党员：张宝钢、孙彤

2013—2014年度天津市邮政公司优秀基层带头人：金融业务局局长田新宇

2014年度天津市“五一”劳动奖章获得者：王溯

2014年度天津市邮政公司优秀工会工作者：王梦军

2014年度天津市邮政公司优秀工会积极分子：赵立炜、阎亮、倪树捷、李洪群

2014年天津市邮政公司“首季开门红”区县争先奖三等奖：河东区邮电局

2014年天津市邮政公司“青年创意之星”：王溯、柴换宝、牛泽、王瑾、常玥

2014年度天津市邮政公司先进单位：河东区邮电局

2014年度天津市邮政公司先进集体：大直沽邮电支局

2014年度天津市邮政公司先进生产（工作）者：张维、石硕、魏佳、姜萍

2014年度天津市邮政公司营销标兵：关珊、李文泉、刘毅、吕晓波、王锡之、吴珊

2014年度天津市邮政公司优秀营销团队：河东区邮电局奋斗80后营销团队

（牛 泽）

河北区邮电局

【概况】 河北区是天津市中心市区之一，地处市区东北部，因大部分地域坐落在海河以北而得名。区界东邻东丽区，西部与和平区、南开区、红桥区以海河为界，南与河东区相连，北与北辰区接壤。行政区划面积32平方公里，辖10个街道办事处，常住人口64万。河北区邮电局(以下简称河北局)坐落于天津市河北区狮子林大街280号，下设三个部室、五个专业和狮子林大街、中山路、红星路、天泰路、靖江路、王串场、宜白路7个邮电支局，以及19个邮电所，26个代收话费网点。区域内有邮政社区服务中心58个。服务面积 28平方公里，服务人口62 万人。截至2014年12月31日，共有职工339人，其中合同工174人，劳务工165人。

【经营成果】 2014年是河北邮政平稳发展的一年，该局业务发展面临了复杂严峻的局面，面对困难，干部、职工不畏艰难、积极应对，牢牢把握“稳中求进、进中提升”的总基调，深入实施“机制完善年”工程，以转型、整合、特色为抓手，做出了积极有效的实际工作，确保实现了经营指标的圆满完成。河北局2014年全年收入预算9416万元，实际完成9462万元，完成年计划的100.49%，较2013年(9021万)增幅为4.88%，较2012年(8118万)增幅为16.55%。有效收入实际完成 6472万元。收支差额实际完成1991.2万元，增幅排名全市第7名。

【以机制完善为核心 夯实基础管理】 一是完善了营销体系建设。重新修订了《营销员、推广员薪酬考核办法》,打破了以往的收入限制,施行了"上不封顶,下不保底"的政策,有效地调动了广大营销人员的积极性和创造力。2014年,各支局、专业营销人员累计形成有效收入741万元, 为河北区邮电局的历史最高。二是创建营销积分管理体系。按照《天津邮政营销积分办法》的具体要求,做好积分系统上线的各项准备工作,牵头相关支局及专业做好积分审核、积分公布、积分激励、评先标准制定等工作,及时总结完善。三是完善了财务管控体系。制定了财务标杆管理方案,建立了区局、专业分支机构、支局、网点四个层面标杆指标体系,更具针对性、对比性、可运用性。四是强化了采购管控机制。细化了区局各项的财务支出,修理费、可比费、燃油费等项目都做了统一的安排部署。目的就在于最大限度地节约成本,控制损耗,此项工作目前已取得初步成效。五是深化了干部人事制度改革。规范程序,提高干部选拔任用的公信度,认真贯彻执行领导干部选拔任用条例及《天津市邮政公司领导干部管理办法》,严格执行规定程序,中层领导班子结构得到进一步优化。

【以经营效益为根本 强化能力建设】 一是围绕硬实力建设,加快网点布局。在河北区内增加网点设施,填补空白,方便百姓用邮。北宁湾邮电所成为继正义道、宜清路后的第三个迁址改造的储蓄网点,于2014年8月初顺利开业。此外,充分利用了市公司给予的追加费用,对部分网点进行了整修,提升了形象,扩大了影响,为硬实力建设奠定了基础。二是围绕软实力建设,提升业务技能。组织业务培训19次,对市公司下发的《邮政营业员操作手册》的部分内容进行了抽查考试。从根本上提升了员工对业务操作的认知程度,培养员工自觉学习的良好习惯。另外,在2014年2月,司源和张青两位同志都取得了邮政营业员职业高级技师资格, 任永信总经理对此亲自批示:高级技师零突破,占比较高,属素质提升年成果之一,来之不易,可喜可贺!

【以客户需求为根本 服务水平不断提升】 一是治理局容局貌。按照市公司部署,10月份组织了"视用户为亲人 视邮件为生命"提升邮政服务质量系列培训活动。同时对局容局貌脏乱差现象进行专项整治,通过此活动,网点内外部环境明显改善,面貌焕然一新,为用户提供了优美的用邮环境,树立了邮政良好品牌形象。二是加强监督检查。支局管理和窗口对外服务环节落实规章制度,提升服务水平,区局进行多次综合检查。同时开展了 "强化基础管理 提升服务质量"专项检查。11185投诉较上年同期减少11件,有理由投诉维持在0件。三是确保邮件安全。根据"邮件收寄安全"和"扫黄打非"文件要求,依法合规,严格遵守邮件收寄验视规定,严厉禁止违反相关操作规定的行为,确保万无一失。

【创新经营思路 实现突破发展】 一是代理金融业务健康发展。2014年全年金融收入完成6104万元,完成市公司计划100.02%,同比提升7.5%,代理金融业务收入占该局总收入的64.5%。首先,活期余额占比不断提高。本年度,由于受市场因素(商业银行的政策优势、理财产品优势)的影响,该局的总体余额出现了负增长(-1700万),余额净增-1724.75万元, 其中定期净增-3308.11万元,活期增长1583.36万元,累计余额达41.3亿元。其次, 保险业务蓬勃发展。全年实现代理保费26329.34万元,绝对值位于市公司第7位。形成收入838.69万元。中邮保险完成1418.4万元,绝对值市公司排名第7位,其中期交完成895.5万元,中邮期交占比78%。再次,理财业务良性发展。2014年,销售大理财产品1.64亿元, 其中单只理财产品1.36亿元。基金销量1252万元。大理财业务充分带动了区域内大客户营销模式, 增加了客户黏度,使整体业务结构朝良性方向发展。二是函件专业2014年全年累计完成函件收入1253.30万元,完成确保目标1127万元的111.21%。本着市公司针对两包业务的重视及市场定位,各支局深挖电商客户,全年累计收寄国内小包12.14万件,实现收入93.38万元,为函件专业收入奠定深厚基础。同时,在巩固国际小包老客户的基础上,区局函件2014年新开发电商小包客户3户, 新客户创收212万元, 共计收寄量达到14.41万件, 形成收入

582.30万元,完成预算106.84%。函件专业的发力为该局总体收入的完成贡献了巨大的力量。三是集邮专业以2014年的“马到成功”营销活动为主线,抓住重大节日业务发展高峰期,组织支局开展了各项营销展卖活动。先后6次成功举办了珍藏邮品、珍稀钱币、黄金饰品展销会的活动,丰富了支局的营销手段,为集邮收入完成起到了推动作用。全年集邮专业累计完成收入1301.11万元,完成年计划1260万元的103.26%,累计有效收入完成430.10万元,完成年计划390万元的110.28%。两项指标均超额完成市集邮公司下达的目标数。四是电商专业全年共完成收入514.67万元,完成收入进度100.33%。累计收入同比增长5.91%。近年来,该局电子商务专业收入规模由2012年410万元发展到2014年的514万元,年平均增幅达到12.38%。收入中闲置场地和店面的出租收益可观,两年来通过与一卡通公司合作店面租赁,与电力公司合作进驻收费等项目,实现电商收入220余万元。五是分销专业全年完成收入129.02万元,完成年预算的100.8%;完成有效收入129.02万元,完成年预算的100.8%。进度排名市内六区第二位。按照市专业的要求,利用现有的烟酒资源,组织各类酒水的展卖活动,紧抓节日市场,灵活经营,从服务大众的角度出发,调整分销专业的发展思路,实现分销专业转型发展。

【《甲午年》生肖特种邮票首发】 1月5日,《甲午年》生肖特种邮票在该局4个网点首发。当日共销售邮品16万元,达到了预期效果。为满足广大集邮爱好者对生肖邮票的需求,区局领导高度重视,提前着手进行了工作部署,确保邮票预订户在发行当日均能取到预定的邮票,同时,要求做好生肖邮票的零售工作,确保零售网点销售秩序井然。集邮专业全力支撑积极配合,备足货源,支局利用现有资源布置活动现场,印制布标、宣传海报、摆放展架,销售工作顺利进行。

【召开首届二次职代会】 1月23日,河北局召开首届二次职代会。会议首先传达了市邮政公司首届二次职代会和2014年工作会议精神。随后,龙永强局长作了题为《坚定信心　加快转型　完善机制　提升效益　为推动河北区邮电局可持续发展而努力奋斗》的工作报告,回顾和总结2013年工作,并对2014年工作进行了全面部署。围绕2014年,河北局将重点抓好几项工作:一是创新业务发展,保持有效增长。二是完善各项机制,提高综合能力。三是牢牢把握“转型、整合、特色”三个关键抓手,全面融入到区域经济发展之中。

首届二次职代会(陆博晨　摄)

【河北区宜清路营业所正式开业】 1月28日上午,该局所属网点宜清路营业所正式开业。河北局局长龙永强、副局长孙霆、张燕玲,市公司金融业务局副局长高贺杰,邮储银行天津分行河北支行副行长柴奕,以及区局部室、专业、支局负责人和相关人员参加了开业庆典仪式,人保保险公司、生命保险公司、国寿保险公司领导前来祝贺。张燕玲副局长主持开业庆典。早上11时08分,高贺杰副局长、龙永强局长、柴奕副行长为宜清路营业所剪彩、揭牌,营业所正式对外营业。该所建筑面积320平方米,位于河北区宜清路28号,地处居民稠密区,住宅区、商户居多,为该网点的发展带来了一定优势。网点所主任、理财经理、柜员利用开业契机,向周围居民、过路人群发放了大量宣传单,凡到网点存款的客户都得到了巧克力等小礼品,所主任、理财经理耐心为客户讲解业务。功夫不负有心人,通过网点人员们的努力,开业第一天,宜清路营业所开单中邮保险6万元,热情周到的服务得到了客户的认可,来此网点办理业务的客户络绎不绝。该网点所主任张松慧说,今后我们会不断从宏观和微观方面关注金融市场变化,针对所处环境,对不同的目标客户群体大力宣传金融业务,树立“以客户为主体”的服务理念,努力为客户打造属于他们的金融产品,为我网点可持续发展做出贡献。

【全力以赴做好首季开门红工作】 为了能够顺利打好一季度开门红战役,支局、专业、机关部室不打年盹,在春节期间也不放弃各项业务的宣传与大客户的维护工作。特别是在大年初一,该局在大悲院开展了函件、集邮品展卖活动,销售函件、集邮品共计7573元,其中销售马年生肖邮品2854元,《来自大悲院的祝福》4719元,成绩喜人。为做好大年初一函件品、邮品的销售工作,区局领导高度重视,年前亲自部署,专业全力支撑积极配合,备足货源,支局利用现有资源布置活动现场,印制布标,自制宣传海报,摆放展架,使得活动得以顺利进行。此外,春节期间,各支局在大客户的维护方面也做了重点工作。为了感谢大客户一年来对邮局各项业务的支持,各支局利用公休期间,为客户送去新年的祝福和小礼品。

【联合57中学开展学雷锋爱心助学义卖活动】 3月4日中午,中山路邮电支局走进五十七中学与校方联合开展"学雷锋爱心助学义卖"校园"爱心包裹"捐赠活动,经过两个小时的活动,共募集捐款7000元,为灾区学生募捐"爱心包裹"70个。为做好该项活动,河北局团委与中山路支局做了精心的准备。活动当天,中山路支局职工们满载着爱心包裹样包,提前到达学校布置现场,并在操场上设置宣传台,向校领导以及学校师生宣传爱心包裹活动。该校校长周园启动了献爱心活动,并带头捐款200元,随后校领导班子成员和老师们也纷纷捐款,献出一份份爱心,学生们也不甘示弱,同学们身着校服站在操场上自发义卖书籍、文具等学生用品,将爱心义卖所得的全部善款用于捐购"爱心包裹",并在爱心背板上签下自己的名字。

【中山路邮局进驻西青精武镇轻型飞机嘉年华活动现场】 4月26日至5月3日,河北局中山路邮电支局进驻西青区精武镇轻型飞机嘉年华活动现场,此次活动形成收入10万元。年初,中山路支局长刘国振在走访老客户过程中,了解到某票务公司准备近期开展轻型飞机嘉年华活动。在获得这一信息后,支局第一时间与区局领导取得沟通,区局领导班子高度重视,责成相关专业与该支局共同做好客户开发工作。通过几次与客户协商,最终由该局印制8万枚展会门票,形成收入逾10万元。为了更好地开展此次活动,中山路支局主动要求在活动期间进驻展会,并精心挑选了有卖点的函件集邮品作为此次活动重点销售对象;另外,从门票销售,遮阳棚、宣传布标、展会专用章的定制到气球、小礼品的发放都做了充分准备和安排,为此次活动的顺利开展做了深厚的铺垫。活动现场,职工们精神饱满,热情地为来往游客发放宣传材料和宣传品,并耐心解答客户的业务咨询,进一步提升了群众对邮政业务的认知度,各种函件、集邮产品吸引众多游人驻足欣赏,通过邮局有针对性的宣传推介,激发了很多游客的购买热情,达到了活动的预期效果。

【举办集邮品、钱币、黄金饰品展卖会】 6月22—23日,河北局成功举办集邮品、钱币、黄金饰品展卖活动,销售额共计30余万元。

本次活动的成功举办得益于市公司相关部门和市集邮公司的大力支持。6月20日,市公司人力资源部董乃旗经理、林英副经理一行来到河北局调研,河北局领导对本次活动的筹备工作进行了汇报,领导在认真听取汇报后对该局前期准备工作给予充分肯定。活动伊始,区局领导高度重视,亲自部署,机关部室、专业全力支撑,积极配合,提前对网点20万以上的理财大客户进行短信、电话邀约。同时,专业印制DM夹报广告做好前期宣传工作。各支局也利用休息时间到周边的市场、社区发放本次活动的宣传单页并耐心为客户讲解,满额赠好礼的销售方式吸引了不少前来咨询的客户。展卖会当天,董乃旗经理到场督阵并指导工作,机关各部室、支局、网点人员助阵,给予本次活动全力支持。狮子林邮局大厅热闹非凡,现场热情周到的服务得到了客户的充分肯定和赞赏,前来咨询和购买邮品、黄金饰品的客户络绎不绝,通过大家的不懈努力,此次活动销售额近30万余元,为冲刺半年目标起到了积极的推动作用。

【河北区北宁湾营业所正式开业】 8月1日上午,河北区北宁湾营业所正式开业。早上9时18分,市公司金融业务局张津亮局长、分销业务局陈文祥局长、邮储河北支行王硕文副行长为北宁湾营业所剪彩、揭牌，在鞭炮声中，北宁湾营业所正式对外营业。为了给北宁湾营业所造势，集聚更多的人气、财气，河北局领导高度重视，提前部署开业前准备工作。区局与支局一起紧密配合，印制宣传单页、营造大堂氛围、购买小礼品。网点员工更是为了开业积极“备战”，除了在周边小区、商户进行“扫楼式”宣传外，还充分利用转型理念对网点客户进行电话邀约及短信拜访，充分利用开业契机将新老客户“一网打尽”，尽可能多的让客户了解这个年轻的新网点。同时，在开业前期该网点发起“新网点、新环境、新起点、新亮点”一系列宣传活动，立足地区环境，开拓有特色的北宁湾营业所。功夫不负有心人，通过网点人员们的努力，正式开业当天，到访人次达数百人，当日余额净增100余万元，成功销售保险40万元。已预约策反外行资金60万元，预约保险销售15万元。开业当天，北宁湾营业所热闹非凡，来此网点办理业务的客户络绎不绝，当日办理业务的客户对该网点的环境、氛围、服务都赞不绝口，员工们热情周到的服务得到了客户的认可与赞扬。

【举办金融贵宾客户答谢会】 11月15日上午，以“感恩回馈”为主题的河北局高端客户答谢会在维多利亚大酒店隆重举行，106名贵宾客户应邀参加。天津市邮政公司金融业务局局长张津亮、局长助理李琳以及中邮人寿保险公司副总王艳萍亲临现场。活动现场气氛热烈，销售场面火爆。答谢会在河北局张燕玲副局长的致辞中拉开序幕。为了回馈和感谢客户长期以来对河北代理金融的支持和厚爱，该局特邀达仁堂高级健康顾问、中邮理财讲师现场讲解健康知识与理财观念。中邮保险蒋春亮老师从家庭财产保值增值、人身意外保障等方面引出中邮百倍宝产品，内容深入浅出、丝丝入扣，得到了现场客户的一致认可。在接下来的认购时间中，河北局网点员工详细为客户进行产品讲解，认购场面火爆，出单率较高。在近半小时的认购时间中，就有42名客户现场签单购买百倍保产品，另有10余名客户表示有购买意愿。

【召开跨年竞赛余额业务推动会议】 为顺利完成金融发展目标，提升客户存款增量，11月17日，河北局再次召开跨年竞赛余额业务推动会议，力求竭尽所能，大力发展余额业务，使年底收官工作顺利完成。进入四季度以来，河北局领导始终将余额业务发展作为金融发展的重要工作。经过10月份的艰苦奋战，该局余额发展有了显著提高。但是在11月上旬的发展中，余额业务因各种原因屡屡受挫，发展形势不容乐观。为了防止余额颓势蔓延，该局领导立即召开余额业务推动会，要求全体职工务必重视余额发展，确保本月余额目标顺利完成。张燕玲副局长在会上详细分析了11月上旬河北局金融整体发展情况，要求支局、网点详细分析差距，找出原因。龙永强局长在听取金融工作部署后，强调：余额业务是金融发展的关键业务，是“木本业务”，余额发展对金融收入起着决定性作用。因此，当前要举全局之力发展余额，确保余额目标顺利完成。

【光荣榜】

2014年天津市邮政公司先进集体：宜白路邮电支局

2014年天津市邮政公司先进生产者：李健军 马俊彦、牛瑾

2014年天津市邮政公司服务明星：冯超

2014年天津市邮政公司营销标兵：张璟、李静

2014年天津市邮政公司优秀工会积极分子：刘超来、李婷、董文玲

2013—2014年度天津市邮政公司基层单位先进党支部：宜白路邮电支局党支部

2013—2014年度天津市邮政公司优秀共产党员：杜宏伟、张贞

2013—2014年度天津市邮政公司优秀基层带头人：吴艳

（陆博晨）

南开区邮电局

【概况】 南开区邮电局(以下简称南开局)坐落在南开区东马路66号，服务面积40.64平方公里。区局下属9个邮电支局,23个邮电所,2个邮政代办点。其中金融网点22个。截至2014年底,共有职工380人,其中,合同工194人,劳务工186人。

【经营情况】 2014年,实现邮政业务收入12090.9万元,完成预算的101.2%,同比增幅1.1%。实现有效收入7794万元,完成预算的100.5%。完成利润2572.7万元,完成预算的103.7%。代理金融全年实现收入6530.9万元,完成预算的103.4%,其中存款收入5183.9万元,比增1.8%;代理保险收入1056.9万元,比增137.8%。完成有效收入5876.5万元,完成预算的101.9%。函件收入2006.6万元,完成预算的101.6%,比增3.5%。有效收入完成1078万元,完成预算的103.9%。集邮收入2511.5万元,完成预算的101.7%。有效收入完成753万元，完成预算的102.2%。电子商务收入501万元，完成年预算的100.2%，比增7.1%。有效收入完成423.7万元,完成预算的95.7%。分销收入129.7万元,完成年预算的100.5%。包裹收入完成279.1万元,完成预算的101.5%,比增7%,代理速递物流收入114.8万元,完成预算的48.4%。完成资费收入526.8万元,比上年同期下降33.3%。

【召开首届三次职代会】 1月22日下午，南开局召开首届三次职代会暨2014年邮政工作会议,区局职工代表、各类先进个人共计80余人参加会议。会上,传达了市公司“两会”精神,对任永信总经理工作报告进行深刻解读。王军局长作了题为《坚定信心、直面挑战、凝心聚力、务实发展,为扎实推进南开邮政各项工作再攀新高峰而努力奋斗》的工作报告。

【服务春季钓具展销订货会】 2月15日至19日，2014年春季钓具展在梅江会展中心举行。南开局进驻展览区设立4个“临时邮局”服务点,以满足全国各地采购商的寄递需求。南开局制定服务方案,对会展期间的邮寄服务、邮件运送、资金安全等各方面工作进行周密部署,组织华苑、红旗路、黄河道、李七庄支局进驻,选派区局机关人员深入展会现场协助收寄包裹,服务参展客商。市公司市场部、网运部协调大型邮运车辆及设备;中心局增加邮运频次,高峰时同时派遣3辆8吨邮运车辆,及时清运邮件;容器调拨局及时补充邮袋,做好后勤保障。现场干部员工在户外搭建临时邮局,为商家封装打包,发运邮件。邮政体系的快速反应和优质服务,赢得主办方、参展商及采购商的一致好评。共收寄包裹4176件,形成包裹及出售品收入18万余元。

【“五一”宣传活动精彩纷呈】 5月1日至5月3日期间,南开局职工放弃休假,开展形式多样的业务宣传活动。各支局选取宣传点位,积极组织业务骨干进行外拓宣传，并通过理财知识介绍、发放宣传单、分销产品推介、明信片展卖等一系列活动和措施,开展宣传活动,取得较好的效果。

南开局高度重视此次宣传活动,王军局长带领区局领导、专业部室人员深入宣传点位,慰问广大干部职工,参与宣传。天大支局在天津大学举办宣传活动。重点介绍存款积分换礼活动以及余额、保险、理财等业务。黄河道支局开展“五一长假,钜惠全邮”户外主题活动,宣传“积分换礼”“趸缴期缴”保险、大理财等各项金融业务,展卖“国水”产品。华苑支局深入水上温泉花园小区进行储蓄业务和分销产品的户外宣传。科贸街支局到古文化街天后宫门前开展明信片和集邮品展卖活动。销售天津风光明信片、天后宫明信片、小洋楼明信片、欧元币、生肖邮票和邓丽君纪念邮折等几十种产品。东马路支局借助“五一”小长假商机,策划主题宣传销售活动,在支局门前、古文化街、大胡同等地开展为期三天的宣传展卖活动。

【《信天游》范曾邮票作品选集销量突破千册】 南开局结合区域特点以及产品的卖点、亮点、市场认可度等多个因素，将价格适中、邮册制作精美的《信天游》范曾邮票作品选集作为五月份主推产品。南开局与市集邮公司联合在津邮集藏专卖店内举办范曾个人邮品展，吸引大批集邮爱好者和广大市民的积极参与，现场销售火爆。各支局充分调动职工积极性，整合本区域内客户资源。成功销售《信天游》选集1000余册，形成收入20余万元。其中，科贸街支局销售400余册，三马路支局销售150册，黄河道支局销售150册。区局部室、专业局积极参与营销，办公室、金融局及市场部等单位业绩突出。

【赶发天猫商户大单邮件】 南开局小包营销团队成功开发天猫商户大单电商小包业务，收寄货品3万件，共计130吨，形成函件业务收入16万元，成为全市发寄量第一的天猫电商小包业务。

南开局从年初开始着手策划成立小包营销团队，配备营销员和专职客服人员，提升发展小包业务的实力。通过客户走访，了解到某天猫客户于6月17日连续三日开展年中大促活动，预计发寄量较大。在市函件专业的大力支撑下，南开局策划为客户提供仓储、预包装和寄递的一揽子服务方案。

区局市场部牵头，合理安排人员，组建小包突击团队，组织区局专业、部室人员参加预包装工作。各支局克服生产任务重，人员紧张等困难，派人参与其中。各个环节密切配合，紧张而有条不紊。南开局领导亲临现场指挥协调，随时处理突发问题，并与职工一同工作，极大地鼓舞了士气。此项目得到市公司市场部、网运部、函件局、中心局及后勤保障中心等单位、部门的大力支持。市公司市场部通过与速递公司协调，提供作业场地；网运部、中心局增派车辆，加班加点运转，减少重复劳动和成本投入。客户对邮政干部职工乐于奉献的敬业精神和优质、高效服务给予高度赞许。

【服务台湾名品博览会】 7月3日上午，第七届津台投资合作洽谈会暨2014天津·台湾名品博览会在梅江国际会展中心开幕。南开局在展会现场设立临时邮局，服务参展客商。在市公司市场部及相关单位的鼎力支持下，南开局联系市台办，落实各项进驻事宜，在会展大厅设置临时邮局进行现场服务。南开局按照市公司的统一部署，制定翔实服务方案，对会议期间邮政服务、产品营销、对外宣传等各方面工作进行周密安排，选派业务精通，熟悉会展营销的骨干人员到场服务。临时邮局提供寄递、出售集邮和函件产品、代收话费等服务项目，使参展客商足不出场就能享受便利的邮政服务。琳琅满目的邮政展台吸引客商纷纷驻足，选购具有天津特色的集邮、函件产品。天津风光、京剧脸谱明信片及《陈绍华与十二生肖》珍藏册等邮品深受客商的青睐。

【服务秋季钓具展销订货会】 7月14日至18日，2014年秋季钓具展在梅江会展中心举行。南开局在展览区设立3个“临时邮局”收寄服务点，以满足全国各地采购商的寄求。会展期间，共收寄包裹682件，形成包裹及出售品收入近2万元。

南开局制定服务方案，统一组织、统一着装，现场服务人员全部穿着印有“天津邮政”字样的T恤衫，既起到宣传和醒目的作用，又便于员工现场收寄。根据现场情况组织华苑、红旗路、黄河道、李七庄、东马路、科贸街支局进驻，两个局组成一个临时邮局收寄点，现场收寄。组织区局机关人员到收寄点现场支撑，服务参展客商。各进驻支局将包裹收寄回局后，组织职工加班加点进行录入、封发、装车等，及时运送包裹。

【“致青春”主题邮局开业】 9月10日上午，“致青春”主题邮局在天津大学正式营业。天津大学党委办公室、校长办公室主任肖松山应邀出席活动。市公司市场部、集邮公司、函件局和南开局领导出席活动。天津大学党委办公室、校长办公室主任肖松山与集邮公司经理刘彦波共同为《教师节》邮票揭幕。函件局副局长杨涛与南开局局长王军共同为“致青春”主题邮局揭幕。

“致青春”主题邮局旨在依托特色邮品、时光慢递、个性化邮品制作等业务，为广大在校师生、毕业校友以及各界朋友提供全方位的邮政服务，同时推出的《教师节》纪念邮票、《致青春》专题邮册、《天大风光》《网络潮语》《致青春》主题明信片及天大特色小本片等，对丰富校园生活，传递校园文化，提升邮政服务具有重要意义。为庆祝主题邮局开业，天津大学特别在校园网上发布“致青春”主题邮局开业信息，天大街舞社团用最具青春活力的表演为活动助兴。函件局准备的闪印明信片打印机，现场为同学打印“致青春”明信片。南开局提供教师节等邮品销售和为师生加盖纪念邮戳等服务，现场销售异常火爆。

【召开2015年度封片旺季专项营销启动会】 9月26日上午，南开局召开2015年度封片旺季专项营销启动会。区局领导、专业部室负责人、支局长、副支局长、局长助理、营业组长及营销人员参加会议。

市函件局仲莉主任首先就旅游年票、刮刮卡、个性化台历、电影票、祈福类产品等旺季重点封片项目进行深入讲解，并配合本市及外省市案例，开拓营销思路。介绍本市及外省市主题邮局开办经验，增加信息交流。南开局对2014年贺卡战役进行简要回顾并对完成情况、取得的进步和存在的主要问题进行总结；提出2015年封片业务旺季营销活动发展指导意见和指导思想；公布2015年封片业务旺季营销活动工作发展目标、营销工作进度，并对当前市场进行分析，部署营销战略；宣读《2015年封片业务旺季营销活动竞赛办法》。南开局推出文化题材、家庭题材、爱情题材、拜年题材及个性题材等多款组合产品，扩大封片业务的受众群体，为封片业务的常态化发展奠定基础。南开局对2015年度封片旺季专项营销工作提出要求：一是坚定信心，积极投入封片营销工作，确保完成目标，为2015年函件业务的健康发展打好基础；二是开拓思路，充分发挥营销员能力，研究产品特点，找准卖点，打响2015年度封片旺季专项营销战役；三是精心组织，要以奖励机制正向引导职工积极参与营销工作，充分调动员工的积极性，做好封片产品的整体销售工作；四是关注质效，按照财务制度和专业要求及时缴款。

【举办《中华孝道（一）》特种邮票首发活动】 9月30日，南开区邮电局和天津市集邮公司在文庙举办“百善孝道·和谐万家”《中华孝道（一）》特种邮票首发活动。天津市南开区政府副区长罗进飞、市邮政公司副总经理顾洪文、天津市老龄委办公室副主任李克俭、今晚报社《中老年时报》副总经理李光、天津市文庙博物馆主任王同立、市集邮公司经理刘彦波、南开局局长王军参加首发式。市集邮公司刘彦波经理宣读特种邮票首发式公告，老龄委办公室副主任李克俭致辞。南开区副区长罗进飞、市邮政公司副总经理顾洪文、今晚报社《中老年时报》副总经理李光、南开局局长王军共同为《中华孝道（一）》特种邮票揭幕。

南开局精心策划，周密筹备，细化活动的每个环节，对活动期间的邮政服务、对外宣传、产品营销等各方面工作进行部署。在现场特别设立临时邮局，专业联动，开展宣传推介活动。现场销售《中华孝道（一）》等相关题材系列邮品、刮刮卡、明信片、“真橙”清洗套装、进口食品等，提供加盖纪念戳服务，并发放《天津邮政》报和宣传单，广泛宣传金融、邮政业务。9月30日一大早邮迷们在文庙门前排起长队，等候购买《中华孝道（一）》特种邮票。活动期间市公司顾洪文副总经理莅临现场，亲切慰问职工，向服务人员详细了解邮品的销售情况。活动现场《中华孝道——给父母的现代生活指南》及烈士纪念日邮资片等邮品备受市民追捧，大家争相加盖纪念戳，场面热闹非凡。

【光荣榜】 南开区邮电局被市公司评为先进单位、营销体系建设先进单位，荣获“播种希望 收获梦想”大学生创意大赛二等奖，荣获2014年天津邮政“双十一”活动创收争先奖，华苑邮电支局被评为市公司2014年度先进集体。崔龙君、于澎、于昆、耿彤彤被评为市公司2014年度先进生产（工作）者，蔡玉珉、史彤、刘玺、孙艳、任磊被评为市公司2014年度营销标兵，李爽被评为市公司2014年度服务明星。南开区邮电局党总支被评为市公司先进党组织，三马路邮电支局党支部被评为市公司基层单位先进党支部，蔡玉珉、崔龙君、朱昱被评为市公司优秀共产党员，黄河道邮电支局党支部书记、支局长王凤英被评为市公司优秀基层带头人。

（张冬岩）

南开区邮电局网点设置一览表

序号	邮局名称	地址	电话	邮编
1	东马路邮电支局	东马路66、68号一楼	27275206	300090
2	三马路邮电支局	三马路源德里4号楼	27420465	300100
3	天荣公寓邮电所	长江道41号	27450735	300073
4	凯香家园邮电所	长江道210号	27377650	300102
5	炮台庄邮电所	慎兴南里1号楼41门	27243251	300100
6	孤山路邮电所	孤山路怀安西里3号楼3门101	27477267	300193
7	瑞德里邮电支局	黄河道72号	87722003	300101
8	二马路邮电所	龙凤市场仁善里1号楼底商	27275242	300101
9	红旗路邮电支局	淦江路昌宁南里18号楼底层17号	23685895	300190
10	花港里邮电所	白堤路164号	27382467	300193
11	花港里储蓄所	三潭路130号	27422026	300193
12	王顶堤邮电所	王顶堤迎水道2号	23363587	300191
13	三潭路邮电所	三潭路31号	27378592	300193
14	昌宁南里营业所	淦江路昌宁南里18号楼首层	15760708656	300190
15	科贸街邮电支局	白堤路244号	87890310	300191
16	双峰道邮电所	双峰道佳音里12号楼	27378093	300073
17	天大邮电所	天津大学院内金晖路青年公寓	27890822	300072
18	南开大学邮电所	南大西南村社区服务中心	23508308	300073
19	华苑邮电支局	华苑小区雅士路50号	23719107	300384
20	碧轩园邮电所	碧轩园底商1-1-102	23785236	300384
21	华苑新城邮电所	华澳商务楼1-2-101	23718567	300384
22	日华里邮电所	榕苑路16号	23712253	300384
23	园荫道营业所	园荫道24号	18812514465	300191
24	黄河道邮电局	黄河道485号	27620171	300110
25	向阳路邮电所	向阳路3增11号	27698355	300110
26	嘉陵道邮电所	嘉陵道33号	27366362	300113
27	南江路邮电所	南江路52号	27616765	300113
28	芥园西道邮电所	咸阳路50号	27637732	300110
29	盛达园邮电所	黄河道318号	87726089	300110
30	宜君里邮电所	芥园西道224,226号	27538876	300111
31	密云支路邮电所	密云路43号增8号	27680105	300111
32	川府新村邮电所	川府新村貌风里38号	27633342	300113
33	李七庄邮电局	卫津南路150号奥翔园底商	23382882	300381
34	华苑东路邮电所	红旗南路延长线与外环线交口阳光100西园商业-1	23733237	300381

红桥区邮电局

【概况】 红桥区是天津市六个中心市区之一，位于天津城区西北部，因横跨子牙河上的大红桥而得名。红桥区东南与河北、南开两区相交，西北与西青、北辰两区相邻。全区面积21.31平方公里。辖有10个街道办事处，总人口53万人。红桥区是多民族聚居区，除汉族外，还有33个少数民族，其中回族4.4万人，约占全市回族人口总数的四分之一。

机构建制情况：红桥区邮电局（以下简称红桥局）下设职能部门3个、专业5个、支局7个，网点21个。具体情况如下：职能部门为：办公室、市场部、计财部。专业为：金融业务局、函件分局、集邮分公司、电子商务局、分销业务部。支局为：丁字沽支局、芥园道支局、佳安里支局、四新道支局、咸阳北路支局、萍乡道支局、估衣街支局。另设函件营销局，隶属于函件分局，专门负责邮务类业务开发。

全局金融网点有13个，分别为：丁字沽、新红路、芥园道、佳宁道、奥园、瑞景、四新道、潞河园、咸阳北路、江源西道、大胡同、中嘉路、纪念馆路。邮政网点（一类网点）7个，分别为：光荣道、明华里、佳安里、凤城楼、西青道、估衣街、萍乡道。

人员情况：红桥局现有员工273人，其中合同制员工142人，劳务工131人。管理人员26人，占比9.52%；金融从业人员107人，占比39.19%；邮政从业人员96人，占比35.16%；营销岗位人员36人，占比13.19%；不在岗人员6人，占比2.2%；大专及以上学历员工220人，占比80.59%；取得中、高级以上从业资格员工108人，占比39.56%。

车辆情况：全局共有邮政生产车辆32辆，其中，专业、部室车辆9辆，支局使用车辆23辆。夏利牌小汽车19辆，小型货车10辆，中型货车3辆。

网点房屋情况：全局共有网点21个，其中自有网点10个，租赁网点11个，年租金199.55万元。

2014年经营成果：全局预计全年业务收入完成9638万元，完成预算的101.8%；有效收入完成6357万元，完成预算97.7%；收支差额完成2604.5万元，完成预算105%。

【芥园道支局开展金融理财沙龙活动】 1月15日上午，芥园道支局联合中邮人寿保险公司，邀请了30余位金融大客户开展了中邮期交保险理财沙龙产说会活动。

活动以“感恩一路有你”为主题，让客户了解该网点员工对发展客户的感恩之心，拉近网点与客户之间的距离，通过理财讲座让客户能更好地规划个人资产，实现企业与客户共赢，增加了与客户的粘合度。通过讲师的细致介绍，与会客户对邮政金融产品和服务有了更加深入的认识，活动现场气氛非常愉悦，客户争先购买保险和理财产品，签单件数高达5件，承保期交保费4万元，意向购买客户16名，预计承保金额为21万，整个过程活动获得了客户的高度认可。

【召开首届二次职工代表大会】 1月24日上午，红桥局召开了首届二次职工代表大会，会上传达了市公司任总经理在职代会上所作的工作报告，呼万昌局长作了题为《完善机制、夯实基础、抢抓机遇、再铸辉煌》的工作报告，表彰了2013年度市公司和区局先进集体和先进个人，各单位签订了经营生产责任书，并递交了安全生产责任书。区局全体职工代表和先进职工等40余人参加了会议。

【咸阳北路支局职工奉献爱心帮助困难职工】 春节前夕，咸阳北路支局职工张嘉露双亲突发重病，住院治疗，该局工会积极发动全局职工为张嘉露进行爱心捐款，全局累计捐款4000余元。

新年伊始，本是阖家团圆，幸福美满的时候。该局职工张嘉露，母亲不幸患上癌症，父亲又因操劳过度，身患重病，也已住进了重症监护。张嘉露每天在焦虑与悲痛中度过，身心疲惫，一个原本幸福的家庭被推向了深渊。咸阳北路支局工会得到消息后，支局领导和工会主席第一时间来到医院慰问张嘉露患病的双亲，并嘱咐他们要养好身体，早日康复，为张嘉露送去了企业的关怀与问候。同时，该局还积极发动职工，主动奉献爱心，为张嘉露进行捐款，全局职工积极响应，以自己的实际行动，伸出援助之手，帮助张嘉露渡过难关，在支局的带动下，该局24名职工进行捐款，累计筹得捐款达4000余元，解决了张嘉露眼前的难关。

【举办《浴马图》邮票首发活动】 3月1日，是集团公司《浴马图》邮票首发日，红桥局紧紧围绕邮票发行契机，联合集邮公司在芥园道支局举办邮票首发活动，邀请到了众多书画界名人以“马”为题现场作画，吸引了众多书画及集邮爱好者前来，争相购买邮品。

3月1日上午9点，众多集邮爱好者早已等候在营业厅门外，市集邮公司领导、天津美院教授李娜等多位著名书画家以及区局领导班子共同为《浴马图》邮票首发揭幕。在区局的精心准备下，活动现场人潮涌动，广大客户争相购买《浴马图》题材邮品，并加盖纪念戳。参加活动的书画家以“马”为题，现场精心绘制了多幅水墨画作，有效烘托了现场氛围。同时，芥园道支局围绕《浴马图》邮票以及相关邮品开展展卖，大约100多名用户排队购买邮品，活动当日，芥园道支局累计销售邮品6万余元。

《浴马图》邮票首发活动（刘志强 摄）

【“3·15消费者权益日”开展宣传活动】 3月15日，丁字沽支局联合红星美凯龙卖场结合3·15主题，开展了《保护消费者权益》邮品展卖活动，取得了良好的效果，当日累计销售邮品达5000余元。

丁字沽支局认真贯彻区局一季度工作要求，围绕地区及社会热点积极联系区域客户，结合3月15日消费者权益日，该局李峥副局长提前与红星美凯龙卖场进行沟通，以“您的权益　邮我保护”为主题，布置展位，向过往用户积极介绍《保护消费者权益》邮品，以及相关各种邮政产品，在普及消费权益知识的同时，进一步提升了邮政的知名度，通过开展业务宣传，实现了集邮业务的突破，累计销售各类邮品5000余元。

3月15日，佳安里支局邀请金融网点大客户召开座谈会，开展假币辨别知识和邮品介绍讲座，现场销售邮品5000余元。

佳安里支局围绕“3·15消费者权益日”主题，为进一步与客户进行沟通交流，介绍金融业务，增强与用户的粘合度，该局积极邀约瑞景、奥园、佳宁道等网点20余名金融大客户进行金融座谈会，区局金融业务局精心准备讲座内容，以假币鉴别知识为切入点，有效宣传了近期金融理财产品。同时借助《保护消费者权益》邮票的发行，还对集邮、分销等产品进行了宣传，众多大客户与讲师进行互动，现场气氛活跃，取得了良好的成效。现场多位客户选购了集邮产品，定期揽储意向50万元，邮品销售收入5000余元，同时还有预定邮品客户预计形成收入2万余元。

“3.15”宣传活动（刘志强 摄）

【积极服务“2014年运河桃花旅游节”】 3月21日上午，“2014年运河桃花旅游节”正式拉开帷幕，红桥局与红桥区文化和旅游局再次联手，策划并制作了《桃花节》题材邮品及集邮公司推出的《沽上妙艺》首日封并现场揭幕展卖，受到了广大市民的欢迎。

活动当日，天津市旅游局、文广局、交通集团、红桥区政府、区人大、政协等多个单位领导，以及市公司顾洪文副总经理莅临活动现场，共同参加活动启动及揭幕仪式。在汲取了2013年运河桃花节的成功经验后，红桥局丁字沽支局积极联系区文化和旅游局策划项目。在市集邮公司的大力支持下，该局结合2014年运河桃花节主题，制作了《桃柳堤》个性化邮折，并在迎宾阁设立临时邮局。市集邮公司更锦上添花，特地为本次活动设计制作了《沽上妙艺》首日封。在参加了活动启动仪式后，天津市文广局副局长金永伟及市公司顾洪文副总经理等领导共同参加了首日封的揭幕仪式，天津市旅游局大型活动处王军处长为《桃柳堤》邮折揭幕，掀起了一轮新的高潮，活动现场热闹非凡，广大市民争相购买各种邮品，一时间供不应求。为进一步烘托现场气氛，还邀请了著名书画大师姚景清和蛋雕大师王金义现场签售首日封，引来众多游人排队购买。本次活动取得了圆满的成功，仅当日上午已累计形成业务收入达1万余元。

【佳安里支局组织客户参观津邮礼品集藏店】 4月22日下午，佳安里支局组织10余位大客户参观津邮礼品集藏店，在宣传集邮业务的同时，销售多件集邮产品，形成业务收入3万余元。

为进一步做好二季度集邮业务发展，佳安里支局将任务目标进行了分解并制定了考核方案，落实专人负责，盯紧工作进度。在努力发展定制型业务的同时，积极联系支局大客户，根据客户寻求介绍相应的集邮产品，为使客户更加直观地对集邮产品有所了解，该局组织大客户参观了津邮礼品集藏店。店内摆放的各种精美邮品，引起了大客户的浓厚兴趣，销售人员耐心介绍了贵金属、生肖邮品等多种产品，客户对邮政的周到服务和丰富的产品，表示了肯定，纷纷购买集邮产品，最终销售贵金属、生肖邮票等邮品形成收入达3万余元。

【开展“五一”宣传展卖活动】 5月1日，红桥局各支局利用“五一”小长假的难得时机，积极联系区域内客户，开展宣传展卖活动，取得了良好的效果。

为进一步扩大邮政分销酒水的社会知名度，丁字沽支局与区域内客户开展了广泛的联系，挑选客流量大，消费水平较高的红星美凯龙卖场，借助其客户平台，结合“五一”期间开展的宣传活动，设立邮政宣传展位，向过往群众宣传销售分销酒水。为做好此项工作，区局市场部精心准备，围绕客户需求，挑选了众多物美价廉的酒水进行销售。同时，红桥局还针对红星美凯龙客户群体中新婚购买家具的年轻客户，以婚庆酒水、饮料、烟酒等产品的上门服务为卖点，探索分销婚庆市场的新途径。活动当日，丁字沽支局累计销售额达2000余元，预定婚庆酒水客户1户。

芥园道支局利用“五一”假期期间，到崇化中学新疆班上门收寄包裹，为住校的新疆学生提供优质的邮政服务，当日累计收寄校园包裹100余件，形成业务收入1万余元。

佳安里、咸阳北路、估衣街等支局也在局门前开展业务宣传，拉动储蓄余额发展，拉动了二季度业务发展。

“五一”宣传展卖活动（刘志强 摄）

【开展母亲节金融宣传活动】 为促进二季度金融业务快速发展，贴近客户，5月10日-11日，金融专业组织网点开展了“温馨五月　情系母亲节”金融宣传活动。专业为各网点配备了康乃馨及贺卡，烘托节日氛围，各支局根据各自区域特色精心布置，开展丰富多样的宣传活动，给客户耳目一新的感觉。

芥园道支局邀约20余位女性大客户开展了以夏季养生为主题的客户答谢会。会上向所有到场客户奉上鲜花并送去祝福，让客户充分感受到关爱。同时通过理财经理对基金定投的重点讲解，让客户能更好地规划个人资产。活动现场气氛非常活跃，当场签单定投两户，同时还有8名意向客户进行后续跟进。此次活动获得了客户的高度认可，进一步拉近了与客户间的距离。

丁字沽支局借母亲节到来之际，针对周边存

在的集邮爱好者、存款大客户，以及周围的商户，举办了一次集邮品鉴会。在向客户讲解邮品知识的同时，借此契机宣传各项金融产品及存款政策。会后理财经理在与客户的交谈中得知有两位客户在其他银行的存款即将到期，并通过与客户的沟通为网点带来定期余额30余万元。

估衣街支局采取设点宣传、流动发单相结合的方式，联合邮政人员，于局所门前、商户摊位间广泛发放宣传单页。对主动咨询的客户提供耐心地讲解和答复，并及时登记客户信息，以便后期持续跟进和维护。本次活动在周边商户中树立了良好的口碑，实现余额增长70万元。

此外，咸阳北路支局、佳安里支局、四新道支局、估衣街支局领导也纷纷组织邮政及储蓄人员以进社区等方式开展宣传活动，均收到良好的效果，也再次提升了客户心目中的信誉度和美誉度。

【开展贵金属集邮产品展卖活动】 5月24日，区局集邮公司在芥园道支局开展贵金属产品展卖活动，吸引了众多客户前来选购，取得了良好的销售业绩，当日累计形成业务收入17万余元。

二季度作为集邮业务的发展淡季，区局专业积极联合市公司专业和支局，策划活动项目，拉动收入增长，努力做到“淡季不淡”，确保完成季度发展目标。各支局按照专业的要求，积极联系客户到芥园道支局选购产品，其中，丁字沽支局以销售额8.6万元名列前茅，佳安里支局提前印制宣传单到小区进行宣传预热，取得了效果，销售额达到3.7万元，芥园道支局积极配合区局集邮分公司对活动现场进行了精心的布置，并现场为前来选购的客户免费发放矿泉水，获得了客户的好评，销售额达到3.3万元，同时还预订了熊猫金币套装一套。

其他单位也按照专业部署，积极邀请大客户，陪同客户到现场选购产品，优惠的价格，优质的服务，赢得了现场客户的认同，纷纷抢购黄金产品，许多用户甚至带上家人，一次购买多件产品。仅活动当日，区局累计销售各类贵金属产品达16万余元。

贵金属集邮产品展卖活动（刘志强 摄）

【书信节招商项目成功开单】 自从启动“天津市中小学书信书法（公益）大赛专项营销活动”后，佳安里支局对项目给予了高度重视，经过他们的不懈努力率先开发区局首单招商广告。

书信节招商项目是红桥局的短板业务，佳安里支局为了破解难题，支局领导组织营销人员共同学习研究如何寻找目标客户，制定了主攻方向和宣传话术，营销人员在与客户沟通前就做好了充分的准备工作。功课做足了营销人员在与客户沟通时就轻松了许多，他们向客户详细讲解此项活动是由天津教育报刊社、天津市电视台少儿频道、市教育系统关工委、天津市邮政函件局共同发起，活动将涉及18个区县的40万中小学生，组织权威，覆盖面广等等特点和优势。通过营销人员不懈的努力，终于与客户达成合作意向，在红桥区区域成功招商5000份，形成收入0.7万元。

【召开保险业务表彰大会】 8月4日下午17:30，红桥局召开了7月份保险业务表彰会，会上对七月份保险业务发展先进个人进行了表彰。区局领导、机关部室负责人、支局长、助理、网点负责人、获奖人员等50余人参加了会议。

会上，金融业务局局长王雅彬对7月份的保险业务发展做了总结，7月份红桥局共计形成保险收入95.22万元，创历史新高，四新道支局、丁字沽支局分别达成冲刺目标，获得支局贡献奖；四新道理财经理赵亚杰、纪念馆路柜员孙智博、丁字沽柜员王鑫等十名网点人员获得营销能手奖；

区局领导在会上为获奖人员颁发奖杯、奖牌和奖品。市场部主任张娜对7月份区局PK赛活动进行了总结。四新道支局长崔建星作为支局代表、江源西道网点负责人王扬作为网点负责人代表、丁字沽柜员王鑫作为柜员代表分别从三个层面进行了经验分享。最后,杜局长围绕本次保险发展表彰会出了点评和总结。

【以项目为抓手大力发展定向型邮品】 各支局积极围绕三季度集邮工作目标,积极收集市场信息,以项目为抓手,大力开发定向型邮品,截至8月6日,已累计实现业务收入10万元。

为做好三季度集邮业务发展,各支局利用各种渠道,进一步加强了对市场信息的收集与整理,同时,积极做好老客户的维护与深度挖潜,重点开发定向型邮品。丁字沽支局营销员以院校庆典为契机,成功开发了《天大应用化学系毕业20周年纪念》邮折,共计200套,形成业务收入1万元;估衣街支局局长芦颖加强了与政府部门的合作,结合“全民健身日”的卖点,成功与区体育局制作了《全民健身日》邮折,共计100套,形成业务收入1万元;芥园道支局通过老客户天一建设的再开发,成功制作了企业个性化邮册100册,形成业务收入8万元。

【代办车险业务实现首单突破】 借鉴江苏省邮政代理车险发展经验,自7月份市公司启动代办车险业务以来,红桥局将代办车险业务作为电子商务专业新的业务增长点,发动全局职工积极做好业务宣传,收集客户信息,截至8月4日,丁字沽、估衣街支局成功实现开单,为各支局做出表率。

为了做好代办车险这一新兴业务,区局电子商务专业抢前抓早,动员全体员工积极收集车辆信息,要求各支局认真填写车险信息采集表,专业对于采集到的信息进行分析整理,按照车险时限进行分类汇总,及时跟进,不放过任何一个有价值的信息。通过7月份的前期预热,各支局营业员及时掌握了代办车险的业务知识,并利用窗口资源向客户宣传业务。丁字沽、估衣街支局营业员沈树平、孔德亮耐心向用户讲解新业务,并与专业及时沟通询价,在支局与专业的共同努力下,丁字沽支局成功显现了全局代办车险的首单突破,估衣街支局也不甘落后,紧随其上,成功开发一单业务。

【红桥区谦祥益相声邮局隆重开业】 9月16日,天津市第五届相声文化节暨全国首家相声邮局隆重开业,中国曲艺学会、红桥区政协、人大以及区文化局等领导参加,众多知名相声艺术家前来共同见证相声邮局开业。

相声起源于北京,发祥在天津。在相声发展的近200年历史中,天津起着举足轻重的作用。红桥区相声邮局位于红桥区估衣街内的谦祥益文苑茶楼内,作为本届相声文化节的举办场地,谦祥益具有百年的历史文化,成为红桥区重要的文化和旅游景点,是天津市民以及外地游客欣赏相声文化,品味天津特色的重要场所,被誉为“第一相声茶馆”。红桥局积极落实市公司“转型、整合、特色”的发展要求,与万隆集团谦祥益文苑联手,突出估衣街独有的地域文化特色,打造全国首家相声邮局,为百姓提供以相声为主题的明信片、特色邮品以及其他邮政产品,旨在宣传天津曲艺文化,弘扬相声艺术,为天津民间艺术的传承和宣传做出贡献。

市函件局等单位对相声邮局从筹备、产品设计制作、现场布局等各个环节进行了指导与支持。为突出相声主题,红桥局精心设计了《什样杂耍》系列主题明信片、么么现场打印,同时,谦祥益文苑定制了5000枚明信片门票,并为本届相声节专门定制了《谦祥益文苑》邮册和首日封各1000套。活动当日,相声邮局热闹非凡,李伯祥、侯耀华等众多知名相声艺术家前来,参加相声艺术节开幕仪式以及相声邮局开业揭幕仪式,著名相声艺术家尹笑声老先生被聘为相声邮局首任名誉局长,并为相声邮局主题明信片进行现场签售,受到了广大相声爱好者以及广大市民的欢迎。仅开业当天相声邮局销售封片卡及邮品形成业务收入5余万元,取得了良好的社会效益和经济效益。

相声邮局开业(刘志强 摄)

【芥园道支局职工协同配合销售产品】 12月8日，一位客户来到芥园道柜台办理取包裹业务，包裹台席的高健师傅热情接待的同时不忘介绍分销和集邮产品，通过对这位客户优质服务，首先建立了初步的信任，高师傅把客户转介给了综合台席的杜雅娟，杜雅娟出色的营销意识把握住了客户的心理，通过详细的沟通成功销售了人民币产品5000元，最后杜雅娟又把客户介绍到集邮台席，在和集邮台席程书梅的配合下又销售人民币产品5970元。一系列的配合展现了邮政职工出色的团队合作意识和产品销售意识，而归根到底最重要的还是服务。

【芥园道支局成功组织客户户外沙龙活动】 芥园道支局于9月20日在北京颐和园成功组织新老客户户外沙龙活动。

此次活动以回馈广大新老客户为出发点，整合现有业务资源，利用函件《旅游年票》的特惠卖点和优质景点来吸引广大新老客户参加。芥园道支局事先做好了充分的准备，将客户的安全放在第一位，活动期间通过周到的服务以及对客户亲人般的悉心照料，增进了和客户的感情、提升了客户对邮政的信任。返津路上芥园道支局工作人员与客户进行有奖问答的互动环节，在轻松愉快的氛围中让客户进一步了解集邮、电子商务等多种邮务类业务。活动期间还邀请了保险公司优秀理财规划师为新老客户进行理财讲座。此次活动为长久的维系客户和多种金融邮政业务的发展搭建了一个良好的平台，客户反响良好并期待参加下一次活动。

据芥园道支局统计，此次活动已实际形成保险业务1单，销售《旅游年票》40余册，发展理财意向客户8位，基金意向客户6位，保险意向户3户，预计揽入外行资金100余万，并搜集建档客户40位，收获颇丰。

【光荣榜】 丁字沽邮电支局党支部获天津市邮政公司“2013—2014年度优秀基层党支部”称号；胡钢获天津市邮政公司“2013—2014年度优秀基层带头人”称号；吕鸿根获天津市邮政公司“2013—2014年度优秀共产党员”称号。

芥园道邮电支局获得天津市邮政公司“先进集体”称号；陈德楠、李响、张国志获得天津市邮政公司“先进生产(工作)者”称号；于岚、王满鹤、从恩意获得天津市邮政公司“营销标兵”称号；闫祥玲获得天津市邮政公司“服务明星”称号。

集邮公司、丁字沽邮电支局、萍乡道邮电支局获得红桥区邮电局“先进集体”称号；云晓蕾、孔德亮、张满毅、韩冬获得红桥区邮电局“先进生产(工作)者”称号；王鑫、曹阳、李晶获得红桥区邮电局“营销标兵”称号；沈如萍、张斯淳、常慧敏、贺松媛获得红桥区邮电局“服务明星”称号。

(刘志强)

红桥区邮电局局所分布表

名 称	地 址	邮 编	联系电话
丁字沽邮电支局	丁字沽二号路27号	300130	86521389
新红路营业所	新红路青春南里小区30-33底商101号	300130	26557591
光荣道邮电所	丁字沽风貌里底商44-57门102号	300130	86512156
芥园道邮电支局	芥园道中段(铃铛阁中学对过)	300120	87722005
明华里邮电所	芥园道怡华园明华里7-103号	300121	87722217

名 称	地 址	邮 编	联系电话
佳安里邮电支局	三号路延长线佳安里小区底墒 2 号	300134	26691260
佳宁道邮电所	佳宁道浩达公寓 17-105 号	300134	26692600
奥园邮电所	辰昌路奥林匹克花园商业街 103 号	300134	26692602
瑞景邮电所	辰昌路瑞景新天地商厦内	300134	26666763
四新道邮电支局	丁字沽一号路与四新道交口	300131	26373548
凤城楼邮电所	丁字沽一号路咸阳北路交口底墒	300131	86526219
潞河园邮电所	潞河园 11 栋首层 18 号	300131	86512155
西青道邮电支局	西青道 120 号增 1 号	300122	27725770
咸阳北路邮电所	团结路乐康小区 1-17-106	300122	87781717
江源西道邮电所	水木天成文涛园 36 号楼江源西道 15 号	300122	87785213
估衣街邮电支局	万隆大胡同商业中心 11 号	300091	87735996
大胡同邮电所	大胡同天鸿大厦 B 座底墒	300091	87731763
中嘉路邮电支局	中嘉路绮水苑底商 32-34 号	300131	86552763
纪念馆路邮电所	纪念馆路中嘉华园底墒	300131	86570427
萍乡道邮电所	洪湖南路 18 号	300130	26560926

滨海新区塘沽邮电局

【区域概况】 2014年是滨海新区第二届人民政府履职的第一年，也是全面深化改革的开局之年。这一年，区委区政府着力推进创新驱动、转型升级，主要指标又迈上了一个新台阶。预计全区生产总值9000亿元，增长15.5%以上；规模以上工业总产值1.73万亿元，增长10%；一般公共预算收入1028亿元，增长17%；全社会固定资产投资5780亿元，增长15%；社会消费品零售总额1227亿元，增长3%；实际利用外资123亿美元，增长12%；实际利用内资892亿元，增长20%；外贸进出口总额959亿美元，增长6%，其中出口329亿美元，增长5.5%。城乡居民人均可支配收入分别增长10%、12%。万元生产总值能耗下降4%，节能减排完成年度目标任务。

【经营情况】 2014年，对于塘沽邮政来说，是极不平凡的一年。这一年，由于宏观政策对集邮、函件封片卡、公费报刊订阅等方面的影响，加之市公司对计收方式的调整，该局面临转型发展的巨大压力。但即使在经营发展最困难时期，全局干部职工仍满怀热情，同心同德、攻坚克难，咬定目标不放松，确保了各项任务目标的顺利完成。

2014年，区局累计完成邮政业务收入1.549亿元，完成计划100.6%，进度列第十六位；同比增幅9.8%，列全市第一位；完成有效收入9837万元，完成计划101.2%，有效收入超业务收入0.6个百分点（有效收入占收入比重63.5%）。收支差额完成2194.5万元，完成计划的110.7%，进度列第七位，绝对值列第五位；同比增幅-2.2%，列全市第二位，超收支差额212.5万元。

【召开第二届“忠诚企业奖”颁奖座谈会】 1月15

日下午，区局召开第二届“忠诚企业奖”颁奖座谈会，局领导及30余名获奖代表共同参加了此次座谈。吕洪静副局长宣读了颁发“忠诚企业奖”的决定，工作满10周年的合同工也将纳入获奖范围，大大增加了受奖范围，共计174名十年以上工龄职工获奖，占全局职工总数的34%，进一步激发了职工工作热情和爱岗敬业的情怀。会上，获奖代表发表了感言，深情回顾了进入邮政大家庭来的点点滴滴，感谢企业带给的机会、搭建的平台和提供的岗位，可以发挥自己的作用，不断成长、获得成就。

“忠诚企业奖”颁奖座谈会（任瑞娇 摄）

【召开首届三次职工代表大会暨2013年度表彰会】 1月23日，区局召开首届三次职代会暨2013年度表彰会。市公司职工代表朱朝华经理传达了市公司职代会精神和任总经理报告，刘虹局长作了题为《抢抓机遇　迎难而上　突出重点　提速转型——推动新区邮政快速发展》的工作报告。2014年，区局将紧密围绕市公司“1133”工作思路，以“金包”业务为发展重点，更加突出效益、创新发展，完善管理机制，提升管理能力；努力做好特色发展、员工培训、强化服务、平台能力建设、网点经营转型、帮助后进转化、后备干部培养、项目开发及构建和谐企业等九项重点工作。会上，区局对先进集体、先进个人进行了表彰，并首次增设七名局长提名奖获得者。

首届三次职代会（任瑞娇 摄）

【中心北路支局云山道邮电所开业】 2月11日上午9:58时，云山道邮电所正式开业。为进一步做大金融规模、填补社会邮政金融网点空白区域，该局积极向市公司申请增加新的网点。该所作为2014年金融发展新的增长点，区局给予了高度重视，多次组织力量对周边小区、沿街商铺进行地毯式宣传，并重点针对周边自助银行进行蹲点宣传。截至营业终了，云山道邮电所发放宣传单500余份，收集客户信息表30份，发放大米30份，存取量15万余元，ATM交易50笔，收取话费5笔，收寄包裹2件。

云山道邮电所开业（任瑞娇 摄）

【全局携手奋战收寄国际小包“攻坚战”】 2月26日至27日，该局国际小包业务量陡增，区局面临着处理环节人员紧张的极大考验。为抢抓邮件处理进度，区局号召全体管理人员、党员、积极分子、共青团员及各岗位员工，发挥主人翁精神，积极投身参与到国际小包处理工作中来，成立了由120人组成的小包业务突击队，兵分两组，按照抄单子、称重、贴签、搬运、录入、封发、过资等业务流程组成若干个邮件处理流水线，每天由下午5点工作至深夜10点，正是由于大家默默地努力与付出，确保了本次收寄过程的顺利开展，两天共收寄国际小包9469件。

【开展“五进工程”朝阳小学开办集邮课堂】 该局十分重视少年集邮市场的培育，借助塘沽集邮协会的力量开展“五进工程”，借鉴徐州道小学集邮特色教育的成功经验，为朝阳小学开办了集邮课堂。3月10日下午，朝阳小学第一堂集邮知识课开讲，学校领导高度重视，在四、五年级学生中选拔优秀学生，成立集邮兴趣小组，并将集邮知识课作为常态。广大师生们一致认为此举丰富了学生的社会知识，开阔了视野，对今后的学习和生活都起到了重要的作用。

【参加滨海新区综治宣传日活动】 4月9日上午，滨海新区社会管理综合治理委员会在塘沽解放路商业步行街举行综治集中宣传活动，旨在进一步凝聚人心、鼓舞士气，营造良好的氛围和和谐稳定的治安环境。为借助该活动宣传邮政业务，区局组织各专业骨干参加，结合重点业务和产品进行宣传和展销，其中钱币册、“自邮一族”等产品受到市民的关注。区委副书记吕福春携政府相关部门领导到邮政展台慰问，对邮政企业的参与表示肯定和鼓励。据统计，此次活动共接待邮政业务咨询200余次，发放宣传单400余份，收集征询意见函近百份，客户满意度100%，进一步提升了邮政社会影响力，宣传活动取得了良好的效果。

综治宣传(任瑞娇 摄)

【举办邮政烟酒春季促销展卖活动】 区局分销专业在二季度组织开展春季烟酒展卖促销活动，依次从馨盛园、贻成尚北、云山道、营口道、翔实路、闸南路网点进行宣传展卖活动，整个活动历时2个月。4月10日到13日，活动率先在馨盛园网点开锣，活动现场通过摆放酒水堆头、竖立拱门、悬挂条幅等方式宣传造势，为了活跃现场气氛，现场组织了有奖销售环节，销售额在200元以上的客户均可参与抽奖，此次活动提高了网点周边群众对邮政烟酒业务的认知程度。

【举办“天津风情—沽上妙艺2”首发式活动】 4月20日，营口道集邮专卖店举办了“沽上妙艺”第二组版画、根雕邮品的首发式活动，并邀请赵海鹏和靳文生两位艺术家现场签售，集邮协会和徐州道小学参加了此次活动。首发式当天，活动现场人头攒动、气氛热烈，约有200余名邮迷参加了活动，他们认真倾听艺术家对作品背景故事和专业知识的专业讲解，并争相购买艺术家签售的作品，现场销售纪念封500余套，销售产品收入15000余元。多家新闻媒体到现场进行采访报道，认为此次活动接地气、进生活，为普通民众搭建了一个了解集邮知识的平台，有创意且效果显著。

【滨海航母邮局隆重开业】 4月26日，天津航母主题公园俄罗斯风情街正式开街，滨海航母邮局也于当天同步开业。塘沽局领导班子及部分中层干部参加了开业活动，市公司市场部吴春副经理、函件局杨涛副局长、电子商务局戈兆霞局长及服务总公司左继祥经理也到场助阵。

上午九点开业仪式正式开始，由刘虹局长和吴春副经理为“天津航母特色邮局开业纪念封”揭幕，领导及嘉宾纷纷在纪念封上签字留念，献上对航母邮局开业的祝福。汇集各国的钱币邮折、新奇的小邮筒等展卖品以及个性的慢递服务，赢得了游客的一致好评，尤其是与航母邮局微信公众号互动立即打印个性化明信片的“么么”服务功能，可以现场将游客手机里的照片打印制作成个性化明信片，并加盖航母邮局、航母主题公园及俄罗斯风情街等纪念章戳，受到众多游客追捧。截至当天营业终了，共销售外国钱币邮折、纪念品及明信片近3000元，航母邮局微信公众号关注量增加近百人。

滨海航母邮局开业（任瑞娇 摄）

【举办《动画——大闹天宫》邮票销售活动】“六一”儿童节之际，为弘扬中国传统文化，致敬经典动画《大闹天宫》发行50周年，中国邮政特别发行《动画—大闹天宫》特种邮票，区局集邮公司在极地海洋馆举办了邮品展卖和互动游戏体验活动，这是该局对“宣传+活动+销售”营销模式的全新体验。活动当天，极地海洋馆游客爆满，集邮展台前吸引了儿童和集邮爱好者前来观看、体验和购买，工作人员用自己的手机为游客演示如何用手机观看动画片，使得许多游客驻足观看。本次活动，全局共销售邮品近万元，滨海时报、滨海电视台进行了现场采访和宣传报道。

【滨海新区塘沽少年邮局隆重开业】 6月19日，天津市唯一一所少年邮局正式进驻塘沽徐州道小学，命名“滨海新区塘沽少年邮局”，并举行了隆重的开业仪式。天津市科教院陈志科院长、滨海新区基础教育二司冯宜冰主任，区局刘虹局长、许秉利副局长，塘沽工作办德育科侯秀君主任、塘沽集邮协会张有泉理事及塘沽部分中学领导应邀出席了该活动。开业仪式上，姜金娟校长作开业致辞，并与刘虹局长一起为少年邮局揭牌，许秉利副局长宣读少年邮局局长、副局长及工作人员的任命通知，并颁发任命证书。少年邮局首任局长李嘉怡同学发表就职演讲，表示将“以邮广识、以邮聚美、以邮养心、以邮育德”为宗旨，培养学生儒雅、高尚的素质，做好邮局服务工作。

少年邮局开业（任瑞娇 摄）

【举办《邓小平诞生110周年》邮票首发式暨首届滨海邮政客户节】 2014适逢天津经济开发区建成30周年、《滨海新区》邮票发行3周年，该局联合市集邮公司发行了《开发区大有希望》玉石邮票和《天津滨海新区》贝壳邮票，并与开发区管委会联合举办了“伟人风采”与“改革开放成就”主题邮展。8月22日，区局举办了《邓小平诞辰110周年》纪念邮票和贝雕玉石邮票首发式，天津市集邮公司、滨海移动、滨海联通、塘沽邮电局的部分领导参加了首发式暨首届滨海邮政客户节开幕式，并为新邮揭幕。

在随后的首届邮政客户节上，该局携手伊利乳业、衡水老白干、芦台春、泸极、一品坊、大津酒业、真橙洗涤等多家实力企业，共同为新区百姓奉上超值好礼。特别值得一提是，该局独家引进的LOMO广告吸引了不少顾客驻足、参与。据统计，22日当天，本次客户节共吸引顾客800余人次；共计形成业务收入11.2万元，其中集邮业务收入9.7万元，分销业务收入1.4万元，250余人次打印个性化明信片。同时，本次活动吸引了天津电视台、滨海电视台、天津新闻广播、天津滨海广播电台、每日新报、滨海时报、渤海早报等多家媒体争相报道。在取得经济效益的同时，赢得社会影响力。

《邓小平诞生110周年》邮票首发式（陈长中 摄）

【成功举办《爱丽丝梦游仙境》大型儿童剧商演活动】 8月30日下午，抢在塘沽区中小学生暑假的最后时限，由该局举办的《爱丽丝梦游仙境》在塘沽大剧院隆重登场。除奉上精彩的儿童剧表演外，该局以此次商演为平台，联合各赞助商共同推出“集齐印花抽大奖”、“乐高教育互动活动”、“儿童类特色邮政产品展卖”、“LOMO广告机打印个性化明信片”等环节。本次活动共形成收入10.4万元，其中招商收入7.4万元，门票销售收入2.8万元，现场销售毛绒玩具和分销进口食品共计2000元。

《爱丽丝梦游仙境》(张杰 摄)

【滨海新区珍邮品鉴会取得圆满成功】 9月26日，滨海新区珍邮品鉴会在塘沽瑞湾酒店成功举行。本次活动特别邀请80年《壬申猴》邮票雕刻者、国际邮票设计大师、雕刻艺术家姜伟杰先生现场为贵宾客户鉴定猴票，亲身讲述邮票设计心得，并发布了80年猴票雕刻线稿。作为“中国集邮文化季”的一部分，本次珍邮品鉴会可谓精彩纷呈，琳琅满目。诸如1877年中国首套大龙邮票样票、清代大龙整版邮票、《全国山河一片红》等稀世珍邮均悉数亮相，为配合此次品鉴会而隆重推出的《80年猴票线雕稿》和《姜伟杰作品选》更是赢得了在场客户的热烈追捧。本次活动共邀请贵宾客户240余人次，形成集邮收入238万元，有力拉动了该局集邮业务的发展，为弥补集邮收入缺口做出了巨大贡献。

【举办第45届世界邮政日客户答谢会】 10月9日是第45届世界邮政日，区局于塘沽瑞湾酒店开元厅举办滨海新区世界邮政日客户答谢会。本次答谢会特别特别邀请国内知名专家贺伟岭先生，为贵宾带来最新的家庭保障安全规划，并为现场来宾介绍人保寿“百万身价”保险计划。为烘托活动气氛，该局还特别邀请了著名沙画表演艺术家现场作画，为嘉宾奉上了邮政主题沙画表演，赢得了现场宾客的啧啧称赞。本次活动共邀请贵宾客户240余人，现场出单124单，形成收入21.08万元；且现场销售各类集邮、分销产品近2000元，无论是会场效果还是效益均取得了良好的效果。

“世界邮政日”活动(张杰 摄)

【滨海新区张传捷副书记莅临塘沽局商谈邮政企业对接民营企业事宜】 10月22日，滨海新区区委副书记、区民营经济工作领导小组组长张传捷，区人大常委会副主任、工商联主席姜立超一行三人莅临塘沽局进行调研，与该局共同商谈邮政企业对接新区民营企业的相关事宜。张传捷副书记指出，今年党中央、国务院以转变政府职能为突破口深化改革，努力释放改革红利，激发市场活力，民营企业发展前景广阔。当前，滨海新区民营经济也迎来了京津冀一体化等重大历史机遇，希望滨海邮政能够进一步强化责任意识和服务意识，主动对接企业，深入开展服务，解决企业发展难题，切实回应企业需求，真正为民营企业发展做好服务，不断推动新区民营经济加快发展。刘虹局长表示，滨海邮政始终坚守“服务滨海”的理念，致力于为滨海新区社会各界提供优质、高效、便捷的邮政服务，将从邮政广告、文化产品宣传、物流配送支撑、终端投递服务、邮政金融信贷服务等方面为滨海新区民营企业提供一揽子的邮政服务，全方位支持新区民营企业发展，为新区发展作出新的更大贡献。

区领导调研(张杰 摄)

【集团公司孙国栋组长到塘沽局调研指导工作】 10月23日,中国邮政集团公司党组成员、纪检组组长孙国栋在任永信总经理的陪同下,莅临塘沽局进行调研指导工作。孙组长一行先后到杭州道西邮电所、滨海邮政速递新华路揽投部和新华路邮电所进行调研,并对金融网点转型、贝雕玉石邮票等提出发展意见。

孙国栋组长调研(张杰 摄)

【区局领导班子到新区国资委进行工作汇报】 11月6日上午,刘虹局长率领班子成员到滨海新区国资委进行工作汇报,国资委张彬主任、孙明副主任以及相关部门负责人参与本次汇报。在滨海新区首轮改革后,新区国资委致力于将新区国有企业进行市场化,释放国有资产的活力。滨海邮政党建工作归属新区国资委管理,塘沽局主动要求到国资委进行工作汇报,寻求上级政府部门的支持。

汇报会上,刘虹局长重点就该局积极参与“美丽滨海”建设进行工作汇报,主要从“以优美环境服务美丽滨海”、“以优质服务展示美丽滨海”、“以邮政产品宣传美丽滨海”三方面推进,并详细介绍了该局特色邮局、文化商演、对接民营企业服务、开发区通用册、《滨海市民服务手册》等重点项目和业务。张彬主任对滨海邮政给予高度肯定,认为滨海邮政很多想法、举措很有创意,将邮政传统产业经营得有声有色,这一点非常值得新区其他国有企业学习、借鉴,希望滨海邮政能够与新区国资委联合开展服务国有企业的对接服务。

【开发西区支局远洋城营业所开业】 11月7日上午9:08时,远洋城营业所正式开业,该营业所地处远洋城集市,服务周边的远洋城、菁华津城、安达利等住宅区,为原胡家园营业所储蓄业务搬迁至此。开业当日为立冬,天气寒冷,局领导,职能、专业及部分支局负责人到场助阵宣传,营业员们着装整齐,热情地为往来居民发放传单、介绍业务,办理业务即可获赠水杯等积分及纪念礼品的优惠政策吸引了不少客户前来光顾。截至当天营业终了,发放宣传单500余份,收集客户信息表130份,当日新开户22户,开户余额达72.5万元,销售邮品8326元,烟酒3042元,气垫锅5个。

远洋城营业所开业(张杰 摄)

【全局奋战“双11”国内小包投递工作】 2014年的“双11”国内小包投递旺季如期而至,为保证此项工作的顺利进行,该局在认真总结上年经验的基础上,积极协调投递专业,制定了“双11”期间国内小包投递应急预案,预案中对五个投递部进口投递业务量的峰值进行了测算,并设定了预警值。

进入投递高峰时段,局领导每天深入投递部进行慰问,并亲自带队进行分拣、投递,遇到感人的片段会及时在群里进行分享、点评,传递浓浓的正能量。11月13日,该局进口国内小包数达到高峰值，由支局、专业和职能部室组成的志愿小分队整装待发，职工家属齐上阵，强力支援生产一线。据统计，13日至20日突击队共投递小包2177件，占全局进口总量的13.3%，较上年提升了6个百分点。正是干部职工忘我的工作精神和家属支持保障了投递工作的顺利完成。

【举办“开心麻花”舞台剧《夏洛特烦恼》演出】 11月29日、30日晚，由该局与《每日新报》联合举办的大型“开心麻花”爆笑舞台剧《夏洛特烦恼》在塘沽大剧院隆重登场，近2200人到场观演，实现票房总收入36.4万元。演出现场火爆、座无虚席，观众对此次演出反响强烈，在给予高度评价的同时，纷纷希望该局能够尽快推出更多、更精彩的剧目。此次商演在全市范围内首先实现了纯市场化运作，从宣传、售票及招商等环节均参考市场化的运作模式，并取得了成功。演出当天，该局在活动现场创新营销方式，引进爆米花机及多种食品、饮料，销售效果极佳，在满足观众需求的同时，拓宽了盈利模式。特别值得一提的是，本次商演也得到了新区领导的高度评价，指出演出办得非常好，非常成功，感谢滨海新区塘沽邮电局为新区文化做出的奉献。

《夏洛特烦恼》(张杰 摄)

【召开党总支换届选举会议】 12月23日，区局组织召开全体党员大会，本次大会主要总结三年来的各项工作，并选举产生新一届总支委员会，刘虹书记作《塘沽邮电局党总支换届工作报告》。大会采用无记名投票差额选举方式进行选举，共计发出选票54张，收回选票54张，其中无效选票0张，有效选票54张。按得票多少为序，前五位同志当选，分别为刘虹、吕洪静、许秉利、王洪英、张建起。2014年12月30日，新一届党总支召开第一届党总支委员会，全票选举刘虹同志为党总支书记、吕洪静同志为纪检委员、王洪英同志为组织委员、张建起同志为宣传委员。

【召开2015年首季开门红竞赛启动会】 12月30日，区局召开2015年首季“开门红”竞赛启动会议。局领导、各部门负责人、网点负责人、邮政班组长共计60余人参加了会议。市场部对2015年首季开门红竞赛活动方案进行部署，此次竞赛设立了进度奖、达标奖、争先进位奖和客户项目开发等奖项，提出了全局一季度要确保实现业务收入4702万元，增幅达到5%以上的竞赛目标。刘虹局长讲话，详解了市公司本次“首季开门红”竞赛较以往政策的变化，并传达了李克超总经理的讲话精神，希望各单位要充分认识到此次竞赛对区局全年收入完成的重要意义，并要求全体职工增强信心、把握机遇、深入分析、项目带动，凝心聚力，坚决打赢开门红战役，为企业发展做出自己的贡献。

2015年首季开门竞赛启动会(张杰 摄)

【李克超总经理深入滨海新区三局调研指导】 12月31日上午，市公司总经理李克超偕同办公室、市场部、人力部、金融业务局等部门领导到滨海新区三局进行调研。与滨海三局的领导班子进行座谈，了解滨海新区区域概况和滨海三局的经营发展情况，畅谈对企业发展的建议。对于滨海邮政的发展思路，他提出了四点意见：一是转变发展观念。解决发展的思路和观念问题，转变观念是关键，外拓客户是重点。二是发展思路和思维。滨海邮政的发展与地方经济不匹配。希望塘沽局能够把握有利的市场环境，在滨海三局发展上起到引领作用，整合区域资源，带动大港、汉沽两局共同发展。三是实现转型发展。由于市场原因，部分传统邮政业务逐步萎缩，通过转型发展，可以延长产品生命周期。四是大胆创新改革。目前，滨海三局仍是拘泥于各自的指标和区域市场，应大胆创新，突破现有体制、机制的牵绊，将以产品为中心的发展观念，逐步转变为以客户为重心，共同开拓滨海新区市场。

此次滨海之行，李克超总经理到塘沽局杭州道西、三号路邮电所两个较具代表性的网点进行视察调研，他要求杭州道西网点逐步提高自助机具的替代率，减少高柜人员的比例，强化外拓宣传，借助“同心圆”项目做好周边商户和居民的宣传工作，同时希望塘沽局能够在网点利用和改造上，转变观念，创新思路。

【光荣榜】 2014年，塘沽局被评选为天津市邮政公司“先进单位”；营口道支局获得“全国五一巾帼标兵岗”；刘虹局长被滨海新区国有资产监督管理委员会推荐为天津市“劳动模范”提名；该局安保工作获得滨海新区安保工作“集体嘉奖”；中心北路支局获得市公司“先进集体”称号；刘振华、杨家强、赵鑫、张鑫、杨红英获得市公司“先进(生产)工作者”称号；徐学成、方超、轩宗媛获得“市公司优秀营销标兵”称号；赵玲、李萌霞获得市公司“服务明星”称号；响螺湾支局等8个部门获得区局“先进集体”称号；任晓红等33人获得区局“先进个人”称号。

（张　杰）

滨海新区塘沽邮电局服务网点一览表

序号	支局	局所名称	营业时间
1	开发区支局	洞庭路	9:00-17:00
2		高校园	9:00-16:00
3		宏达街	9:00-16:30
4		黄海路	9:00-16:30
5		科技大学分院	9:30-16:00
6		翔实路	9:00-17:00
7		金江路	9:00-17:00
8		开泰科技园	8:30-16:30
9		北塘	9:00-16:30
10		泰达学院	9:00-16:30
11	开发西区	胡家园	9:00-16:30
12		开发区西区	9:30-16:00
13		远洋城	9:00-17:00
14		馨盛园	9:00-16:30
15	响螺湾支局	大梁子	9:00-16:30
16		石油新村	9:00-17:00
17		天津港散货中心	8:30-15:30
18		新城	9:00-16:00
19		闸南路	9:00-17:00
20		滨海新村	9:00-17:00

序号	支局	局所名称	营业时间
21	新港支局	国际贸易中心	09:00-12:00 13:30-16:00
22		航运交易中心	09:00-12:00 13:30-16:00
23		新港	9:00-17:00
24		新港千间	9:00-17:00
25		新港三号路	9:00-17:00
26	新洋支局	福建北路	8:30-16:30
27		抚顺道	9:00-17:00
28		中心北路营业所	9:00-17:00
29		赵家地	9:00-16:30
30	营口道支局	宁波道储蓄支行	9:00-17:00
31		上海道	8:30-16:30
32		行政许可中心大楼	08:30-12:0013:30-17:00
33		营口道邮电支局	8:30-17:30
34	支家堡支局	春光路	9:00-17:00
35		和平里	9:00-16:30
36		新华路	9:00-17:00
37	中心北路	福州道	9:00-17:00
38		建工村	08:30-12:00 13:30-16:00
39		西江里	9:00-17:00
40		贻成尚北	9:00-17:00
41		广州道营业所	9:00-17:00
42		云山道邮电所	9:00-17:30
43		杭州道西	8:30-17:30
44		中心北路	9:00-17:00

滨海新区大港邮电局

【概况】 大港邮电局(以下简称大港局)现有从业人员376人(A类员工141人、B类员工13人、劳务工222人),设有3个部室、6个专业、7个支局(其中3个为农村支局),大港城区两个支局为:胜利支局(11个网点)、商贸街支局(6个网点);油田地区两个支局为:滨海支局(7个网点)、南苑支局(7个网点);三个镇各设立一个农村支局,分别为:中塘支局(2个网点)、太平村支局、小王庄支局。全局共有网点35处,其中金融网点25处,邮政独立网点10处。设投发部两个,社区投递员66人,全局共设投递道段76个,为96个居民小区提供投递服务。有效便民站158个,行政村覆盖率达到98%。

2014年,在市公司正确领导下,大港局全体干部员工团结一致,始终坚持"创新驱动发展,实干成就价值"的核心理念,围绕企业经营发展,突出"转型、整合、特色",外拼服务,内强素质,培养人才,打造队伍,实施对标发展,完善管理机制,扎实有效地落实市公司各个阶段的工作部署,经过全局干部员工上下同心,顽强拼搏努力,实现了翻身年的目标。

2014年,大港局积极落实市公司“1133”工作部署,累计完成邮政业务收入7981.80万元,完成年预算的102.06%,高于市公司平均进度2.1个百分点,全市排名第9位,较2013年前进9位。

【2014年经营成果显著】 其中:金融业务收入4830.56万元,完成年预算的102.69%,占比60.51%;函件收入342.10万元,完成年预算的106.24%;集邮收入1339.34万元,完成年预算的106.38%;电子商务收入552.38万元,完成年预算的101.54%;分销收入119.29万元,完成年预算的100.24%;发行收入487.14万元,完成年预算的96.85%。全局有效收入完成5564.90万元,完成年预算的101.36%,超绝对值96.40万元,增幅排名第五位;利润完成1043.60万元,完成年预算的110.14%,超绝对值95.60万元,排名第八位。三项重点指标全面超额完成市公司下达的指标。七个支局全部完成业务收入目标,有五个专业超额完成预算目标。

1.金融——加快转型驱动发展

围绕余额、保额及网点能力三个重点,具体做好效能提升、服务提升、规模提升、结构提升等工作。余额累计净增1965万元,余额规模达到30.6亿元;保险销售2.9亿元,形成收入850万元;理财类产品累计销售3.73亿元。积极落实市公司提出的“百千万”工程;圆满完成市公司跨年度一阶段目标,余额净增1.56亿元;持续组织开展了“每天坚持宣传1小时”、“四进”宣传、存款抽奖、节日营销、理财沙龙等活动,有效提升了邮储品牌形象及影响力。

2.集邮——重点突出高效业务

集邮业务突出高效,一是结合重点邮票发行,策划了生肖贺岁、热点事件、文化类营销项目,创新特色产品,深度做好大众和团体市场营销;二是围绕中小微和民营企业,由“礼品”功能向“文化”功能转变,抓住各个节日契机举办了多项主题邮品鉴赏会、珍邮巡展、客户回馈等活动,极大地促进了产品销售;三是结合集团公司发行的热点邮票,多次组织开展了首发式和各类主题营销活动,扩大了影响,带动了人气,营造了集邮文化氛围,提高了业务收入。

3.函件——创新经营实现突破

围绕国内小包、商演项目、数据库商函、无名址、封片卡等重点业务加强营销策划、项目推动,取得了较好的效果。其中:该局先行先试,将“儿童剧商演项目”作为函件业务转型的突破口,细化方案,精心组织,在全市范围内率先举办四场演出,形成收入34万元,在全市起到了引领作用。积极开展“2014-2015封片旺季营销竞赛活动”,形成收入118.6万元,完成进度133.3%,全市排名第二。国内小包业务在全市率先推行仓储合作模式,签订21个协议户,促进了国内小包业务的快速发展。

4.电商——精心打造业务平台

短信业务发展质量持续改善,汇兑、速递短信业务加办率逐步提高,汇兑短信加办率达到170%,全年增收4万余元;全力推动车险业务,培育电商业务新增长点,自开办以来共计发展车险146单,累计保费45.9万元,保费规模居全市第一。便民服务站稳步推进,遵循“统一形象,规模发展”的原则,共计建设旗舰店7个,新增58处有效站点。“自邮一族”业务创新业务模式,组建了“滨海新区大港自邮一族”微信群,从发展会员到经营会员转变,累计新增会员1536名,招商短信1万余条,创收12.20万元。

5.发行——稳步推进经营发展

转变经营模式,确保存量努力做大增量。在积极拓展传统市场的基础上,不断优化业务结构,充分发挥畅销报刊、文化礼盒、媒体广告、形象期刊的“四轮驱动”作用,量质并重,不断做大发行规模。全年开发12单“商务期刊”13800册,销售文化礼盒3000余套,创收40余万元,此两项业务均排列全市第三位。

6.分销——认真挖潜私费市场

及时转变销售思路,由大型企事业单位团购转向个人消费市场,同时提升网点平台销售和烟酒店销售能力,将销售重点转向中小微企业及个人购买市场,提前一个月圆满完成全年收入和有效收入两项指标。以活动促销售,开展了“邮礼天下-福至新春”专项营销活动、春季复合肥销售活动、“粽情端午”和“月满中秋”以及“大干四季度,奋战三十天”等一系列活动。

【扎实推进生产环境改造】 按照市公司统一部署，完成生产环境及办公环境的整治工作，支局、网点严格按照星级班组规定落实各项要求。针对大港局网点营业面积小，内部环境差等情况，规划了三年网点改造计划。目前西苑、前进里网点的迁址改造已进入收尾工作。另外，商业街和祥和两个储蓄网点的迁址改造正在进行之中，通过对生产环境的改造，有效提升了对外服务形象。

【有效完善营销体系】 按照“以客户为中心”的理念，进一步完善了营销策划体系，加大方案营销在策划过程中的投入，提高了方案营销的可操作性和成功率。制定了营销例会制度，积极打造“敬业爱岗、激情满怀、业务精通”的专职营销队伍。通过不断的努力，取得了较好的业绩——获得了市公司营销体系建设先进单位，胜勇团队获得市公司优秀营销团队奖，全体营销员全年共计创收1186万元。

【打造复合型投递营销队伍】 进一步优化作业组织，合理调配人员，加强培训，提升了投递队伍的综合素质，形成了一支“投递员+营业员+营销员”的复合型投递营销队伍，为企业发展做出贡献。85名投递员全年揽储560余万元；销售保险112万元。销售邮品35.99万元、分销产品13万元、函件产品8万元；办理车险6单；揽收快件280件。营销积分累计达到8万余分，全市排名第三位，邮路营销效果显著。

【着力提升服务水平】 以服务地方经济民生为切入点，融入大港地方社会经济发展和百姓的工作生活，深化服务中小微企业、服务社区等工作，丰富了便民服务站的功能，改进了对外服务质量。同时，规范了服务流程，严守各项禁令，深入开展“视用户为亲人、视邮件为生命”等活动，树立了大港邮政良好的服务形象。新增四星级服务窗口一个、三星级服务窗口一个，星级服务窗口达到了十个。七个支局中有六个支局的网点被市公司命名为三星级以上服务窗口。

【深入集贸市场摆设年货摊位】 为进一步贯彻落实市公司首季开门红主题营销活动的工作要求，大港局认真结合“福至新春—邮礼天下”营销竞赛活动，以本地区百姓年货需求为重点，积极转变发展思路，突出销售转型，将年货由营业厅摆到集贸市场，向用户面对面的进行宣传，营造了“邮政为百姓服务”、“邮政为您提供百分百放心年货”的市场氛围，取得良好成效。仅周末两天，青花瓷、红花瓷等中低端酒水热销，累计销售各类酒水近百箱，销售额近4万元。

【举办2014年新春集邮鉴赏会】 1月9日，大港局举办2014年新春集邮鉴赏会。区域大客户百余人前来品鉴。74—82年邮票大全册、编号票大全册、2014年马年系列邮品等热销。活动当天销售各类集邮产品18万元，有效营造市场氛围，提高邮政集邮礼品在大港地区的影响力。

新春集邮鉴赏会（王琳琳 摄）

【召开首届三次职工代表大会】 1月23日，大港局召开首届三次职代会。传达了市公司首届二次职代会会议精神，认真学习了任永信总经理所作的工作报告，重点就天津邮政2014年“1133”的工作目标和各项工作安排进行了学习与解读。要求全局干部职工要立足本局实际，提振发展信心，抢抓历史机遇，突出效益中心，加速转型发展，认真落实好市公司各项决策和部署，全面加快大港邮政科学发展前进步伐，努力开创天津邮政特色发展的新局面。

【开发药店商务期刊业务取得突破】 为全面落实市公司首季开门红，大港局投发专业围绕当前市场需求，以日常补续订为重点，突出了商务期刊发展，成功开发大港油田界内药店客户定制的500册第三册《医食参考》商务期刊，创收3000元。

【组织自由一族会员优惠洗车日活动】 为了更好地宣传、推广电商自由一族业务，大港局电子商务专业于3月15日开展了“自由一族”会员优惠洗车日活动。此次活动以提升会员参与度，积极回馈会员为主要内容。活动当日有近50名会员参与其中，取得良好效果。

【组织“3·15”《保护消费者权益》邮票首发邮品展卖活动】 3月15日，大港局积极借助中国消费者协会成立30周年和《保护消费者权益》邮票首发这一契合点，于“3·15”即国际消费者权益日当天举办“新消法 新权益 新责任”——《保护消费者权益》邮票首发及邮品展卖活动。大港局组织专人对“文革”票、1983—1991年票、孙中山变体票、生肖版票等产品为集邮爱好者做详细的介绍。很多参加活动的用户对各类集邮产品表现出了浓厚兴趣，竞相购买了《与消费者同行》邮折、卡书，生肖类等多种邮品，现场火爆。活动当天，累计销售邮品23万余元，意向客户预计可形成收入20余万元。

【成功组织春季邮政酒水促销展卖会】 大港局紧紧围绕分销酒水项目“做品牌、拓市场、上规模”的发展思路，于3月28日、29日，在区域内成功组织“春季邮政酒水促销展卖会”。两天来，大港局累计销售各类酒水150箱，销售额达到11万余元。

【成功举办“迎五一春季钱币、邮品展览会”活动】 4月23日、24日，大港局在商贸街支局举办“迎五一春季钱币、邮品”展览会活动。两天来，大港局共计接待各类用户近千人，销售各类钱币、邮品等8万余元。

钱币、邮品展览会（王琳琳 摄）

【提前7个月完成全年保险收入目标】 5月22日，大港局年累计实现保费15616.23万元，形成收入426.67万元，完成全年保险收入指标的100.6%，提前7个月完成全年保险收入目标。截至5月22日，大港局较2013年全年完成保险收入同比增幅35.7%，开创了大港局保险发展的新辉煌。

【成功举办贵金属展卖活动】 5月25日，大港局在胜利支局邮政大楼营业厅内举办贵金属展卖活动，吸引了众多客户前来欣赏和驻足购买。活动当天共销售集邮品、首饰产品以及贵金属纪念币等23万余元。

贵金属展卖活动（王琳琳 摄）

【收寄校园包裹成效显著】 大港局以“推动包裹业务发展，树立校园邮政品牌”为工作出发点，全面部署并开展了校园包裹揽收战役。自6月12日揽收正式启动以来，大港局累计揽收校园包裹985个，形成收入2.1万元。

【加快国内小包业务开发】 大港自开办国内小包业务以来，高度重视该项业务发展，从最初的1家每天10余件发展到目前的14家签约客户，日均交寄量320件。2014上半年共计收寄41128件，形成收入32万余元，完成全年国内小包进度71.6%，进度排名全市第一位。

【儿童剧商演项目首试成功 开启函件发展新模式】 7月26日、27日，大型儿童奇幻剧《蓝精灵》分别在大港影剧院和大港油田俱乐部上演，现场人气爆棚，家长和孩子们不仅能观看精彩演出，而且参与现场抽奖活动，这种寓教于乐的方式让孩子们兴奋，积极与主持人互动，两场演出取得成功，为赞助商们带来了人气与商机，两场演出形成函件收入20余万元。首演当天，17个区县局的主管局长、函件局长等到现场学习、观摩。与此同时，该项目还带动了集邮、电商、发行、分销等专业产品的宣传与销售。

【借力儿童剧商演 宣传“惠悦读”项目】 7月26、27日，儿童剧商演活动隆重登陆大港大剧院和油田俱乐部。两天来，多家赞助厂商助力商演，千余名观众参与活动并观看演出。大港投发公司充分利用此次活动，紧紧依托商演平台，立足当前“惠悦读”项目开展有针对性的宣传，取得明显效果，累计为1300多名小朋友及家长推介了各类发行产品，发放“惠悦读”会员手册1200本，累计700余人次扫描了报刊发行局的二维码，销售文化礼盒及儿童类图书25套。此次活动推动了大港专业联动平台的打造，为今后的儿童剧现场宣传活动奠定了良好的基础。

【举办首届贵金属节】 8月28、30、31日，该局依托天津市集邮公司的大力支持，紧跟市专业步伐，在大港区内举办了贵金属及邮品展卖活动，现场销售火爆。展卖产品囊括项链、戒指、耳饰等首饰，材质包括黄金、铂金、珠宝等品种，展示形式新颖多样，赢得了广大客户的欢迎，并配合此次展卖，在商贸街邮局举行了《诸葛亮》邮票的首发活动，截至目前共销售各类产品共计15万余元。

【“新学年进校园服务”活动效果显著】 大港局“新学年进校园服务”活动效果显著，截至9月14日，为校园新生加办短信516个，手机卡销售98张，飞机票15张，邮乐二维扫码538，开办储蓄绿卡397张，累计发放宣传单页1500余张。大港区域内六所院校共计新生11775人，其中本地生源3793人，外地生源7982人。为继续做好新生入学接待工作，将对新生有帮助的邮政业务及时宣传给广大新生，该局抢前抓早，结合区域内各大专院校开学及新生入学的实际情况，制定了大港邮电局“新学年进校园服务活动”专项活动的安排，开展进校园营销活动，并取得实效。

【举办《中国梦》邮票首发及邮品展销活动】 9月20日，借助本月发行《中国梦—民族振兴》邮票的契机，大港局双管齐下，举行了“中国梦—民族振兴纪念邮票首发及邮品展销活动”。展览当天，钱币类产品、中国梦—民族振兴题材邮品受到了众多集邮爱好者的欢迎，现场销售场面火爆。开展当天共销售邮品4万余元。

【举办“迎国庆酒水促销展卖会”活动】 恰逢“十一”国庆节到来之际，大港局分销专业积极依托邮政自身品牌价值，加快转型，强抓百姓市场，在太平镇集市开展“迎国庆，酒水促销展卖会”活动，直接面对消费人群。本次活动共销售白酒58瓶，散白酒30斤，真橙产品6套，印师傅气垫锅6口及进口食品等，共计销售5142元，销售成果喜人。

【职工王得红成功识破12万元电话诈骗】 10月22日下午，胜利支局官港营业厅的储蓄柜员王得红与一位79岁的用户张振国老先生交谈时，敏锐地发现张老先生神色慌张，语气急促，凭借高度的责任感和近期培训学到的经验知识，王得红成功识破了一起官港地区电话诈骗，避免了老人家12万元的财产损失，赢得用户称赞。张老先生的儿子亲自来到区局表示感谢，他说：“官港地区的老年人居住率高达90%，当地没有其他储蓄业务厅，老年人的储蓄业务全部依靠邮局。邮局服务态度好，员工耐心强在当地是出名的。这次多亏邮局帮助我的父亲、我的家人避免了这么大的损失，经济损失是小，老人的精神状态、身体健康才是最令人担忧的，真是太感谢大港邮政培养出这么负责机智的员工。”

【旅游年票销售火热】 10月18日，大港中塘支局为增加函件封片收入，拓宽产品销售渠道，积极转变思路，将旅游年票销售与旅行社服务巧妙结合。在区函件专业的全力配合下，通过全支局员工共同努力，成功组织58人的客户团队参加北京一日游活动，这也是继9月份大港小王庄支局组织88人的旅游团队赴北京之后的又一次旅游活动。大港局函件专业巧妙利用地域特色，努力开发农村市场，结合旅游年票销售项目，与当地旅行社合作，积极向农村客户宣传旅游年票的高性价比、高利用率的特性，在当地村民中得到认可，掀起大港地区农村家庭利用旅游年票结伴出行风尚。

【举办金融沙龙见成效】 10月25日，胜利支局邮政大楼储蓄网点成功举办金融沙龙讲座，场面火爆，共签订13单期缴保险，成交金额达16万元。

【提高普服活动见成效 投递员连续收到感谢信】 自市公司开展提升服务质量活动以来，大港局组织开展了一系列切实提高邮政普服的工作，切实做到“视用户为亲人，视邮件为生命”，得到用户赞扬。继12月10日收到双安里张承敬老人对石江辉、王健的感谢信后，该局办公室又收到来自大港油田港西运输中区老人梁女士的表扬信。梁女士已退休在家近20年，单位地址更新好几轮，投递员张端君同志几经周折将寄给她的一张写错地址的汇款单送到她手中，梁女士对此万分感激，同时对邮局培养出如此优秀、贴心的投递员表示感谢与支持。

【光荣榜】 2014年度该局市公司先进集体及先进个人：

先进集体：金融业务局

先进个人：

1.先进工作者：訾世亮、李培旭、隋毅、王琳琳

2.营销标兵：周璇、姜晓宇

3.服务明星：陶雯

（王琳琳）

滨海新区汉沽邮电局

【概况】 2014年以来，宏观经济形势复杂多变，汉沽地方行政机构改革继续深化，市场结构、客户结构的变化，无不影响处在转型中的汉沽邮电；金融类业务竞争加剧，邮务类业务需求低迷，业务发展“腹背”受阻。面对严峻的经营形势，该局全体干部员工团结一心，奋力拼搏，在竞争对手的重围中突破了一个个难关，完成了市公司下达的全年主要经营指标。

2014年完成邮政业务收入3254.5万元，同比增长-3.6%，达到预算进度101.4%，位列全公司第13位；完成有效收入2226万元，达到预算进度102.2%，同比增长-3.6%；完成收支差额-34.1万元，达到预算进度142.2%，位列全公司第4位。

截至2014年末，该局共有员工180人，其中劳务工90人；全员劳动生产率按业务收入计算达到18.08万元/人。

【机构】 2014年该局经营管理机构进行微调，2014年元月，原电信营业厅业务及人员并入中路邮政所；5月，杨家泊邮电所撤并，其邮政业务改为外包代办；7月，友谊路邮电所、东风北里邮电所自主运营。具体变动详见该局行政机构示意图。

2014 年汉沽邮电局行政管理机构图

- 局长
  - 副局长
    - 局长助理
      - 办公室
      - 金融业务局
        - 河西支局
        - 滨海支局
        - 新开路支局
        - 东风路支局
        - 东风北里所
        - 友谊路所
      - 市场部
        - 投发公司
        - 清河支局
        - 电子商务局
        - 集邮公司
        - 函件分局
        - 分销业务局
      - 财务部

【储蓄业务在重围中寻求发展】 由于利率市场化，理财多元化，金融业竞争呈现白热化。对此该局迎难而上，在夹缝中寻求突破的机会。年内积极抢抓市场信息。突破各银行的围追堵截，先后与茶淀镇、水产局达成资金代发协议，两次代发拆迁款3360万元；代发船补款2031万元，遏制了余额滑坡。

入户送福宣传代发拆迁款(李岩 摄)

【保险业务一枝独秀】 面对几年来保险业务发展低迷的现状，该局分析了历史和地域对其的影响，打出了整合宣传方式，加强政策激励，运用多种营销手段的组合拳；根据用户求稳的心态，向其推荐经过甄选的险种，力争多出单、出大单。截至2014年末，该局完成保险收入293.27万元，达到预算进度206%，创出历年新高。

【理财产品的销售异军突起】 各网点在下大气力“抓两额”的同时，大力促进理财产品的销售，充分利用网点荧光板、产品水牌进行宣传。各网点多说一句话，多一项服务细节，就赢得一份大单。全年销售理财产品(含资金池)7358万元，销售国债4229万元，同比分别增长204.5%和141%。

【全局发力促进金融业务发展】 以营销积分制为切入点，把揽收指标下达到每位非储员工，在政策上鼓励多劳多奖，按奖取酬，充分调动非储员工发展金融业务的积极性。截至年末，全员揽储1.8亿元，揽收保险1990万元。

【集邮业务确保“开门红”】 以甲午年生肖邮品为抓手，积极组织开展《马到成功》生肖贺岁专题营销项目，利用生肖票品的影响力，合理引导全体员工参与营销活动，形成收入50万元，为完成首季开门红指标夯实了基础。

【全力打造集邮文化平台】 以“天津建城设卫610周年”为载体，借助《天津卫》《天津话》邮册的发行，开展邮品签售活动，提高了特色邮品的文化品位，为集邮业务打好文化牌，扩大了影响。

【举办汉沽首届贵金属节】 以贵金属、钱币类产品为主推业务，由专业牵头对本区域的大客户、集团客户进行逐个走访；同时对全体员工进行营销培训，节前累计销售《2014熊猫金币套装》20余套，形成收入40余万元；举办“贵金属节”期间售出贵金属产品20万余元。

【立足大滨海引领大项目】 该局与滨海新区民政局合作，成功开发《拥军爱民　共建美丽滨海》组合套装产品，在“八一节”慰问驻区部队官兵，一次创收70万元；为教育市民文明祭扫，再度与滨海新区民政局合作，为其印制“文明祭扫”的宣传单页，并利用自身的投递优势广而告之，社会反响良好，一次创收10万元。

【账单业务投递方式升级】 该局与建设银行经过多次协商，双方达成了账单升级投递意向。由之前的单挂号升级到现在的银企回执账单，极大提升了服务客户的深度，同时函件业务收入随之提高。

【变社会热点为函件业务的卖点】 发挥邮政投递网络优势，与滨海新区药监局合作，宣传新春用药安全知识；借助“3.15”的平台，成功组版《“3.15”消费指南》汉沽专版，形成收入3.5万元；获得天津市人防办宣传项目，其个性化方案设计满足了客户需求，为局里创收5万元。

【成功开发婚博会小包】 制定了贴心服务方案，确保当天发件，同时为客户查询投递情况，并及时反馈。本次小包大单，共寄递10000件，创收5万元。

【完成2015年度报刊大收订任务】 该局克服区域报刊市场紧缩等难题，实现报刊流转额441.44万元，完成预算进度100.1%；完成一次性订销收入139.74万元，完成预算进度103.5%.。同时重点做好私费报刊市场补续订工作，全年完成补续订18.22万元。

【完成2014年秋季高考成绩单和录取通知书投送】 高考成绩单和录取通知书下发后，合理安排道段，克服酷暑天气主动放弃午休，确保服务质量和投递时限，共投出成绩单1379份、录取通知书155份。无一误投、错投和超时限现象。

【做好账单及国内小包业务的日常投递】 目前银企账单和国内小包业务量逐年增加，投递人员克服业务量大、工作繁重等困难，强力支撑函件业务发展。全年投递国内小包37718件，电销保单3017件。

【代收款业务超额完成了全年指标】 该局通过拓展电力等新增押钞网点，全年实际完成代收款113万元，完成预算进度的118.26%，实现了超收。

【做大做强车险业务】 车险业务是2014年新开发的业务，也是今后电商的核心业务和新的业务增长点，下半年上线后，该局已成功营销8单车险，为今后发展积累了经验。

【“邮礼天下——福至新春”专项营销活动业绩斐然】 实现收入17.73万元，完成全年计划26万元的68.18%，为分销全年收入完成夯实了基础。

【组织冲刺四季度酒类销售竞赛】 该活动形成收入22万元，保障了该局年度收支差额指标的完成。

【机制完善年硕果累累】 年内建章立制12项，其中，推行了营销积分制、制定出台和参照落实有关改进工作作风、密切联系群众的规章制度6项；该局修订完善有关反“四风”方面的规章制度4项，参照落实市公司修订后的制度2项，为建立企业长效机制夯实了制度基础。

【完善网点服务功能，提高市场竞争力】 该局新开中路邮电所年内完成了自助银行的升级改造，新增用户存取款机2台，实现了昼夜24小时服务。

【开展提升服务质量系列活动】 开展了“美丽天津、美丽邮政”及“视用户为亲人、视邮件为生命”

等系列活动。对影响邮政服务环境的问题进行了全面整治，在全公司局容局貌检查评比中获第二名；同时该局还增加了视检稽查频次，落实各项服务制度，使该局整体服务环境进一步优化，年内又有四个对外服务窗口通过了市公司三星级窗口的验收。

【结合业务发展重点进行技能培训】 金融专业根据全员揽收保险的需要，在年内先后对全员进行了“中邮保险合规”培训等12次保险业务培训，参训人员960余人次，推动了保险较快发展；集邮专业把生肖系列邮品、贵金属、钱币类产品作为主推产品，对全员进行培训，提高了全员集邮品营销能力。

【搭建多重业务宣传平台】 创新宣传模式，以“广场舞营销项目”为抓手，深入各广场舞蹈队，宣传推介各种金融产品；举办了“迎中秋”商品展销，在广场、公园、网点设置六个宣传点，现场演示“真橙”清洁产品的去污效果；各网点定期开展抽奖活动，告知储户抽奖内容，对大储户实行电话邀请抽奖。

深入广场舞现场宣传金融业务（李岩 摄）

【提高财务管理质量】 加强资金管控。严格履行资金审批手续，加强对营业资金、应收款项和存货的管控，多方融通资金，积极协调确保资金及时到位，支撑业务发展。开展发票自查，逐笔进行查验对比，对发票领购、开具、使用等进行规范。

【落实“两方案一计划”，开展专项治理工作】 严格落实禁止“公款吃喝”、“公款送礼”有关规定，全年业务招待费同比下降了34%；规范了公用车辆的使用，全年降低车辆费用7.5%；全面治理文山会海，全年发文量减少了22.4%；规范了企业经营行为，杜绝了虚列收入、虚列成本以及紧俏邮票卖大户等违规经营行为，整改治理工作初见成效。

【完成党组织关系的转移对接】 因滨海新区机构调整，该局党组织关系由原汉沽工委转接到滨海新区国资委。2014年5月，经滨海新区区委的统一安排，该局党组织与新区国资委党委顺利实现了对接，完成了党组织关系的移交和备案，保障了2014年各项党建工作正常进行。

【开展党员进社区活动】 该局党总支按照市委、滨海新区区委关于“在职党员志愿服务社区”的文件精神，深入开展“党员进社区”活动，利用业余时间在社区参加志愿服务。全局29名党员分别在六个社区党组织进行了登记，适时参加社区党组织开展的志愿服务活动。2014年国庆期间，该局在王园里社区的党员，参加了社区党组织发起的法律咨询等志愿服务；红霞里社区的党员参加了首次“烈士纪念日”纪念仪式。

党员进社区（李虹 摄）

【积极为职工办实事】 该局工会认真落实市公司“两个基金”会的新规定，为符合条件的员工积极申请各类补助。截至年末，享受两个基金会补助人员共10人，获得补助资金14100元，其中“大病基金”补助3人，“互助互济”基金补助7人。主动参与市总工会主持的“金秋助学”、“两节慰问”困补活动，该局受益职工达到7人次，分享补助资金4800元。

【共青团组织募捐活动】 该局团总支组织全局

职工，为云南地震受灾的邮政职工，募捐衣物300余件。

【光荣榜】 2014年度该局市公司级先进集体和先进个人

先进集体：函件分局

先进个人：

1.先进工作者：吕艳宁、吴金花

2.营销标兵：韩宝丽、刘媛媛

3.服务明星：焦健

4.优秀共产党员：吴金花

（唐建国）

汉沽邮电局网点服务指南（2014）

网点名称		电话号码	地址	邮政编码
投发公司	封发	25694044	汉沽新开中路55号	300480
	发行	25695106		
	投递	25695369		
新开路支局	中路邮政厅	25694019	汉沽新开中路55号	300480
	中路储蓄厅	25695629		
	文化街储蓄所	25695531	汉沽文化西街	300480
河西支局	宜春里邮政所	25664500	汉沽河西二经路	300480
	自来水储蓄所	25683434	汉沽新开中路	300480
东风路支局	人民街储蓄所	67271127	汉沽建设南路	300480
	中阳里储蓄所	67120142	汉沽东风中路	300480
滨海支局	滨海储蓄所	67197087	汉沽滨海小区	300480
	战斗街储蓄所	67197209	汉沽东风南路四季花苑	300480
清河支局	支局长	67210006	清河农场五科	300481
	五科邮政所	67210024		
东风北里所	东风北里储蓄所	67198924	汉沽东风北路	300480
友谊路所	友谊路储蓄所	67117433	汉沽东风中路65号	300480
金融业务局	局 长	25689887	汉沽新开中路55号	300480
	业 务	25660061		
集邮公司		25665962	汉沽新开中路55号	300480
电子商务局		25694561	汉沽新开中路55号	300480
函件分局		25669880	汉沽新开中路55号	300480
分销业务局		25695124	汉沽新开中路55号	300480

武清区邮电局

【概况】 武清区邮电局(以下简称武清局)位于天津市武清区前进道131号，服务面积1574平方千米，服务人口110万人，承担全区邮件的收寄、分拣封发、运输、投递等任务，业务种类涉及直邮广告、充值缴费、集邮藏品、报刊发行、金融保险、基金理财、速递物流、票务代理、商务礼仪、农资分销等众多领域。下设办公室、计划财务部、市场经营部3个职能部室，函件、集邮、投发、代理金融、电子商务、分销6个专业，30个服务网点，其中，代理储蓄业务网点15个。通过市邮政公司评审的五星级营业窗口1个（雍阳东道邮电支局)、五星级投递窗口1个(投发公司)、三星级营业网点11个、三星级投递网点5个。区内自办汽车邮路4条，单程总长度250公里。投递道段63条，其中市投道段12条、乡邮道段44条、汽车大户段7条，道段里程总长度为2809公里。段均里程为44.59公里；社区服务站4个，社区道段6条；现有点交户为9100户，村邮站284处。2014年末有在岗职工297人，其中合同工110人、劳务工187人。

【业务发展创佳绩】 2014年，武清局累计完成业务收入8421.6万元，完成年计划的105.7%，列全市第二，增幅8.4%，列全市第二；有效收入完成6270万元，完成年预算的104.7%，进度列全市第一，增幅2.5%；利润完成1995.1万元，完成年计划的116.5%，列全市第五，超进度绝对值282.4万元，列全市第一；人均利润达6.83万元，列12个区县局第二。

【"金包"业务再创收益新高】 代理金融业务完成收入5491.9万元，完成年预算的104.2%，列全市第三，增幅12.5%，列全市第二。代理金融业务收入占邮政业务总收入比重达到65.21%，超市公司平均水平12.3个百分点。其中，公司业务日均余额达6.7亿元，实现收入1345.1万元，助推了全局代理金融业务收入的整体完成；储蓄余额累计净增2.22亿元，列全市第二，占全市净增余额的22.5%；中邮保险保费净增2599.4万元，规模列全市第一。低效网点改造一炮打响，迁址重建的下朱庄网点开业仅186天实现余额破亿；顺利开发并成功运作黄庄街房款结算项目，沉淀余额1.7亿元，使前进道支局年末余额突破2亿元，创造了崭新的"前进道"速度。

国内小包业务完成收入207.7万元，完成年预算的104.2%，规模列全市第二。武清局依托崔黄口地毯园发展优势，通过提高服务质量、延长收寄时间、调配收寄人员，累计收寄国内小包26.8万件，圆满完成了小包收入目标。特别是在"双11"期间，小包业务更是一路飘红，日均收寄量达3233件，11月14日收寄量突破4000件，为全市小包收寄目标的完成做出了贡献。

【传统业务实现创新发展】 函件专业完成收入521.9万元，完成年预算的127.9%，列全市第二。专业加强顶层设计，一方面以惠民项目为抓手逆转政务市场紧缩的态势，一方面以电商小包业务为突破，提质增量，取得了良好效果。

集邮专业完成收入706.1万元，完成年预算的100.2%。专业全力挖掘高端市场，不断加强项目开发与拓展，扩大礼品型邮品的营销成果，提高集邮专业的利润率。在"首季开门红"活动中，超额完成专业部署的冲刺指标，列全市第一名。

报刊发行专业完成收入375.4万元，完成年预算的100.1%。在做好报刊大收订工作的同时，专业加强了零售报刊亭点的管理，对16个旧式报刊亭进行了粉刷，实现了4处停业报刊亭重新营业；继续实行报刊亭亭身广告招租，年内形成收入9.6万元。积极开发第三方订阅市场，完成商务期刊收入15.7万元，排在全市前列。

包裹业务实现突破性发展，全年完成业务收入231.9万元，完成年预算的165.7%，进度列全市第一。其中，亚马逊项目实现收入131.5万元。

【战略性业务亮点突出】 电子商务专业完成收

入752.1万元，完成年预算的100.9%。专业注重拓展渠道、搭建平台，累计新增便民服务站138个，列全市第一，且全部叠加代收电费业务，提升了经营质效。全年净增储蓄短信1.86万户，形成收入204万元，列全市第三。代理票务形成收入16.5万元，列全市第二。

分销专业完成业务收入122.3万元，完成年预算的101.1%，增幅30.2%，规模列全市第四，增幅列全市第三。专业提前一个季度完成全年预算目标，且多项业务排在全市前列，其中，农资销量位居全市第一，收入全市第二，板块利润全市第一；真橙产品销量全市第一；酒水收入全市第三。

代理速递业务实现收入94.3万元，剔除礼仪商品收入，完成年计划的101.4%。快递包裹收入在全局大力倡导“普转快”的政策支持下，超额完成指标。全年成功开发多个协议客户，带动速递资费收入增长。

【素质工程扎实推进】 武清局坚持把每一年都当做“素质提升年”，通过开展职业道德、业务知识、操作技能等方面的教育培训，员工素质得到进一步提升，窗口员工的五笔汉字录入速度均在每分钟50字以上；持中级以上证书员工占比达60.3%；温爽在中邮保险总公司举办的第一届中邮保险业务技能大赛中获得“个人三等奖”；刘学艳顺利通过考评，成为全市唯一的邮政储蓄高级技师。

【基础管理持续强化】 加强了财务管理。业、财部门密切配合，顺利完成“营改增”税制转换工作；制定《武清区邮电局发票管理办法》，建立发票管理内控流程；加强成本管理和欠费管理，积极营造勤俭节约的良好氛围；完成新旧固定资产管理系统的衔接工作，通过盘活雍东、雍西、前进道几处房屋资产，年均新增利润430万元；严肃财经纪律，保质保量地完成“小金库”等专项治理工作。

加强了营投窗口服务质量管理。不断深化板块联席会制度，强化业务制度培训，干部员工依法合规经营意识大大提高。持续开展对各营业、投递网点规章制度执行、对外服务质量的监督检查，全年未发生通信质量事故。

加强了人力资源管理。制定跨年培训方案，着力提高职工素质；设置专门替班员，盘活现有人力资源，提高工时利用率；完善考核激励机制，对业务素质突出的员工进行奖励；着力打造业务指导及视察员队伍。

【基础建设大有作为】 3月16日前进道邮件处理中心投入使用，迁址的下朱庄支局、前进道支局、原址重建的城关支局以及10处空白乡镇补建网点均顺利开业，光明道、崔黄口两处新局址建设进展顺利，完善了武清区邮政基础设施建设。完成梅厂、东马圈等20个网点装修改造工作和全区信报箱、邮箱、报刊亭等设施的粉刷维修工作，提升了网点对外服务形象。

基础建设（武清局 供图）

【服务质量赢得好评】 武清局狠抓营投服务质量，组织学习贯彻营投从业人员服务规范，有效提升服务质量和水平，国内小包及时投递率、银企对账单的信息反馈率、名址维护的信息维护率排在全市前列。全年收到用户来信来电表扬12人次，用户满意度达96.48分。下朱庄、前进道两网点分别获得三星级营业窗口称号，投发公司获得五星级投递窗口称号，崔黄口、大良、河北屯、黄花店四网点三星级窗口复评通过率100%。

【和谐企业建设取得新进展】 武清局明确员工基础工资及绩效奖金不受本职工作以外的专项活动考核，只奖不罚，通过开展多种劳动竞赛为员工成长和增收搭建平台。在干部员工的共同努力下，武清局每季度均超额完成“一档”收入目标，9名劳务工因此转为合同制员工，全年“转招”人数达28人。武清局关心员工健康及生活，切实组织好在职员工和退休员工的体检工作；积极开展寒暑期慰问和两节送温暖活动，切实加大员工保障力度，互助互济基金会入会率达100%，为在职病困员工及退休病困员工申请相关补助，各类款物合计金额达7.4万元。本着建家就是建企业的思想，建设了台球室、乒乓球室、健身房、小浴室及员工食堂。2014年，再次被市公司评为"先进单位"，并获得特等年终奖和总经理专项奖，成为人均收益最高的单位。

【召开一届二次职代会暨2014年工作会议】 武清局一届二次职代会暨2014年工作会议于1月22日召开，会议由副局长、工会主席李秀海主持，速递物流武清分公司胡晓平经理应邀出席。会议传达贯彻了天津市邮政公司首届二次职代会暨2014年工作会议精神，并对2013年度先进集体、先进个人、在职业技能大赛中表现突出的优秀选手以及在金融业务发展中涌现出的先进单位和个人进行了表彰。

会议审议并通过了孙树印局长所作的《统一思想　创新实干　科学转型　加快发展　确保完成2014年各项任务目标　再创武清邮政新辉煌》的工作报告。还审议通过了《武清区邮电局2014年度绩效考核办法》《武清区邮电局安全生产考核办法》《武清区邮电局评先办法》《武清区邮电局考勤管理办法》和《武清区邮电局2014年投递按量计酬分配办法》，听取审查了企业招待费使用情况的报告。

会上，两位副局长分别与孙局长签订了《经营责任书》和《安全生产综合目标责任认定书》，各部室、专业负责人分别与分管局长签订了《经营责任书》和《安全生产综合目标责任认定书》，各网点负责人分别与孙局长签订了《经营责任书》、与李副局长签订了《安全生产综合目标责任认定书》，进一步明确目标、细化责任，落实精细化管理。

2014年武清局的工作思路是：以科学发展观为指导，坚持"稳中求进、进中提升"的总基调，深入贯彻市公司"1133"工作部署，创新经营模式，整合企业资源，发挥区域特色优势，突出转型发展，全面完成"四个三"工作任务：一是提倡"三个精神"，即担当精神、创新精神、奉献精神。二是理顺"三个关系"，即指标与效益的关系、政策与市场的关系、基础建设与发展的关系。三是完成"三个转型"，即经营转型、管理转型、企业文化传播转型。四是实现"三个提升"。

一届二次职代会(武清局 供图)

【崔黄口支局小包收寄不打年盹】 2014年1月，武清崔黄口支局共收寄国内小包41667件，日均收寄1344件，单日收寄最高峰达3107件，当月实现收入31.54万元，占全市国内小包收入的四分之一，提前超额完成一季度"开门红"目标。自崔黄口支局开办小包业务以来，各级领导高度重视，多次到现场指导工作，及时解决场地狭小、设备不足、人手不够的问题。市公司副总经理、工会主席张德荣和工会副主席刘景利还曾亲自前往慰问，为大家加油鼓劲。春节前，随着各私营快递公司陆续放假，越来越多的新客户找上门来，崔黄口支局小包收寄量持续攀升。为把握营销绝佳时机，崔黄口支局坚持"小包收寄无假日，服务质量不打折"，持续为大客户提供上门取件服务，积极向新客户宣传邮政小包业务优势，协助客户解决假日"发货难"的问题。为保证邮件传递时限，武清局函件集邮专业的几名员工每天到网点进行支撑，投递员归班后也及时加入到收寄队伍中来，与大家一起加班到八、九点，有时甚至加班到十点。在中心局的大力支持下，无论多晚，小包都能保证当日出口，充分体现了"全网一盘棋，全线一条心"。

【中国国防邮电工会领导莅临武清局调研检查指导工作】 4月3日，中国国防邮电工会董秀彬主席在中国邮政集团工会关荣顺常务副主席及天津市邮政公司工会领导的陪同下一行8人，到武清区邮电局就邮政系统工会基层组织工作现状与问题、职工切身利益与实际困难、职代会制度建设等内容进行座谈。调研组还深入到投发公司慰问一线职工，直接听取职工的心声。调研组对武清局近年来加快生产发展、打造过硬的职工队伍、工会工作开展得有声有色给予了高度赞扬，董主席说“武清局工作全面发展，特色突出，走在了全国邮政系统的前列”。

工会领导调研（武清局 供图）

【首季“开门红”夺魁】 武清局一季度累计完成业务收入2745万元，完成进度137.8%，摘得全公司桂冠。其中，“金包”业务实现了突破性发展，金融、函件两专业均列全公司第一；集邮、分销、发行三个专业均列全公司第二，代理速递业务列全公司第三，电子商务专业列全公司第六。一季度人均收支差额达3.42万元，列12个区县局第一。

【领导班子调整】 4月29日，依据津邮任【2014】12号文件，武清局新任班子成员报到。曹有兵同志任武清局副局长，慈洪川同志任武清局副局长、韩轶同志任武清局局长助理，同时免去李秀海、回秀芳、曹有兵、慈洪川几位同志原职务。新任领导均表示将尽快适应岗位，发挥特长，多做贡献。

【下朱庄支局开业186天余额破亿元】 下朱庄支局深入落实市公司“1133”工作部署和区局大力发展储蓄业务的要求，在开业后仅186天的5月22日成功实现余额破亿，达到10149万元。下朱庄支局面对激烈的市场竞争，打出了“温情牌”，通过先交朋友、再谈业务的方式，积极推介邮储产品，加大营销力度，不断地促进储蓄余额的增长。网点的每个窗口前还贴心地摆放着糖果盒，专门为用户准备，可以随手取食。“办完业务都高兴”是该支局的服务目标：只要客户有需要，随时车接车送，全程陪同客户办理相关业务；只要客户有意向，立即做好登记，及时跟进促成。如有问题，及时解决，如有困难，随时帮助，目的就是要让所有客户办完业务都高兴。晨会通报，夕会总结，随时登记，适时联络，细分客户，用心服务，下朱庄支局走出了“以服务促发展”的成功之路。

【提前一个月实现“任务过半”】 2014年1至5月，武清局累计完成业务收入4003.5万元，完成年计划的50.3%，成为全市唯一提前一个月完成上半年收入目标的单位。该局一直把金融业务作为“吃饭业务”来抓，以网点转型工作为依托，抓大项目、抓大客户、抓保险、抓余额。在这种思路的指引下，该局的金融网点完成了由“被动学习”向“主动学习”的学习转型、由“平均主义”向“突出重点”的经营转型、由“规范服务”向“亲情服务”的服务转型、由“单打独斗”向“协同作战”的营销转型，实现金融收入2371万元，为总收入的完成做出了突出贡献。为了降本增效，武清局制定了“先工作后生活，先生产后机关，生产支出要保证，行政费用要卡紧”的纪律，小到水、电、燃油、通讯费，大到人工成本、经营费、宣传费都逐一进行核算将成本控制到最低，截至5月底，武清局人均收差达4.4万元，列12个区县局第二。

【高考成绩单投递战役旗开得胜】 按照市公司2014年秋季高考成绩单投递工作的总体要求，武清局立即召开专题会议，三大板块团结协作，制定具体内部作业及投递流程，经过广大干部职工的共同努力，高考成绩单当日妥投率达到99.05%。

高考成绩单是考生填报志愿的重要依据，为确保成绩单信息安全，该局将4楼培训中心作为成绩单邮件内部处理场地，成绩单内部处理小组20余名分拣、录入人员提前进入工作现场，施行封闭作业，严禁无关人员进入。

23日早7:40高考成绩单拉运到局后，处理小组成员按照既定流程开始核对数量、分拣支局邮件、细分城区小区及道段邮件等工作。三大板块领导均亲自督战，密切关注处理时限和各环节衔接配合工作。早8:30，农村支局高考成绩单邮件分拣封发完毕，支局负责人将成绩单邮件拉运回局进行投递准备，确保及时出局投递。经过所有参战人员的共同努力，截至23日11:00，城区全部高考成绩单邮件完成内部分拣、登单处理。

由区局领导班子带队，三大板块共组成的18个投递小组利用个人车辆与全体投递人员并肩作战，大家克服天气闷热的恶劣环境，甚至连午饭都没有来得及吃，经过近6小时的奋战终于圆满地完成了投递任务。各农村支局长亲自带领投递人员投递成绩单，公休人员也主动放弃休息，23日日终共有9个支局完成全部成绩单的投递。

武清局共收到高考成绩单5569件，转退6件，截至6月23日日终，投递5563件，当日妥投率达到99.05%。

投递高考成绩单（武清局 供图）

【全力进军文化传媒市场】 8月31日下午两点半，由武清区邮电局主办，邮政手机超市、UCC自行车、宝岛电动车协办，奥克斯地产全程独家冠名的儿童剧《蓝精灵——影子笨笨》在武清区少年宫拉开帷幕，共吸引500余名观众观看，形成收入20万元。加上8月23日上午由麒麟瑞祥珠宝冠名、香港TVB明星骆达华助演的开业庆典演出30万元收入，武清局商演收入已达50万元，提前完成了全年目标。

一把手赴河北省交流学习归来后，武清局迅速召开干部会议，宣传推广河北省商演、会展的先进经验，按照集团公司和市公司“以传媒理念发展函件业务”的要求，把开展商演、会展活动作为函件专业转型发展、进军文化传媒市场的重要举措。在拓宽思路与视野的基础上，该局进一步梳理了函件专业在房产、旅游、汽车、金融、餐饮、零售等行业的客户资源，将大、中、小客户进行了细分，经过多方接洽，最终赢得了几家赞助商的认可。

为确保服务质量、提高在传媒市场的影响力，武清局决定整合专业资源，为用户设计商演、会展、DM广告等全套宣传营销方案。同时，在商演活动中，采用微信抢票、扫码赠票等方式吸引观众，全部演出票“只赠不售”，直至演出前仍有不少人带着手机截图到奥克斯地产索赠，面对一票难求的局面，冠名商不禁感叹：“真没想到能这么火！”

进军文化传媒市场（武清局 供图）

【成功运作黄庄街房款代发项目】 8月中旬，武清局启动了黄庄街房款代发项目，积极与黄庄街道办合作，在前进道网点为拆迁户提供全流程的房款结算服务。

本次代发工作时间紧、任务重，为确保项目进度，武清局提前一个月进行谋划，由金融部牵头制定了细致的工作流程，8月12日至14日，从各部门、网点临时抽调的36名员工组成了证件复印组、存折开办组和身份信息核查组三个工作小组，连续三天加班至凌晨，城区5个网点安排专人同步支撑，加快了身份信息核查速度，使6102笔代发信息核对准确并开折成功。

中秋节期间恰逢代发高峰，区局领导班子、各部室、专业和部分网点人员均放弃公休，尽己所能，做好宣传引领、填写单式、车辆疏导等工作。营业厅还为用户准备了桶装水、糖果和藿香正气水等食品、药品。用户对每名窗口都设“填单员”的做法非常赞赏，称邮政服务好，办理业务快，为用户节省了很多时间。

据统计，项目共进账1.7亿元，前进道余额突破2亿元。

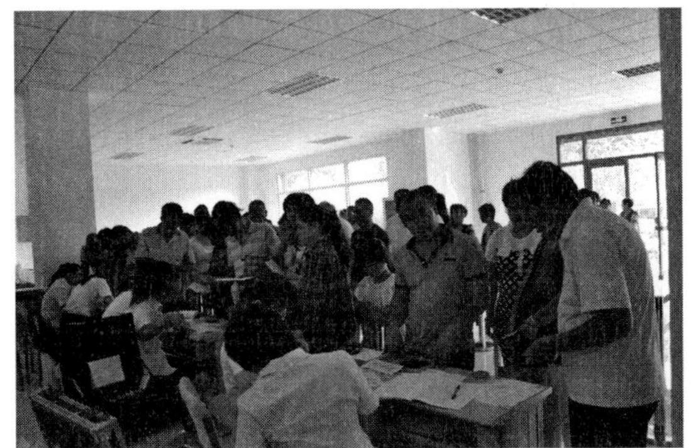

代发黄庄街房款(武清局 供图)

【李克超总经理到武清局调研】 12月30日下午，市公司总经理李克超在市公司办公室、市场部、人力部及金融局主要负责人的陪同下，到武清区局调研指导工作，并提出新希望。

李总经理一行先后走访了下朱庄支局、崔黄口支局、前进道支局和投递局，与支局长、一线员工深入交流，了解网点代理金融、小包寄递等情况。李总经理还专程到光明道及雍阳西道两个基建工程现场查看情况。

之后，李总经理与区局领导班子和中层干部进行了座谈。座谈会上，武清局局长孙树印介绍了武清局的经营发展概况，重点汇报了2015年区局以突出创新主体、打牢服务基础、加强队伍建设、抓好基础管理工作、实现业务跨越式发展、凝聚团结力量为核心的“六个一”工作思路，并就基础管理、队伍建设、金融业务发展、投递网改革等方面对天津邮政经营管理工作提出8条建议。

李总经理认真听取了汇报，就专业整合、投递改革、队伍建设等内容与区局领导进行了交流探讨，对区局取得的优秀业绩、超前谋划的经营思路及全体干部员工良好的精神面貌给予充分肯定，并对下一步工作提出三点希望：一是调整结构，加快代理金融业务转型。合理调配金融从业人员，加大外拓宣传营销力度，充分运用信息化手段细分市场，提高商贸及外来务工等客户占比，发展商易通，提高自助机具替代率。二是不唯计划，深挖寄递市场潜力。紧密依托电子商务产业园区发展，做大国内小包业务规模，提高市场占有率，营销模式由“以产品为中心”向“以客户为中心”转型。三是实施“三化”，打造便民服务平台。即通过自动化、信息化及社会化手段，推进投递队伍改革，积极服务地方经济，整合现有资源，做好综合服务平台建设，提升“最后一公里”服务水平。最后，李总经理鼓励区局员工围绕市公司总体经营思路，扎实工作，多献良策，力争在2015年实现新的跨越式发展。

李克超总经理调研(武清局 供图)

【光荣榜】 2014年，武清局被评为全国邮政系统先进集体、天津市邮政公司先进单位。区局党总支被评为市公司先进党组织、武清区先进党支部，机关党支部被评为市公司先进党支部。武清局的经营和服务工作也得到了社会各界的认可，荣获2012—2014年度天津市文明单位，第八次被区委授予“行风建设先进单位”称号。

孙萍、杨鹏、陈明被市公司评为“先进生产者”，胡风和、朱振林、裴海建、王立娜、张艳杰被市公司评为“营销标兵”，李洪颖被市公司评为“服务明星”。陈志慧被中共天津市邮政公司委员会评为“优秀基层带头人”，王尤、陶建忠被中共天津市邮政公司委员会评为“优秀共产党员”。刘雅英被武清区委评为“优秀共产党员”，赵玲、侯辉、曹春海被区直党委评为“优秀共产党员”，姚欢欢被区直党委评为“优秀党务工作者”。

商景超、张建亮、叶磊、钟晴、杨梓莲、刘志全、张宝明、张梦媛、何健9人因表现优异转为合同制A类员工；丁志杰、赵立娟、李国良因金融网点负责人身份转为合同制B类员工；李亚涛、张云美、曹立娜、徐立艳、刘艳君、王美华、孙玉梅、赵振慧、陈俊智、贾海军、安品刚、胡晓霞、刘祝欣、李志强、杜平、张云花19人因表现优异转为合同制B类员工。

(姚欢欢)

宝 坻 区 邮 电 局

【概况】 宝坻区邮电局（以下简称宝坻局）2014年末共有合同工93人，劳务工133人，合计 226人。全局共有21个服务网点，服务面积为1450平方公里，服务人口70万人。固定资产净值11471807.57元，局属房屋面积 9209平方米，用于生产或办公用汽车43辆，计算机76台，电动车11辆。

机关所在地位于天津市宝坻区建设路114号，邮政编码301800，联系电话022-29225038.

【主要经济指标完成情况】 2014年宝坻局坚持科学发展，以经济效益为中心，以优化发展方式为主线，按照市公司“稳中求进，进中提升”的工作思路，解放思想，抢前抓早，克服困难，扎实推进，围绕“转方式、调结构、促和谐”的根本任务，深入践行“创新驱动发展，实干成就价值”的核心理念，各方面工作都取得了可喜的成绩。

2014年累计完成业务收入4025.42万元，完成计划指标的101.01%。

有效收入累计完成2938.51万元，完成计划指标的102.14%。

收支差额完成137.83万元，完成预算的149.82%，完成预算排名全市第2位。

【函件专业以细水长流平稳发展】 收入累计完成256万元。其中电商小包完成19.8万元，无名址完成130余万，封片卡完成98万，其他8.2万元，超额完成目标任务。DM报纸平稳发展，2014年DM广告业务继续保持比较强劲的发展势头，平均每周出刊2期，市场占有率进一步扩大。不但为函件带来了大量的无名址收入，也为储蓄业务、集邮分销，特别是电子商务的短信业务带来大量客户。《旅游年票》销售开展如火如荼，在全局领导干部和员工共同努力下销售7700余册，在全市销售年票遥遥领先。电费通知单约投挂号逐步增加，电商小包发展较上年有很大突破，通过营销人员开发客户，逐步增加。为电商的发展打下良好基础。2014年，还成功组织了2次商演，社会反响强烈。

【集邮专业超额完成年度计划目标】 完成集邮收入469万元，有效收入完成126.4万元，均超额完成年度计划目标。

2014年，宝坻局集邮专业紧抓社会热点，重大活动，实施项目拉动策略，多次开展阶段性劳动竞赛，全体员工积极响应，全员参与，创造了一个个销售奇迹。新年伊始，集邮专业精心组织，备齐充足的货源，开展了以马年生肖为主题的营销竞赛，并以此类产品带动其他集邮品的销售，取得了不错的效果。为了促进定向业务的开发，集邮专业认真分析了宝坻区域特点，加大开发力度，开发中国人民解放军大将8枚版个性化10630版，形成收入34万元。同时全年开发了两单形象年册，共1300册，收入31万元。在市专业的大力支持下，成功组织了五次规模较大的钱币、珍邮、黄金制品展销，共形成收入130万元。特别是在8月中旬，组织相关营销员、支局员工参加了津邮集藏礼品店的黄金、珠宝展销会，由于前期准备充分，销售情况非常好，两天共形成集邮收入80万元。

【电子商务专业扎实推进排名靠前】 完成收入435万元，完成收入进度的101%。其中邮储短信累计净增10092户，累计在网451286户，新增活期账户加办率71.2%，成功扣款率63.5%，列市公司第6位。累计代收话费97.79万笔，同比增长-2.38%，其中窗口代收费完成14.19万笔，便民服务站代收费完成83.6万笔，便民服务站收费占比85.5%。便民服务站发展形势喜人，2014年新增便民服务站网点106处，新增站点列市公司第2位，累计站点保有量410处，列市公司第1位，网点开办率达到94%，为代收费业务的发展打下坚实的基础。航空票业务累计销售199.96万元，完成任务的77%，进度列市公司第8位。

【投发专业全面完成2015年报刊大收订工作】 共计完成报刊一次性流转额630.5万元，完成指标数的100.08%，位列全市第七位，报刊收入完成195.3万元，完成指标数的102.79%，位列全市第三位。

【分销专业酒水销售独占鳌头】 分销专业共完成收入97.85万元，完成全年收入的127.07%，全市收入排名第三位。其中酒水完成55.32万元，全市名列第一位。农产品完成28.4万元，日化完成2.17万元，日化销售占比较低。农资化肥比上年稍有下降，全年累计销售390吨，收入12.09万元，列全市涉农区县第二位。在"福至新春"专项营销活动中超额完成市公司下达的38万元的目标，列全市第七位。在"月满中秋"活动中市公司下达15万元的任务，宝坻局完成22万元。市公司专题会议上宝坻局做了经验介绍。发展38家散酒加盟店，列全市第一位。农资化肥销售全年累计390吨，形成收入12万元，吨位数在全市第二位，收入排名全市第一位。表现突出的支局林亭口销售88吨，方家庄销售69吨，王卜庄销售51吨，黑狼口、新开口、大口屯都超过20吨。

【校园包裹营销超额完成】 国内包裹收入完成85.7 万元，比上年略有增长。共收寄校园包裹4720件，包裹收入15.54万元。完成校园包裹营销目标的129.46%。

【"粽情端午"专项营销活动】 在"粽情端午"活动中完成任务的120%，列全市第六位。

【"月满中秋"专项营销活动】 在"月满中秋"活动中市公司下达15万元的任务，宝坻局完成22万元。

【代理金融业务发展情况】 2014年，宝坻局认真贯彻市公司调整业务结构的工作要求，坚持不懈抓发展，加大力度调结构，扎扎实实推转型，以发展"两额"为重点，加快理财业务发展，同时通过绿卡、电子银行、代发工资及商易通等项目提升客户黏度，多措并举确保两额发展，开展了各类竞赛活动及大张旗鼓的宣传活动，促进金融业务的全面健康持续快速发展。

代理金融收入年累计实现收入2415.33万元，同比增幅7.72%，完成年计划的102.26%，绝对值超53.38万元。全年资金总量完成43560万元，创历史新高。储蓄余额净增完成16392万元，余额规模达到154566万元，活期占比23.62%。全年实现保费19680万元，保费年累计销量创历史新高。实现代理保费收入504.42万元，完成年计划的135.23%，绝对值超131万元。其中实现中邮保费692.55万元，期交完成271.77万元。理财销量5155万元，基金销量1741万元，国债销量592万元。POS机年累计开发26台，沉淀金额61.86万元。

【夯实管理，合规经营】 "合规经营"是重点工作之一，2014年一方面加大培训力度，对操作流程进行严格规范，另一方面加大对违规问题的处罚力度，对屡查屡犯的网点和人员进行双倍积分处理，并对零积分网点进行奖励，从业人员风险防范意识有了显著提高，与此同时注重积极配合支行做好整改工作，风险合规管理工作有了明显的起色。

【加强效能建设，提升整体服务水平】 深入实施"机制完善年"工程，制订完善并下发了《宝坻区邮电局2014年绩效考核办法》《营销积分办法》，通过营销积分和星级员工评定办法，鼓励员工努力发展业务，通过提升业务素质，提高个人收益，在全局营造了比学赶超的良好氛围。进一步梳理和完善各项工作机制，出台了《机关工作人员考核办法》《督办工作制度》《成本费用管理办法》《财务监督检查办法》，通过建立管理人员的考核机制，明确了督办工作责任，督促落实好区局各项决策，释放各层面的活力，更好地为生产经营工作服务，提升了企业的执行力。制定并完善了《宝坻区邮电局机动车管理办法》《宝坻区邮电局电话费开支管理办法》，通过强化基础管理，推进精细化管理工作，使企业成本费用管控初见成效，比上年同期降低5%左右。制定了《领导人员定期下基层联系点制度》，每月到基层调研不少于4次，调研深入基层一线，通过增加调研频次和深度，充分听取一线职工的意见，加强与基层单位的沟通，对职工反映的强烈问题，重点做好研究，提出解决方案。加强对新技术、新业务、新市场的研究，提出对业务创新的奖励办法，实现金融网点转型。

【提升队伍素质，高度重视基层人才的培养和选拔】 2014年根据各层面员工的岗位需求集中开展了系列培训，重点加大对中层干部、基层负责人和重点岗位员工的培训力度。成立了兼职教师队伍，利用电教室由兼职教师对参加职业技能鉴定人员进行了业务培训。10名员工按岗位要求，参加了邮政营业、邮政投递初、中、高级鉴定考试，通过率达到100%。定期组织各单位负责人进行业务培训，通过加大培训力度，使中层干部的经营管理水平与业务能力都相应得到进一步的提高。

【认真履行服务职能，完善城乡一体化服务网络布局】 坚持“情系万家、信达天津”的企业使命，认真履行服务职能，完善城乡一体化服务网络布局。为深入推进邮政公共服务均等化，丰富普惠民生的服务功能，积极服务“三农”，其中周良庄、霍各庄、史各庄、潮阳、朝霞、尔王庄、大唐庄、郝各庄已正式对外营业，通过提供普遍服务，做好“爱心包裹”等社会公益性业务，努力树立良好的服务形象，不断提升品牌价值，借助品牌影响力争取更多的理解和支持，为企业发展汇聚强大的外生动力。

【劳动资源管理工作更为规范高效】 一是完善了薪酬分配办法。本着“效益优先、政策透明、多劳多得、守住底线”的原则，使各项专项营销奖励政策充分体现高效业务高投入、低效业务低投入的理念，调动了广大干部职工的积极性，促进了企业健康发展，稳定了劳务工队伍，达到企业效益和职工个人收益双提升的良好效果。二是开展了全员技能选拔赛，并将优秀选手推荐到市公司组织的技能大赛中。通过技能大赛的开展，有效提高了员工的业务能力和综合素质。三是加大培训力度，从提高执行力入手，全面开展了素质提升年活动。2014年，19名优秀劳务工转为合同制员工。

【财务管理工作得到加强】 重点加强了财务基础管理各项工作：一是查找基础管理方面存在的问题。对照会计基础工作规范的要求进行了整改、规范。二是建立运行费用基础管理统计台账，对成本费用进行精细化管理。三是清理悬记账款，逐项理清悬账所记录发生的时间、内容及经办人员等。四是开展了固定资产清查，核实账、卡、实是否相符。五是对存在的问题进行了梳理，进一步完善了管理制度和流程。

【宣传工作有声有色】 全年组织开展城区宣传65次，印发宣传单13余万张，共发放宣传资料13万余份，发放手提袋5000个、围裙600个、气球1万多个、对联福字、透明皂、洗衣粉等实物若干，配合支局开展存款有礼现场抽奖活动。2014年，着力于提升网点服务水平和营造温馨舒适的服务氛围，以支局为中心开展辐射宣传。农村支局以集市宣传和乡村养殖户、小商户进行走访为主，充分利用各自的亲友人脉关系抓住占地款、分地款等一切商机，以熟人为中心入户宣传。城区开展居区小区、学校门口、菜市场、超市门口等城区主要场所宣传，并组织开展庙会宣传、节日宣传、集邮展销会宣传和商演宣传。上述宣传工作，不仅提高了邮政的品牌，也使宝坻邮政的形象更加深入人心。

【安全工作】 认真履行《宝坻区2014年社会治安综合治理工作目标责任书》要求，坚持“打防并举，标本兼治”原则，在全区考评中，获优秀达标单位；全年未发生安全生产事故和交通生产事故，2014年被区政法委评为“综合治理平安单位”，被天津市公安局评为“先进集体”。

【局所改造工作】 2014年，宝坻局改造了局机关5个楼层的卫生间，解决了困扰多年的楼道异味和一楼职工如厕难的问题，还粉刷了墙壁，重修了一楼台阶和长廊，机关大楼面貌一新；支局的改造也取得重大进展，目前，绝大多数农村支局，解决了无小厨房、无洗浴室、无卫生间的问题，2014年，还为农村支局更换了锅炉，支局工作条件和工作环境得到明显改善。

【光荣榜】

2014年度市公司各类先进：

先进集体：黄庄支局

先进生产者：赵雪莲、张振铎

服务明星：金蕊

营销标兵：付森林、赵雪梅

2014年度宝坻局各类先进：

先进集体：建设路支局、林亭口支局、大白庄支局、金融业务局、办公室

先进生产者：张振、陈倩、高赫阳、张涛、刘立荣、陈建辉、王丽杰、李长洁、王平、陈鹏宇、李明亮、曾健、杨恩广、李鹏飞、云会青、李文青、曹付占、闫惊宇、杨建辉、唐永保、赵永利、杨宝超、邳建磊、赵永生、张永兵、任浩、纪志旺、李志聪、李思佳、邓会健、田金瑞、袁宝峥

（郭俊颖）

蓟 县 邮 电 局

【概况】 蓟县邮电局（以下简称蓟县局）地处天津市蓟县文昌街9号，服务面积1593平方公里，服务人口近96万，乡镇26个，行政村852个。蓟县局自办邮政支局、所17处，其中：设在农村的13处；提供全功能服务的8处；电子化局所17处；邮政储蓄联网点11处；报刊销售亭21处；集邮销售点1处。农村投递路线43条，城市投递段路9条，路线长度2827公里，自办汽车邮路2条，邮路长度259公里。

截至2014年底，全局现有员工215人，其中合同制职工97人，劳务工118人。

【机构】 蓟县局设有2部1室，6个专业，2个班组，17个营业网点，其中11个金融网点，6个邮政网点。

【业务发展实现了新突破】 整体指标圆满完成。邮政业务收入完成3514.2万元，完成年预算的103.4%，排名全市第4位，较上年末前进7位；累计同比增幅1.2%，排名全市第11位，较上年末前进1位；有效收入完成2521万元，完成年预算的102.7%，全市排名第4位；利润完成年预算的146.3%，全市排名第3位，比预算超出绝对值91.6万元。

其中，代理金融收入1997.4万元，完成年预算的106%，同比增长11.9%；函件收入268.18万元，完成年预算的136.83%；集邮收入488万元，完成年预算的106.5%；分销收入70万元，完成年预算的100%；电子商务收入346.2万元，完成年预算的98.1%；发行收入217.7万元，完成年预算的78.9%；包裹收入62.5万元，完成年预算的113.7%；代理速递物流收入49.9万元，完成年预算的55.4%

结构调整成效显现。代理金融收入占比达到56.8%，同比提高5.4个百分点。代理保险收入累计完成350.6万元，完成年预算的137.5%，同比增长65.2%；代理保费1.39亿元，完成年预算的139.5%，同比增长46.32%；中邮人寿渠道占比达到8.53%，高于全公司平均水平3.25个百分点；集邮收入占比下降0.9个百分点。跨年度业务为2015年开好头起好步奠定了基础：报刊大收订收入193.57万元，完成预算的101.88%；函件封片业务收入114.8万元，完成预算的153%，同比增幅32.5%；全年邮储蓄余额净增1.43亿元。

【经营管理呈现了新亮点】 高效业务发展强劲。一是金融业务一马当先，一把手亲自督战，各方面的资源配置优先倾斜，充分发挥政策引导作用，及时兑现各类奖励，充分调动了金融战线干部职工的积极性，两额发展均取得不俗成绩；二是邮务类业务发展过程中，也十分注重高效业务的开发，分销业务、集邮定制型产品开发、发行形象期刊和广告、函件数据库和日常封片卡等高效业务始终得到高度重视且付诸实践。

专项营销精彩纷呈。蓟县局良好的业务发展态势，与一系列专项营销活动的圆满告捷密不可分。蓟县局首先提前22天完成2014年邮政封片卡专项营销确保目标，也是全公司第一个完成该项目标的单位，为全年各项专项营销活动的组织开

展抢得头彩。随后的一系列竞赛活动,均获得了圆满的成功。再如2015年的封片卡和大收订,圆满超额完成了市公司下达的预算指标。正是这一块块阵地的逐个攻下,一场场战役的圆满成功,才铸就了全局整体经营工作的不俗业绩。

政策导向效果明显。一是各项奖惩政策保持连贯统一,不朝令夕改,即使调整也是朔及以往,不让先干的人吃亏;二是出台的各项奖励方案及时兑现,及时激励,最大程度发挥正能量;三是政策向重点和高效业务倾斜,引导工作重心;四是评优评先以实际表现说话,过程公开透明,确保了该项工作正向激励作用的有力发挥。三次劳务工转合同工工作中,均严格按照市公司要求,做到了公平公正公开,也确保了该项工作正向激励作用的有力发挥。

对标发展进位争先。经营工作中,该局分布三个季度的《“首季开门红”活动竞赛奖励方案》《“大干二季度冲刺双过半”活动竞赛奖励方案》《“大干三季度再上新台阶”竞赛活动方案》,均以赶超进位为出发点,激励广大干部职工奋勇争先。特别是在市公司中期工作会议以后,该局充分结合自身实际,围绕市公司“发展以经营为中心”“开展标杆管理”“提高服务水平”“强化执行力”四大主题,又一并出台了《关于开展2014年对标竞赛活动的通知》等三个竞赛办法,以独特的清晰、量化考核方式,将市公司的整体工作部署落到实处。

加快转型健康发展。按照市公司金融网点转型和打造百强网点实施方案的工作要求,首先从硬件和人员配备到位。同时把客户建档、客户管理、客户维护三个指标作为转型的核心工程来抓。通过转型,金融网点的经营理念由以前的依靠成本拉动,逐步转变为做足客户文章,向客户要效益。经营模式由单兵作战转向团队合作;客户管理方式由粗放型转向细化分户,包干到人;客户维护方式由单一购买礼品,转向邀请客户参与沙龙、讲座、促销活动等方式。金融网点的经营水平、管理能力较转型前有了明显的提升,县局金融业务的发展也得益于转型工作的推进和落实。

【服务质量得到提升】 深入开展了“美丽天津、美丽邮政”及“视用户为亲人、视邮件为生命”全面提升邮政服务质量系列活动,对局容局貌进行专项整治;加强了职业道德培训和作业流程管理,积极整改问题,强化了服务意识,提升了服务质量。在原有三星级网点全部通过复评的基础上,尤古庄新晋升为三星级网点。

【乡镇网点补建工作】 根据发改办基础【2010】1720号文件《国家发展改革委办公厅关于印发空白乡镇邮政局所补建工作方案的通知》要求,蓟县共有12个空白乡镇需要补建。为全面落实国家邮政局和集团公司补建开业相关要求,蓟县局结合区域特点,积极与县政府、发改委、武清邮管局沟通协调,克服困难,提前一个月完成了12处空白乡镇网点补建开业工作,数量绝对值居全公司第1位。

【强化管理保安全】 始终从经营管理的全方位入手,以规范经营、堵塞漏洞、提升服务、保障安全、促进效益提升为目的,不断完善和健全管理制度,力求建立有标准、有流程、有监督的管理体系。从成本支出的流程细化、绩效分配方案、对外服务考核办法、安全管理规定的完善,到房屋租金的收缴和用电管理、职工宿舍、职工食堂等管理办法的出台……无论大事小情,县局总是在思考和排查管理方面的不足,基本形成了制度约束行为、制度规范管理的良好局面,达到了通过制度管理提升服务水平的目的,确保了蓟县局健康平稳的经营管理环境。

【召开首届二次职代会】 1月24日,蓟县局召开了首届二次职代会暨2014年工作会议。会议审议并通过了丁大伟局长所作的《坚定信心 迎难而上 完善机制 加快转型 共创蓟县邮政可持续发展新局面》的工作报告;听取审议了2013年工资总额、劳务性支出使用情况及2014年月度绩效工资考核暂行办法,签订并递交了2014年经营目标责任书及安全生产目标责任书;对2013年度先进集体、先进个人进行了表彰。提出了该局2014年经营目标及发展思路:一要认真贯彻落实天津邮政“两会”精神,认清形势、坚定信心,以饱满热情和扎实作风,把各项工作落到实处。二要围绕市公司“1133”工作任务，坚持“创新驱动发展，实干成就价值”的核心价值观，坚持对标发展进位争先。三要牢牢把握“转型、整合、特色”三个关键抓手，以效益为中心，完善机制改革，加快发展转型，直面挑战，抢抓机遇，凝心聚力，创新实干，全力开创蓟县邮政可持续发展的新局面。

【“三统一”打赢“开门红”】 蓟县局认真谋划“首季开门红”活动方案，方案出台后又立即召开本局的“首季开门红”动员大会，全面分析阐述了蓟县局面临的形势和任务，帮助大家充分理解和认可了活动的总体部署，为战役总攻做足了动员。蓟县局虽然所处市场环境不佳，整体业务规模偏小，但始终坚决贯彻落实市公司的战略方针，充分结合区域特点，通过“三统一”打赢“开门红（即：用决心统一思想，用机制统一行动，用谋划统一步骤）。2014年一季度，完成业务收入1089.47万元，全年收入预算进度达到了32.1%，列全公司第3位；有效收入完成预算的30.0%，列全公司第1位；有效收入增幅高于业务收入增幅5个百分点，超额完成市公司下达的“首季开门红”任务指标，列全公司第3位，真正做到了不以“善”小而“不为”。

【专项营销效果显著】 蓟县局将打赢2014年贺卡营销战役作为重点，整合全局资源，充分发挥营销人员、业务能人的作用。2014年邮政贺卡营销活动实现收入76.1万元，完成进度102.7%，提前22天完成2014年邮政贺卡营销确保目标，成为全市第一个完成2014年邮政贺卡专项营销目标的单位。

【定制度　强监督　促规范】 蓟县局认真落实“机制完善年”工作部署，结合实际，全面梳理各项工作流程。截至3月26日，该局共制定和完善了11个规章制度和管理办法，以不断提高管理水平，增强发展实力。

该局制定并完善了《蓟县邮电局2014年绩效工资考核办法》《蓟县邮电局2014年营销人员绩效考核办法》《蓟县邮电局2014年投递人员绩效挂钩考核办法》等，并严格监督落实，从而调动员工的发展积极性，营造比、学、赶、帮、超的良好氛围；还完善了《蓟县邮电局培训实施管理办法》《蓟县邮电局员工考勤管理办法》《蓟县邮电局金融从业人员岗位资格持证考核办法》等，几项制度的完善和管理办法的实施，为扎实推进该局“机制完善年”工作奠定了坚实基础。

【提前实现保险收入目标】 蓟县局按照市公司“规模与效益并重，更加突出效益”的发展策略，充分认识加速发展保险业务主要性，并采取了行之有效的措施促进业务发展。截止到7月15日，累计实现代理保费9525.1万元，实现收入255.46万元，完成全年保险收入指标的100.18%，提前5个半月完成全年保险收入目标，为完成全年金融收入奠定了坚实的基础。

【“亲情粽”“思乡月”专项营销业绩突出】 在两项专项营销活动中，蓟县局做到早策划、早安排、早行动，一把手主抓，主管局长挂帅，迅速抢占市场。在局领导和全局员工的共同努力下，“亲情粽”专项营销活动圆满成功，累计销售礼盒881盒，实现收入2.89万元；“思乡月”营销活动实现收入11.4万元。

【开展创建“星级窗口”活动】 结合《星级服务窗口评定规则和标准》在全局各窗口广泛开展了“星级窗口创建”活动。年内，投发公司、下营支局、下仓支局、上仓支局保持“三星级”窗口称号，蓟县城关支局保持“四星级”窗口，尤古庄新评为“三星级”窗口，有效提高了窗口服务水平。

【光荣榜】

先进集体：

蓟县邮电局花园储蓄所被市公司授予2014年度先进集体称号

蓟县邮电局机关党支部被市公司党委授予2013—2014年度先进党支部称号

先进个人：

市公司2014年度先进工作（生产）者：纪双、李卫明

市公司2014年度服务明星：纪海燕

市公司201年度营销标兵：张曼、李宪宇

卢春峰同志被评为2013—2014年度市公司优秀基层带头人

杨景松同志被评为2013—2014年度市公司优秀党员

康亚静同志被市公司工会女职委评为先进女职工

（陈瑞芬）

宁河县邮电局

【概况】 宁河县邮电局(以下简称宁河局)现有员工197人,其中合同制员工86人,劳务工111人。全局员工中,大学本科以上学历51人,占职工人数的25.89%；大专学历90人，占职工人数的45.69%;中专、高中文化的40人,占职工人数的20.30%；初中文化程度的16人，占职工人数的8.12%。服务区域为县辖14个乡镇和河北省管辖的芦台农场和汉沽农场。局机关所在地位于天津市宁河县芦台镇光明路42号。

【机构】 宁河局机构设置:内设综合部、财务部、市场部三个部室和金融、投发、电子商务、函件、集邮、分销六个专业公司、下辖县营支局(县营邮政储蓄大厅和县营营业大厅)、16个邮电支局所和5个邮政代办所。

【主要经济指标完成情况】 2014年全局实现业务收入4290.7万元,完成计划的102.3%,位列市公司第六位。有效收入完成3164万元,完成计划的102.9%,位列市公司第三位。利润完成351.2万元,完成计划的157.7%, 位列市公司第一位。三项指标、六大专业均超额完成预算目标。

其中代理金融业务收入累计完成2756.3万元,完成计划的101.7%,同比增长7.7%,占总收入比重的64.24%;代理保险收入完成348.25万元,完成计划的123.93%,同比增长86.43%。代理金融有效收入累计完成2450.22万元，完成计划的100.38%,同比增长5.27 %;年累计净增余额1.68亿元,完成计划的131.1%,完成进度位列市公司第一位;到达余额累计达到18.58亿元,活期占比23.6%；资金总量年净增3.55元，完成计划的104.8%。邮务类业务:累计实现业务收入1453.64万元，完成计划的105.8%，占总收入比重的33.88%；其中函件业务收入累计完成157.8万元,完成计划的101.2%,同比-30.8%,占收入比重的3.68%。有效收入累计完成82.45万元,完成计划的111.42%,同比增长-26.36%;集邮业务收入累计完成500.5万元,完成计划的103.6%,同比-8.9%,占收入比重的11.67%。有效收入累计完成117.29万元,完成计划的87.53%,同比增长-18.52%;报刊发行业务收入累计完成184.8万元,完成计划的100.4%,同比增长3.6%,占收入比重的4.31%。有效收入累计完成151.37万元，完成计划的97.03%，同比-1.53%；代理信息业务收入累计完成455.8万元,完成计划的105.3%,同比-16.4%,占收入比重的10.62%。有效收入累计完成374.29万元,完成计划的114.39%,同比-16.47%;分销业务收入累计完成114.2万元，完成计划的156.4%,同比增长48.2%,占收入比重的2.66%。有效收入累计完成114.16万元,完成计划的179.22%,同比增长49.4%。代理速递资费收入:累计实现资费收入67.8万元,完成计划的56.5%。

【金融发展创佳绩】 在首季开门红竞赛中,余额净增9925万元,完成任务的180%,绝对值和进度排名均位列全市第一。资金总量实现1.45亿元,完成任务的159.9%,进度排名位列全市首位,紧盯项目落地,先后揽收占地款900万元。在跨年度营销竞赛第一阶段净增储蓄余额1.22亿元，完成力争目标的108%。截至12月底共计走访种养殖户、小企业计658户,收集客户信息712条,通过宣传和客户走访揽收涉农存款共计1028万,其中定期236万,活期792万。

【电商短信显特色】 短信业务在市公司第一、二季度竞赛中均取得了第3名的成绩，短信投诉为零，全年实现短信收入86.59万元，完成计划的101.87%，完成进度位列市公司第二位。车险新业务发展以先打基础做培育，试办开发有初步进展，年内共计发展车险34单，累计保费7.71万元。便民站渠道建设步伐加快，全年便民站新增99户，累计有效站点达到201个。

【分销业绩攀新高】 提前半年完成全年双目标，完成进度位列全市第一、绝对值全市第二。在2014年“福至新春，邮礼天下”活动中，销售额完成205.8万元，其中酒水销售180万元，酒水占比87.46%，并在2月底率先完成了资金上缴工作；截至2014年底分销累计形成销售额314.32万，其中酒水累计销售245.1万元，酒水占比78%，高于全公司37%的酒水占比平均水平，列全市第一位。“亲情粽”专项营销竞赛形成收入6.64万元，完成进度排全市第二位；“月满中秋”专项营销竞赛累计实现收入35.73万元。

【集邮策划显成效】 一季度集邮竞赛实现收入235.2万元；多批次组织营销骨干、大客户到津邮礼品店参观选购，共计实现收入40余万元；5–6月份专业积极推出“马币销售专项营销竞赛”，全员共计销售马币6000套，邮册30套，实现收入161.6万元，全员参与率达到75%；开展了“天津集邮珍邮巡展—宁河站”、“首届天津集邮钱币宁河品鉴会”、“铁笔书韵年画呈祥《沽上妙艺》纪念封宁河首发式”、“宁河集邮协会成立30周年主题邮展暨邮政进社区”等活动，吸引了众多集藏爱好者的积极参与，活动实现收入30余万元；利用资源性产品成功开发了七里海形象年册500册，专题册齐心庄园300册、众信投资200册，实现收入24万元。

【函件开发显收效】 策划开发地方性题材自制产品、七里海风光定制型本册式邮资片400套，形成收入8万元；销售旅游年票1198本，形成收入6万元。

【投发调结构增效益】 全年补续订流转额完成24万元，完成计划的200%，其中全额计收报刊形成收入4.3万元；商务期刊的发展实现了零的突破，经多次公关发展企业商务期刊5000册，形成收入2.76万元；通过开展文化礼盒销售等系列活动，形成收入13.35万元。

【补建工作顺利完成】 五处空白乡镇邮政网点补建工作顺利完成。俵口、苗庄、大北、北淮淀、廉庄5处补建局所开业运营。

【能力建设得到提升】 调整作业组织及人员结构，落实邮政业务外包用工改革新方式。五处补建开业网点均实行以邮政营业业务外包委代办，并随之对芦台农场、汉沽农场、潘庄、造甲四个支局的邮政营业也陆续调整实行了业务外包制度。5月份针对芦台镇内五个网点周边用邮情况合理调整延长对外营业时间，满足用邮需求。增强业务量大网点所需ATM等自助机具的配置更新和布放。7月份完成了对局所的局容局貌房屋设施专项整治工作，配合市公司完成了宁河局对县下8个农村邮政普遍服务网点的提升改造工作。

投递道段流程规格实现优化，投递员通过配置了手持智能终端，实现国内小包、速递邮件的适时反馈。对乡邮道段进行了优化调整，缩减乡邮道段3条，新增汽车投递道段5条，提升了投递作业能力。

【转型工作凸显成效】 金融网点转型工作继储蓄大厅、小海北支局实施网点转型后，造甲、汉农支局相继进入转型。通过网点销售流程再造，量化日常工作，积极创新，按一点一策摸索出了一套适合农村综合网点转型的方法，初步建立了理财经理考核评价机制，先后开展了“转型网点夕会观摩会”“优秀理财经理评比”“优秀晨夕会评比”“转型工具使用我最强”“网点销售氛围营造创意大赛”“网点优秀宣传海报评选”“理财经理演讲比赛”等活动，为下一步网点全面转型打下了良好的基础。

投递转型充分发挥了投递平台优势作用，开展邮路营销竞赛活动，召开邮路营销专题培训会，出台相应的办法和政策，鼓励投递员转型创收，业务发展全面开花，初显效果，储蓄竞赛期间全局投递员共计揽储620.9万元，其中他行揽储134.8万元。发展期缴保费7.6万元，趸交保费23万元；揽收速递邮件410件；封片卡、分销竞赛完成率达到80%左右。

【财务管理严管控增质效】 坚持业财联动会审制度，严控资金风险点，严格落实资金流向的闭环管理和压缩库存减少资金占压工作，出台欠费管理考核办法，年度欠费及专项资金回笼率均达到市公司核定标准之内。按月做好经营分析和网点损益分析，根据财务标杆指标数据对比情况，强化管控，多项成本费用指标达到优秀水平。完善出台了通信费、车辆油耗维修、燃煤等管理办法，合理管控可控成本。

【业务服务双提升】 内抓管理，外强服务，加强业务规章制度、基层管理、服务质量的监督检查和考核力度。开展“强化网点管理，提高支局长履职”专项提升活动，组织全员职业道德教育培训，合格率达到100%。开展了“视用户为亲人，视邮件为生命”全面提升邮政服务质量专项整顿及创建星级窗口和星级员工活动。落实对外服务承诺内容和窗口服务规范标准，进一步梳理完善了各生产环节流程，着重对窗口的局容局貌、仪容仪表、用品用具、宣传资料摆放及对外服务质量等方面进行了规范治理，加强动态有效管理，确保邮件传递时限。

【提升员工职业技能】 教育培训开展形式多样化，组织开展全员各种新业务培训及考试、支局长履职管理培训、系列网上远程统一培训和组织参加大学生创意大赛等活动，选派两名支局长赴浙大、北大培训班拓展学习深造。选拔1名大学生和3名生产骨干员工充实到网点负责人岗位锻炼。重视提高员工取得中高级职业技能鉴定证和金融人员取得相关从业证人数比例，并均有提升，至14年底宁河局中级工45人，高级工19人，中高级工占比达到38.1%；取得金融从业保险证的有58人，取证率为70%，取得理财证有34人，取证率为41%；取得基金证有12人，取证率为14.46%。2014年度宁河局从劳务工中转招合同制员工人数共计为15人。

【光荣榜】 市公司先进集体：宁河县邮电局金融业务局

市公司先进生产(工作)者：赵国旺、刘佳

市公司服务明星：王世玲

市公司营销标兵：李瑞来、廉洪亮

县局先进集体：金融业务局、经济开发区支局

县局先进生产(工作)者：赵国旺、刘佳、李云香、牛长爽、陆静、李洪宾、冯希曼、绳贺华

县局服务明星：王世玲、张坤、钱娜、高旭、邢玮、曹福军、卞杰、杨淑莉

县局营销标兵：李瑞来、廉洪亮、胡幸华、邱嫦娥

（杨　芳）

静 海 县 邮 电 局

【概况】 静海县邮电局(以下简称静海局)坐落于静海县胜利大街1号，地处静海县西城区繁华地段。至2014年末在岗员工251人，其中合同制员工128人，劳务工123人。对外服务网点26个，服务面积1476平方千米，覆盖静海行政区，服务人口59万人。

【机构】 静海县邮电局下设办公室、市场部、计划财务部三个职能部室和金融、集邮、函件、电子商务、投发、分销6个专业，6个支局及20个邮电所。

【发展思路】 静海局按照市公司工作会议精神，紧紧围绕“转型、整合、特色”工作主线，将“两加一推”即加速发展、加快转变，推进静海邮政崛起作为静海邮政发展的主基调。突出接力发展、对标发展、特色发展、安全发展的主攻方向，以对标赶超工程、降本增效工程、数据营销工程、资源整

合工程、机制完成工程五大工程为引领，致力于实现静海邮政又好又快发展。

【经营情况】 2014年静海局业务收入完成5237.3万元，完成市公司年预算目标5123万元的102.2%，全公司排名第7位；有效收入累计完成3943万元，完成市公司年预算目标3922万元的100.5%；有效收入同比增幅4.1%，全公司排名第1位；利润完成625.7万元，完成市公司年预算目标610万元的102.6%。各专业均超额完成公司下达目标。

【接力发展上台阶】 2014年静海局接力静海邮政崛起发展目标，经营质效迈上新台阶。有效收入同比增幅市公司排名第1位，同比上升12位；金融业务收入占比达到65.7%，市公司排名第2位，同比上升5位。

【对标发展显成效】 大力实施对标赶超工程，与对标单位比，静海局有效收入增幅全市排名第1位，高于对标单位12位；业务收入完成进度全市排名第7位，高于对标单位5位;利润进度全市排名第13位，高于对标单位2位。

【金融转型有突破】 2014年静海局以代理金融为突破口，以“两额”发展为重点，拉开了转型发展的大幕。金融以“管户+外拓”的发展模式，通过“转存保基数、盘活上增量、外拓增新户、PK赛聚合力”四个抓手，开展金融客户数据库营销工程，在转型发展上取得了初步成效，一举扭转了一季度余额持续负增长1.6亿的困难局面。全年余额净增1.03亿，市公司排名第8名；全年完成保费2.68亿，市公司排名第5名。市专业局还于6月24日在静海局召开了现场会，推广金融转型发展经验。

【特色发展有实践】 邮掌柜系统顺利推广。在集团公司试点的邮掌柜系统项目发展中，静海局整合专业资源组建了小兵团作战团队，成立以金融、电商、分销三个专业的业务骨干为成员的项目作战团队，以农村小商超为主攻方向，2014年累计安装邮掌柜系统用户129户，安装POS机109部，客户反响良好，进一步试水农村电商发展。

邮政服务站试点运行。静海局作为市公司邮政服务站建设试点单位，经过前期的调研、立项、培训等相关工作，在中旺支局的四处邮政服务站点已全部成功运行，为静海局节省两名投递人员，既解决了中旺支局投递人员紧张的问题，又提升了投递质量和投递深度。为下一步在全局范围内推广做好铺垫。

【成本管控见成效】 静海局大力实施降本增效工程，以提高企业管理水平、增加企业效益为目标，强化对各单位的损益分析、管理和监控。2014年静海局节省业务材料费0.8万元、节省车辆维修费1.1万元、节省油耗29.7万元。

【机制完善促发展】 静海局以机制完善工程为抓手，通过学习借鉴先进的管理经验，先后出台《静海县邮电局按量计酬绩效考核办法》《静海县邮电局干部激励与约束管理办法》《静海县邮电局成本费用管理办法》《静海县邮电局通信服务质量考核办法》《静海县邮电局外出报告及请销假制度》《静海县邮电局星级员工管理办法》等方面的相关办法，进一步完善了各单位在经营和管理中的相关流程，解决了发展中存在的一些顽疾，进一步激发了动力、释放了活力。

【星级评定造氛围】 2014年静海局实行星级员工评定机制，评定出二星级员工58名，一星级员工43名。通过此次星级员工评定，进一步激发员工学习的积极性，在局内营造了比、学、赶、超的氛围，员工的技能得到了加强，素质得到了提升，促进员工向复合型人才转变，为静海局业务发展提供有力保障。

【召开首届二次职代会】 1月24日，静海局召开首届二次职代会，市公司职工代表郝绍松传达了市公司首届二次职代会和任总经理报告精神，李志晔局长作了题为《加快转型　完善机制　做出特色　加速推进静海邮政崛起》的报告。2014年，静海局紧跟市公司“机制完善年”的整体工作部署，紧紧围绕“转型、整合、特色”这条工作主线，用全力投入的状态，按照精心、细心、真心的准则，以推进三个平台建设为重点，做出静海邮政的管理特色和经营特色，全力加快静海邮政崛起步伐。

【提前完成保险一季度收入目标】 一季度，静海局提前谋划，及早动手，紧抓旺季，重点做好代理金融两额驱动工作，保持高速发展的连续性，力求一季度实现全年收入的高潮。静海局仅用14天实现代理保费3482.6万元，保费规模排名全市第二位，实现收入65.3万元，提前完成本单位一季度保险收入目标，夺取“首季开门红”经营工作的一个重要胜利。

【独流营业所迁址营业】 3月25日，独流营业所成功迁址营业，新网点搬迁至独流镇中心，方便了周边居民和商贸客户办理业务。新网点增加了VIP室、叫号机、ATM和CRS等硬件设备，大大提升了邮政的服务水平，满足了不同层次的客户需求，助推了金融业务的发展。

【开展“感恩母亲节 邮政送真情”主题宣传活动】 5月11日是母亲节，静海局在全县各金融网点开展了以“感恩母亲节 邮政送真情”为主题的宣传活动。此次活动通过向金融大客户、定期转存客户以及当日新增存款客户，赠送“康乃馨”鲜花和积分礼品，作为邮政在“母亲节”回馈客户的一份特殊礼物，突出了静海邮政的亲和力。

此次宣传活动形式新颖、内容丰富，得到用户的一致好评，取得了一定的宣传成效，锻炼了员工的语言表达能力，提升了邮政企业的对外形象，拉近了邮政与用户之间的距离。

【市公司在静海局召开金融业务推动会】 6月25日上午，金融业务局组织召开代理金融专业静海现场会，市公司常庆森副总经理、市场部于秀玲副经理、金融业务局张津亮局长及相关人员、各区县局主管副局长和金融业务局局长参加此次会议。

常庆森副总经理在会上讲话。他首先肯定了专业迅速召开静海现场会推广经验的做法和静海局在代理金融业务发展上所采取的措施，静海局的快速发展经验很好地诠释了区县局(尤其是涉农区县局)要发展金融下一步要怎么干、谁去干、干什么，更需要借鉴的是“一分部署，九分落实”的落地和执行力。随后，常副总经理以静海局叶永圣局长发言“静海局储蓄市场占有率和邮政金融网点占全县金融网点比率的差距不匹配”为例，提出各单位要将静海局 “对标找差距、差距是目标、目标是动力、动力促发展、发展增能力、能力添动力”的闭环管理方法确实运用到实际工作中，要求各区县局要关注机制调整、队伍建设和经验复制三点，做好下一步具体工作。

【召开“思乡月”暨“月满中秋”专项营销活动启动会】 8月5日上午，静海局召开“思乡月”暨“月满中秋”专项营销活动启动会，分析了当前中秋市场发展形势，部署了“思乡月”暨“月满中秋”专项营销活动的整体工作，将销售重心从政务、公务市场转向商用、民营市场。成立了“思乡月”活动项目组，“月满中秋”项目组，“重点行业”项目组，确定了以卡类产品、节日福利性产品为主，针对不同行业的需求，找准中秋营销的替代产品。静海局将以函件和集邮等邮政产品的文化内涵为销售点，通过创新思路、制定措施、付出行动，切实以客户为中心，积极做好营销工作，确保完成活动目标。

【梁头邮电所对外营业】 8月31日上午，静海局梁头邮电所对外营业，主管领导、市场部、县营支局负责人及梁头镇相关领导到场参加开业仪式。

梁头邮电所的对外营业，将提高静海局普遍服务水平，方便周边居民用邮，为周边居民提供舒适的用邮环境，解决3万多人用邮困难。随着梁头邮电所的对外营业，也标志着静海局空白乡镇局所补建工作全部完成。

【举办首届黄金展卖会】 9月5日至6日，静海局携手中钞国鼎、中金和润、菜百首饰等多家厂商于县营支局一楼大厅内联合举办“静海县邮电局客户回馈日—中秋黄金展卖会”活动。本次活动共形成集邮收入74万余元，在区县局举办的展卖会活动中收入名列前茅。此次展卖活动的成功尝试，为静海局以后举办类似活动积累了宝贵经验，提高了静海局集邮专业在该区域的知名度。

【开展黄金周宣传活动】 “十一”黄金周期间，静海局各金融网点利用客户盘活和外拓宣传两种形式在厅内和厅外开展宣传活动，余额净增全市排名第一。各专业根据各自特点，开展进社区、门店外组织不同形式的宣传活动，形成收入1万余元。此次宣传活动受到了客户的认可与赞扬，也取得了很好的成效，为即将开展的报刊收订、封片卡销售、新春有礼等活动做好铺垫。

【开展“第45届邮政日”宣传活动】 为做好邮政品牌形象宣传，进一步提升天津邮政在社会的影响力。10月9日，静海局在全县范围内开展了不同形式的宣传活动。各网点统一悬挂“情系万家 信达天下 热烈庆祝第45届世界邮政日”布标，积极展开世界邮政日宣传活动。专业和县城内的网点通过在室外摆放各类宣传产品，发放宣传页，讲解邮政业务来展示邮政企业新形象，拉近邮政与用户之间的距离，增进人们对邮政的了解。县城外的网点通过室内宣传、外拓宣传，发放小礼品来向客户介绍邮政业务，采集客户信息，了解客户用邮需求，不断提升服务水平。

【余额突破20亿元大关】 静海局严格落实金融转型“四个抓手”，余额发展呈现出与往年不同的发展趋势，提前突破20亿元大关。在2014年的余额发展中，唐官屯、西翟庄两个网点在外拓宣传上做出了全县的榜样；东城支局在客户盘活上工作做扎实有效；杨成庄支局结合地域特色在鱼塘款揽收上成效显著；风景区支局抓住揽收占地款的有利时机，在占地款揽收上收获颇丰。

【开发全市第一单车险团险】 车险业务作为静海局四季度工作的重点项目之一，各单位认真落实，集邮专业郝莹积极走访客户，在县局电子商务专业的大力支撑下成功开发全市第一单车险团险，形成收入3000余元。

【光荣榜】

先进单位

静海县邮电局被评为2013—2014年度先进党总支。

先进集体

金融业务部被评为2014年度市公司先进集体；

东城支局被评为2014年度巾帼文明示范岗；

东城支局、唐官屯支局被评为2014年度县局先进集体。

市公司及市级先进个人

张天鹰被评为2014年度市邮政公司服务明星；

梁绍忠、杨丽被评为2014年度市邮政公司营销标兵；

花树娜、孟慧、卢文星被评为2014年度市邮政公司先进个人；

张天鹰被评为2013—2014年度市邮政公司优秀共产党员；

阎林泽被评为2013—2014年度市邮政公司优秀基层带头人；

张天鹰被授予2013—2014年度天津市“五一”劳动奖章称号。

县局级先进个人

刘建华、高明、李军被评为2014年度县局优秀负责人；

王之娟、胡桂芬、王红艳被评为2014年度县局优秀支行长；

王千娟、闫学娴、张桂北被评为2014年度县局优秀理财经理；

花树娜、刘勇、鲍惠娟被评为2014年度县局优秀综合柜员；

孟慧、张天鹰、刘树和、李广丽、张海霞、胡洋、孙琳琳、商君坡、卢文星、闫俊敏被评为2014年度县局服务明星；

杨丽、阎林泽、程娜、只慧、刘迎晨、于雨、郝莹、梁绍忠、田树花、王艳、岳永利、唐未洲、侯铭、刘德江被评为2014年度县局营销标兵。

（孙 梅）

东丽区邮电局

【概况】 东丽区邮电局(以下简称东丽局)机关办公地点设在天津市东丽区津北公路699号邮政二枢纽院内综合楼5楼。局内设一室二部,即:办公室、市场部、财务部。

东丽局现有基层单位为:张贵庄支局、军粮城支局、徐庄子支局、空港华明支局、投递分局、运钞分局;金融业务局、电子商务局、集邮分公司、函件分局、分销业务局等5个专业。共有网点19处,其中13处办理储蓄、邮政业务;6处办理邮政业务;3个投发部、投递道段29条,邮政社区10处,村邮站57个。服务面积474.12平方公里,服务人口73余万人,其中流动人口约41万人。邮政服务覆盖整个东丽区行政区域。

至2014年末在岗员工235人,其中合同工100人(在编管理岗位27个),其他劳务性用工135人。

【机构设置】

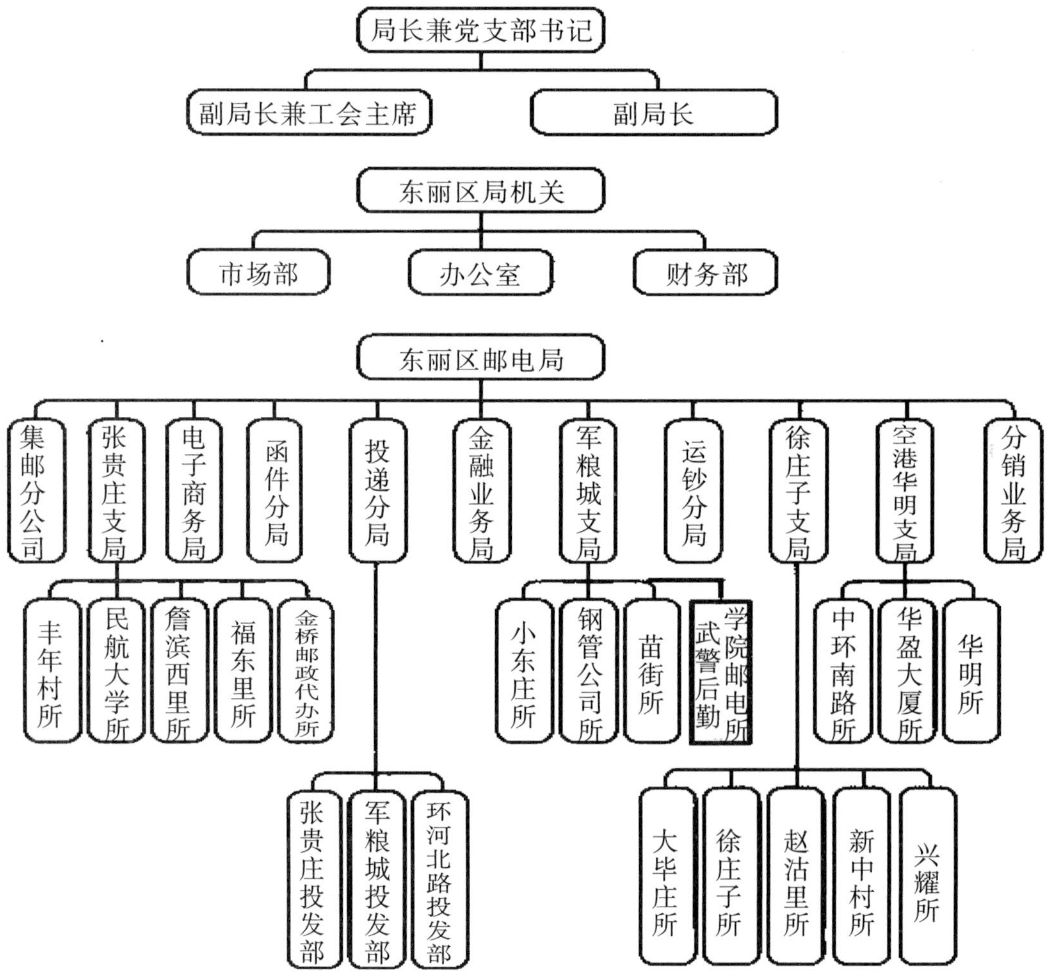

【2014年总体经营情况】 2014年，全局邮政业务总收入累计完成6532.30万元，完成年预算的101.7%，完成有效收入5000万元，完成年预算的101.3%。完成收支差额1981.9万元，完成年预算的107.8%，完成进度列全市第9位，人均收差累计完成8.33万元，继续位列十二个外围区县局第1位。

【召开“播种希望　收获梦想”大学生座谈会】 5月11日，东丽局召开大学生交流座谈会，区局领导班子与全日制大学生进行了互动交流，并分享了工作经验，同时鼓励大学生多学习，加强创新意识，在工作实践中实现自我的人生价值。

【组织开展合理化建议征集活动】 6月23日，东丽局积极响应市公司关于建设美丽天津、美丽邮政倡议书的号召，组织全局干部职工认真学习市公司关于建设美丽天津、美丽邮政倡议书精神实质，积极投身建设美丽天津、美丽邮政的行列。并在全局广大干部职工中开展“建设美丽天津、美丽邮政”寄语征集暨合理化建议征集活动。

【校园包裹专项营销圆满结束】 6月12日，东丽局进驻中国民航大学收寄毕业生包裹，全局上下同心协力，努力奋战，同时，收寄现场对集邮产品、函件产品以及分销进口食品进行展示宣传。

为扩大包裹收寄量，在进驻期间，较往年增设一个收寄点位，分三个点位占据民航大学南北校区有利收寄地点，搭建宣传棚亭、悬挂活动布标、书写宣传海报，有效扩大了活动影响。在收寄过程中，市公司及信息技术局给力支撑，配置了三台移动收寄设备，极大地提高了工作效率，缓解了收寄压力，确保邮件当日的正常出口封发。

【东丽区领导到区邮电局调研指导工作】 7月7日下午，东丽区委常委、副区长白凤祥同志到东丽区邮电局调研指导工作。

白凤祥副区长与东丽局领导班子进行座谈，详细了解东丽区邮电局上半年经营发展情况及目前需要区政府解决的问题。东丽局徐世勇局长向白副区长汇报了东丽局上半年经营发展情况和下半年工作安排，以及市邮政公司在转型发展、服务民生等方面的工作举措，详细介绍了围绕区域经济转型升级东丽邮政在开展普惠金融、便民金融，做大跨境电商邮寄服务，加快新市镇邮政网点布局、创新邮政支撑科技型中小企业发展等方面的方案和需区政府解决的问题。

听取汇报后，白凤祥副区长对东丽邮政主动服务区域经济和社会发展给予了高度评价，表扬区邮电局在市邮政公司的正确领导下“与区域经济、政治、文化的重点工作结合点多、紧密度高、取得实在成效”，对东丽局2014年以来充分发挥邮政资源主动服务重大政务项目给予赞赏，并表示有些项目可以作为经验在全市进行宣传。针对东丽区邮电局提出的问题，作出了四点要求：一是责成区商务委召集相关部门召开专题会议，尽快研究邮政提出的建立“东丽电商企业联盟”的方案；二是责成区科委对邮政提出的“进一步通过邮政渠道助推科技型中小企业发展”的方案进行深入研究，并要求区邮电局进一步制定细化方案，争取早日实施；三是责成区商务委、相关街办事处，对邮政开展进社区设立便民服务站工作进行接洽，逐步实施；四是积极协调相关单位对邮政主动服务政府项目发放相关款项进行沟通，以做好便民服务。

【拓展渠道求创新，试水商演见成效】 8月31日，在市函件专业的大力支持下，由东丽区邮电局主办，东丽区文明办、中国移动、中国人寿、伊博视光、海世界米立方、嘉信国旅协办的大型儿童剧《爱丽丝梦游仙境》商演活动在东丽大礼堂隆重商演，现场观众互动活跃、气氛火爆。为保证此次活动的顺利开展，东丽局对口的市公司审计部领导、函件专业分管领导均亲临现场指导帮助。活动现场吸引了500余名观众，形成收入10万余元。

商演活动(马镇扬 摄)

【开展向鲁甸灾区人民捐赠衣物活动】 8月29日下午，东丽局团支部组织团员青年在张贵庄支局开展向鲁甸地震灾区献爱心捐助衣物活动，向灾区群众伸出援手、奉献爱心。全局团员青年积极响应，踊跃捐助，发扬“一方有难、八方支援”的传统美德，争当爱心传递标兵，用爱的行动诠释“真情系灾区，爱心汇暖流”的社会正能量。此次捐助活动共筹得无损衣物6袋共计9.2公斤。

捐赠活动(王鹏 摄)

【抢抓“十一”黄金周营销旺季】 东丽局紧紧围绕市公司“十一”黄金周及邮政日“情系万家，信达天下”主题，结合自身地域特点，详细部署了宣传活动，制定了活动方案，大力宣传邮政金融、集邮、函件、发行及分销等重点业务。

为做好宣传工作，一方面要求各网点做好店内宣传，产品堆头码放，各支局选取客流量大的网点，在门前搭展棚、气拱门、摆放金融积分宣传品、集邮产品及分销酒水礼品、派发宣传折页进行业务宣传。另一方面为营造节日气氛，聘请秧歌队在支局门前助兴表演，吸引过往及前来办理业务用户的眼球，扩大客流量，同时机关部室、专业也分布在各个网点进行支撑服务。黄金周期间，共派发宣传折页5000余张，带动金融定期余额增长160多万元，揽收保险保费达到165万元，共揽收各类邮政业务收入2万余元。

10月2日，东丽局与天津电台在海河剧院联合举办“爱在重阳，爸妈我想对您说，感恩家书活动”主题活动。在市公司市场部大力支持下，东丽局提早谋划，提早布置，精心组织安排，布展集邮品、函件产品、进口食品等，派发宣传折页。为了提高活动效果，还精心赶置精美纪念邮品、纪念封片等，为用户提供热情、优质的服务，受到用户的一致好评，形成收入7000余元。

【策划“践行社会主义核心价值观，争做文明出行小使者”活动】 为进一步践行社会主义核心价值观，促进文明引领新风尚，让全市中小学生在紧张的学习之余自觉学习交通安全知识。东丽局成功策划开发了由天津市精神文明建设委员会、市教委、市公安局、市邮政公司联合举办的恒大杯“践行社会主义核心价值观，争做文明出行小使者”交通安全知识有奖答题活动。该项目以明信片为载体，融合交通安全知识、有奖答题和企业宣传等内容，活动面向全市10至15岁青少年学生。此活动不仅创新了产品形式、开辟了开发中小学生市场的新思路，还极大的融合了当前践行社会主义核心价值观的社会热点内容，促进并提升全市青少年文明交通、安全出行意识。

在答题卡的抽奖仪式上，相关合作单位领导出席并高度评价此次活动的社会效益。用“策划好、组织好、配合好”概括活动的特点；希望邮政继续利用自身优势，为精神文明建设、青少年培育和宣传交通安全知识做出新的贡献。此次活动，共制作明信片20余万枚，形成收入15万元，预计接受交通安全教育人数将达到60余万人。

交通安全答题活动(马镇扬 摄)

【福东里储蓄所成功劝阻一起电信诈骗】 12月3日，东丽局福东里储蓄所成功劝阻一起电信诈骗案件，直接为客户挽回经济损失1.75万元，有效地保护了客户的资金安全，并树立了安全、优质为客户服务的良好企业形象。面对近年来层出不穷的电信诈骗案件，东丽局高度重视，并认真落实市公司关于防范电信诈骗宣传的工作要求，在日常工作中要求区局各网点利用工作例会和晨会组织员工学习各类电信诈骗相关的案件内容，同时在营业厅醒目位置张贴“友情提示”，将犯罪分子常用的诈骗伎俩、客户如何防范及处置方法进行了详细描述，以提醒前来办理业务的客户增强防骗意识。

【众志成城齐发展，邮路营销显成效】 为进一步深化邮路营销的发展模式，创新经营思路，加快投递转型，按照市投递专业关于开展“投递道段大干120天”劳动竞赛活动的工作部署要求，东丽局认真组织贯彻并迅速落实活动方案，积极开展劳动竞赛专题培训会和研讨会，树立“一条邮路，就是一方市场；一个投递员，就是一名营销员”的营销理念，明确发展具有东丽特色的邮路经营思路，大力整合开发邮路资源。据此，东丽投递分局一方面引入区局各专业的当下主打产品，并邀请区局专业人员到投递局进行相关业务的培训指导，在投递员中形成强烈的业务学习氛围，充分的提高了投递员的营销能力。另一方面给每位投递员划分责任区域，下达任务指标，在每日的晨夕会上通报营销进度。为了打好邮路经营长效发展的基础，增加客户资源规模，还要求投递员出门必带四样宝，即“名片、营销手册、手机、笔记本”。通过一段时间的努力拼搏后，截止至11月底，东丽局销售封片卡项目共计1690本册，形成收入8.45万元。其中投递员任毅凭借自己过硬的营销技能和优质的日常对外服务，成功开发出某地产公司客户，销售定制型封片卡1000本册，形成收入5万元。投递员陈爽通过道段日常收订开发出某企业工会客户，销售旅游年票共计500册，形成收入0.25万元。其他投递员通过日常投递过程中合理的向用户推介邮政产品，也均有销售，此次竞赛活动参与率达到100%。

【强化创新拓渠道，产品转型促发展】 截止到10月底，东丽局完成分销收入86.4万元，完成年预算收入101.7%。面对已经提前完成全年分销预算收入的成绩，东丽局并没有停滞不前，继续整合拓渠道，转型促发展，提前进入“新春邮礼”营销季。同时积极为区域内某大型国企老客户提供工会慰问产品，一次性销售天津特产精品礼包300套，形成销售额9万元，收入2万余元。

【整合资源促成效，业务联动齐发展】 东丽区政府以“优化街域环境、打造文明形象、提升居民素质”为目标，大力开展创建全国文明城区工作，为提升广大居民群众的文明素质，区政府为全区每一户居民印制了“文明城区宣传单”。东丽局迅速捕获商机，在全面统筹、高效组织的创城投递项目中，该局全体职工齐上阵，最终该项目累计投递居民社区114个，共计入户投递20万份，形成收入11万元，同时也有效的宣传了金融业务最新的存款政策，强力的拉动了金融余额的发展。而在社会效益上，通过“文明城区宣传单”的入户投递，有效地提升了居民的文明素质，广泛的宣传了创建文明城区活动，助力区政府的政务开展，促进社会的和谐发展，为美丽天津建设贡献了一份力量。

【李克超总经理深入东丽局调研指导工作】 12月25日下午，市公司李克超总经理、常庆森副总经理率部室、专业等负责领导到东丽局调研指导工作，并与区局领导班子及各专业负责人进行了座谈。

会上，东丽局就金融转型、营销体系建设、产品研发整合、项目营销、干部交流机制等方面工作进行了汇报。李总经理认为东丽局领导班子有想法、有思路，对其策划的金融6大行动、邮务类4大项目表示肯定。他希望东丽局全力以赴抓好代理金融业务，继续深化完善金融6大行动，通过走千访万，拓展金融客户，闯出金融发展的新路子。同时要全力推进报刊大收订工作，积极调结构，改变只注重流转额，不重视产品结构和收入的粗放经营方式。要认真复制河南、福建省邮政公司的先进经验，提早策划春季校园收订工作，建设校园营销体系，开发校园市场。要注重发展日常封片与形象年册等高效业务，以产品创新促业务常态化发展。

李克超总经理调研(马镇扬 摄)

【光荣榜】 毕连有被评为天津市邮政公司2013—2014年度优秀基层带头人;

沈晓玲被评为天津市邮政公司2013—2014年度优秀共产党员;

李静、马茹伟被评为天津市邮政公司2014年度先进生产(工作)者;

魏晓东、张旭亮被评为天津市邮政公司2014年度营销标兵;

夏烨被评为天津市邮政公司2014年度服务明星;

夏胜利被评为天津市邮政公司工会先进工作者;

刘立新、李静被评为天津市邮政公司工会积极分子。

张贵庄支局被评为天津市邮政公司2014年度先进集体。

【召开2014度表彰大会】 2015年2月16日东丽区邮电局召开2014年度总结表彰大会，对5个先进集体和8名各类先进个人进行了表彰奖励。

2014年度东丽区邮电局先进集体:金融业务局、徐庄子支局、华明储蓄所、机要组、押钞局;

2014年度先进生产(工作)者:谢伟、刘艳霞、李月龙;

2014年度营销标兵:杨斌、金岩、刘艳焕;

2014年度服务明星:刘翠、马光年。

(马镇扬)

东丽区邮电局局所功能图表

局所名称	邮电全功能服务	营业窗口电子化	经营基础业务											邮电局、所通信	
			函件	包裹	代理特快专递	汇票	报刊	邮储	其中 联网的	其中 异地存取	集邮	国际业务	代办电信	地址	电话
张贵庄邮电支局	1	1	1	1	1	1	1	1	1	1	1	1	1	天津市东丽区跃进路47号广电大厦底商	84373769
民航大学邮电所		1	1	1	1	1		1	1	1	1	1	1	民航大学正门旁(天津滨海国际机场内)	84831652
金桥邮政代办所			1	1	1							1		天津市东丽区金桥街龙城里小区	84915528
福东里邮电所		1	1		1	1		1	1	1			1	天津市东丽区福东里24号底商	84373761
丰年村邮电所		1	1		1	1		1	1	1			1	天津市东丽区丰新路	84932833
詹滨西里邮电所		1	1	1	1	1						1	1	天津市东丽区利津路94号	84373183
军粮城邮电支局	1	1	1	1	1	1	1				1	1	1	天津市东丽区军粮城大街178号	84968509
钢管公司邮电所		1	1	1	1	1		1	1	1	1	1	1	天津市东丽区无瑕街钢管公司生活区内	24352093
小东庄邮电所		1	1	1	1	1		1	1	1		1	1	天津市东丽区小东庄悦盛园1号楼底商	24981198
苗街邮电所		1	1	1	1	1		1	1	1		1	1	天津市东丽区军粮城大街苗街	84968776

局所名称	邮电全功能服务	营业窗口电子化	经营基础业务											邮电局、所通信	
			函件	包裹	代理特快专递	汇票	报刊	邮储	其中 联网的	其中 异地存取	集邮	国际业务	代办电信	地址	电话
武警后勤学院邮电所			1		1								1	天津市东丽区汇智环路1号	
徐庄子邮电支局		1	1	1	1	1		1	1	1		1	1	天津市东丽区徐庄子村凯仑公司旁	26326939
新中村邮电所		1	1	1	1	1		1	1	1		1	1	天津市东丽区金钟街新中村闽中路	86377266
大毕庄邮电所		1	1	1	1	1		1	1	1		1	1	天津市金□河大街延长线大毕庄村新村北里底商7号	26792560
兴耀邮电所		1	1	1	1			1	1	1		1	1	天津市东丽区金钟河大街河兴庄村建昌道商业街17.18.19	86766232
赵沽里邮电所		1	1	1	1	1		1	1	1		1	1	天津市东丽区赵沽里金钟批发市场7号门外	26336287
空港华明支局		1	1	1	1	1		1	1	1		1	1	天津市东丽区华明家园永和路	84921232
中环南路邮电所		1	1	1	1				1			1	1	天津空港经济区天保青年公寓内	84911388
华盈大厦邮电所		1	1	1	1	1			1		1	1	1	天津空港经济区华盈大厦	58211115
投递分局							1							天津东丽开发区二经路2号	84373660
空港环河北路投发部							1							天津空港经济区商务园	58775303
军粮城投发部							1							天津市东丽区军粮城大街178号	84968283

津南区邮电局

【概况】 截至2014年12月31日，津南区邮电局(以下简称津南局)共有从业人员208人。其中，合同工87人，占总人数的41.8%；劳务工121人，占总人数的58.2%。

津南局机构设置为一室、二部、四个支局、五个专业即：办公室、市场部、财务部；咸水沽支局、小站支局、双港支局、葛沽支局；金融业务局、投递局、电子商务局、函件局、集邮公司。

津南局下设咸水沽、葛沽、小站、双港四个邮电支局，共有邮政网点9处，其中金融网点7处。咸水沽支局管辖区营、团结路储蓄所；葛沽支局管辖葛沽支局本部(邮政营业)、金水街储蓄所；小站支局管辖小站支局本部、水榭花都储蓄所；双港支局管辖双港支局本部、柳林新都储蓄所、辛庄邮政所(单人所)。另设有中德邮政代办所，由咸水沽支局管辖。电力进厅收费7个。服务面积387平方公里，服务人口45万余人。

【主要指标完成情况】 2014年津南局业务收入完成3664.7万元，完成预算的106%，位列全公司进度第一名；有效收入完成2398万元，完成年预算的96.4%;利润未完成市公司指标;全年社会综合服务满意度89.14分。

【召开首届三次职代会】 传达市公司职代会精神，回顾和总结2013年经营情况，部署2014年重点工作，动员全局干部职工进一步统一思想、坚定信心、积极转型、加快发展，为完成2014年各项工作任务而努力奋斗。

会上，李秋生副局长传达了市公司“两会”精神。徐建全局长作了题为《统一思想　坚定信心　积极转型　加快发展　为津南邮政之崛起而努力奋斗》的工作报告，报告对津南一年来的工作进行了客观全面的总结，并就2014年工作进行了全面部署。

【机构人员变动情况】 4月29日，经市公司研究，聘任郑庆山为津南区邮电局局长，张荣芬为津南区邮电局副局长，免去徐建全津南区邮电局局长职务。

经局长办公会研究决定：

聘任曹凤任同志为办公室副主任（主持工作）；

免去刘嘉茹津南区邮电局办公室主任职务。

以上聘免日期自2014年6月1日起。

经局长办公会研究决定：

聘任朱雪松为市场部主任兼投递局局长；

任　茜为市场部副主任兼金融业务局局长；

袁红健为集邮公司经理；

李彦祺为函件局局长；

胡　城为双港支局长；

赵　颖为葛沽支局长。

以上人员原职务予以解聘，同时免去宋贵祥市场部主任职务，朱富新金融业务局局长职务，邵晔函件局局长职务。

聘期自2014年10月1日起。

【经营质效稳步提升】 由于以往连续三年没有完成任务，职工收益受损，干部职工士气受挫，全局经营状况一度陷入低迷。2014年4月底市公司对津南局领导班子进行了调整，面对困难局面，新一届班子带领全局干部职工立足眼前，着眼未来，凝心聚力，正视困难，突出重点，奋勇拼搏，力促各项业务协调发展，经过几个月的共同努力，各项经营工作逐步走上正轨，经营管理成效逐步显现，收入进度排位逐月攀升。截止到年末已从4月份的第17位跃居全市公司第1位，职工个人工资台账收入平均增幅5%以上。

【代理金融业务发展亮点频现】 下半年余额净增1.2亿元，全年余额净增7398万元，定、活余额均实现正增长，是全市唯一全部网点实现正增长的单位，同时创造出连续单月正增长2000万元以上的佳绩。在“迎世界邮政日”定期短途竞赛活动中，实现定期余额增长1316万元，完成进度219%，市公司排名第一；在2014-2015储蓄余额跨年竞赛第一阶段，完成市公司下达力争目标5900万元力争目标的142%，全市排名第一。

【国际小包业务发展迅猛】 函件收入完成543.13万元，完成预算的进度285.9%，同比增长129.2%。其中，国际小包业务累计实现收入447.6万元，同比增幅895%，成为拉动函件收入增长的主要因素。

【人力资源管理得到加强】 建立了《中层后备干部管理办法》，畅通员工发展通道，努力培养和打造企业内生动力，共有来自办公室、集邮公司、市场部、支局等6名同志成为首批后备干部培养对象。

【积极推进台席外包工作】 为缓解缺员压力，积极尝试推进台席外包和委代办工作，解决空白乡镇普服网点及电力进厅用工问题，共计节省用工10人，为后续营销队伍建设做好了组织准备。

【积极做好劳务工转正工作】 全年从劳务工中择优转入合同工21人。

【网点建设取得成效】 在市公司统一指挥安排下，区局与地方政府积极争取补建普服空白网点用房，双桥河、八里台、北闸口三处空白乡镇网点已全部落实到位并对外营业。

【区局大楼及部分网点得到整修】 通过积极与市容委沟通协调，市容委免费为区局办公大楼及附属房外檐进行了整修，为企业节省资金近60万元；区局对双港、小站、葛沽等支局、网点进行了修缮。

【柳林新都营业所开业】 柳林新都营业所迁址工作顺利完成，并于9月1日正式对外营业，改善了用邮环境，提升了对外服务形象，增强了网点创盈能力。

（曹凤任）

西青区邮电局

【概况】 西青局坐落于千年古镇杨柳青，机关办公地点设在杨柳青镇新华道81号杨柳青邮电支局二楼。局内设有市场部、财务部、办公室两部一室，金融、集邮、函件、投发、电子商务、分销六个专业。截至2014年底，西青局共有员工258人，正式工77名，占全局职工的30%，大专以上学历的职工有183名，占全局职工的71%，其中研究生学历职工一名，本科学历职工68名。

西青局共有网点19个，其中代理金融网点11个，便民服务站160个。投递人员62人，服务于西青外环部分共55条道段的投递工作，每月投送邮件量达到98.4万件，投递里程达到2633公里。

【2014年生产经营情况】 2014年，西青局在市公司的正确领导和大力支持下，全局上下团结一心，奋勇拼搏，超额完成市公司下达的各项任务指标，经营业绩实现了稳步提升。2014年，累计实现业务总收入5768.6万元，完成年预算的103.8%，列全市第3位；同比增幅4.4%，列全市第7位。有效收入累计完成4415万元，完成年预算的104.2%，列全市第2位；同比增幅3%，列全市第1位。有效收入占业务收入的比重为76.5%，列市市第2位。利润总额累计完成1389万元，完成年预算的114.4%，列全市第6位。

【生肖项目“马到成功”】 西青局积极探索、深挖集邮资源、主动出击，狠抓春节前的市场商机。《甲午年》生肖邮票首发当天，该局联合当地集邮协会举办了以马年生肖产品为主打，主题为“弘扬生肖文化　马年特种生肖邮票发行及邮品展卖”的活动，激活了其他贵金属产品以及历年生肖系列产品的销售，当天累计实现集邮收入10余万元。

【召开首届二次职工代表大会暨2014年工作会议】 1月26日下午，西青局召开首届二次职工代表大会暨2014年工作会。会上认真听取了董喜珍局长《深化改革　完善机制　加快转型　创新发展　实现西青局发展新跨越》的工作报告及2013年工资总额、招待费、工会经费使用情况，并审议通过了《2014年绩效考核办法》，表彰了先进集体、先进个人，签订了经营责任书和安全责任书，圆满地完成了大会的各项议程。

【成功揽收占地款过亿元】 西青局于年初一举揽收小金庄占地款近1.2亿元，超额完成一季度余额发展目标，跃居全市余额年净增之首。主要归功于以下几方面：一是领导挂帅、统筹指挥。该局领导亲自挂帅，机关、专业强力支撑，在全局范围内抽调关系营销能手和金融业务局人员组成项目组，深入一线，坐镇现场，统筹指挥、配合项目揽收中的各项工作。二是责任到人、逐一走访。项目组多方搜集代发信息，并对客户信息进行分类。项目组人员分工明确，将责任落实到个人，以便进行一对一的跟踪落实。员工采用能人营销、关系营销、专业营销等相组合的方法逐一走访、上门营销，以提高营销成功的概率。并告知客户项目组将全程提供接送、全程陪同转存的信息，解客户后顾之忧，提高客户对邮储的忠诚度和信任度。三是积极应对、化解困难。代发银行为了留住余额采取了许多卡控措施，为了减少客户不必要的麻烦，该局采取预约分散支取办法和异行转账办法，把要取现的客户进行汇总并分散到不同非代发网点进行预约取现，避免与代发网点发生直接冲突。

经过大家团结一心的奋战，该局在小金庄占地款揽收中克服重重困难，取得了可喜的成绩，不仅在群众中树立了良好的企业形象，更极大地鼓舞了员工士气，为全年工作打下坚实基础。

【成功开发《"3·15"消费指南》项目】 西青局牢牢把握"3·15"商机，成功开发保险、零售及卖场类客户4户，定制《"3·15"消费指南》专刊广告2.5版；同时，该局努力拓展地方版业务市场，成功开发地方版客户3户。截至3月末，西青局《"3·15"消费指南》项目累计创收3.95万元，完成该项目收入目标的131.7%。

西青局围绕"3·15"专项营销活动，认真分析区域市场，一方面做好《"3·15"消费指南》专刊营销，提升专刊客户规模，组织营销员对老客户进行重点走访，了解客户需求，积极跟进开发；区局函件分支机构对潜在目标客户进行梳理分析，组织营销骨干深入挖掘客户宣传需求，重点宣传《"3·15"消费指南》专刊的品牌优势和影响力，成功开发专刊新客户2户。另一方面组织好地方版的营销推广，充分发挥地方版广告媒体优势，成功开发地方版客户3户。

【邮品展卖人气旺】 5月10日，西青局在杨柳青支局举办了春季钱币珍藏邮品展卖会，这是该局2014年举办的第三次邮品展卖会。展卖会当日，会场外拱门矗立，"天津话"快板光盘的播放活跃了现场气氛，展会上销售的各种外国钱币和黄金小饰品吸引参观者驻足咨询。很多应邀前来的大客户更预定了熊猫金币套装、佛教名山系列金银币套装和流通币大全册等产品。当天活动共形成收入12万余元。

【现场服务师大庆"六一"亲子活动】 5月24日，西青局组织人员，为师大"六一"儿童节亲子活动现场提供个性化明信片打印服务，并开展了幼儿报刊宣传和图书销售活动，得到广大教职员工的青睐，现场打印了个性化明信片200余张，销售图书礼盒800余元。

在2013年天津师范大学举办的第一届"六一"儿童节亲子活动中，西青局进驻现场提供邮政服务，得到了学校及教职工的一致好评。在2014年活动之初，天津师范大学就主动联系该局，邀请进驻现场提供邮政服务，并商讨制定相关活动策划。西青局除了为活动现场设计制作宣传海报加以造势宣传、烘托氛围以外，还设计制作了纪念章加盖在自创卡明信片上，使其更具纪念意义；同时开展了幼儿报刊宣传和图书销售活动，为家长们购买"六一"节日礼物提供了更多的选择。为了保障活动顺利进行，西青局工作人员于活动前一天进行会场布置，并调试打印机等设备。活动当天，现场活动比较火爆，而西青局特地准备的维尼熊和跳跳虎人偶更是吸引了所有人的目光，孩子们争相与其合影留念，家长们争相为孩子打印明信片将幸福定格瞬间。

【开展校园包裹营销活动】 截至6月23日，西青局共收进校园包裹7940袋，形成收入29.8万元，超额完成既定目标。

为做好2014年校园包裹专项营销活动，西青局提前着手，制定了精细的组织方案，并成立了由局领导挂帅，市场部组织，四个支局联合参与，机关、专业人员积极协助的校园包裹专项营销工作队，同时还进行收寄知识专项培训，提升参与人员的收寄能力，满足了进校园收寄包裹人员的需求。该局还提前预订了近万条一次性邮袋，既增加了收入，又减轻了邮袋使用量过大的压力。自6月13日起，西青局先后在天津师范大学、天津工业大学、天津理工大学等6所大学摆开战场，在校园设置了9个固定收寄点位和2个流动车辆，更好地服务学生，每天参与收寄的人员达30余人，在烈日下每天每人工作都在10小时以上，同其他快递、物流公司展开市场争夺，最终成为校园包裹收寄专业队。

【深挖市场资源成功开发定向业务】 西青局积极维护老客户，通过不断扩大定向业务开发的广度和深度，于8月4日，成功签单一定向业务，形成收入近4.5万元。

西青局抓住定向业务收入占比和有效收入均高的特点，在仔细研究新的营销模式和本区域内客户特点后，明确了三季度定向业务的重点营销目标。在一次走访老客户的过程中该局了解到，以前做过的年册产品不能体现用户的个性化需求，用户可以在社会上能够采购到形式更加丰富的礼品。针对此种情况，该局仔细梳理了邮票收藏的特点和意义，从文化的角度多次向用户讲解邮票册的特点和价值所在。同时，为吸引用户的眼球，该局还多次找到专业设计人员进行探讨。经过反复斟酌修改，一份令用户满意的邮品设计摆在了用户的面前，得到客户的认可，最终合作成功。

自二季度开始，西青局在给各支局下达经营指标的同时，还着重明确定向业务指标的占比，同时该局专业也加强了在定向业务开发上的培训工作，指导以及参与各支局项目的开发，督促全体营销员提高定向业务发展的意识和重视程度，为全年集邮业务的发展打下扎实的基础。

【成功举办儿童剧《蓝精灵》商演活动】 西青局借鉴外省商演经验，加快函件转型发展，通过策划、招商、组织、现场服务等一系列筹备，于8月17日，成功举行了儿童剧《蓝精灵》在西青剧院的商演，并成为从外省学习回来后第一个将商演项目落地的区县局。此次活动，开创了该局自行举办商演活动的先河，为今后的商演活动的开展，提供了宝贵的经验。

【与天津师范大学成功合作开办津门首家校园主题邮局】 8月31日，西青局与天津师范大学合作开办的“我的大学”主题邮局正式开业，这是天津高校中设立的首家校园主题邮局。该邮局主营邮政信函寄递、特色邮品销售、个性化邮票制作等服务，将传统邮政服务与现代文化创意相结合，为师生们提供丰富的个性化服务，受到师生们好评。

为庆祝主题邮局开业，师范大学特别在西青局定制了校园个性化函件、集邮主题产品20余万元，北京大学、南开大学、天津大学部分师生及天津师范大学往届校友也寄来明信片，共同祝贺主题邮局开业。

【成功开发校园类明信片】 2014—2015年度封片业务旺季营销开展以来，西青局积极部署各项工作，针对重点行业进行营销。作为大学城所在地，西青局一直将大学校园作为重点营销对象，通过良好的专业服务和精准的产品定位，成功开发天津师范大学和天津工业大学邮资明信片。

西青局以“我的大学”主题邮局为平台，以大学生手绘的校园风景优秀作品为内容为天津师范大学定制了《我的大学》手绘校园建筑系列明信片、《360度时间广场》手绘明信片套装、《校园手绘地图》拼图明信片各1000套，围绕天津发展成就，制作了《天子津渡、河海风流》和《天津新老十景》系列明信片，形成收入16万余元。同时，借鉴天津师范大学的成功案例，西青局积极联系天津工业大学，以校园风光为题材成功开发两款明信片产品，累计定制明信片4000套，形成收入5万余元。

【任永信总经理与西青区政府领导会谈并参观“我的大学”主题邮局】 9月26日上午，市公司总经理任永信来到西青区，与西青区区委副书记、区长王学旺会谈，双方就利用邮政资源服务政府及区内企事业单位、宣传“美丽西青”等工作进行了深入交流。会谈结束后，任永信总经理一行来到天津师范大学，与王润昌副校长就主题邮局如何突出特色交换了意见，并参观了该校“我的大学”主题邮局。

【李国华总经理到西青局调研】 10月16日下午，中国邮政集团公司总经理李国华在市邮政公司总经理任永信的陪同下，深入西青区杨柳青邮电支局调研，询问了分销产品引进渠道、每日销售额、毛利率等情况。在储蓄厅内，营业员们精神饱满，紧张忙碌，理财经理正在为客户讲解业务，李国华叮嘱大家要做好金融服务工作。

之后，李国华一行参观了天津师范大学“我的大学”主题邮局，观看了师大学生手绘的拼图明信片、全国各地校友寄来的明信片。天津师范大学副校长王润昌介绍了校企双方在共同打造主题邮局、传承书信文化方面所做的努力，并感谢邮政提供的大力支持。西青局汇报了“我的大学”主题邮局的创办过程，及下一步布放智能包裹柜、创新产品等发展思路。李国华对“我的大学”主题邮局创新的经营模式给予高度评价，称赞其是校企合作的典范。应校方邀请，李国华为主题邮局欣然题写了“书信文化　源远流长”，并与校方互赠邮品留念。

【多项举措奋战“双11”】 11月11日—13日，西青局电商小包收寄量达到2216件，实现新突破。进口电商小包投递量连续数日超过警戒线，同比增长98%，创历史新高。为确保战役顺利打响，该局采取以下措施：一是成立了以一把手为组长、主管局长为副组长的领导工作小组，确保营销、业务受理等环节的紧密衔接；二是制定了“双11”应急预案，从人到物都明确了应急措施，保证战役万无一失；三是积极开发新客户，深度挖掘老客户，实现了量的增收；四是在收录名址环节，选派精兵强将、业务能手组成支撑小组，连日进驻中心局，负责名址录入工作；五是营销小组深入客户现场，负责对小包的包装工作。全局共奋战，确保了小包业务的快速发展，也得到了客户的高度评价。面对巨大的投递量，该局采取以下措施积极应对：一是机关及专业组成突击队，每天确保10人奔赴投发部代投或坐投，每日三人一组最高打电话200个，效果较好；二是免费为投递员提供“双11”早餐，提高出班效率；三是每天出各投发部及帮扶人员投递战报，亮亮剑，比比看；四是为投递量超大道段提供油补车补。

【《手绘五大道》明信片掀起集藏津门美景热潮】 12月11日，由西青局与天津师范大学“我的大学”主题邮局联合设计制作的《万国建筑、河海风云》暨《手绘五大道》系列明信片的第一辑首发式在天津师范大学报告厅举行，现场座无虚席，参与纪录片《五大道》拍摄的天津师范大学教授尚克强也到场祝贺，并结合明信片为到场的400余名师生讲述了五大道的前世今生。

首发式上，师范大学的领导与学生将写有寄语的明信片投入邮箱，邮寄给了远在甘肃定西、新疆哈密、重庆开县支教的天津师大第16届研究生支教团以及那里的孩子们，在新一年来临前夕，为他们送上最温暖的关爱和祝福。首发式结束后，“我的大学”主题邮局的工作人员还在报告厅门口开设了《手绘五大道》明信片临时展卖点，并为购买该套明信片的师生和邮迷加盖纪念邮戳。

【光荣榜】

1.西青区邮电局被评为2014年度市公司先进单位；

2. 西青区邮电局党支部被评为2013—2014年度市公司先进党支部；

3.金融业务局被评为2014年度市公司先进集体；

4.贾冰等7人被评为市公司先进个人；

5.开发区支局、辛口所被评为区局先进集体；

6.王丽等18人被评为区局先进个人；

7.在市公司组织的“有奖读报”活动中，该局获得优秀组织奖，辛勇等18名同志获得个人优秀奖；

8.该局保卫工作获得天津市公安局的嘉奖。

（刘　宁）

北辰区邮电局

【概况】 北辰区邮电局（以下简称北辰局）综合办公大楼坐落于辰昌路1911号，临近地铁一号线。根据邮政业务发展需要，区局下设综合办公室、市场部、财务部3个职能科室；有北仓、宜兴埠、双街3个邮电支局17个邮电所和金融局、电商分销部、集函局、投递分局4个专业分支机构；年末，全局员工总数242人，合同工A类86人，B类20人，劳务工136人。

2014年，北辰局在市公司的正确领导下，以科学发展观为统领，坚持“以效益发展为中心”，认真贯彻落实市公司“1133”工作部署，牢牢把握“转型、整合、特色”三个关键抓手和“稳中求进，进中提升”的总基调，以开展“机制完善年”活动为契机，以进位争先为目标，努力发展创效益，全局干部职工进一步坚定信心、迎难而上，不断强化内部管理，积极抢抓外部市场，充分发扬艰苦奋斗、埋头苦干的工作作风，加强队伍建设，强化基础工作，提高服务质量，各项工作取得了一定成果。

2014年北辰局实现邮政业务总收入5399万元，完成年预算的101.4%，列全市第12位，同比增幅为1.4%。有效收入完成3821.4万元，实现利润896.1万元，人均利润3.7万元。其中代理金融业务完成收入3485.4万元，为年预算的100.4%，增幅5.5%；邮务类业务完成1873.8万元；代理速递物流业务完成收入39.8万元。

【举办大型"年货展销会"活动】 在传统佳节"春节"来临之际，为进一步加大分销产品和淘宝网店的宣传，扩大分销业务在周边百姓中的影响，北辰局于1月11日—12日，在区局新落成的辰昌路邮局一楼大厅举办了"首届年货展销会"活动，两天实现销售额3.2万元。为积极应对市场环境变化，此次活动将销售群体逐步转向中小私营企业和周边居民百姓，在分销专业的大力支持下，本着"商品丰富，质优价廉"的宗旨，精心挑选粮油类、海鲜类、干果炒货类、酒水类、水果菜肉类等等近百种商品，码放成产品堆头，便于用户选购。同时，还印发2万份DM广告，通过夹报投递，周边小区、市场、公交地铁站等人力密集区发放，网点、便民站发放等多种渠道，加大宣传力度。展销会现场，两个大型拱门分别摆放在路口和门前，吸引市民注意，音箱里循环播放喜庆歌曲和促销信息，展厅内丰富多彩、实用价廉的商品，吸引不少企业客户和周边百姓前来观看、选购。营销骨干、机关管理人员等齐上阵，热情服务，实行一对一的商品导购，现场讲解、推荐商品的优劣及性价比。此次活动也得到部分供货商家的大力支持，均推出了各种优惠政策，开展现场免费试尝等活动，人流攒动，十分热闹。在酒水展位前，优惠的促销政策和现场品尝吸引了很多百姓，很多人在品尝后一口气买走两箱。同时，也有不少企业客户到场选购。诸如10箱白酒、126箱蒸食等一系列大单频出，销售现场火爆，秩序井然有序，成效显著。

年货展销会（高亚楠 摄）

【举行集藏珍品客户答谢会】 "集藏真邮瑰宝，品味文化新春"，1月17日下午，北辰局在辰昌路新落成的区局会议室举行了集藏珍品鉴赏暨高端客户答谢会活动，来自各行各业的20多名集藏爱好者汇聚一堂。此次活动集中展示了生肖贵金属、钱币、邮品等系列藏品，尤其以百姓喜闻乐见的生肖题材的邮品最受集藏爱好者追捧。活动当天，各藏友纷纷对自己感兴趣的邮品当即下单，将整个会场氛围推向高潮，现场创收2万余元。本次活动以认真落实市公司首季开门红主题营销竞赛活动为中心，大力宣传集邮珍品，全面提高邮政集邮礼品在北辰区域的影响力。答谢会上，区局领导与集藏爱好者们进行了广泛交流，征求了集藏者们对邮政服务工作的意见和建议。同时，向集藏者们介绍了集邮文化、贵金属的收藏讲解以及展示珍品的介绍，令众多爱好者欣喜。此次活动不仅进一步拉近了与集藏爱好者们的距离，同时也掌握了众多爱好者们的需求，为全局的集邮业务的发展奠定了基础。

客户答谢会（高亚楠 摄）

【召开首届二次职代会暨2014年工作会议】 1月

27日上午，北辰局召开首届二次职工代表大会暨2014年工作会议，工会主席任永东主持。会议认真传达了任永信总经理在市公司首届二次职工代表大会上的工作报告精神，审议并通过了李向东局长题为《坚定信心　凝心聚力　创新思路　加快转型　为实现北辰邮政特色发展新局面而努力奋斗》的工作报告以及《北辰区邮电局2014年效益工资挂钩考核办法》，听取审查了《2013年业务招待费的使用情况》和《2013年工资总额的使用情况》，并对2013年度市公司、区局先进集体和先进个人进行了表彰。

【北辰局办公室荣获天津市公安局颁发的集体嘉奖】 2013年以来，北辰区邮电局综合办公室在市公司和区公安部门的正确指导下，认真落实安防会议精神，坚持以防为主，以查促防的原则，加强各项安全管理，营造了“安全为全局，人人保安全”的良好氛围，取得了一定的成绩，实现了安全保卫工作无事故的目标。经区公安部门推荐，市公安局二处审核批准，决定：给予北辰区邮电局综合办公室集体嘉奖。

【北辰局爱心社组织献爱心捐助活动】 2月18日，新春伊始，邮局爱心社的刘跃和付军两位爱心人士，利用业余时间专程到刘安庄小学与刘快庄小学，将助学物品亲手送到受助学生手里。他们对受助学生问寒问暖，向其大队辅导员与班主任询问他们的学习情况，鼓励孩子们努力学习，并表示愿意竭尽所能，帮助这些可爱的孩子们完成自己的求学梦想。受助学生及老师深受感动，孩子们纷纷表示，一定勤奋学习、积极锻炼，他们以一封封感谢信、一张张成绩单，向好心人们汇报，感谢他们的爱心，表示毕业后也将积极帮助需要帮助的人，将爱心接力棒传递下去。两位捐助人用他们的实际行动，将爱传递，让心相连，同时展示出了邮政人员的阳光热情和积极向上的精神面貌，使更多的人更加认识邮政企业、了解邮政企业，让新时代邮政的亮丽风采传遍整个社会。北辰区邮电局团总支从2009年起，积极响应共青团北辰区委员会号召，积极组织区局干部职工对困难学生进行爱心捐助，2013年共计捐款5800元。在区团委搭建的爱心助学平台上，北辰邮政人充分展现大爱无私的邮政风采，提升了北辰邮政在区内各界政企事业单位中的公益形象，同时提高了北辰邮政在百姓当中的认知度和信任度，增强了北辰邮政在北辰区内的社会影响力。

【走进军营开展集邮知识宣讲活动】 3月7日，北辰局深入驻津某部队开展集邮知识宣讲活动，受到部队官兵的热烈欢迎。400多名官兵在认真聆听北辰局的集邮知识讲座后，对集邮文化产生了极大兴趣，仔细观看北辰局在现场设立的邮票知识展板，与工作人员交流集邮心得，并踊跃选购喜欢的集邮藏品。部分官兵还当场关注了集邮公司的微信平台，申请注册微信会员。面对集邮业务经营环境的变化，北辰局打破柜台的束缚，从宣传普及集邮文化入手，积极与社区、学校、部队进行联络沟通，以共建精神文明、提高国民素质、丰富文化生活为切入点，采取集邮知识讲座与集邮产品展示合二为一的形式，将集邮知识、集邮产品送到部队官兵、学校学生和社区居民身边，积极拓展新的营销平台和客户群体。此次深入部队的宣讲活动是该局的系列活动的第一站，得到了部队领导的大力支持，并对此次活动给予高度评价。广大官兵也都表现出了对集邮活动的极大兴趣，纷纷向工作人员进一步询问如何选购邮票、如何预订全年邮票、如何参与集邮活动等细节。现场的邮品展示更是热火朝天。马年生肖、浴马图、母亲节以及书法绘画等题材的邮品大受欢迎，两个小时的活动销售产品1万余元，很多没有买到喜欢的邮品的战士还留下了联系方式，期待下一次活动中能够买到心仪的邮品。部队领导对北辰局的这次活动形式给予高度评价，并主动帮助北辰局联系其他驻津部队，将此活动继续复制，丰富部队的精神文化生活。

集邮知识演讲活动（高亚楠 摄）

【进村入户宣传金融业务】“五一”小长假，北辰局创新宣传方式，将“金融柜台”搬进村户中。5月1日和2日，区局领导班子率领支局骨干、机关管理人员分组深入乡村，走进村民家中宣传金融业务，发放宣传单页三千余张，走访村民近千户，将金融理财知识送到了村民的家门口。经过对村民作息时间的了解，北辰局制订了灵活的宣传方案。每天早晨和下午分别组织人员在村民集中晨练的广场及买菜的集贸市场门前安放宣传喇叭，播放邮政储蓄的各项金融业务及惠民政策，向过往的村民发放宣传单，介绍邮政储蓄的存款政策和便利条件。在小喇叭的宣传播报下，前来询问的村民不时多了起来，就这样一传十、十传百，很多村民上前围着宣传车，有的要宣传单、有的问问题，将宣传车当成了一个临时咨询柜台。与此同时，另一路人员则两人一组直接上门入户，让村民不用走出家门就能了解到邮政储蓄的各项金融产品，有感兴趣的村民直接将宣传人员领进院中，认真仔细地询问起如何理财，怎样才能实现收益的最大化。耐心的宣传员按照村民的意愿讲解了几套理财方案，让村民豁然开朗，当即就决定将家中的现金存到邮政网点里。通过三天的宣传活动，不仅将北辰邮政的“储蓄柜台”搬进了村户，更将邮政储蓄的惠民服务搬进了村民的心中，同时也拉近了村民于邮政储蓄之间的距离，为北辰邮政金融更好的扎根在百姓心中，实现更快发展奠定了基础。

【组织“粽情端午　防暑降温”产品展卖会】2014年“粽情端午”活动开展以来，该局围绕分销“做品牌、拓市场”的发展思路，结合本局实际，于5月16日、17日成功组织了“粽情端午，防暑降温”产品展卖会。两天累计销售24198元，形成收入7359元。区局领导高度重视此次展卖活动，多次召开会议进行策划和布置，确保专人落实各环节工作。宣传工作上，区局统一制作广告展架、拱门、布标、音响等宣传品，为展卖活动营造了良好的活动氛围。活动主推香粽类产品、防暑降温等福利性产品和一些特价酒水，现场引来许多顾客前来参观询问。各支局、专业、部室分别介绍各自的大客户前来参观订购。

【北辰投递分局开展“六一“营销宣传活动】随着“六一”儿童节的临近，家长们都希望送给孩子们一份既有意义、又受欢迎的小礼物。为了做好节日营销，发行专业针对不同年龄段积极筹划了一系列适销对路的少儿礼盒产品，给各区县局提供了良好的货源保障。面对目前时间紧，任务重的现状，北辰局认真梳理界内大客户信息，为确保实现“时间过半、任务过半”的目标，积极谋划、分级营销、寻出路、找措施，不断完善营销方案。多次组织员工走出局门，深入警营、企业、小区等地开展营销活动。在得知5月25、26日全市各小学校招新生的消息后，北辰局立即抓住商机，与专业沟通后，选取了适合小学新生的礼盒及图书，组织员工分别到生源数量最多的天辰小学和实验小学门口，进行现场DM单宣传及销售。此外，该局还组织员工在北辰知名企业天辰集团开展现场销售和订阅活动，均取得了良好的销售业绩，共计实现图书和礼盒销售额4000余元。

“六一”营销宣传活动（高亚楠 摄）

【顺利完成高考成绩单投送工作】6月23日，北辰局收到高考成绩单1700余封，在经过分拣、对数、合拢后，北辰局的全体投递员就开始全力以赴投入投递当中。高考结束，等待成绩的时间显得很“漫长”。虽然从电话查询中可以了解到自己的分数，但是不少家长及考生仍然希望眼见为实。北辰投递分局全体投递员，深知肩负重任，头顶烈日奔波在城区大街小巷，将成绩单及时投送到考生家中，每当投递员将成绩优异的成绩单投到用户手里，用户仍然抑制不住喜悦的心情。经过两天的投递，该局将全部成绩单成功投递。

【北辰区万科新城和南王平营业所开业】 8月8日,北辰区邮电局万科新城营业所和南王平营业所经过装修改造,精心筹备,正式迁址对外营业。万科新城和南王平营业所都隶属北辰局宜兴埠支局,万科营业所地处万科新城高档住宅小区附近,周边住宅小区密集,还有众多中小商户林立,中高端客户人群丰富,市场潜力丰厚。南王平营业所地处大张庄的凤凰小镇,该地点位于北部新城龙头地位,地域发展潜力首屈一指,属于旧村拆迁村民集中迁址地,周边居民人口密集,发展潜力巨大。新址网点营业大厅宽敞明亮,设施齐全。为了给客户提供更加贴心、舒适的服务,该网点配备了叫号机、客户等候座椅和VIP贵宾理财中心等服务设施。同时,区局为支撑网点业务发展,从支局抽调精兵强将担任网点理财经理和柜员,为该所的发展壮大奠定了坚实的基础。经过前期宜兴埠支局做了大量的深入宣传,开业当天,吸引了众多用户前来咨询并办理业务,在理财经理的指引下,营业厅坐满了拿号等候的客户,热情周到的服务得到了客户的认可。万科和南王平营业所的成功开业不仅为周边居民提供了便捷的金融服务,更将成为北辰局邮政业务发展的新增长点。

万科营业所开业(高亚楠 摄)

南王平营业所开业(高亚楠 摄)

【北辰局便民站业务全面开花】 进入7月份以来,随着酷暑的降临,本市进入了用电高峰。而在上年该局与北辰电力合作开发的57个便民缴费网点派上了大的用场,这些几乎覆盖了北辰区所有村镇的邮政便民服务站点,本月共计代收电费1.08万笔,代缴金额250.7万元。极大地缓解了邮政窗口的代收压力,同时也方便了附近居民的购电需求,实现社会、经济效益双丰收,可谓一举两得。随着邮政便民服务站点的改造升级,越来越多符合条件的站点在陆续叠加邮政业务,这一方面可以增加站点人员的收入,稳定站点;另一方面也可以给邮政节省支出,增加效益。放号方面也取得了一定的成绩,目前有5个站点叠加了放号业务,每天都会有新卡开通,截至7月底共计开卡283张,在十八个区县局中名列次席。分销业务也在努力寻找适合的便民站点,双河便民站进行散酒业务的销售,这是北辰第一例便民销售散酒业务,为分销业务成功嫁接便民网点提供了有益的经验。在代收话费业务上,便民站点也成为阻挡业务下滑的有力推手,7月份代收话费1.8万笔几乎与邮政窗口(邮政代收1.9万笔)代收量持平。可以预见,便民代收在未来的邮政业务中将占有越来越重要的位置,这种以社会渠道的运营模式一定会在不远的将来大放异彩。

【举办《中国梦》邮票及《沽上妙艺》纪念封首发仪式】 9月20日上午,北辰区双街古镇广场上热闹非凡,彩色的拱门、大红的帐篷,醒目的背板,热闹的表演都吸引了众多市民的目光。集邮专业与北辰局联动,在双街古镇隆重举行了《中国梦——民族振兴》暨《沽上妙艺》系列纪念封第七组的首发活动。北辰区政府、文广局、双街镇政府主要领导应邀出席了揭幕仪式,北辰区政府陈文慧副区长与市公司张德荣副总经理共同为《中国梦》邮票揭幕,市集邮公司刘彦波经理宣读了邮票发行公告,北辰区文广局、双街镇政府领导与区局长共同为纪念封揭幕。《中国梦——民族振兴》邮票暨《沽上妙艺》首发活动是2014年中国·

天津集邮文化季系列活动的收官之作。为做好本次首发活动的组织，营造热烈的现场氛围，北辰局李秀海局长亲自主抓，亲自向区政府领导进行汇报，得到了区政府的高度重视和大力支持。北辰局在集邮专业的支持下，利用集邮微信平台、市公司各类媒体进行活动宣传。区局还利用自身微信平台开展了“微信刮刮卡”惊喜送不停活动，为活动现场积聚人气。与本次《中国梦》邮票同步发行的《沽上妙艺》纪念封第7组，取材于北辰区的著名农民画家丰爱东与缩微模型艺术家田恩祥、郭宝栋精心创作的《农民画》和《缩微模型》。著名农民画家丰爱东及缩微模型田恩祥、郭宝栋先生同时光临首发现场为广大邮迷进行签售。集邮专业还邀请了著名书法家王铁男先生到活动现场进行书画表演助兴，并将写有“中国梦，北辰情”的书法作品赠送北辰区政府领导，将活动推向了高潮。北辰区局在活动现场设立了邮品展卖、业务宣传、分销展卖、免费盖戳、艺术家签售、微信有奖关注等专区，吸引了大量市民和邮迷。现场形成各类业务销售收入1.5万元。

首发活动（高亚楠 摄）

【开展“第45届世界邮政日”宣传活动】 为做好邮政业务宣传，进一步提升邮政在全社会的影响力，树立良好的品牌形象，在一年一度的世界邮政日——10月9日当天，北辰局以北仓支局、双街支局、万科邮电所三网点为主要宣传点位进行户外宣传，其他局所同步配合进行室内宣传，进行了“世界邮政日”大型宣传活动，取得了很好的宣传效果。各网点提前布置展柜，摆放宣传折页、宣传品，摆放充气拱门，悬挂以“情系万家，信达天下——热烈庆祝第45届世界邮政日”为主题的布标，在营业厅外设置宣传台席，在外摆放宣传棚亭，散发宣传品，网点开展“办理有礼”活动，向当天来邮局办理存款、保险、车险等重点业务的用户发放宣传礼品，组织骨干力量做好业务宣传、现场咨询和受理相关邮政业务。在各个点位开展办理业务赠送礼品的活动，烘托气氛，促进业务发展。各支局设置宣传展台，摆放宣传品，张贴宣传邮政日宣传画，充分利用局所内宣传展架等设施，对活动及业务进行大力宣传。局所内有明确的展示及活动说明，设专人负责宣传、讲解及受理各项重点业务，对寄封片卡、个性化邮票专题服务、报刊订阅、分销产品、邮乐网、金融等业务进行了重点推介与营销。此次宣传活动当天对各项重点业务进行了详细宣传，共发放宣传单及宣传折页5000余份，现场策反他行存款100万，办理基金5万，理财10万，办理保险29万，其中期缴10万，揽订报刊2000余元，存款和购买保险意向客户10名。进一步使社会大众更多地了解邮政业务服务理念及内容，为以后邮政业务的进一步发展打下了坚实的基础。

【光荣榜】 北辰区邮电局金融业务局被评为天津市邮政公司2014年度先进集体；赵书全、薛嶺被评为天津市邮政公司先进生产者；张萌萌被评为天津市邮政公司服务明星；刘跃被评为天津市邮政公司营销标兵。

北辰区邮电局电商分销部、小包中心、办公室、计财部被评为北辰区邮电局先进集体；薛嶺、赵书全、谈玲玲、王承文和庞帅被评为北辰区邮电局先进生产者；张萌萌、李晶、王珊珊、安琳、张蕊、梁鹏和宋庆达被评为北辰区邮电局服务明星；刘跃和吴红梅被评为北辰区邮电局营销标兵。

（高亚楠）

直属单位

天津邮区中心局

【概况】 天津邮区中心局是天津市邮政公司下属的直属单位，作为全国邮政网运生产的重要结点和支撑服务单位，下设3部1室1中心和6个基层单位，即办公室、人力资源部、财务部、生产指挥调度中心和生产保障部。基层单位有邮件分拣一局、邮件分拣二局、邮件转运局、汽车运输局、邮件容器局、档案室。截止2014年底，邮区中心局现有在岗职工992人，其中管理人员43人，生产人员人(含聘用工)929人。全局共有中共党员188人。取得职业技能鉴定业务师7人，高级工278人，中级工266人，初级工255人。

2014年中心局紧紧围绕市公司“1133”工作部署和经营发展总体思路，加快改革发展步伐，积极服务支撑邮务类业务发展，扎实有效推进各项工作再上新台阶。一是加快网运改革，提升效率效益，服务企业经营发展。稳步推进干线运输方式改革、积极推行外包、认真做好进口报刊分发前置作业组织调整等工作。二是通过科技引领，优化流程，在“双十一”等旺季生产期间，全力提高生产效率，做好网运支撑服务。三是强化内部管控，着力提升服务品质。加强监督检查，制定措施，确保各项指标达标；并继续规范生产作业流程，落实全国网运“达标争先”竞赛活动，提升各项指标。同时，强化人力资源管理，财务管理、设备运维管理、车辆管理、认真落实各项安全稳定工作。四是员工素质不断提高，企业环境日益和谐。通过搭建素质提升平台，有效推动生产改革工作；并充分发挥党工团凝聚作用，和谐内部环境不断改善。

【主要指标完成情况】

1、业务量完成情况

进、出口总包邮件交换量累计完成1260万袋，同比增长4.79%，日均3.45万袋；

给据邮件交换量累计完成1905万件，同比增长26.84%；

进口给据邮件总量：729万件，日均量：2万件；

出口给据邮件总量：1176万件，日均量：3.2万件；

平常邮件交换量累计完成1.64亿件，同比下降16.04%；

进口平常邮件总量：8210万件，日均量：22.5万件；

出口平常邮件总量：8169万件，日均量：22.4万件；

国内小包累计完成688万件，同比上升119%；

进口国内小包总量：290万件，日均量：8千件；

出口国内小包总量：398万件，日均量：1.1万件；

大宗收寄总量：219万件，日均量0.6万件。

2、财务指标完成情况

2014年与速递物流完成结算收入103.02万元，完成市公司下达预算指标的120%；成本支出17694.6万元，完成市公司下达预算指标的99%。

【邮件分拣二局调整配发环节作业班次】 进入春运旺季生产以来，邮件分拣二局各类邮件业务量激增。为缓解每日通信生产压力，该局及时调整配发环节作业班次，确保邮件24小时及时发运率。

1月7日-15日，配发环节一昼夜日均处理各类进出口邮件20257袋件，处理进出口直封包裹近3000袋，给每日通信生产带来极大压力。

为保证通信生产的正常运转及生产质量，确保集团公司普通邮件24小时发运率指标达标。该局领导组织相关业务人员及班组长针对配发环节作业模式进行研讨，将原有“两大生产班组上12小时、休36小时”的作业班次，调整为“三大班组上12小时，休24小时”的作业班次，以此增加每日夜班工作人员。同时，该局要求配发环节大班长实行跟班制，协助当班生产调度协调、指挥现场生产作业，捋顺新班次的作业组织。

【汽运局全力应战旺季生产高峰】 2014年元月初,汽运局针对旺季生产高峰,科学调度,周密部署,安排人员、车辆合理疏运。据统计,自去年12月底至今年1月24日,汽运局共完成分销配送加车任务72趟次;拉运局所72处;拉运件数26134件;总重量212418吨;单日配送最高达到3870吨。为顺利完成专项业务类邮件的拉运工作做出了强有力的支撑服务。仅1月份,全局完成加车任务156趟、其中一级邮路加车14趟、二级加车70趟、市内邮路加车76趟,运输邮件23852袋件为圆满完成"旺季生产"期间的运输任务做好储备。

【全力做好首季"开门红"国际小包邮件处理工作】自2013年下半年国际小包呈井喷式增长,截至2014年3月3日,该局共处理国际小包407467件,干部、职工加班102人次。仅2月15日—3月3日,就处理300008件,日均处理1.76万件,日高峰处理29912件,再次突破国际环节日均处理业务量新高。

处理国际小包(潘瑞 摄)

【组开"两包"专线汽车邮路强力支撑业务发展】 为强力支撑"两包"业务健康、快速发展,根据市公司的总体工作部署,中心局自3月24日起,组开"两包"专线汽车邮路,拉运塘沽局出口国际小包及武清局出口国内小包,解决了运能紧张问题,有利于营业、内部处理及运输环节的作业组织,加快了邮件的传递时限。

【邮件分拣二局全力赶发电商小包邮件】 5月7日夜班,邮件分拣二局大宗收寄环节收到塘沽函件局收寄的近7500件电商小包邮件,该批邮件因信息重号、欠费等手续问题,不能进行正常的收寄处理,给该批邮件赶发有效频次带来极大困难。

该局立即将此情况汇报调度中心,并积极组织封发环节全力赶发邮件。采取下夜班收寄人员原地待命、上夜班人员提前到岗、包刷环节休息人员停休到局参战等措施,及时处理该批邮件。当日收寄3100件。经联系,塘沽局相关人员5月8日上午9点赶到中心局大宗收寄现场开始收寄工作,当日收寄2000件。

截至5月8日,当日共计赶发小包邮件10915件。该局包刷环节当班人员发扬连续作战、敢打硬仗的拼搏精神,在局领导带领下,班次结束后继续加班赶发小包邮件,并安排5人协助夜班工作,最大限度加快处理时限,提高分拣质量,努力做到邮件不积压、不滚存,确保邮件传递时限。

【容器调拨局顺利完成首批一次性邮袋验收入库工作】 5月19日下午,容器调拨局在本局作业现场召开2014年首批一次性邮袋验收会议。市公司网运部、财务部相关领导,中心局生产保障部、容器调拨局相关领导及代表,生产厂商代表参加会议。与会人员在现场对近期接收入库的一次性邮袋进行随机抽样验收。对邮袋尺寸、材质强度等进行了测量和对比。经过全体与会人员的审核,已入库的一次性邮袋符合采购合同的相关规定及接收入库条件。

【开通天津至北京一级干线往返汽车邮路】 按照市公司网运部工作部署,中心局积极落实进口国际海运邮件的疏通工作,5月9日起开通天津至北京一级干线往返汽车邮路。5月6日,满载着658袋邮件的两辆邮车踏上了奔赴北京的征程,标志着邮路试运行正式启动。5月12-15日连续四天,每天调拨两部邮车承担邮运任务,共计完成加车任务十余趟次、运输邮件3259袋。组开运行平稳。

【组开天津至济南、杭州一级干线往返汽车邮路】 按照集团公司及市公司网运工作要求,中心局于6月10日组开天津至济南、天津至杭州一级干线往返汽车邮路。同时,撤销天津至锦州及济南局组开的济南至天津一级干线往返汽车邮路。本次干线往返汽车邮路的组开是干线运输方式改革工作的一部分。天津邮区中心局加强与市公司网运部及兄弟省市单位的多次沟通、协商，克服轻件封发时间紧、邮件装车时间早等困难，确定发车频次、时限等事项，及时组织人员学习运行计划，并对相关作业组织进行调整，确保新邮路开通后网运生产作业顺畅。安排相关人员24小时全程跟踪监控，发现问题及时沟通解决。随着天津至济南、天津至杭州一级干线往返汽车邮路的组开，网运干线运输改革工作正在积极稳妥推进。

【迅速反应 顶住压力 全力支撑确保国内小包输运畅通】 随着6月15日父亲节的到来，再次掀起电商促销大战。中心局汽运部门在保证正常邮件疏运任务的同时，既要做好突发量的随时加车准备；还要承担南开区局承揽的国内电商小包货品的拉运任务，为电商提前做好包装、收寄提供支撑服务；加之一年一度“校园包裹”战役的打响，使中心局汽运部门邮件疏运工作面临空前的压力和更加严峻的考验。

积极配合，充分发挥承揽/收寄方的桥梁纽带作用。原定于6月4日、5日、6日三天上午8:30，中心局汽运部门每天派三辆8吨位邮运盘驳车，到南开区局指定的仓储地点拉运其承揽的国内小包货品。但6月3日、4日下午5点，南开区局分别传来消息，因客户方面原因6月4日、5日不再拉运原计划的国内小包货品，改在6月6日、9日、12日拉运。为了营收部门和天津邮政的整体利益，中心局生产指挥调度中心积极整合、协调汽运局及转运局的现有车辆、人员，放弃工休、加班延时，全力抢运邮件。用实际行动践行了“主动为营收单位着想，让下一环节满意”的承诺。仅6月6日、9日、12日三天，中心局共计派出8吨位车辆15趟次，拉运国内小包货品110余吨。

支撑奉献，充当突发量邮件的临时清运后备军。6月13日凌晨5:30，汽运局调度室响起了一阵急促的电话铃声，调度员徐晓广接中心局指挥调度中心指令，要求汽运局马上组织唐山加车一部，即刻装车清运一批国内小包。情况紧急，徐调度员于5:40派备班人员将邮车停靠指定装车邮件交接口。同时，紧急电话联系驾驶员及时到局准备完成临时加车任务。从接到指令至安排加车就位、联络驾驶员，紧紧10分钟。其间，充分体现了汽运人顽强拼搏、不惧困难的优良传统。

【报刊前置作业组织调整工作顺利交接】 7月31日下午，中心局进行报刊分发前置作业组织调整工作交接，欢送报刊分发前置员工到新的工作单位工作。市公司副总经理石青、人力部、网运部、投递局领导出席交接会。

2007年10月，市公司试行投递前置改革，市内各投递分局收发工作前移至中心局进行生产作业。目前，集团公司全面推行干线运输改革，逐步取消火车运邮，改用汽车运邮。接卸的干线火车邮路由过去的每日27趟减为11趟。同时，中心局将增加9趟一级干线汽车邮路。此次网运改革，中心局大部分总包邮件交接运输工作由原火车邮路改为汽车邮路，邮件主要处理场地将由天津站迁移至中心局。根据改革工作需要，按照市公司总体工作部署和要求，报刊前置整体建制划归至投递局，不仅解决了干线运输改革后中心局生产作业场地紧缺问题，而且进一步调整优化中心局报刊分发前置作业组织方式，加快报刊邮件处理时限。报刊前置整建制划归至投递局后，将撤销进口报刊投递道段直封格口，改按各投递分局分发。为此，涉及的中心局报刊前置作业人员将重新回到投递局。

报刊前置作业组织调整工作交接（陈治荣 摄）

【全力赶发38000件约投挂号邮件】 8月16日至21日，邮件分拣一局陆续进局以约投挂号形式寄递的宜家家居宣传册38000件。该局立即启动处理预案，积极协调组织，调整作业环节，将该批约投挂号邮件全部赶发有效车次。

该批邮件每天13:30、15:30分两批次进局，共计200余袋、6000余件。为给夜班处理人员减轻工作压力，该局采取班组之间协助和初细环节协作的方式，白班收到该批邮件后，对每袋总件数与实物进行核对，确认无误后，组织5-6名初分人员进行分拣，加盖投递日戳，并按局整齐码放在相关台席位置上，封成总包留交。

夜班班组接班后，优先处理该批邮件，先进行开拆工作，然后再分拣封发。为确保该批邮件全部赶发，该局按照生产预案，将细分两区三县分支邮件的封发工作调整为初分环节作业，为细分人员节省时间，确保分拣质量。对于来量集中的局邮件，组织其他台席人员协助交叉作业，全力赶发有效车次。

截至21日，该局在各班组人员的协作配合、共同努力下，将38000万件宜家宣传册全部赶发有效车次。

【深挖潜能组开宝坻快速邮路】 随着两包业务的迅猛发展，区县快速路的运能已趋于饱和状态。特别是早蓟县快速路邮路，承担着蓟县、宝坻两个区县局进口各类轻件、报纸、小包的运输任务，运能上已无法保证需求，经常需要采取临时加车进行解决，不仅影响了趟车的正点出局，也对区县局的投递工作造成了很大的影响。

为缓解运能压力，提高邮件传递时限，市公司审时度势，于11月10日及时组开早区县快速宝坻邮路。汽运局克服人员、车辆暂时不能到位的不利条件，深层次挖潜，优化调整生产作业组织，趟车准班准点迎着清晨第一缕曙光自中心局开出。

【邮件分拣二局全力投入“双11”国内小包赶发会战】 在电商大力促销下，今年“双11”业务量来势汹汹，仅11日当天，邮件分拣二局包刷环节共处理各类邮件达42244件，处理国内小包邮件33537件，大宗收寄14491件，已全部接近往年高峰值。面对压力，该局各环节职工积极应对，合理调配，动态调度，全力投入到“双11”国内小包赶发会战中。

11月11日，该局正式启动生产预案。包刷环节：三个班组停公休，实行一白一夜轮班制，环节大班长分别负责白班及夜班的工作指挥调度，严格执行邮件处理时限和封发标准，落实进出口邮件一班一清制度。配发环节：取消职工年休假，确保出勤率，严格执行邮件发运计划和疏运方案，加强进出口邮件扫描勾核，并按邮件接收时间顺序先到先发，力争当班邮件全部配发、清运。主管领导及生产调度人员深入一线现场指挥，加强作业现场的检查巡视，及时解决出现的问题，确保邮运工作有序、畅通进行。各环节生产突击队成员及时到位，积极协助当班班组进行各类邮件的处理。

【市公司后勤保障中心“双11”旺季生产期间，保障中心局职工夜间就餐】 11月18日下午，市公司后勤保障中心经理左继祥到中心局，详细了解会战期间中心局后勤保障需求，确保旺季生产期间中心局职工夜班就餐难的问题。

随着旺季生产的来临，后勤保障中心心系中心局生产一线干部职工，多次与中心局沟通联络，详细了解旺季生产会战期间中心局后勤保障需求。当得知中心局夜间作业职工，经常由于工作繁忙顾不上吃饭或吃冷饭的情况时，后勤保障中心主动提出自11月19日起为中心局职工提供热馒头和鸡蛋，并安排专人送到生产现场，确保旺季生产期间中心局职工夜班就餐难的问题。

此外，针对中心局食堂就餐人员较多，旺季生产时期职工劳动强度大，后勤保障中心安排食堂工作人员精心搭配菜谱，增加饭菜品种，想办法变换饭菜花样，为大家腌制可口的小菜，制作花样面食，全心全意为职工们提供合理膳食，让大家在一个放心、舒心、开心的氛围就餐，为中心局顺利完成旺季通信生产任务提供良好的后勤保障服务。

【各部门协同配合全力赶发国内小包邮件】 网购狂欢虽已结束，但中心局生产现场战火依旧。据统计，11月11日至18日，邮件分拣二局国内小包：收寄总量为129079件，较去年同期增长91.5%；封发总量364105件，较去年同期增长94.96%。其中，国内小包收寄量日高峰14600件，较去年同期增长41.25%；封发量日高峰53148件，较去年同期增长86.94%。该局各类邮件封发总量日高峰64781件,各日高峰作业量均创历史新高。面对繁重的生产压力，中心局上下团结一心,各级领导24小时现场指挥，带领职工夙夜奋战,各部门协同配合,全力赶发国内小包邮件。

分拣一局:该局职工突击队,在中心局安排每天5人协助“双11”国内小包会战的基础上,增加至每天10余人,职能及各班组职工在完成个人岗位工作间隙,主动到分拣二局协助生产作业。

分拣二局:该局调整各环节作业组织,成立生产突击队,以提高邮件分拣封发和配发疏运能力;并结合以往经验,对会战期间大宗邮件、批量收寄的国内小包邮件的处理、疏运做了详细的生产安排。调度人员认真履行职责,加强检查与巡视,及时掌握生产动态,拟定邮件处理与发运次序,做好每日生产突击队的组织协调工作,会战期间取消“年休假”,保证全员出勤;全局各级管理人员24小时开机,确保生产有序、畅通。

转运局:该局在保证本局邮件转、押运任务的同时,每日抽调5-6人协助分拣二局生产作业。

汽运局:为确保邮路畅通,该局“双11”前期已做备员及加预案。自11月11日起,每天安排长途、市内车队一组人员放弃公休到局承担各邮路加车任务。在固定每日安排两部8吨车承担西站收寄场地的邮件盘驳外,仅为全市营业局(所)派出加车37趟次,运回各类邮件7528袋件。其中,13日派出加车10趟次，运回各类邮件3571袋件,较去年同期增长约105%,彻底解决了区县局的后顾之忧,为“双11”战役圆满收官提供了强力网运支撑。

机关:成立由局领导、各部室管理人员组成的突击队,每日协助一线生产作业。办公室为一线职工备足方便面、水果、饮用水等食品;在旺季生产期间增加班车频次，延长食堂就餐时间,全力做好职工后勤保障工作。

在邮件分拣二局全体员工的共同努力及中心局各部门的鼎力支持配合下,国内小包确保日产日清,并赶发有效车次。

赶发国内小包(张睿 摄)

【李克超总经理到中心局视察工作】 12月25日下午,市邮政公司李克超总经理在常庆森副总经理及办公室主任赵晓红的陪同下到中心局视察工作。

李总经理在中心局领导班子的陪同下,先后来到邮件分拣二局、邮件分拣一局工作现场视察工作,并与中心局领导班子进行深入交谈。期间,李总经理详细询问各环节生产基本概况,在听取中心局领导班子关于生产流程、设备运行情况、人员配置、干线运输等方面的工作汇报后,李总经理重点了解国内、国际两包业务发展及生产工作流程。

最后，李总经理希望邮区中心局再接再厉,在全局经营发展中发挥强力的支撑保障作用。

【邮件分拣一局全力赶发大宗印刷品50000袋】

进入四季度以来,河北局揽收的大宗印刷品迅猛增长,平均每日进口2000余袋,是继“双11”高峰和春运旺季生产以来的又一高峰业务来量。为配合经营单位全力冲刺收入目标,邮件分拣一局积极加强作业组织,合理调配生产人员,各环节交叉协作,全力分拣赶发,截至目前共处理大宗印刷品50000袋。

自9月份始河北局揽收大宗出口印刷品,至十一月份达到日均2000袋。由于河北局揽收的印刷品呈现进局时间不固定、来量不均匀、混合封装等特点,给该局开拆、分拣等邮件处理工作带来不便和压力。该局将其视为提前进入春运旺季生产的一次实战演练,集思广益,精心组织,结合本局生产实际制定生产方案,并配合经营冲刺目标及时组织劳动竞赛。各班组积极加强生产调度，安排人员采取提前一小时接班作业，将支架子、打袋牌等辅助工作事先准备好，将班组内有限人员统筹安排、合理分配，在确保趟班、火车、商函等邮件赶发时限的同时，全力赶发河北局揽收的大宗印刷品，尽力做到一班一清。

【光荣榜】

邮件分拣二局被评为2014年度全国邮政网路运行“达标争先”劳动竞赛先进集体。

张庆、李竹桦、徐建刚被评为2014年度全国邮政网路运行“达标争先”劳动竞赛先进个人。

邮件分拣二局、邮件分拣一局丙班被评为“市公司先进集体”。

刘霞、李欣、于洁、张敬涛、孙代永、祖如胜、程杰、杨洋、吕忠巍、李铁被评为“市公司先进工作者”。

郭海峰、王鹤、李玉红、陈振、运酒富被评为“市公司营销标兵”。

王雅雯、赵艳丽、王树胜、谢明被评为“市公司服务明星”。

黄德来、陈金禄被评为“市公司科技标兵”。

（张　睿）

信息技术局

【概况】 天津市邮政信息技术局是天津市邮政公司的技术支撑和保障单位，主要负责天津市邮政综合网的工程建设、网络规划及系统运行维护；邮政金融网的系统运行维护；全市信息类设备的购置、管理及维护等工作。

截止2014年12月底，信息技术局共有员工55人。其中，党员15名，团员3人。具有大专以上学历50人，占职工总数91%。高级职称1人，中级职称14人。

2014年，在市公司领导班子的正确领导下，信息技术局认真落实市公司“1133”工作部署，按照市公司信息化引领指导方针，高标准、严要求地落实各项信息化工作，不断强化自主研发、自主维修能力，扎实做好各项运维工作，保证了天津邮政的生产、经营和管理工作正常进行。

【机构】

天津市邮政信息技术局组织机构图

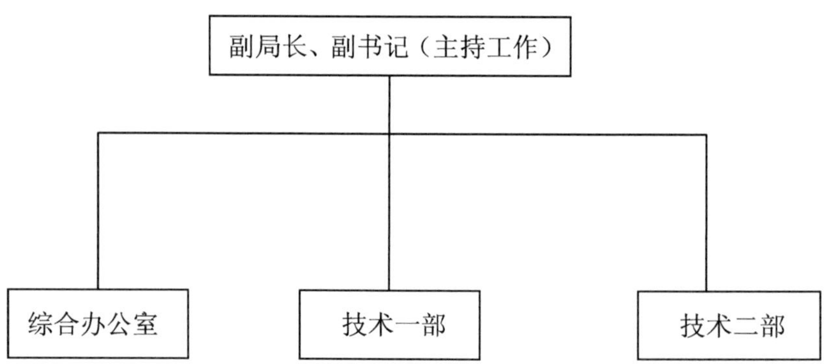

【系统运维工作稳中有进】 2014年继续强化维护时限的监督和考核，继续做好金融系统、速递物流系统、电子化支局系统、中心局生产作业系统、ATM和骨干网点的运行维护工作，各主机系统、骨干网络系统运行完好率达到100%。邮政金融计算机系统运行情况全国综合排名第17位；邮政信息网运维考核全国综合排名第6位。

【自主维修力度不断增强】 2014年，落实维修设备属地管理的工作，进一步提升维修人员维修能力和设备管理水平。全年，自主维修各类打印机298台，电子秤136台、邮资机134台次，表头34块次，提供邮资机注资技术支持近100余次。为企业降低了运行成本。

【计量管理有条不紊】 2014年，完成了计量站验站工作。按计划完成标准砝码的检测工作。并对速递物流公司以及市内六区、环城四区、塘沽区等局所的衡器进行现场检定工作，共检定衡器825台次。为静海县邮电局计划外检定36台，并将该局纳入2015年检定工作。

【圆满完成年度信息化建设项目】 完成集团公司邮储逻辑大集中、投递系统二期、邮政指挥调度、网运PDA内部处理、集邮二代身份证识读设备安装等多个项目系统上线。完成集团国内小包综合服务平台试点和集邮网上营业厅试点上线工作。完成省内电商平台代收全国话费、代办车险、便民站收寄速递邮件业务、移动代收话费模糊姓名功能、国税机打发票功能、移动BOSS合作厅等多个系统上线。完成分销进销存、11185系统、综合营业系统、礼品券系统、报刊分发前置迁移等系统升级改造工作。

【加强自主研发提升科技引领能力】 2014年，紧紧围绕重点业务发展自主研发项目有：金融VIP客户信息推送系统、小包业务辅助系统、电商平台商品销售项目、邮政局所动态分布地图、集邮微信营销、小包详情单连续套打、邮政业务导航系统、电商平台便民站显示政策信息功能等项目8个。特别是小包业务辅助系统、小包详情单连续套打等项目，在生产经营起到促进作用。

【增强金融等高效业务数据分析力度】 全年提供各类数据1300余批次，完成了各区县、专业局提出29项统计类课题和分析类课题。完成了代发工资贡献度分析、活期余额资金来源及流向分析、2013年自助机具使用情况分析3项。其中，《滨海新区金融发展状况分析》在2014年邮政金融数据分析优秀案例评选中获二等奖。

【与后勤保障中心联合组织综合网信息中心电源系统切换演练】 为提高天津信息中心动力系统的抗风险能力，检验应急预案的合理性，提高运维人员对突发事件处置能力，根据年度生产作业计划安排，2014年1月9日晚信息局、后勤保障中心联合组织进行了一次综合网信息中心电源系统切换演练。演练时间持续4个小时，达到预期效果。演练包括：市电/油机切换演练、UPS单路带载演练、油机加油演练等内容，分别模拟了双路市电失电及UPS单路故障的情况下的应急处理流程。参演人员总数达到25人。

【重新规划并完成新开路邮政大楼核心网络改造工作】 1月16日18:00开始至次日3:00,，信息局对新开路邮政大楼的网络设备和线路进行了成功改造，保证了邮政金库及各单位的安全生产和办公线路畅通。李公楼综合办公楼，由于长期功能调整造成线路老化凌乱，对安全生产造成较大隐患，也连续发生晚间线路中断等情况，引起信息局和安保处领导高度关注。为做好这次改造工程，前期网络人员对整个大楼的线路进行了细致勘察，标号，做到线路和设备端口一一对应。经多次讨论后，制订了详细可行的技术方案。在安保处和河东区局、服务总公司的协助下，圆满完成了改造工作。

【国际小包收寄中心各系统正式投入运行】 国际小包收寄中心建设工作开展以来，信息技术局高度重视，为了保证建设进度，信息局成立了由开发、网络和维护人员组成的联合项目组全力推进各项工作开展。此次收寄中心建设包括中心布线、设备集成和两个新系统上线等工作。系统投入运行后，继续关注系统使用情况和维护工作，对于袋牌打印机异常、邮资机充资费及打印袋牌在网运系统不识别、需要补充部分设备等问题，快速反应，及时解决，最大限度保证了收寄中心的正常运行。

【荣获“2013年全国邮政信息网运维管理工作先进单位”称号】 3月，集团公司下发文件，总结表彰2013年邮政信息网运维工作先进单位，在受表彰的先进单位中天津邮政信息技术局名列前茅，荣获“2013年全国邮政信息网运维管理工作先进单位”称号。

【完成“小包业务辅助系统”上线工作】 3月29日，经过两个多月的紧张工作，“小包业务辅助系统”正式上线使用。该项目是2014年初正式启动，局领导亲自带队，并由五名技术人员组成专项课题攻关小组。小组按照既定的系统上线日期和各模块实施的先后顺序进行时间倒排，制定了详尽的进度日程表，各项工作有条不紊的进行，取得了各阶段的明显成效。期间，先后完成数据采集、页面展示、微信通知等软件的自主研发工作。系统利用专业局现有的办公设备和网络函件局、集中收寄中心及各区局营销人员可以使用各自的用户身份快速登录系统，查询并导出权限内的数据资源，进行实时对账，监控国内小包欠费金额，进行账务清缴；区县局营销人员通过微信的方式，按照规定格式输入并发送大客户号及包数信息至微信群，系统接收信息后发送至收寄中心，生产单位可根据情况安排作业。系统研发特点，在保证应用软件的先进可靠、经济实用、兼容可扩展等原则要求外，充分考虑未来业务和管理的发展变化，提高平台的稳定性和响应率，并具备可靠的备份恢复策略。

【完成天津中间业务平台外联前置负载均衡上线工作】 3月26日，在天津邮政信息网主机房内，技术人员按照集团的统一部署，顺利完成了天津中间业务平台外联前置负载均衡上线工作。主要工作有：做好设备配置，应用更改、IP地址分配和网络联调等工作、配合业务部门做好上线前的交易测试和上线日的交易验证等工作。

【集邮专业微信平台会员统计功能模块顺利上线】 6月1日，信息局自主研发“手机微信营销系统”上线。该系统用信息化手段实现会员关注、信息接收与校验，并实现客户经理管理、订阅会员查询展示、线上发展会员的统计汇总、会员信息批量导入等功能。系统上线后得到集邮公司的认可，满足了业务定制的会员推广统计，整个操作流程无需人工干预，为集邮公司大力发展微信营销活动打下坚实的基础。

【成功研发“网点动态分布管理系统”】 6月初，信息局自主研发的“网点动态分布管理系统”顺利上线运行。该系统借助信息技术和地理信息处理手段，将邮政业务信息与百度电子地图进行整合，实现了邮政网点建设的科学合理管理。该系统目前以可以管控市公司电子商务局自营和便民站(共3000多网点)的信息，同时留有各个专业的网点信息接口，通过此系统能够直观地掌握各个网点的分布，间距，所在位置，网点状态，所办业务种类，联系方式，也可直观地监控到网点的更改，业务量，以及其他由此延伸的邮政业务信息。同时系统还提供了网点电子地图缩放、鹰眼、定位、周边查询等功能，并根据商圈半径、距离等作出多样化的邮政网点信息展示。

【邮政储蓄逻辑集中工程天津公司切换上线工作圆满完成】 5月23日，邮政储蓄逻辑集中工程天津切换上线工作圆满完成。整个切换和业务验证工作共历时23个小时。期间，技术人员各司其职，严格听从切换指挥部命令，认真执行操作步骤，切换现场流程顺畅、高效，有效保障了切换上线工作的顺利进行。天津公司邮储逻辑集中工程自2014年4月启动以来，历经数据准备、人员培训、账务核对与清理、预演案例准备、业务单证准备、设备安装调试、自建系统、数据下载平台扩容、演练环境准备、全市285个网点的骨干柜员进行两轮储蓄逻辑大集中系统上机演练等项工作，参与工程建设的广大技术、业务人员付出了艰辛努力，为系统正式上线奠定了基础。新系统上线后，它对传统邮政金融经营组织、作业模式、系统构架进行了战略调整和优化，大幅度增强了邮储系统风险防范与控制能力、客户分析与开发能力、市场拓展与竞争能力，它的成功上线标志着邮储银行的核心竞争能力提升到了一个全新的阶段。

【计量检定站顺利通过考核】 8月13日，在信息局八楼会议室，由天津市市场和质量监督管理委员会组成的考评组对天津市邮政公司计量检定站进行计量授权证书到期复查的现场考核工作。会前，信息局做了充分的准备，各类强检表格齐全、手续完整，质量手册、作业指导书等体系文件清晰，经过1天的紧张考核，计量站的各项工作基本符合JJF1069-2012《法定计量检定机构考核规范》的要求，通过了考核，继续授权开展衡器检定工作。天津市邮政公司计量检定站（以下简称计量站）是由天津市质量技术监督局授权建立的法定计量检定机构，独立建制挂靠在天津市邮政信息技术局，承担天津市邮政公司系统的衡器强制检定工作，同时具备对衡器的维修资质。计量站承担了公司内1000余台电子秤强制检定工作和维修，自主检定单项费用每年为市公司节省26万余元，自主维修电子秤每年节省3万余元。

计量检定（信息局 供图）

【报刊分发前置迁移工程顺利完成】 根据市公司调整优化中心局报刊分发前置作业组织方式协调会议精神，需要将中心局投递分发集中作业更改为17个投递分局分散作业模式。信息局高度重视此项工作，由多部门组成联合工作组，积极开展各项工作部署，制定周密计划，完成环城四区、五区三县电子分发板及主机设备的上收、测试，投递分局的网络布线、资源划分等任务。并在7月31日中心局和投递局完成设备交接后，于14:30分迁移设备调试工作全面展开。为确保迁移次日生产作业的正常运行，信息局前期做了大量的准备工作，并克服时间紧、任务重、高温酷暑的重重困难，集成时兵分六路，仅利用半天多的时间，于18:20分全部完成17个投递分局33套终端及打印机设备、17个发射器及47块分发板的安装测试任务，圆满完成报刊分发前置迁移任务。

【电子商务平台代办车险业务正式上线】 9月4日凌晨1:20分，经过天津信息局、电商局共同努力，“天津邮政代办车险系统”正式上线。用户可在市邮政网点体验办理车险业务。为确保该系统能够早日投入使用，信息局项目组成员，提前做好方案规划与各项准备工作，完成测试环境的应用搭建、技术调联与业务测试，于8月底完成全市范围内的业务操作使用培训任务。8月27日车险服务器到货，项目组成员投入紧张的工作状态，加班加点完成设备的上架加电测试、系统安装、网络联调与配置，提前做好相关应用程序包的部署，并与业务人员密切配合，完成业务全流程的再次测试，在大家的共同努力下，于9月4日凌晨1:20分左右，全面实现车险系统正式环境的上线任务。该系统能够通过与保险公司后台对接的形式，实现了邮政营业前台询价、比价、下单、财务处理、数据统计及车辆信息管理等功能，为业务的深入推进打下坚实的基础。

【金库远程监控数据线路实现主、备运行】 8月26日10:30分，在信息局8楼综合网机房内，正在进行金库远程监控线路主备切换工作。经过4小时的测试，公司内12个金库线路由主用切到备用线路后，传到金库监控中心的各类信息清晰，门禁和报警系统运行正常，达到预期效果。天津邮政共设置12处金库，为加强金库安全监控，12处金库都已实现远程7*24小时监控，每处金库只有一条数据线路连接新开路监控中心。一旦线路故障，金库的监控、门禁和报警都会失效。由于线路运营商解决线路故障时间较长，都在2小时以上，遇到光缆被刨断的情况会更长。线路中断对金库安全造成极大隐患，为此，信息局非常重视此事，并多次召开研讨会，解决落实金库监控远程监控问题。信息局网络技术人员，按照局领导的要求，出台了《金库远程监控7*24小时不间断数据传输应急方案》，整合信息网系统资源，实施了金库线路备份工程。在不增加投资的情况下，实现金库监控不中断的目的,实现系统资源效能最大化。

【金融个人客户营销系统上线运行】 天津公司作为中国邮政储蓄银行个人客户营销系统首批上线省份,于8月29日完成系统的上线工作。系统运行正常。系统上线前,天津信息局与金融业务局多次开会沟通,先后确定并完成了市公司推广工作实施方案、“个人客户营销系统”网点使用人员的操作培训以及网点终端设备的安装调试工作。根据集团和总行要求,市公司分三批完成全市网点上线工作。第一批为本市22个代理金融集团及省级转型示范网点,已于8月29日正式上线;第二批为本市百强网点中余下的78个网点计划在9-10月间完成上线工作;第三批为剩余的邮政代理网点,将在11-12月间进行。

【成功研发“邮储VIP客户辅助管理系统”】 经过3月的紧张研发,信息局自主研发的“邮储VIP客户辅助管理系统”已于25日在十经路网点测试成功,投入运行。“邮储VIP客户辅助管理系统”是通过代理金融VIP客户数据分析和客户行为分析为基础,根据叫号机上送的身份证刷卡信息进行VIP客户的识别,并在后台将VIP客户的相关信息和营销参考策略实时推送给该网点的大堂经理或理财经理的电脑上,帮助营销人员准确掌握到客户特征、资产等级、资产配比、潜在需求,产品偏好、购买能力等情况,对目标客户进行有目标的精准掌握到客户特征、资产等级、资产配比,潜在需求、产品偏好、购买能力等情况,对目标客户进行有目标的精准营销,从而提高营销精准度,提高客户满意度。目前系统软件设计平台采用struts2.1开发架构,利用JAVEEE语言开发前台展示页面,数据库采用ORACLE10。

【成功研发邮政业务导航系统】 9月,天津邮政业务导航系统正式进入试运行,该系统将经常使用的30余个邮政生产系统整合在一起,为各专业局、区县局量身打造一款快速、多功能的线上业务导航软件,可以方便地打开各业务系统网页,成为美观、便捷的系统登录新途径。系统上线后,以后再增加新的邮政信息管理系统,只需在服务器端维护即可一次性完成,无需再去各网点维护或升级客户端设备,这将减少运维工作量并极大地缩短网点暂停对外服务的时间。

【电商平台实现全国手机话费充值业务】 为进一步打造邮政综合服务平台,丰富便民缴费种类,电子商务局于近日上线全国手机话费充值业务,市民可在各邮政网点及部分邮政便民服务站缴纳全国各地手机话费。天津邮政是全国唯一一个实现该功能的省公司。天津流动人口近400万,异地手机缴费需求旺盛,此外,随着电信消费市场竞争日趋激烈,各省市电信运营商不断推出全国免漫游、更优惠的资费套餐,很多本市常住人口纷纷选择外地手机号码,因此,全国手机话费充值成为打造邮政综合服务平台亟待叠加的功能之一。天津公司敏锐捕捉到这一市场商机,第一时间与集团公司沟通,上报开发全国手机话费充值的业务需求,得到集团公司的大力支持。在此期间,根据不断变化的市场情况,同时综合考虑一线人员的操作习惯,天津电子商务局多次提出修改系统开发需求,集团公司和信息技术局反复征求意见,不断优化系统建设方案,力求实现系统的稳定性、实用性和完备性。经过近半年的反复修改和不断完善,全国手机话费充值系统终于建设完成,并于9月11日在全市各邮政网点上线,9月18日在部分邮政便民服务站上线,为代收话费业务提供了新的抓手,同时也为市民提供了更加便捷、功能更全面的生活缴费服务平台。

【开展营业网点机柜设备布线标准化整治工作】

结合市公司对外服务、局容局貌的整改工作,启动“营业网点机柜设备布线标准化整治工作”。随着邮政经营的多元化发展,网点设备在不断增加,设备配线越来越繁杂。由于设备间是根据网点房间情况部署,往往设备间有多项用途,随着使用年限的增加,机柜的线路也较为杂乱,不符合布线规范,同时也给设备维护带来麻烦。针对这一情况,信息局进一步完善了网点机柜设备布线标准,并于近日开始逐步对全市网点设备间的布线进行检查整治。首先技术人员进入各网点设备间,检查摸清机柜设备的使用情况,然后结合各网点的实际,按照标准,进行全面整治。整治过程中,对各网点设备间内信息数据线与网络交换机设备的连接，网络设备机柜、数据线路配线架摆放等都进行了全面规范，并做到了机柜内外干净、整洁。

【全力支撑“双11”旺季生产】 一年一度的“双11”网购盛典已拉开序幕。信息局积极贯彻落实集团公司及市公司对“双11”期间旺季生产工作部署， 分别在收寄支撑、网络管控以及系统运行保障三方面成立了响应工作组并细化了应急预案、工作职责，确保在“双11”期间，对电商小包业务做到及时响应和快速支持。收寄支撑：针对“双11”期间南开局小包收寄量突增情况，在西站处理中心建立小包收寄中心， 安装10套设备，我局进行了周密部署，27日设备订货，30日与中心局、南开局一起现场勘察，11月1日完成现场电力布线，5日设备全部到货，同时保障中心的桌椅也已到位，6日上午组织力量进行10个台席的综合布线、供电调测和设备安装工作，至下午四点完成全部安装和线路整理工作， 并完成1个台席的全面配置，7日上午进行业务验证测试，对业务流程和袋牌打印进行测试，确认无误后对其余九台进行配置更新， 计划7日完成西站小包收寄中心的建设任务，为迎接国内小包“双11”收寄业务高峰做好的准备工作。网络管控：为西站小包分拣场地进行集成布线，确保各类设备正常运行。运行保障： 提前做好邮政信息系统的健康检查，确保“双11”期间综合网稳定运行；运行保障工作人员，必须24小时开机并确保联络通畅，以便及时解决突发事件；强化值机员、夜间值班员对系统的监控，确保邮政信息系统的平稳运行，并保证信息安全。

全力支撑“双 11”旺季生产（信息局 供图）

【圆满完成100台PDA安装任务】 为确保邮件信息的接收和及时反馈，市公司为投递局采购了一批V6移动数据采集器(PDA)。8月底，第一批100台设备到货，9月1日上午， 信息局收到配套手机SIM卡后， 立即组织人员投入紧张的设备安装之中。为尽可能减少原有手机卡数据流量的使用，信息局搭建无线WIFI环境， 现场组织安装培训，逐台设备下载数据包、安装升级并测试登录。为了能够让投递局生产一线员工在最短的时间内使用上PDA设备，该局技术人员分工合作、密切配合， 工作现场热火朝天，9月1日16:30，100台PDA设备全部安装调测完毕，并分发到各投递分局。

【成功研发国内小包快递单套打系统为“双11”再添新助力】 为应对即将到来的“双11”电商小包业务高峰，信息局与和平局合作推出国内小包快递单套打应用。这一应用解决了国内小包快递单制作速度慢、效率低、容易出现错误等问题，改善了原始的每条快递单手抄或逐条打印的情况。整个项目于11月初完成，首先在和平函件局的鞍山道支局进行了第一次试运行，为鞍山道邮局完成了两百余份小包面单的打印任务，为和平局解决了一直困扰他们的面单打印问题。在小包业务的最高峰期也就是11月12号下午16时，赴西站为南开区函件局完成此应用的安装与调试。由于此次南开函件局客户货物量大、 发货时间紧急的情况，为保证能在规定时间内完成任务，应用的打印速度与精度进行了测试， 测试内容为100份小包面单连续打印时长与打印质量，测试结果百份面单的打印时长仅为6分30秒， 并且所有打印出面单内容与格式都十分精确。帮助南开函件局解决了重要难题， 当晚南开局共用打印面单几千份，并在之后几天内连续使用打印小包面单千余份。之后此软件推广到武清局、中心局、西青局等多地进行安装使用，得到一致肯定。

【邮政储蓄集中授权系统上线】 10月14日，集团公司召开全国集中授权推广上线电视会议，项目推广工作分三个阶段， 至2016年6月完成推广工作。会后，按照集团公司李丕征副总的要求，抽调系统、网络和维护骨干人员成立项目组，同时密切与分行科技部、代理金融局沟通，协调系统集成中相关工作。按照金融业务局提供的网点名单和设备数量，集团公司下发的设备采购要求，积极备货，保障10个测试网点的设备供应，先期采购win终端和高拍仪各30套。安排项目组配合测试网点，顺利完成预演任务。11月20日，完成集中授权测试前置机安装和调测工作，测试网点终端台席在前置机上设置工作。11月24日至28日，项目技术组按照预演要求，完成预演环境和正式环境网络切换，针对网点预演过程中遇到的刷卡器、密码器、不打印等问题，给予及时解决。按照总行的总体安排，11月29日至12月1日，完成10个测试网点台席集中授权系统正式版本软件的安装。12月1日晚9:16，测试网点成功完成业务测试案例，该系统上线成功。标志着邮政储蓄逻辑集中系统的风险防控能力进一步加强。

【光荣榜】

2014年3月，集团授予"2013年度邮政信息网运维管理工作先进单位"荣誉

2015年1月，集团授予"2014年全国邮政信息网运维工作先进单位"荣誉

2014年6月，获市公司授予的"先进党组织"荣誉。

2015年1月，信息技术局综合办公室获市公司"2014年度先进集体"称号。

（周文琴）

邮政运钞局

【概况】 2014年，运钞局作为内部支撑服务单位，在市公司的正确领导下，牢牢把握"稳中求进、进中提升"的工作方针，进一步解放思想转变观念，以科学发展为主题，以保安全为核心，以强支撑为动力，以促和谐为目标，全力为经营生产提供高效优质的支撑服务，圆满完成了各项工作任务。

运钞局正式职工总人数为198人，全部为正式职工。下辖两个部室，8个生产单位。即办公室和调度室（含视察人员），市内的生产部门包括南开运钞部、河北运钞部、河西运钞部、和平运钞部、红桥运钞部、河东运钞部、中心业务库和监控中心。区县部分，12个区县、局各设立运钞部。人员总计206人，其中正式工111人、劳务工24人、外聘保安71人。

运钞车共97部，市内38部、区县59部。运钞路线77条，市内运钞路线30条、区县47条。运送资金网点达932个，其中金融网点443个、代收网点485个、4个现金中心及缴款银行。

【目标任务完成情况】

1.未发生资金安全事故。

2.未发生人身伤亡事故。

3.未发生责任交通事故。

【满足需求　支撑到位　力保春节前养老金的顺利发放】 为做好养老金的提前发放发放工作，保证市民按时领取养老金，按照公司提前1小时营业的命令，精心组织、周密安排做到"三提前"。一是金库提前1小时开库。以备各运钞部提前到金库提款。二是各运钞部提前1小时上班进行提库作业。三是提前1小时将各网点钞箱运送到位，以确保网点准时对外营业。当日凌晨5时许，各运钞部提库人员准点提库、中心库准时开库，值守人员和解款员紧张有序地将各路钞箱准确分发到位，准时送至各营业网点。

【蓟县运钞组完成派押任务如期撤回】 2007年5月，根据市公司工作的总体部署和要求，为服务地方、支撑天津邮政全局的业务发展，运钞局从大局出发抽调业务精和能力强的生产骨干共计12人组建了蓟县运钞派押组，无条件前往蓟县执行运钞任务。蓟县派押工作远离市区，而且一走就是10天，如果没有强烈的责任心，没有吃苦耐劳的毅力是很难胜任这份工作的。在这种条件下，派驻运钞组的人员主动挑起了艰巨的任务，他们识大体、顾大局，弃小家、顾大家，克服困难出色地完成押钞任务。2014年根据公司总体安

排，派驻组完成历史使命于2月21日如期撤回。

【密切协作　确保储蓄逻辑大集中上线期间运钞工作支撑到位】 为确保5月23日和24日两天邮政储蓄逻辑大集中系统顺利上线的支撑保障工作，根据项目指挥部的总体部署，运钞局高度重视，及时召开全局落实会议，对运钞工作进行安排：一是通报邮政储蓄逻辑大集中系统上线动员会精神以及公司安保部、市场部的工作部署。二是与一级支行和各区金融部门以及移动、联通、电力等网点联系具体营业时间后，确定出局中心业务库和各运钞部提、送库的相应工作时间以满足并支撑逻辑系统上线的需要。三是密切加强与接送款单位的配合与协作，确保运送款资金安全。

升级上线期间，运钞局所属各部门按照上线工作的统一部署，积极与各网点做好配合、统一协作；安全运送钞箱、无投诉，得到有关领导和部门好评，强力支撑了上线工作。

【做好全年“假期”后的上缴款工作】 为确保年中的春节、清明、五一、端午、中秋、国庆节每个节假日后大量库存现金的顺利上缴，运钞局与邮储银行现金中心密切配合，周密部署运款车辆和押钞警戒工作，积极发挥运钞职能作用，在公司安保部的引领下，累计运送资金26.4985亿元入人行代理库，使资金及时产生效益强力支撑了公司业务发展。

【光荣榜】

天津市青年文明号：河北运钞部

市公司优秀党员：张书敬、赵建周

市公司工会积极分子：刘宝元、赵建周

运钞局工会积极分子：王培军、张雨晴、白景利、陈金华、李维俊、祁桂良、周铁胜

市公司先进工作者：徐伟、李福年

市公司服务明星：祁桂良

市公司先进集体：河北运钞部

运钞局先进集体：红桥运钞部、河东运钞部

运钞局先进工作者：王耀生、息金龙、李维俊、冯学刚、兰文光、赵建周、李国兴、邢力　陈巍

（陈　巍）

后勤保障中心

【概况】 2014年，后勤保障中心在市公司的正确领导下，紧紧围绕市公司“1133”工作部署，牢固树立“创新驱动发展，实干成就价值”的核心价值观，以转型、整合、特色为抓手，坚持以“高、快、实、细”为工作标准，以“思路再求新、理念再求变、定位再求高、作风再求实”为工作目标，以“促转型、提能力、强机制、增质效”为工作任务，坚持围绕一个中心，实施一项工程，促进两个转变，实现六个突破。即:坚持以服务天津邮政经营发展为工作中心，深入实施“机制完善年”工程，促进思想观念、工作作风两个转变，努力在节能降耗、用工管理、集中采购、难题解决、资产整合、员工福利六个方面实现新突破。

【加快基础设施建设，提高核心竞争力】 完成了北辰瑞景邮电局、武清区邮电局邮件处理中心两处工程的竣工综合验收工作，并已交付使用；完成了武清城关支局改扩建工程；静海瑞和道邮电局和武清光明道项目已完成各项准备工作。

市公司领导视察瑞景邮电局工地（后勤保障中心 供图）

【加速生产场地改造，助力业务发展】 按照市公

司“整合场地资源，合理利用空间，确保降本增效”的要求，完成了邮区中心局两包业务监管场地的扩大和改造工程。在整个过程中，中心在保工期、保质量、保安全，生产用品、用具的采购等方面，积极协调、紧密衔接，克服了重重困难。经过不懈努力，两包业务监管场地改造任务于2014年2月23日提前完工，为两包业务的大发展提供了坚实保障。完成了报刊分发前置场地的改造，加快了报刊邮件的处理时限。

研究服务支撑工作方案(后勤保障中心 供图)

【助推特色邮局建设，提升邮政品牌】 特色邮局是天津邮政转型发展的重要体现和重大举措，更是邮政局所建设的新尝试、新理念、新风格。按照市公司加快特色邮局建设的要求，后勤保障中心积极推动、精心策划，打造别具一格的特色邮局。

滨海航母特色邮局在外观上融入了俄罗斯建筑风格，在内部设计上体现了“小清新”的装饰布局。天大致青春特色邮局则是将邮政文化、校园文化和青春励志实现了完美结合。在建设过程中，工程人员深入调研多方考察，对设计方案几易其稿，在外观风格上融入特色，在改造工艺上精益求精，在材料使用上充分利旧。两处低值易耗品的配置更是充分体现了特色邮局的特色所在，将邮政业务与天津旅游经济发展紧密结合，为网点的转型创新发展注入新的活力，扩大了天津邮政的影响力和认知度，提升了天津邮政品牌形象。

【加快金融网点改造，促进转型发展】 中心按照《中国邮政企业形象管理手册》建设标准，重新修订了转型网点装修标准，在外观上注重协调一致，在结构上保持整体规范，在风格上融入了温馨典雅的元素，在服务功能上增加了贵宾室、影视墙及水吧等设施，全面提升了金融网点参与市场竞争的能力。全年，共计完成网点和生产场地装修改造项目52处(其中金融网点综合改造17处)；改造普服网点59处；完成标识改造97处；制作并安装报刊亭3处；完成13处区县局视频会议室背景墙更新工作；完成全市网点空调新增、更新274台。

【整合优势房产，效益增长显著】 资源整合是企业可持续发展的基础。2014年，后勤保障中心在资源整合方面没有因循守旧、按部就班、停滞不前，而是主动作为，遵循市场规律，积极创新，充分发挥资源优势，因地制宜、统筹规划，努力实现资源效益最大化。

为使繁华地段的房产产生高效益，中心经过多轮协商谈判，成功将整合后的三马路大学生宿舍对外出租，每年不仅给企业带来年均89.25万元租金收入，还可以每年节约8.2万元空房采暖费。同时经努力，该承租户为三马路储蓄厅向外扩建营业面积约20平方米办理相关市容手续，即有效地缓解了营业场地紧张问题，也实现了网点转型改造。此举，不但实现资产升值，效益增长，而且扩大了营业场所，产生了一连串的“多米诺连锁效应”。

【盘活自有房产，减少成本支出】 在自有房产资源的盘活上，中心将东丽局迁入二枢纽综合楼，和平局、集邮公司搬入新址，减少了企业外租费用的支出，为企业每年减少成本支出118.4万元；通过公开招租，辽宁路178号以年均24万元价格出租，既解决了房屋多年闲置损耗，又增加了企业租金收入。

盘活的三马路局房(后勤保障中心 供图)

【首次参与竞拍，取得成效】 中心在首次参加佳宁道邮政网点房产竞拍中，积极筹备、迅速反应、充分调研、细化方案，最终以低于市场近百万元价格竞拍成功，为企业节省了开支，受到了市公司领导表扬。

【解决遗留问题，取得进展】 中心下大力量，专人负责，积极协调市、区相关规划部门，收回了北辰区瑞景邮电局土地征地费面积差49.6万元；完成了红桥区双环屯的拆迁工作，拆迁补偿费高于市场评估价；腾迁了大清邮政四户居民房屋，为企业减少支出近200万元，为下一步邮政博物馆的扩建创造了有利条件。

【借助政府资源，降低维修费用】 中心借助市政府旧楼改造的新机遇，主动出击，借力而为，积极配合，协调住户，实施了对大直沽宫前东园、东楼等邮政宿舍的提升改造，极大地改善了邮政职工的居住环境，减轻了企业维修压力，节省资金两百余万元。

【遵循市场行情，提升租金收益】 中心加强了对出租户的管理和服务，为花园路周边34家承租户安装了独立水表，此举不但增加了对水费的收缴项目，而且达到了控制水资源，减少浪费的目的；同时，提高了电费的收缴单价；提高了采暖费的收缴比例，为企业增加了资金和节省了资源。

全年续签到期出租合同16处，在遵循市场化运营规律的前提下，租金平均上调11.36%，增加年租金57.16万元。2014年租金1210.76万元，较2013年增长18.9万元。

【维修应急能力明显提升】 中心完成了物业网点的20处变压器、防雷设施的年度检测；检测电梯19部，维修维护电梯26台/次，维修空调81台/次；对19处局所网点进行了屋面防水维修，敷设防水层7000余平方米；粉刷、修补破旧网点2000余平方米；维修更换局所和宿舍上下水管道700余米。

2014年共完成物业网点各类日常零碎维修工作1635项，宿舍零碎维修827次，完成各类应急抢修工作89项。

【保障供应能力稳步提升】 全年为全市56处网点配置各种生产家具862件，宣传标识牌209件，其他用品用具113件；确保了全市284个金融网点14种金融业务新单式的制作和供应；完成进社区的200辆自行车的采购、组装和发放工作。完成了全市邮政所有工种7000余人、共计1430箱的置装发放，做到了从接货到发放全过程的“零失误”。

2014年，为全市各局所共配送生产用品总金额1114.8万元；车送纸箱35.9万个，各种物品4.3万件(袋)；此外为市公司机关及中心发放办公用品290个品种4.7万个(件)，物品库存量控制在60万元，低于预定目标。

【房产管理能力持续提升】 中心按时完成了集团公司部署的16处房产证土地类型变更工作；收回了红专公寓、程林二村2处房产，避免了企业资产的流失；完成了北宁湾、馨逸家园、下朱庄产权登记；一次性出售腾迁大清邮政剩余安置房8套，售房款达到461万；住房公积金每月变动、汇缴准确率100%，无一差错；按照房改售房政策，集中为500余户办理了房改售房手续。

【整治局容局貌形象提升】 为落实“美丽天津、美丽邮政”工作要求，完成了物业分管各营业网点外檐、台阶的修补；对东站、芥园道、大直沽等9处网点破旧的楼梯间、电梯前室、大院等进行了粉刷、修补装饰，粉刷面积1300余平方米。特别是对东站的办公区域内粉刷和修补，生产楼的厕所改造和维修，改变了多年来破旧环境，面貌焕然一新，改善了职工办公生产环境，提升了企业形象。

【专项战役保障有力】 在“双11”战役中，中心主动请缨，积极参与，深入函件局、投递局和中心局等经营生产一线上门服务，在早、中、晚餐的供应上，主动提出“提前开门、延长关门，配送午餐、增加晚餐”等服务措施，让投递员们吃上热腾腾的可口饭菜。在整个战役中，一物业、机关食堂共计配送和增加饭菜1100余份。16员突击队员，利用业余时间，开私家车主动参加到投递工作中。其中一物业食堂姜云峰、籍军、张国祥、张健、李慧敏，机关食堂李Ꮒ六人在市公司“双11”的表彰会上受到通报表扬，中心也获得“温暖人心给力奖”。

【落实集中采购，规范采购行为】 为落实市公司集中采购工作要求，中心配合市公司计财部门先后对分体空调供货安装商、局所改造设计、施工单位、施工材料（地砖、石材等）、低值易耗品、材料单册、职工医疗体检的集中采购工作。

中心自行组织了车辆和房屋维修队伍、部分材料单册、劳保用品的集中采购工作，通过集中采购的实施，年节约采购资金超过100万元。

【尝试物业外包，规避企业风险】 为加快企业转型发展步伐，中心积极探索自身转型发展之路。实施了绿化、部分门卫、保洁和锅炉、直燃机设备的运行外包。这些非核心岗位交专业公司外包，不仅可以减轻管理难度，提高工作质量，还规避了企业用工风险和减少安全隐患。同时，每年至少为企业节省约50余万元成本支出，实现了“一包多赢。”

同时，为提升物业外包的服务水平，中心将监管外包单位的服务质量作为重点，定期检查服务质量、定期召开协调会，积极与主业沟通，指导和帮助外包单位改进工艺，确保了外包项目的服务质量，得到了场区各相关单位的认可，为下一步实施外包积累了经验。

【合理调整用工，实现减员增效】 创新用工机制，整合人力资源，压缩用工数量，降低人工成本。通过整合三马路和万新村宿舍资源，减少用工4.5人；调整东站大院管理模式，取消自行车棚看守人员5人；将食堂派人到市场采购，调整为菜商送货上门，节省正式工3人、车辆一部。计划供应部实施部分物品由厂家直接送货，节省配送人员1名。

【深化节能降耗，降低企业成本】 2014年，中心制定了节能降耗目标，狠抓节能管理，创新节能举措，加大设备的节能改造，全年为物业网点更换、改造节能器具305套/件，改造浴室4个。在去年水电气节约27.66万元的基础上，今年在电、气价格上调，东丽区局迁入二枢纽等加大消耗的影响下，实现了水电气节约29.95万元，同比下降2.84%。

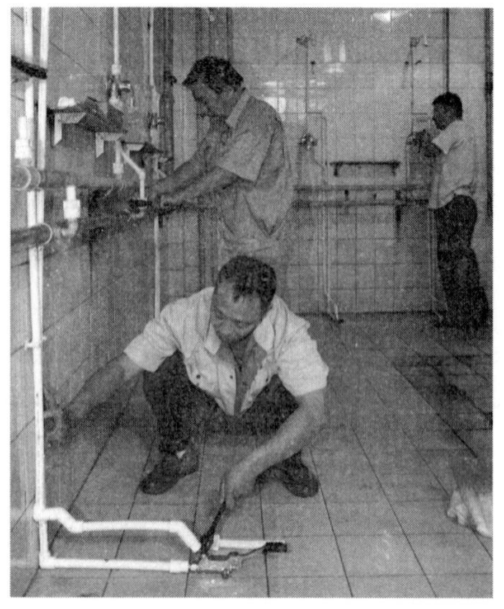

为职工浴室安装节水脚踏板（后勤保障中心 供图）

【服务国际会议，展邮政风采】 应达沃斯组委会的要求和市公司的指派，后勤保障中心选派了四名小车班驾驶员参加达沃斯的服务工作，展示了天津邮政的风采。

为了做好服务工作，后勤保障中心通过严谨政治审核，并对驾驶员进行了达沃斯前的动员，要求在安全、服务、纪律等方面要高度重视，服从指挥，严守秩序。他们在达沃斯论坛的服务工作中，做到了“零缺岗、零事故、零投诉”，圆满地完成艰巨而繁重的任务，受到了组委会的表扬，充分展示了天津邮政的良好精神风貌。

【宣传报道，展示风采】 2014年，《中国邮政报》以“精装修　细改造　物业服务最周到”为题，报道了天津邮政后勤保障中心支撑企业发展纪实；《天津邮政报》，更是以“用心服务创效益—后勤保障中心支撑服务掠影”为题，专版进行专题报道。全年，在《中国邮政报》刊发报道3篇，《天津邮政》刊登12篇、《天津邮政简报》16篇、《津邮政工》5篇、《津邮工会》5篇、中心内部宣传简报出版19期。

【温馨服务，受到好评】 统一制作了车辆限行的温馨提示牌；设立了电动自行车充电室、提供打气筒等便民服务措施；好人好事，拾金不昧事迹层出不穷，全年共收到失主送来锦旗一面，各类表扬信十余封；增加食堂菜品花色品种，提高了菜品质量，创新五彩饺子，增加了凉菜和外卖菜品，丰富了职工家庭餐桌，减轻了职工的回家做饭的负担，全年为市公司培训人员提供午餐9891人次。

中心领导了解职工食堂菜品情况（后勤保障中心 供图）

【保洁服务，提升标准】 通过以典型引路、统一卫生标准，开展了保洁和服务人员练功比武活动，强意识、比技能、重实用，全面提升服务水平；特别是在服务壹街区、鞍山道、芥园道的星级网点中，要求卫生标准高、服务范围广、保洁规格细，为属地网点晋升星级做出贡献。

【大院整治，规范管理】 为进一步规范新开路大院车辆停放和规范行车通道，保障正常的生产经营秩序，5月31日实施了对新开路院内停车车位和进出通道的规范和画线综合整治工作。

在各单位的大力支持和配合下，中心利用“端午”节放假时间，对新开路院内施划了车位66个，达到了规范管理、消除隐患、缩短出行时限的目的。同时加大与各单位的密切合作，抽调专人负责大院的车辆停放和行车管理，进一步加强对大院内的车辆管理，充分发挥好服务经营做好支撑保障的作用，确保正常的生产经营和生活秩序。

新开路邮局大院（后勤保障中心 供图）

【展厨艺提技能 练内功促发展】 9月19日，后勤保障中心开展第二届“展厨艺、提技能”烹饪比赛。此次烹饪比赛是深入开展“互看、互比、互学”的第二站。后勤保障中心精心组织、周密部署，内容贴近职工需求，形式简单节约，评选出一等奖2名，二等奖3名，三等奖4名，优胜奖5名。

烹饪大赛（后勤保障中心 供图）

【以人为本促和谐，职工幸福指数升】 2014年，互助基金共为12名职工补助，重病帮困基金为3名职工补助，金额17800元；组织市级先进3人参加了健康休养；为12名职工下发了30年工龄毛毯；为生病住院职工送去慰问品，为8名生活困难职工发放补助4000元；为生产一线购置了“医疗小药箱”10个，配备急救药品和外伤包扎用品；对基层较差的工作环境进行了改善，为部分生产一线购置炊具和洗衣机，改善了一线员工的生活条件；开展了“我为企业发展献一计”活动，征集建议216条；组织了职工全年揽储5059万元；组织开展了棋牌比赛，建立职工小家4处；为部分岗位员工加发了工作服。

全年审批全市职工一胎指标238人次，审核二胎生育指标75人次，无计划外生育；完成市公司独生子女保健费及“六·一”礼品的发放；为全市在职和退休职工医药费补充医疗保险（二次报销）理赔共计5763人次，审核鸿鹄公司劳务工二次报销732人次，申报全额垫付医疗费共计597人次，审核离休干部医药费229人次，核实重病帮困材料327人次，工伤药费报销143人次，发放药费和补助62万元，组织了在职员工、处级干部、离退休干部共计约9393余人的体检工作。

【光荣榜】 在2014年度，后勤保障中心二枢纽物业部荣获市公司先进集体，许学林、李军、籍军分别荣获市公司先进生产者、服务明星称号；物业联合党支部荣获市公司先进党支部，田晓霞、马连红、朱建安分别荣获优秀基层带头人、优秀共产党员称号。

（石　力）

邮政系统

中国邮政储蓄银行天津分行

【概况】 邮储银行天津分行始终坚持"建设大型零售商业银行"的发展战略,牢牢把握服务三农、社区、中小企业的发展定位,积极践行普惠金融,充分发挥网络优势、资金优势和品牌优势,改革创新,转型发展,内生动力不断增强,实现跨越式发展。

截至2014年末,全行资产规模872.55亿元,各项存款余额846.53亿元。全市邮储网点415个,其中涉农区县网点占比51.1%。银行成立七年来,累计发放小额贷款达32亿元,发放小微企业贷款100.51亿元,有效解决2万多农户,600多户小微企业客户的经营资金短缺困难。同时,天津分行紧贴城市发展重心,通过多种渠道支持地方经济发展,七年来共投放资金逾2000亿元。2014年,获得天津银行业最具社会责任银行和服务小微企业最受欢迎产品奖,得到了社会广泛好评。

2014年,天津分行进一步深化机构改革,积极推行城市分行集中管理模式,逐步形成了财务集中管理、人力资源集中管控、授信集中审批、业务集中处理、网点集中授权、现金集中调拨、会计稽核集中作业、辅助工作集中外包的8大运营管理体系。不断丰富业务品种、完善服务功能,拉动天津分行收入增长的零售金融、公司金融和金融市场"三驾马车"协同发展格局已初步形成。在业务创新上不断突破,围绕跨境人民币项目办理了全国邮储系统首笔备用信用证业务,成为国内金融业第二单同时也是开证金额最大的一单。积极推行各类专业风险管理政策落实,细化标准和流程,注重提升全行的风险管理能力水平,打造全面风险管理体系构架。注重合规经营,深入开展"合规大讨论、合规大行动"等多项教育活动。注重反洗钱专项排查,特别是2014年天津分行报送的重点可疑交易,为公安部破获千亿地下钱庄大案提供了直接线索,得到了央行的书面表彰。

【分行唐云崧行长连任天津市银行业协会第九届监事会监事长】 在天津市银行业协会第九届会员大会上,邮储银行天津分行再次当选为监事单位,唐云崧行长连任第九届监事会监事长。

【分行荣获2013年度天津市银行业农村金融先进单位荣誉称号】 天津分行牢牢把握自身定位,依托独特的网络优势、地缘优势和品牌效应,不断深化"普惠金融"的服务理念,充分发挥网络覆盖城乡二元经济的优势,将服务"三农"和中小企业与自身结构调整紧密结合,不断丰富和优化信贷产品,严格控制资产质量。天津银监局发布《关于表彰2013年度天津市银行业农村金融先进单位的决定》,邮储银行天津分行被授予"2013年度天津市银行业农村金融先进单位"荣誉称号。

【分行召开2014年利润预算暨资产负债管理培训会】 3月24日,分行召开2014年利润预算暨资产负债管理培训会。会上对相关费用预算的编制方法进行了讲解,就利润预算分解及成本费用管理提出了要求,并通过案例形式详细解读了信贷规模管理、利率管理相关内容。

【分行召开2014年案件防控暨反洗钱工作会】 3月26日,分行召开2014年案件防控暨反洗钱工作电视电话会。会上对分行2013年案件防控与反洗钱工作情况进行了总结,对2014年工作目标与措施进行了部署。

【"邮储银行杯"第七届全国大学生网络商务创新应用大赛华北赛区开幕】 4月9日,"邮储银行杯"第七届全国大学生网络商务创新应用大赛华北赛区启动仪式在天津大学召开。本届赛事以各参赛企业真实的网络商业案例作为竞赛题目,借助网络商务平台,为企业的网络商务应用寻求创新发展之道,同时将侧重点放在了互联网金融创新与应用这一全新的领域。大赛的开展不仅为高校学生提供了一个展示自己的舞台，也为高校与企业之间搭建了一个深层交流的桥梁，更充分彰显了以邮储银行为代表的传统金融企业拥抱互联网，并致力于打造全新的互联网金融体系的新面貌。

全国大学生网络商务创新应用大赛华北赛区启动仪式现场（分行 供图）

【分行积极参与第八届“融洽会”进一步加强与中小企业资本对接】 6月6日，第八届中国企业国际融资洽谈会在天津梅江会展中心隆重开幕。分行积极贯彻落实市委市政府加强对科技型企业的金融服务，派出骨干力量组成营销团队，围绕零售信贷业务、公司业务等重点项目，向前来咨询的企业、消费者推荐适合的金融产品，进一步提升了分行重点业务和产品的知名度，深入了解了中小企业的融资需求和特点，进一步增进银企沟通，为业务发展奠定了良好的客户基础。

营销团队推介金融产品（分行 供图）

【分行召开零售、三农和小企业信贷业务营销平台及特色产品“摘牌”活动启动会】 7月18日，分行组织召开零售、三农和小企业信贷业务营销平台及特色产品“摘牌”活动现场启动会。会上明确了支行落实营销平台及特色产品“摘牌”活动的重点工作，对各支行认领的“摘牌”项目进行了授牌，各支行纷纷表示将精心组织活动、及时交流进度、深化活动开展，不断提高经营能力，促进业务可持续发展。

【分行在第三届“金创杯”现金业务技能竞赛中获得好成绩】 8月20日，由中国人民银行天津分行、天津市总工会联合举办的天津市第三届“金创杯”现金业务技能竞赛在天津金融培训学院正式拉开序幕。来自全市各家银行的30支代表队共计90名选手参加了本次大赛。分行队员们经过为期一个月的高强度专业集训，最终以稳健的发挥在众多强手的激烈角逐中获得了识假点钞项目二等奖、散把点钞项目三等奖的好成绩，展现了分行员工扎实的业务技能和良好的精神风貌。

技能大赛现场（分行 供图）

【分行开展“金融知识进万家”宣传服务月活动】 9月1日，分行“金融知识进万家”宣传服务月活动正式启动。活动重点围绕个人贷款、信用卡、借记卡、银行理财、电子银行、自助设备、代销业务、非法集资等八项内容，对公众消费者进行金融知识的宣传，加强风险提示。

“金融知识进万家”宣传服务(分行 供图)

【分行荣获天津银行业“普及金融知识万里行”活动最具社会责任银行、服务微小企业最受欢迎产品奖】 10月29日,2014年度天津银行业“普及金融知识万里行”活动颁奖在银行业协会举行。天津分行荣获最具社会责任银行奖、服务微小企业最受欢迎产品奖。

【分行荣获“金融知识进万家”活动优秀组织单位称号】 天津银监局组织开展的2014年“金融知识进万家”银行业金融知识宣传服务月活动落下帷幕。天津分行荣获“2014年‘金融知识进万家’天津银行业金融知识宣传服务月活动优秀组织单位”称号。

本次活动启动以来,分行统筹安排,各一级支行和网点积极参与。通过全方位、多形式地对金融知识进行宣传,有效提升了社会公众的金融知识,增强了营业机构对金融消费者合法权益保护的服务意识,进一步树立了分行良好的社会形象。

(邮储天津分行)

中邮保险天津分公司

【概况】 2014年,中邮保险天津分公司累计实现中邮保费27012万元,规模排名全国第15位;完成年保费计划的103%,进度排名全国第6位。其中,累计实现中邮期交保费9720万元,同比增长197.5%,增幅排全国第4位;完成计划进度的194%,进度排名全国第4位。期交保费占新单保费规模的44.99%,结构占比在全国开业满一年的省份中排名第2位。天津邮银渠道合计形成代理期交保费1.98亿元,中邮期交保费占比49.16%,排名全国第10位。

2014年初,中邮保险天津分公司利用新产品上线的契机与天津市邮政公司和邮储分行积极沟通,在着力业务结构调整的同时,努力做大中邮保费规模,将“新年A”作为“规模效益并重”的抓手,得到了邮银渠道的大力支持。一季度,仅用一个多月时间就实现“新年A”保费1.14亿元,为完成全年经营目标奠定了坚实基础。

在转型发展中,中邮保险天津分公司将中邮保险业务发展融入邮政金融网点转型中,以期交业务作为网点优化结构和提升效益的切入点,与市邮政公司形成了中邮保险的“常态化”发展。一季度完成期交保费2905万元,二季度完成期交保费2137万元,同比增长390.8%;三季度完成期交保费2052万元,同比增长161.56%;四季度完成期交保费2514万元,同比增长99.75%。2014年,天津邮银渠道新单期交保费网点出单率为53.14%,排名全国第一位;网均保费为23.88万元,排名全国第一位。

中邮保险天津分公司与市邮政公司电商专业就航意险试点协调联动,圆满完成了中邮保险总公司下达的营销目标,试点计划达成率列各试点省分公司第1位。

2014年,中邮保险天津分公司形成团险保费58.11万元,规模排名全国第13位。开发团体业务13单,形成保费19.2万元。其中4单为邮政系统外单位,客户开发实现新进展;销售禄禄通9号航意险15000单,形成保费30万元,渠道占比90%,排名全国第8位。

天津保险行业协会统计报表显示,2014年,中邮保险累计保费收入2.72亿元,占全市寿险业总体保费收入的1.33%,在全市27家寿险公司排名第14位;在银保代理渠道中,中邮新单保费占比3.53%,排名全市第8位;中邮期交保费占整体银保渠道的13.44%,在全市23家银保公司中排名第2位。

4月份，天津保监局公布辖区保险公司分支机构2013年度分类监管评价结果，中邮保险天津分公司被评为A类。

【开展业务管理培训　推进中邮保险发展】 1月17日，中邮保险天津分公司与市邮政公司金融业务局联合开展业务管理工作部署及培训。天津分公司业管人员就中邮保险客户信息真实性管理、非正常退保演练、代理网点销售资质管理以及保险行业法律法规和职业道德等内容对18个区县金融业务局局长等40余人进行了培训。市邮政公司金融业务局结合中邮期交保险一季度开门红营销活动，要求各区县局优先发展中邮保险的意识，保费规模要进位争先，期交业务要加快进度，坚持合规经营，确保一季度营销竞赛目标圆满完成。

【迅速学习贯彻中邮保险工作会精神】 天津分公司8月22日召开专题会议，迅速传达贯彻中邮保险工作会议精神。围绕中邮保险转型发展和集团公司刘明光副总经理和中邮保险党秀茸总经理讲话精神，制定四项落实举措：继续深化板块联动，加快期交业务发展；全力做好服务支撑，通过提升业务能力和服务水平树立中邮保险的品牌形象，促进转型发展；开展团险营销竞赛，加大团险产品的宣传，提高客户开发成功率，拓展社会企业客户；坚持合规经营，最大限度地消除各类风险隐患，确保中邮保险业务合规健康发展。

【传达贯彻中邮保险期交业务推进会精神】 10月27日，中邮保险天津分公司召开三季度经营分析会。穆怀利总经理在会上传达了中邮保险期交业务推进会议精神，并围绕集团公司刘明光副总经理和中邮保险党秀茸总经理的讲话及中邮保险“百亿工程”发展目标，对天津分公司下一步工作进行了安排部署：一是加强领导，协调联动，制定推进措施，继续保持中邮保险的“常态化”发展态势；二是优化结构，加快进度，积极推动中邮保险转型升级；三是提升能力，强力支撑，用专业、优质的服务为代理渠道提供全方位的强力支撑；四是合规经营，确保品质，合规与风险管理工作渗透到业务发展的全流程，坚持开展现场检查和有针对性的培训督导，提升风险管控能力，确保业务发展品质。

【积极开展“全国保险公众宣传日”活动】 在第二个“全国保险公众宣传日”来临之际，中邮保险天津分公司围绕“爱无疆，责任在行”年度宣传主题，充分依托特色模式，总省上下联动，通过客户体验、保险咨询、广场宣传、保险进社区等方式，开展了丰富多彩的宣传活动。天津分公司组织了8个服务推动组，分别到各区县邮储网点开展宣传活动。与邮储网点人员一起主动与过往市民交流互动，发放《明明白白买保险》宣传册，为前来咨询群众答疑解惑，引导树立正确的保险消费观念，普及了保险知识，增进了公众对保险行业的了解。分公司还认真讲解公司产品特点，积极传递“服务基层、服务三农”的核心理念，树立真情回馈客户的企业形象，提高公众对公司品牌的认知度和赞誉度。

天津市邮政速递物流有限公司

【概况】 2014年，天津市邮政速递物流有限公司围绕“加快发展、降本增效、创新机制、共创未来”工作主线，全面深化改革，加快转型发展，推进降本增效，取得了阶段性可喜成效。

全年自营国内标快实现正增长。全年累计完成业务收入4.3亿元，绝对值排全国17位，增幅排全国20位。其中，专业自营完成3.64亿元，绝对值排全国16位，增幅排全国21位。代理业务完成6585万元，国际包裹完成2905万元，国内快包完成907万元。经过一年的调整，低效收入基本消除，发展基础日益牢固。

【机构改革圆满完成】 按照股份公司扁平化机构改革要求，天津市邮政速递物流有限公司将揽投部转变为损益核算单元和经营责任考核主体，把15个分公司精简成为2个分公司、6个营业部、26个直管揽投部。市公司成立了揽投平台管理部，加强了揽投部运营管理；整合了电商与物流分公司，推动了电商与物流业务融合发展；成立财务共享中心，推行财务管理扁平化。机构改革过程中，统管干部岗位调整率达到77%，精简了5名三级副干部、3名科级干部，优胜劣汰了6名科级干部，186名分公司人员转至揽投部、业务部，充实了一线营销力量。机构扁平化改革，有效压缩了管理层级，降低了管理成本，提高了贴近市场能力，为企业走上良性发展铺平了道路。

【业务结构得到优化】 天津市邮政速递物流有限公司推出了符合市场需求的商务资费，规范了资费管理。开展了“亮点行动”主题营销活动，开发新客户648个，涌现出一批亮点分公司、亮点揽投部、亮点揽投员、亮点大客户。开展了“环增长”竞赛评比考核，加快了国内标快业务发展。加强了政务类业务集中运营管理。组织推进了国际业务专项营销，开办了国际进口个人物品代缴税款业务，使国际业务实现了较快增长。加强了大客户开发，对绫致、小米、电商大客户实行“四定”管理，全年开发新客户1598户。新开发了303集团等物流项目，壮大了物流业务规模。尽管2014年面临调整车牌证、亲情粽、思乡月等项目收入的不利影响，全年自营国内标快实现正增长。

【降本增效成效显著】 推进了定员定岗、道段优化设置。按照新修订的《员工手册》，加大了对不胜任岗位、虚假病假员工的管理考核力度。清理漂浮人员87人，清减非生产人员232人。一线二线三线比例81%:12%:7%，揽投人员占速递总从业人员比重为68%。优化了车辆资源配置。废除了揽投机动车承包办法，退还了470万元车辆抵押金，实现车辆集中管理、集中使用。2014年累计停用、报废机动车86辆。全年累计减少速递车辆费用697万元，降幅33%；油料费同比减少616万元，降幅39%。开展了成本“对标达标”，推进揽投部作业成本标杆管理。一系列降本措施，快速扭转了公司严重亏损局面。全年减亏3596万元。

【运行质量渐进提升】 天津邮政速递物流将各项运行质量指标归口运营监控部实行统一监控。建立了以信息监控为主，视察检查为辅的视检监控模式，完善了“系统监控—视检预警—通报考核—联动持续改进” 提升运行质量的工作机制。建立了“一会一中心”质量管控常态机制。每周召开总经理参加的质量分析会，利用“红图”等手段按周分析进出口邮件重点运行质量指标，查找时限质量问题，制定提升举措。构建了“关键人、关键岗位、关键环节、关键指标”的质量管控体系；建立了问题件处理中心，完善了大客户主动客服及问题件快速响应处理的管控平台。组织开展了重点质量指标专项提升活动。组织开展了运行质量“创先争优”活动。与揽投部经理签订运行质量达标责任书。及时妥投率等关键指标明显提升。

【核心能力快速增强】 一是揽投平台承载能力明显增强。出台了揽投平台建设指导意见、揽投人员作业及服务规范、揽投部进出口邮件内部处理流程规范、揽投部岗位职责及工作规范等一系列文件，对揽投部速递邮件进出口作业流程进行了规范性梳理，按总成本最低的原则优化揽投部布局。在市邮政公司的支持下，新建了武清前进道、塘沽新华路、津南咸水沽、市区桃花堤等揽投部。标准化改造了北辰、华苑、双港等13个揽投部，对微电子、大直沽、大沽路等12个揽投部实施了内部改造提升。新建和改造后的揽投部，生产条件大为改观。同时，推行了揽投部“工作八法”；开展了“保揽收”专项研究和段道优化；推进了录入信息外包和收寄流程改革。加大了商务区、政务区、开发区、产业聚集区、大学校园区等重点市场人员投入。二是电商产业园高效建设运营。整合西站处理中心、二枢纽、汇力通、酷武物流场地资源，创建总面积11万平方米的电商产业园。推出了免仓储费、配送渠道开放、优先金融支持、优先资源保障等支持政策，吸引电商客户入驻。召开了电商产业园推介会，吸引了京津冀及江浙、闽粤等地区的150余名电商企业参会，报纸和网络传媒纷纷报道或转载。截至年底，已有10家企业入驻产业园。三是跨境电商渠道初步形成。精心打造了海关驻邮办、机场口岸、东疆保税港区口岸三个跨境电商服务渠道，实现了阳光通关、合规征税、结汇退税、国内外仓储物流、供应链一体化服务。公司总经理受邀参加了“2014中国天津跨境电子商务圆桌会议”、“空港经济区跨境电商圆桌会议”，作为行业领袖作了大会发言，突显了天津邮政速递物流为天津跨境电商发展的主力军作用。四是推进了末端揽投外包。在黄海路揽投部、静海开发区揽投部推进了小片区投递外包。在黄海路揽投部和福建北路揽投部推进了段道揽投外包。在杨柳青、大港滨海等区域，与社会投递公司合作，实行区域投递外包。在咸水沽、福建北路等揽投部，推行了超市、送水站投递外包。在财经大学(辐射周边居民区)、科技大学(滨海校区)推行了校园投递外包。末端揽投外包，有效利用了社会资源，实现了企业与社会的融合发展。五是网运作业流程得到优化。对市内邮运组织的邮件盘驳和交接方式进行了优化调整。19个省70个格口的经济快递邮件由大网带运。在机场TCS设立了作业点，解决了进口邮航、民航转运邮件信息和实物分离的问题。通过增加南集投递区、调整直拉邮路，提升了邮航进口邮件的运转速度。上线运行了处理中心新生产作业系统，简化了接收、开拆、封发、发运四大环节的内部作业流程。六是完善了客服平台。实现了客服中心与生产经营单位协同客服的互联互通。通过整合受理台席，保证了11183新系统按期上线，建立了快速理赔平台，提升了客户体验。

【基础管理不断夯实】 初步建立了“凭业绩说话”的任用体系和绩效考核体系。强化干部管理，出台了干部履职考核管理办法，提升了干部履职能力。把43名分公司总经理、副总经理、总经理助理、市场部经理及部分机关管理人员下派到揽投部担任揽投部经理，使年富力强的中青年干部在揽投部经理岗位得到锻炼成长。年轻干部通过挑担子，承受了改革发展压力。开展了劳务工转聘工作，79名劳务工选聘为合同制用工，完善了派遣制员工的晋升通道。

全面实行按量计酬分配办法。在段道分类、人员分级、激励分等的基础上，推进了揽投人员按量计酬薪酬分配考核办法。揽投员从“重投”变为“关注揽”，增强了主动找件、抢件意识，开发客户的积极性得到了提升。

加强了员工培训工作。全年举办12个培训班，累计培训719人次。内训师队伍得到加强，新增4名考评员、1名企业文化内训师、1名邮政业务员职业技师。此外，组织能鉴定培训班7个，培训鉴定386人，生产人员技能鉴定持证率达到了82%。

【召开揽投部经理任命暨誓师大会】 1月6日上午，天津市邮政速递物流有限公司召开揽投部经理任命暨誓师大会。公司领导班子，全体统管干部、新任命的揽投部经理以及机关管理人员参加了会议。董事长任永信莅临会议并作重要指示，公司党委书记刘琮怡主持会议，总经理高向荣作重要讲话。任永信董事长对当前速递物流发展形势进行了分析，他对44名新任命的揽投部经理表示热烈祝贺，并对他们提出希望和要求。他坚信天津邮政速递物流全体干部职工一定能够在新班子的领导下，把各项工作做得更好，实现新发展、赢得新跨越、再创新辉煌。

【孙文魁副市长一行莅临公司慰问基层员工并视察指导工作】 1月29日，天津市副市长孙文魁一行在天津市交通运输和港口管理局局长武岱、天津市邮政管理局局长靳兵的陪同下，莅临西站速递邮件处理中心慰问基层员工并视察指导工作。市速递物流公司刘琮怡书记、市邮政公司常庆森副总经理、市速递物流公司王伟岸副总经理陪同视察慰问。

孙文魁副市长亲切慰问了基层速递物流员工，与作业现场的员工一一握手，向春节前夕奋战在一线的广大员工表示慰问，向全体员工及家属送上新春祝福。孙文魁副市长一行来到邮件处理中心、代收货款业务部和EMS邮件海关监管区参观考察，详细了解了邮件处理中心春节期间的生产作业安排和安全生产工作。孙文魁副市长还饶有兴致的来到代收货款业务部的仓储物品封装区，考察并询问了电子商务业务的发展情况。考察座谈中，市速递物流公司就跨境电子商务业务的发展前景和相关建议向孙文魁副市长进行了专题汇报。孙文魁副市长指出：快递业关系经济民生，天津市政府将大力支持快递物流业发展，中国邮政EMS作为国有大型企业和国内快递行业中的领军者，一定要利用好自身优势，大力发展电商、物流，不断提升服务能力，服务为民，用安全快捷优质的快递服务为经济社会发展保驾护航。

【集团公司李国华总经理到天津速递物流基层揽投部视察并慰问一线员工】 10月16日，中国邮政集团公司总经理李国华一行，在股份公司陈洪涛总经理、天津邮政公司任永信总经理和天津邮政速递物流公司高向荣总经理的陪同下，到天津华苑揽投部视察并亲切慰问一线员工。

当天晚上18时许，李国华总经理一行来到华苑揽投部。看到揽投部灯火通明，员工紧张的作业，李国华总经理十分欣慰，详细询问了员工的工作量、个人收入、新能源汽车使用等情况。当得知，天津邮政速递物流在重点线路上与顺丰对标，努力提高时限和服务质量，在价格和服务上更加市场化、更具有竞争力时，李国华总经理鼓励大家说："大家辛苦了，我代表集团公司对大家表示慰问。邮政拥有很多优势资源，只要我们坚定信心，不断提高运营质量和服务水平，加快转型发展，就一定能在速递市场起到主导作用。"

李国华总经理视察(杨振振　摄)

【中国邮政速递物流股份有限公司陈洪涛总经理到天津公司调研指导工作】 10月17日，中国邮政速递物流股份有限公司陈洪涛总经理莅临天津公司调研指导工作，并与天津公司领导班子、机关部室及部分揽投部经理进行了座谈。

座谈会上，天津公司高向荣总经理汇报了今年以来天津经营生产情况及下一步工作思路。机关部室和揽投部负责人纷纷就加快标快、电商、物流、国际及政务类业务发展，提升运营服务质量，大项目开发及客户挖潜，揽投部基础管理等踊跃发言，并就遇到的问题提出了意见和建议。

陈洪涛总经理认真听取大家发言后指出：天津公司干部职工精神状态非常好，主要表现在反映困难、问题的少，思想观念明显转变，加快发展的信心和决心更强了，并且在发展上取得了可喜成绩。

【国防邮电工会调研组深入天津速递物流调研指导工会工作】 4月2日下午，中国国防邮电工会董秀彬主席、集团工会常务副主席关荣顺等一行深入天津速递物流公司调研并参加基层一线员工座谈会。市公司党委书记刘琮怡、市公司工会主席王伟岸向国防邮电工会调研组汇报了该公司发展概况以及工会工作开展情况。来自速递物流分公司、邮件处理中心等基层经营生产单位的13名一线员工(其中7名劳务工)纷纷发言，大家畅所欲言，分别就各自及其了解到所在单位其他一线员工最关心和关注的如：薪酬分配办法、职工带薪年休假的落实、招用劳务工为合同制员工、做好岗前培训、增强在岗培训针对性、改善基层工作环境等问题，与国防邮电工会调研组领导进行了交流。

【举办电商产业园推介会实施"云仓"战略全面推进电商业务加快发展】 8月26日，天津邮政速递物流电商产业园推介会在津举行，此次推介会吸引了来自京津冀地区的140余名电商企业负责人聚集天津，共谋合作发展。推介会上，天津公司高向荣总经理发表了《邮政EMS，助力电商企业腾飞》的致辞，致辞对天津电子商务产业发展、邮政速递物流服务优势、天津EMS电商产业园功能定位及系列支持电商企业政策等进行了介绍。天津市商委领导也从商委与邮政部门保持顺畅工作机制、促进快递企业与电商企业加快协同发展等方面进行了讲话。同时，推介会就天津EMS电商仓配一体化服务、跨境电子商务解决方案、中邮云仓及供应链解决方案等向与会电商企业进行了详细介绍。会议现场还举行了天津邮政速递物流与天津森淼进出口有限公司、北京亿亨国际物流有限公司、圣特尔科技发展有限公司三家企业的项目签约仪式。

高向荣总经理与电商客户代表签约(杨振振 摄)

【召开揽投部基础管理现场会】 10月23日至24日,天津市邮政速递物流有限公司召开揽投部基础管理现场会。市公司领导班子,市公司全体统管干部参加了会议。参会的各基层单位负责人首先来到武清区分公司现场参观学习了前进道、开发区揽投部日常基础管理工作。各基层单位负责人纷纷与武清区分公司干部员工交流互动,积极学习借鉴先进揽投部基础管理经验。

会上,高向荣总经理指出:通过现场学习、互相讨论交流,大家对揽投部的基础管理和发展方向更加清晰。针对贯彻落实揽投部工作“八法”,他表示:归纳整理揽投部工作“八法”是实现揽投部功能、完善扁平化管理、规范揽投部基础管理和推进揽投平台建设的需要。高总对揽投部工作“八法”的核心内容包括明白工作法、按量计酬法、以投促揽法、滚动排班法、“零容忍”考核法、成本标杆管理法、渐进增人扩段法和人本管理法进行了详细的讲解,要求各揽投部要认真组织落实,推进各项基础管理方法“落地”,切实贯彻执行揽投部工作“八法”各项工作要求,确保揽投部基础管理工作不断完善提高。会上,市公司还对专项营销活动先进单位进行了表彰奖励,各单位就揽投部基础管理工作进行了分组讨论,武清区分公司、静海县营业部和贵州路揽投部分别就揽投部基础管理工作进行了经验介绍。

【启用首批清洁能源汽车】 3月24日,天津市清洁能源汽车交接仪式在天津滨海新区西区隆重举行。天津市副市长何树山出席交接仪式并将代表首批15辆清洁能源汽车的车钥匙正式交给天津市邮政速递物流有限公司揽投员手中。此次接收的15辆清洁能源汽车,将先期投入到滨海新区、空港开发区、西青开发区以及市内天津站、西站、南江路等6个揽投网点进行试点使用。

【光荣榜】 2014年度,天津市邮政速递物流有限公司武清分公司荣获全国邮政先进集体,刘学强荣获全国邮政先进个人;物流业务部荣获全国邮政速递物流先进集体、赵宝佳荣获全国邮政速递物流先进个人;武清区分公司荣获天津市工人先锋号先进单位,张洪莲荣获天津市“五一”劳动奖章先进个人。

天津市邮政速递物流有限公司李钟茂、葛海军、耿进军、陈林、刘福建、刘星、赵滨、娄洋、马宾、张家旺等10名同志被天津市快递协会、市邮政管理局机关党委授予“天津最美快递员”荣誉称号。

(杨振振)

研究会协会

天津市邮政企业协会

【概况】 2014年，企业协会认真落实市公司“1133”工作部署，深入践行“创新驱动发展、实干成就价值”的核心价值观，围绕经营、服务、管理、企业文化建设等方面积极开展工作。企业协会在市公司领导的关心、指导和帮助下，根据自身的工作职能，一是立足企业健康快速发展的需要，不断创新思维，深入生产一线开展各项调研工作，了解基层的实际情况和各种诉求，形成主题鲜明、数据可靠、分析透彻和具体完善措施的调研报告，为企业决策提供参考。二是圆满完成市公司交办的多项临时任务和企协各项职能工作。

【申报企业管理现代化创新成果】 2014年2月，企协组织参加申报第十届全国邮政企业管理现代化创新成果，在各单位上报的创新成果材料中认真筛选，坚持优中选优的原则，保证上报创新成果材料的质量，最后上报了市场经营部和信息技术局撰写的创新成果。其中，市场经营部撰写的《借力移动互联网推进函件业务转型》创新成果，获得全国邮政第十届企业管理现代化创新成果二等奖。

【申报2013年度全国邮政用户满意企业】 组织参加申报集团公司2013年度全国邮政用户满意企业评选，企协经与相关部门联合评定，报请市公司领导批准，推荐了河西区邮电局、河东区邮电局参加评审，并对上报的材料进行把关修改，以上两单位均荣获了2013年度全国邮政用户满意企业称号。

【参加集团公司企业文化创建工作】 5月下旬，按照集团公司企业文化创建工作安排，企协与党群部密切配合，与市公司办公室、党群部、人力资源部、财务部、市场部、安保部、纪检监察室等与征集企业文化理念相关的部门进行研讨。6月初，召开市公司各处部室人员参加的研讨会，根据集团公司的具体要求，广泛征集理念表述语，经过深入的讨论对征集的内容又进行了梳理和归纳，共上报集团公司四套理念的表述语。党办与企协合作汇总提炼，确定企业文化理念等有关内容。6月10日前，党群办负责上报集团公司。8月份，又完成了集团公司征求企业文化拟定相关理念表述语意见的工作，并随时关注集团公司的相关活动。12月，完成集团公司企业文化理念识别系统再次征集工作，将相关数据提供党群部，按照时限要求上报集团公司。

【关于科学发展天津市报刊亭的几点建议】 2014年5月，天津市要实施报刊亭的整体改造工程，该项目关乎天津邮政数百报刊亭的生存。7月份，按市公司领导要求，协助专业完成了《关于科学发展天津市报刊亭的几点建议》。依据邮政经营报刊亭多年的经验提出了具体的整改建议，上呈分管邮政行业的孙文魁副市长，得到市政府领导的充分肯定，表示报刊亭的整体改造要吸取邮政企业的经验，完成好此项工程。

【配合开展“美丽天津美丽邮政”创建活动】 年初，天津市开展了创建美丽天津的活动，旨在宣传天津的新形象，带动本市经济的发展。根据任总经理的指示，天津邮政也积极响应。6月份，市公司决定开展建设美丽天津邮政的活动。企协负责撰写《建设美丽天津邮政的倡议书》初稿，后经办公室领导修改，刊登在《天津邮政》报上，拉开了市公司创建美丽天津邮政的序幕。

【撰写加强基层调研工作的通知】 按照市公司群众路线教育活动整改责任书的相关要求，7月份，企协承担了《加强基层调研工作的通知》的任务。在学习、借鉴和结合企业的实际情况，顺利完成了该任务，并作为市公司文件下发。

【为投递网的改造提供参考依据】 8月份，围绕市公司改造投递网的工作，企协深入投递局多个基层部门，认真了解投递一线的真实情况，征求基层对提高投递运营质量和效益的建议和意见。经过整理归纳，结合外省市的先进经验，撰写了《完善机制、加快投递转型发展》的调研报告。从品牌、网络、政策、同行运作等方面进行比较，找出自身差距，根据天津区域实际提出解决邮政投递难题的建议，为今后投递网的升级提供参考。

【组建小包专业队伍的建议】 8月份，根据市公司相关领导指示，结合天津“两包”的发展形势，就如何完善邮政专业队伍，切实提高小包的运营能力，在激烈的市场竞争中争得一席之地，撰写了专项建议。

【负责制定企业管理创新奖励办法】 11月份，按照党的群众路线教育活动整改责任书的要求，企协承担了制定企业管理创新奖励办法的任务。结合企业管理工作实际，企协提出了推动企业管理创新工作开展的新思路。一是深刻理解现代化管理创新的重大意义；二是加强创新业务种类、创新开发市场，实现转型发展；三是积极参加集团公司企业管理现代化成果的审定工作；四是设立企业管理创新成果专项奖励。通过宣传和弘扬管理创新，进一步促进企业管理工作上一个新台阶，营造企业管理创新的新局面。

【解读天津市发展现代化服务业若干意见】 11月份，依据天津市政府颁发的《天津市发展现代化服务业若干意见》，企协认真学习和领会该文件的主旨，对凡与邮政有关系的条款都做了解读，从宏观上提出邮政企业的切入点，力求在天津发展现代服务业的工作中，充分发挥天津邮政行业的优势，并借此契机使自身有更快的发展。

【开展天津邮政融于滨海新区发展研究】 根据市公司群众路线教育工作安排，企协承担了天津邮政融于滨海新区发展的研究任务，在充分调研和查找资料的基础上，撰写了《天津邮政如何融入滨海新区发展》的调研报告，提出如何解决邮政与滨海新区发展不匹配的问题，为天津邮政与滨海新区发展的对接提供了参考。

【完成服务测评工作】 2014年年底前，完成对机关处部室、专业、支撑单位的测评工作。

（陈世义）

职工思想政治工作研究会

【概况】 市公司党委组织各二级单位政研分会、政研小组，坚持两个“贴近”和一个“深入”，即贴近实际，贴近职工群众，深入一线调查，把企业改革的难点、经营的重点和职工关注的热点作为思想政治工作的出发点和落脚点，多层次、多角度组织论文及学习心得的撰写工作。全公司共收到论文41篇，评出一等奖5篇、二等奖7篇、三等奖11篇，进一步发挥了思想政治工作理论研究对经营实践的指导作用。在中国邮政集团公司职工思想政治工作研究会2014年度优秀思想政治工作研究成果评选中，市公司选送的刘敬文同志研究论文荣获三等奖。

（张　松）

天津市集邮协会

【概况】 1月1日,天津市集邮协会组织会员参加鞍山道邮局举办的"天津首家生肖主题邮局——马场道邮局"开业仪式。

4月30日—5月3日,由天津市邮政公司主办、天津市集邮协会承办的"天津市第十届集邮展览"在天津美术馆举行。

5月23—25日,天津市集邮协会选送的十一部集邮展品和两部集邮文献,参加"长沙2014全国集邮展览"全部获奖。

7月15日,天津市集邮协会召开"《大龙邮票在天津》发行座谈会"及举办大龙邮票发行135周年纪念活动。

8月8日,天津市集邮协会举行"天津2014集邮知识竞赛大会"决赛,并评选出一、二、三等奖和优秀奖。

9月30日,天津市全民国防教育协会、全民国防教育协会集邮文化委员会、八一集邮协会联合制作"铭记历史·缅怀先烈——第一个国家烈士纪念日"纪念封,以示哀悼。

2014年9—10月间,天津市邮政公司对天津市集邮协会进行人事调整。任命季文军为天津市集邮协会副秘书长,季鸣接任市邮协秘书工作。

10月31日—11月7日,天津市集邮协会、市集邮公司共同举办"天津市集邮公司更名二十周年回顾展"系列活动。

12月5日,天津市集邮研究会为纪念本会成立十五周年,举行"会员邮集回顾展",印制"足迹"纪念折和纪念封等系列活动。

12月30日,天津市集邮协会举行座谈会纪念本会成立32周年。总结回顾2014年的工作,提出2015年的工作要点。

(李柏林)

·知识介绍·

畅游方寸世界　见证成长快乐

《快乐成长》个性化邮票受理对象为18岁以下青少年。《快乐成长》邮折含有《快乐成长》8枚版个性化邮票1版,通用版邮折1个,塑料封套1个。《快乐成长》亚克力时尚摆台含有《快乐成长》8枚版个性化邮票1版,10寸亚克力时尚摆台1框,塑料提袋1个。

《致青春》个性化邮票受理对象为18-25岁在校大学生。《致青春》邮折内含有《致青春》10枚版个性化邮票1版,专用版邮折1个,塑料封套1个。《致青春》亚克力时尚摆台含有《致青春》10枚版个性化邮票1版,10寸亚克力时尚摆台1框,塑料提袋1个。

两款产品个性化邮票均为《同心结》10个主图8个附图特殊版式,边饰设计分为"成熟棕色"和"活力蓝色"两种,邮折图案相同。

邮储手机银行

邮储手机银行为客户提供便民缴费、手机充值、机票预订、电影购票、游戏点卡购买、手机转账、签约账户转账等便捷的服务。另外,通过手机银行客户还可尊享账户余额、账户明细、持有基金、持有国债、信用卡可用余额查询等月艮务。

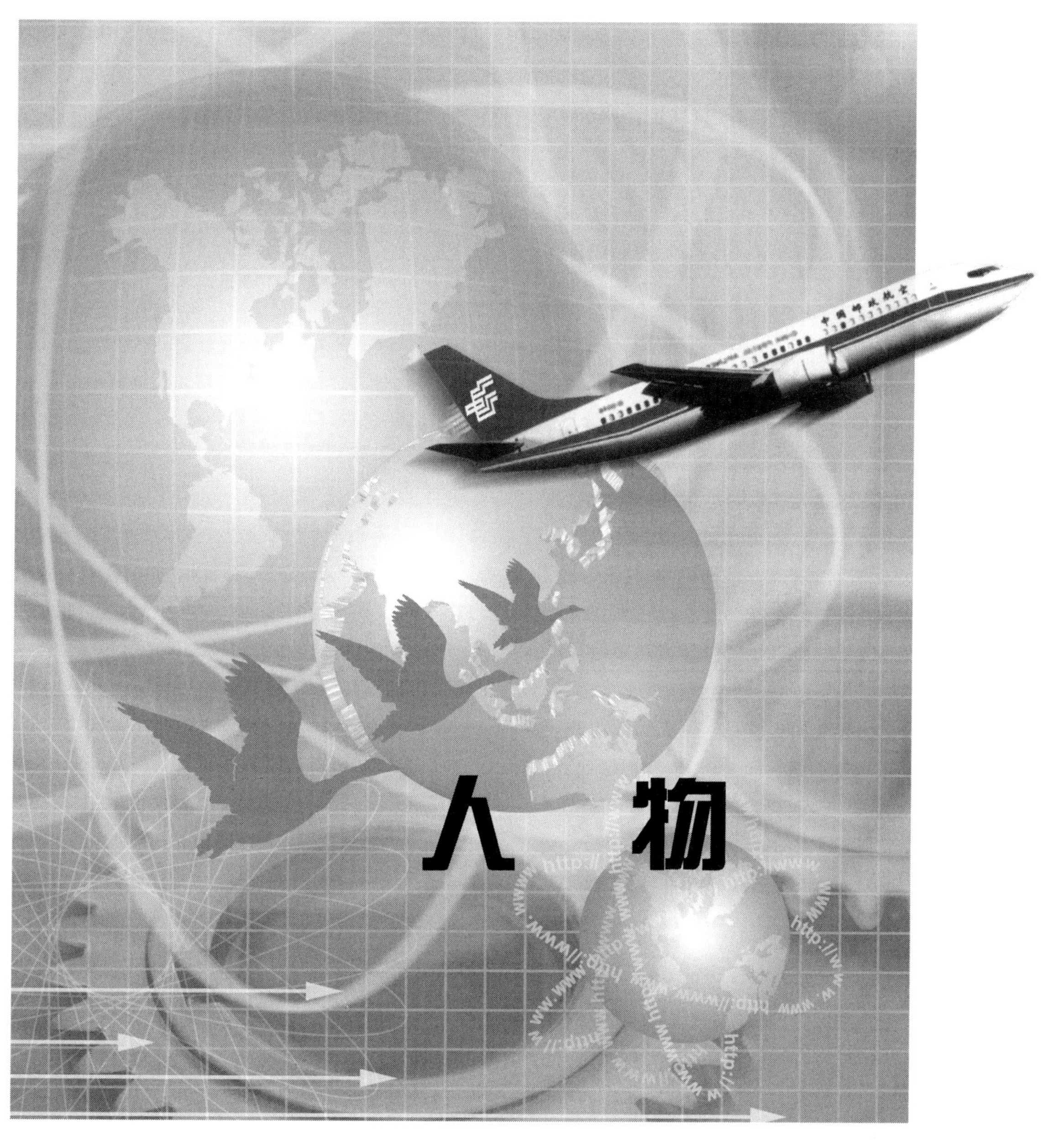
人 物

天津市邮政公司领导干部一览表

单位	部门	姓名	职务	任职时间	备注
市邮政公司	公司领导	李克超	总经理	2014.12.22	免去任永信同志总经理、党委书记、天津市邮政速递物流公司董事长职务另有任用
			党委书记		
			天津市邮政速递物流公司董事长		
		田玉海	二级正		
		石青	副总经理	2010.01.16	
		张德荣	副总经理、纪委书记、工会主席	2011.10.20	
		常庆森	副总经理	2011.10.20	
			普遍服务局局长(兼)	2012.11.01	
	办公室	赵晓红	主任	2013.01.09	
		武涛	副主任	2013.01.09	
		崔峰	副主任	2013.01.09	
			副主任(集团公司办公室综合调研室副主任)	2013.01.09（2012.10.10）	2014 年 9 月结束交流
		顾英	天津邮政报社总编	2014.04.29	
	市场经营部	李铁钢	经理	2014.09.22	
			企业协会秘书长(兼)		
		刘小刚	经理	2013.01.09	2014.07 调集团公司电子商务局任职
			普遍服务局副局长	2012.11.01	
			企业协会秘书长(兼)	2014.04.29	
		庄严	副经理	2013.01.09	
			业务经理	2014.10.09	
		于秀玲	副经理	2013.06.25	
	计划财务部	赵靖	经理	2013.01.09	
			普遍服务局副局长	2012.11.01	
		李秀华	副经理	2013.01.09	
		章琦	副经理	2013.01.09	
		张书香	经理助理	2014.04.29	
	人力资源部	郭昊	经理	2014.09.22	
		林英	副经理	2013.01.09	
	网路运维部	张永谦	经理	2013.01.09	
	安全保卫部	闫德起	主任	2013.01.09	
	审计部	吴春	副经理(主持工作)	2014.04.29	
		周海燕	副经理	2013.06.25	
	离退休管理部	史辅华	主任	2014.04.29	
		张宝秋	副主任	2013.01.09	
		薛乃	副主任	2014.04.29	
	党群工作部	徐建全	主任	2014.04.29	
			机关党委书记	2014.04.29	
		栗莹	团委副书记	2012.01.20	主持工作
	监察室	徐建全	主任	2014.04.29	(兼)
	纪委	徐建全	副书记	2014.04.29	(兼)

单位	部门	姓名	职务	任职时间	备注
市邮政公司	邮政工会	袁风	副主席	2014.04.29	
			机关工会主席	2014.04.29	
	企业协会	满钢	副秘书长	2013.01.09	
		褚九荣	副秘书长	2014.04.29	
		沈鸿宾	高级业务经理	2014.04.29	2014 年 12 月退休
		邓林	高级业务经理	2014.04.29	2014 年 10 月退休
		刘景利	高级业务经理	2014.04.29	
		贾平	高级业务经理	2014.04.29	
		尹琳	高级业务经理	2014.04.29	
		呼万昌	高级业务经理	2014.04.29	
		任其君	高级业务经理	2014.04.29	
		保玉卷	高级业务经理	2014.04.29	
		彭彦杰	高级业务经理	2014.04.29	2014 年 6 月退休
		李全发	高级业务经理	2014.04.29	2014 年 12 月退休
	集邮公司	刘彦波	经理	2013.01.09	
			党总支书记	2013.01.09	
		李朝煌	副经理	2013.01.09	
			工会主席	2013.01.09	
		王起新	副经理	2013.01.09	
		季文军	集邮协会副秘书长	2014.11.11	
	邮政函件局	许亮	局长	2013.01.09	
			党支部书记	2010.2.23	
		王承军	副局长	2013.01.09	
			工会主席	2012.01.20	
		杨涛	副局长	2013.01.09	
		赵琛	局长助理	2014.11.14	交流任职
	报刊发行局、零售公司	韩生强	局长	2013.01.09	兼零售公司经理
		魏国建	党总支书记	2013.01.09	
			工会主席	2013.01.09	
		李响	副局长	2013.06.25	兼零售公司副经理
	金融业务局	张津亮	局长	2013.01.09	
			党支部书记	2012.01.20	
			资深经理	2014.06.27	
		何冬梅	副局长	2013.01.09	
			工会主席	2012.01.20	
		高贺杰	副局长	2013.06.25	
		李琳	局长助理	2014.04.29	
	分销业务局	陈文祥	局长	2013.01.09	
			党支部书记	2012.01.20	
		李杰	副局长	2013.01.09	
			工会主席	2011.02.25	
		刘萍	副局长	2013.01.09	
	电子商务局	戈兆霞	局长	2014.03.03	
			党支部书记	2014.03.03	
		贾丽娟	副局长	2013.01.09	
			工会主席	2011.02.25	
		任巧云	副局长	2013.01.09	

单位	部门	姓名	职务	任职时间	备注
市邮政公司	机要通信局	李向东	局长	2014.04.29	
			党支部书记	2014.04.29	
		孙爱东	副局长	2013.01.09	
			工会主席	2006.02.15	
	和平区邮电局	戴建军	局长	2014.09.22	
			党总支书记	2014.09.22	
		宋国庆	副局长	2013.01.09	
			工会主席	2008.05.29	
		杨晓芳	副局长	2013.06.25	
		杨红茹	局长助理	2014.03.03	集团公司交流任职，2014 年 9 月结束交流
	河西区邮电局	田跃进	局长	2013.01.09	
			党总支书记	2012.07.27	
			资深经理	2014.06.27	
		陈冰	副局长	2013.01.09	
			工会主席	2013.06.25	
		孙晓滢	局长助理	2014.04.29	
		李卫平	局长助理	2013.06.25	
	河东区邮电局	董乃旗	局长	2014.09.22	
			党总支书记	2014.09.22	
		王梦军	副局长	2013.01.09	
			工会主席	2013.01.09	
		吴述贵	局长助理	2013.06.25	
		李勉	局长助理	2014.03.03	集团公司交流任职，2014 年 9 月结束交流
	河北区邮电局	龙永强	局长	2013.01.09	
			党总支书记	2012.07.27	
		孙霆	副局长	2013.01.09	
		张燕玲	副局长	2013.01.09	
			工会主席	2010.2.23	
	南开区邮电局	王军	局长	2013.01.09	
			党总支书记	2013.01.09	
		李晓英	副局长(集团公司邮政业务局营业管理处副处长)	2013.01.09	2014 年 9 月结束交流
			工会主席	2013.01.09	
		张志宏	副局长	2013.06.25	
	红桥区邮电局	王玉杰	局长	2014.04.29	集团交流任职
		杜贵和	副局长	2013.01.09	
			党总支书记	2012.01.20	
			工会主席	2012.01.20	
		回秀芳	副局长	2014.04.29	
		李得军	局长助理	2014.04.29	
	塘沽邮电局	刘虹	局长	2013.01.09	
			党总支书记	2013.01.09	
		吕洪静	副局长	2013.01.09	
			工会主席	2013.01.09	
		许秉利	副局长	2013.06.25	

单位	部门	姓名	职务	任职时间	备注
市邮政公司	汉沽邮电局	王建华	局长	2013.01.09	
		陈云钊	党总支书记	2012.01.20	
		谷荣成	副局长	2013.01.09	
			工会主席	2005.01.11	
		刘永峰	局长助理	2013.06.25	
	大港邮电局	王宝德	局长	2013.01.09	
			党总支书记	2014.04.29	
		苏贵军	免去党总支书记职务，办理退休手续	2004.04.29	
		元哲光	副局长	2013.01.09	
			工会主席	2007.01.28	
		冯忠新	副局长	2013.01.09	
	武清区邮电局	孙树印	局长	2013.01.09	
			党总支书记	2007.01.28	
		曹有兵	副局长	2014.04.29	
			工会主席	2014.04.29	
		慈洪川	副局长	2014.04.29	
		韩轶	局长助理	2014.04.29	
	宝坻区邮电局	陈卫东	局长		
			党总支书记	2013.01.09	
		樊连永	副局长	2012.01.20	
			工会主席	2013.01.09	
		张雨芬	局长助理	2012.01.20	
	蓟县邮电局	丁大伟	局长	2013.01.09	
			党总支书记	2013.01.09	
		丁炜	副局长	2011.02.25	
			工会主席	2013.01.09	
		曹睿	副局长	2013.06.18	
	宁河县邮电局	刘宏山	局长	2013.06.25	
			党总支书记	2013.01.09	
		张桂祥	副局长	2012.01.20	
		白志娟	副局长	2013.01.09	
			工会主席	2013.01.09	
	静海县邮电局	叶永圣	局长	2014.04.29	
			党总支书记	2014.04.29	
		董克茂	副局长	2009.03.17	
			工会主席	2013.01.09	
		王全有	副局长	2010.2.23	
	东丽区邮电局	徐世勇	局长	2014.03.03	
			党支部书记	2014.03.03	
		于芳	副局长	2013.03.03	
			工会主席	2013.01.09	
	西青区邮电局	董喜珍	局长	2008.05.29	
			党支部书记	2013.01.09	
		王中秋	副局长	2012.07.27	
			工会主席	2013.01.09	
		郭忠志	副局长	2008.05.29	

单位	部门	姓名	职务	任职时间	备注
市邮政公司	津南区邮电局	郑庆山	局长	2014.04.29	
			党支部书记	2013.01.09	
		李秋生	副局长	2013.01.09	
			工会主席	2013.01.09	
		尹久东	副局长	2008.05.29	
		张荣芬	副局长	2014.04.29	
	北辰区邮电局	李秀海	副局长(主持工作)	2014.04.29	
			党支部副书记(主持工作)	2014.04.29	
		李春霄	副局长	2014.04.29	
		任永东	副局长	2013.01.09	
			局长助理	2013.01.09	
			工会主席	2012.10.28	
		邢倩	局长助理	2104.04.09	
	邮区中心局	庄文俊	局长	2012.01.20	
		郭钢	副局长	2011.02.25	
			工会主席	2013.01.09	
			纪委书记	2011.02.25	
		李亚军	副局长	2010.02.23	
	邮政投递局	李志晔	局长	2104.04.09	
			党总支书记	2104.04.10	
		杨可	副局长	2005.03.21	
		李振丽	副局长	2013.01.09	
			工会主席	2013.01.09	
		包铁民	局长助理	2014.04.29	
	信息技术局	韩力荣	副局长(主持工作)	2014.09.22	
			党支部副书记(主持工作)	2014.09.22	
			工会主席	2014.04.29	
	邮政运钞局	刘刚林	局长	2014.04.29	
			党支部书记	2013.01.09	
		袁树行	副局长	2013.01.09	
			工会主席	2013.01.09	
	后勤保障中心	左继祥	经理	2014.03.03	
			党总支书记	2014.03.03	
		张学龙	副经理	2013.03.03	
			工会主席	2014.04.29	

2014年天津市邮政公司中级以上职称表

高级职称

职　称	姓　　　名
高级经济师	任永信　田玉海　顾洪文　孙树印　赵晓红　王建华　何冬梅
高级工程师	王晓愿　石丽华　张学龙　章　琦　董乃旗　曹有兵　聂　东
高级统计师	杨作秀
高级会计师	李秀华
高级政工师	张德荣　刘敬文　张永谦　刘文凯　任　艺　陈云钊　史辅华　张宝秋
高级讲师	孙新茹　曹　伟　吴建强

中级职称

职　称	姓　　　名
经济师	石　青　常庆森　郭　昊　徐建全　崔龙君　高贺杰　许　亮　刘小刚 吴绪华　张继兰　齐建林　李　俊　李瑞芹　樊连勇　唐建国　吕洪静 王爱琴　张庆秋　王承军　李秀海　王述霞　郑庆山　耿　琦　刘琮苓 付晓丽　李晓英　杨海东　付新新　陈长中　李源源　隋继锋　于秀玲 王文红　戈兆霞　李文洪　左继祥　刘立新　邵　晶　柳　翠　杨　义 张　杰
工程师	董喜珍　郝国利　张致成　刘　棠　戴建军　呼秀婷　石　伟　薛　乃 韩力荣　贾丽娟　王德平　陈　欣　顾　英　褚九荣　廉　青　周卫平 袁树行　李淑维　王建国　梁纯芬　周文琴　孙　洋　耿华荣　张庆东 李　毅　郭　钢　沈津俭　杨志强　李晓艳　赵　聪　狄　芸
政工师	刘钢林　杨红军　张毅敏　袁　风　贾　平　张　宇　伍东滨　阎德起 王秉成　乔建忠　张常江　赵东辉　孟宪军　林　英　崔　胜
会计师	张启发　石智伟　赵　珉　赵凤林　杨建雷　屈　洁　任巧云　侯　蓬 张书香　赵　靖　吴　春　周海燕　宋　峥　曹莎莉　贾永凤　徐金凤
讲　师	魏学民　李　莉　宋庆云　樊忠梅
编辑(新闻)	武　涛　王起新　尹　竹
编辑(出版)	魏普金
翻　译	王　健
记　者	孙晓滢　赵　娜

荣誉与表彰

2014年度天津邮政获市级以上先进荣誉单位、集体、个人一览表

<table>
<tr><th>序号</th><th colspan="2">荣誉称号</th><th>获奖单位、集体、个人</th><th>颁奖单位</th><th>颁奖时间</th></tr>
<tr><td>1</td><td colspan="2">2013年度天津市优秀青年突击队</td><td>金融业务局转型突击队、函件局鸿雁青年突击队、汉沽金融业务局青年突击队</td><td rowspan="3">共青团天津市委员会</td><td rowspan="3">2014.3.4</td></tr>
<tr><td>2</td><td colspan="2">2013年度天津市青年安全生产示范岗</td><td>静海县邮电局投递部</td></tr>
<tr><td>3</td><td colspan="2">2013年度天津市青年岗位能手</td><td>陈德楠(和平区滨江道邮电支局)、王林(红桥区丁字沽邮储银行)、张晓丹(宝坻区建设路邮电支局)、张语薇(汉沽新开路邮电支局)、苑立华(投递局东楼投递分局)、黑钢(投递局八里台投递分局)</td></tr>
<tr><td>4</td><td colspan="2">天津市女职工建功立业示范岗</td><td>塘沽邮电局营口道邮电支局</td><td rowspan="3">天津市总工会</td><td rowspan="3">2014.3</td></tr>
<tr><td>5</td><td colspan="2">天津市“三八”红旗集体</td><td>和平区邮电局岳阳道邮电所</td></tr>
<tr><td>6</td><td colspan="2">天津市五好文明家庭</td><td>电子商务局张永春家庭</td></tr>
<tr><td>7</td><td colspan="2">2013年度全国邮政信息网运维管理工作先进单位</td><td>信息技术局</td><td>中国邮政集团公司</td><td>2014.3</td></tr>
<tr><td>8</td><td rowspan="4">天津市规划建设交通系统优质服务</td><td>示范窗口</td><td>武清区雍阳东道邮电支局、邮政投递局中心投递分局</td><td rowspan="4">中共天津市委规划建设交通工委、市建设交通委、市文明办、市总工会</td><td rowspan="4">2014.3</td></tr>
<tr><td>9</td><td>先进集体</td><td>河西区东楼邮电支局、邮政投递局尖山投递分局</td></tr>
<tr><td>10</td><td>标兵</td><td>刘树东(邮政投递局红星路投递分局投递员)、孙鹏(河西区土城邮电支局储蓄营业员)、张天鹰(静海县唐官屯投递部投递员)</td></tr>
<tr><td>11</td><td>先进个人</td><td>胡文宇(河东区一号桥邮电支局营业员)、杨晓燕(和平区民园邮电支局集邮营业员)、刘跃(北辰区函件局营销员)、李慧(红桥区函件局营销员)、杨春香(滨海新区塘沽营口道邮电支局宁波道储蓄所理财经理)</td></tr>
</table>

<table>
<tr><th>序号</th><th colspan="2">荣誉称号</th><th>获奖单位、集体、个人</th><th>颁奖单位</th><th>颁奖时间</th></tr>
<tr><td>12</td><td rowspan="2">中国邮政储蓄银行</td><td>先进集体</td><td>天津滨海新区大港支行、天津分行金融市场部</td><td rowspan="2">中国邮政储蓄银行</td><td rowspan="2">2014.4.26</td></tr>
<tr><td>13</td><td>先进个人</td><td>徐传文（滨海新区支行行长）、刘凯（西青区支行公司业务部客户经理）、孟令波（宝坻区支行零售信贷部客户经理）</td></tr>
<tr><td>14</td><td rowspan="2">全国邮政速递物流</td><td>先进集体</td><td>天津市邮政速递物流公司武清区分公司、天津市邮政速递物流公司物流业务部</td><td rowspan="2">中国邮政速递物流股份有限公司</td><td rowspan="2">2014.4.27</td></tr>
<tr><td>15</td><td>先进个人</td><td>刘学强（天津市邮政速递物流公司武清区分公司雍阳西道揽投部揽投员）、赵宝佳（天津市邮政速递物流公司第一分公司越秀路揽投部项目经理）</td></tr>
<tr><td>16</td><td colspan="2">全国“五一”劳动奖章</td><td>陈晓菊（邮政投递局八里台投递分局投递员）</td><td>中华全国总工会</td><td>2014.4.28</td></tr>
<tr><td>17</td><td rowspan="2">全国邮政系统</td><td>先进集体</td><td>天津市邮政公司金融业务局、武清区邮电局、邮储银行天津分行滨海新区大港支行、天津市邮政速递物流有限公司武清区分公司</td><td rowspan="2">中国邮政集团公司、中国邮政集团工会</td><td rowspan="2">2014.4.28</td></tr>
<tr><td>18</td><td>先进个人</td><td>刘树东（邮政投递局红星路投递分局投递员）、张永春（电子商务局财务部主任）、刘健（河西区邮电局东楼支局高级营销员）、范金鹏（南开区邮电局金融业务局局长）、徐传文（邮储银行天津滨海新区支行行长）、刘学强（天津市邮政速递物流有限公司武清区分公司揽投员）</td></tr>
<tr><td>19</td><td colspan="2">2013 年度天津市“五一”劳动奖状</td><td>滨海新区塘沽邮电局</td><td rowspan="3">天津市总工会</td><td rowspan="3">2014.4.29</td></tr>
<tr><td>20</td><td colspan="2">天津市工人先锋号</td><td>中国邮政储蓄银行天津滨海新区支行公司业务部、天津市邮政速递物流有限公司武清区分公司</td></tr>
<tr><td>21</td><td colspan="2">天津市“五一”劳动奖章</td><td>任永信（市邮政公司总经理）、张天鹰（静海县唐官屯邮电支局投递员）、柴金华（函件局商函中心质检员）、王溯（河东区一号桥邮电支局局长助理）、时艳（邮储银行天津武清区支行理财经理）、张洪莲（市邮政速递物流有限公司静海县分公司副经理）、王秀环（滨海新区塘沽邮电局函件局局长）、苑立华（邮政投递局东楼投递分局投递员）</td></tr>
</table>

<table>
<tr><th>序号</th><th colspan="2">荣誉称号</th><th>获奖单位、集体、个人</th><th>颁奖单位</th><th>颁奖时间</th></tr>
<tr><td>22</td><td rowspan="3">2013年度全国邮政系统“营销创优”劳动竞赛</td><td>营销体系建设先进单位</td><td>天津市邮政公司</td><td rowspan="3">中国邮政集团公司</td><td rowspan="3">2014.4</td></tr>
<tr><td>23</td><td>优秀营销团队</td><td>红桥区邮电局百川营销团队</td></tr>
<tr><td>24</td><td>优秀营销员</td><td>甘振红（武清区邮电局函件局）、王蕾（河西区邮电局佟楼支局）</td></tr>
<tr><td>25</td><td rowspan="8">2012–2013年度天津市规划建设交通系统</td><td>社会管理综合治理工作优秀单位</td><td>天津市邮政公司</td><td rowspan="8">中共天津市委规划建设交通工作委员会</td><td rowspan="8">2014.4</td></tr>
<tr><td>26</td><td>社会管理综合治理工作先进单位（集体）</td><td>市邮政公司安保部、静海县邮电局</td></tr>
<tr><td>27</td><td>信访工作先进单位（集体）</td><td>市邮政公司办公室、人力资源部</td></tr>
<tr><td>28</td><td>普法工作先进集体</td><td>报刊发行局、分销业务局</td></tr>
<tr><td>29</td><td>平安创建工作平安单位</td><td>信息技术局、服务总公司</td></tr>
<tr><td>30</td><td>综治工作先进个人</td><td>张毅敏、陶建忠</td></tr>
<tr><td>31</td><td>信访工作先进个人</td><td>张世维、郭喜才</td></tr>
<tr><td>32</td><td>普法工作先进个人</td><td>赵和伟、司宏勋</td></tr>
<tr><td>33</td><td colspan="2">天津市最美青工</td><td>苑立华（投递局东楼投递分局）</td><td rowspan="6">共青团天津市委员会</td><td rowspan="6">2014.5</td></tr>
<tr><td>34</td><td colspan="2">第十四届天津青年“五四”奖章</td><td>黑钢（投递局八里台投递分局）</td></tr>
<tr><td>35</td><td colspan="2">天津市新长征突击队</td><td>金融业务局市场部</td></tr>
<tr><td>36</td><td colspan="2">天津市新长征突击手</td><td>张名扬（信息技术局）、冯志鹏（河东区邮电局）、李钎（函件局）</td></tr>
<tr><td>37</td><td colspan="2">天津市“五四”红旗团支部</td><td>投递局红星路投递分局团支部</td></tr>
<tr><td>38</td><td colspan="2">天津市优秀团干部</td><td>赵蓓（电子商务局团支部书记）</td></tr>
</table>

序号	荣誉称号		获奖单位、集体、个人	颁奖单位	颁奖时间
39	长沙2014第16届中华全国集邮展览大银奖		仇润喜《津沽品邮》、王秉成《天津邮工运动史料(二)》	中华全国集邮联合会	2014.5
40	第一届中邮保险业务技能大赛个人三等奖		温爽(武清区邮电局)	中邮保险总公司	2014.7.4
41	天津市第四届会计业务知识大赛	团体优秀奖、优秀组织奖	天津市邮政公司	天津市财政局、市总工会	2014.7.16
42		企业类个人成绩第三名、个人二等奖	贾永凤(南开区邮电局)		
43	天津最美快递员		天津市邮政速递物流有限公司:李钟茂、葛海军、耿进军、陈林、刘福建、刘星、娄洋、马宾、张家旺	天津市快递协会、市邮政管理局机关党委	2014.7
44	天津市第十三届运动会乒乓球比赛	女单铜牌	高齐	天津市第十三届运动会组委会	2014.7
45		男女混双铜牌	朱方晨、高齐		
46	天津市第十三届运动会羽毛球比赛男子双打第七名		杨立、王磊		
47	自由一族“畅行无忧”全国标准会员服务试点上线暨营销活动	达标组织奖	电子商务局	中国邮政集团公司	2014.8.6
48		优秀组织奖	红桥区芥园道邮电支局		
49	天津市第三届“金创杯”现金业务技能竞赛	识假点钞项目二等奖	王霞(邮储银行宁河支行)	中国人民银行天津分行、天津市总工会	2014.8.20
50		散把点钞项目三等奖	杨海松(邮储银行宝坻支行)		
51	全国用户满意企业		天津市邮政公司	中国质量协会用户委员会	2014.8

序号	荣誉称号		获奖单位、集体、个人	颁奖单位	颁奖时间
52	庆祝建国65周年天津市退休职工文艺汇演	优秀组织奖	天津市邮政公司	天津市总工会、市委老干部局、市退管会	2014.9
53		一等奖	合唱队女声小合唱“芦花”		
54		二等奖	李春明女声独唱“亲吻祖国”、舞蹈队舞蹈“生活因我们而美丽”		
55		三等奖	舞蹈队舞蹈“海派秧歌”		
56	“津门恒大杯”第二届天津市退休职工戏曲大赛	优秀组织奖	市邮政公司离退休管理部	天津市总工会、市委老干部局、市老龄委、市退管会、中老年时报	2014.9
57		一等奖	薛三起的河南豫剧“七品芝麻官”选段		
58		三等奖	张志清的京剧“锁麟囊”选段		
59	天津市第四届旅游纪念品大赛	最佳创意奖	《津津有味——天津话》纪念封	天津市旅游局、教育委员会、文化广播影视局、中新天津生态管理委员会	2014.9
60		优秀奖	《穿越天津》《天津卫》主题邮册		
61	全国邮政“寻找最美邮递员”活动	特别提名奖	刘树东(红星路投递分局)	中国邮政集团公司、光明日报社	2014.10.9
62		入围奖	王瑞燕(尖山投递分局)		
63	2012~2014年度天津市退休职工管理服务工作	先进单位	市邮政公司离退休管理部、塘沽邮电局	天津市总工会、市退管会	2014.10
64		先进个人	贾平、郭喜才、隋继峰、李源源		
65		先进片组长	李荷萍、张乐萍、邵雅琴、郑永兰、张树棠		
66	2014年中国邮政储蓄银行“明星大堂经理”		魏秀园、申燕、张如	中国邮政储蓄银行	2014.10
67	全国邮政第十届企业管理现代化创新成果二等奖		市邮政公司市场部《借力移动互联网推进函件业务转型》	中国邮政集团公司	2014.10

序号	荣誉称号		获奖单位、集体、个人	颁奖单位	颁奖时间
68	2014年度天津银行业“普及金融知识万里行”活动最具社会责任银行奖、服务微小企业最受欢迎产品奖		邮储银行天津分行	天津市银行业协会	2014.10
69	2013年度全国邮政用户满意企业		河西区邮电局、河东区邮电局	中国邮政集团公司	2014.10
70	邮储银行第一届小企业金融客户经理选优大赛	团体二等奖	邮储银行天津分行	中国邮政储蓄银行	2014.11
71		个人二等奖	张晓琳（邮储银行天津分行）		
72	第二届“和谐企业杯”邮政职工乒乓球比赛	高管组男子单打冠军	任永信（市邮政公司总经理）	中国邮政集团公司、中国邮政集团工会	2014.11
73		女子组单打冠军	高齐（和平区邮电局）		
74		女子组单打亚军	王主（东丽区邮电局）		
75		体育道德风尚奖	天津市邮政公司乒乓球代表队		
76	2013年度中国邮政思想政治工作研究优秀成果三等奖		邮政文史中心刘敬文《加强企业文化建设　促进天津邮政发展》	中国邮政职工思想政治工作研究会	2014.11
77	天津市离退休干部先进个人		仇润喜	中共天津市委组织部、老干部局	2014.12.9
78	天津市职工（个人）羽毛球比赛	男子丙组双打亚军	杨立（邮区中心局）、王磊（信息技术局）	天津市总工会	2014.12
79		男子甲组双打第七名	张宝平（红桥区邮电局）、朱恩祥（邮区中心局）		
80	2014年天津市文艺工作者深入职工创作实践活动	优秀组织单位、最佳文艺创作奖、优秀表演奖	市邮政工会	天津市总工会、市文广局、市文联、市作协	2014.12
81		优秀组织个人	张德荣（市邮政工会主席）		

<table>
<tr><th>序号</th><th colspan="2">荣誉称号</th><th>获奖单位、集体、个人</th><th>颁奖单位</th><th>颁奖时间</th></tr>
<tr><td>82</td><td colspan="2">天津市女职工组织规范化建设示范单位</td><td>市邮政工会女职工委员会</td><td>天津市总工会</td><td>2014.12</td></tr>
<tr><td>83</td><td colspan="2">天津市工会经费管理规范化建设一等奖</td><td>市邮政工会经费审查委员会</td><td>天津市总工会</td><td>2014.12</td></tr>
<tr><td>84</td><td colspan="2">2014 年度全国邮政信息网运维管理工作先进单位</td><td>信息技术局</td><td>中国邮政集团公司</td><td>2015.1</td></tr>
<tr><td>85</td><td colspan="2">“我的邮政梦”征集活动三等奖</td><td>王瑞燕(邮政投递局尖山投递分局)</td><td>中国邮政集团公司</td><td>2015.1</td></tr>
<tr><td>86</td><td rowspan="5">2012-2014 年度天津市</td><td>模范职工之家</td><td>武清区邮电局</td><td rowspan="5">天津市总工会</td><td rowspan="5">2015.1</td></tr>
<tr><td>87</td><td>模范职工小家</td><td>大港邮电局小王庄支局</td></tr>
<tr><td>88</td><td>优秀工会工作者</td><td>孟宪军(市邮政工会)、赵斌(市邮政工会)、郭钢(邮区中心局)</td></tr>
<tr><td>89</td><td>优秀工会积极分子</td><td>张津慰(集邮公司)、曹蓓(后勤保障中心)</td></tr>
<tr><td>90</td><td>优秀工会之友</td><td>左继祥(后勤保障中心)</td></tr>
<tr><td>91</td><td colspan="2">天津市安全生产先进单位</td><td>天津市邮政公司</td><td>天津市总工会、市安委会</td><td>2015.2</td></tr>
<tr><td>92</td><td colspan="2">2012~2014 年度天津市文明单位</td><td>塘沽邮电局、武清区邮电局、东丽区邮电局</td><td>天津市精神文明建设委员会</td><td>2015.2</td></tr>
</table>

（刘敬文）

2014年度天津市邮政公司先进单位、先进集体、先进个人

先进单位(11个)

1.天津市邮政函件局
2.天津市邮政金融业务局
3.天津市邮政投递局
4.天津市河东区邮电局
5.天津市南开区邮电局
6.天津市滨海新区塘沽邮电局
7.天津市武清区邮电局
8.天津市宁河县邮电局
9.天津市宝坻区邮电局
10.天津市西青区邮电局
11.天津市邮政运钞局

先进集体(33个)

1.天津市集邮公司业务部
2.天津市邮政报刊发行局市场部
3.天津市邮政函件局市场部
4.天津市邮政客户服务中心
5.天津市机要通信局封发组
6.天津市邮政金融业务局风险合规部
7.天津市邮政公司分销业务局计财部
8.天津市邮政投递局八里台投递分局
9.天津市邮政投递局枫林路投递分局
10.天津市和平区邮电局函件局
11.天津市河西区邮电局函件局
12.天津市河东区大直沽邮电支局
13.天津市河北区宜白路邮电支局
14.天津市南开区华苑邮电支局
15.天津市红桥区芥园道邮电支局
16.天津市滨海新区塘沽邮电局中心北路支局
17.天津市滨海新区汉沽邮电局函件分局
18.天津市滨海新区大港邮电局金融业务局
19.天津市武清区邮电局崔黄口邮电支局
20.天津市宝坻区邮电局黄庄邮电所
21.天津市蓟县邮电局花园储蓄所
22.天津市宁河县邮电局金融业务局
23.天津市静海县邮电局金融业务局
24.天津市东丽区张贵庄邮电支局
25.天津市西青区邮电局金融业务局
26.天津市津南区邮电局咸水沽邮电支局营业组
27.天津市北辰区邮电局金融业务局
28.天津邮区中心局邮件分拣二局
29.天津邮区中心局邮件分拣一局丙班
30.天津市邮政信息技术局办公室
31.天津市邮政运钞局河北运钞部
32.天津市邮政公司后勤保障中心—枢纽物业管理部
33.天津市邮政公司计划财务部

先进生产（工作）者（89 名）

王　磊　沈俊英　李　君　杨　雯　李　震
沈　娆　张　垚　张瑞珍　赵　军　杨　强
商志伟　张红海　单宝红　董　玥　王宏广
周宏来　杨　楠　徐　伟　高　山　杨晓燕
王　麟　陈　爽　陈　曦　李　晨　刘　鸿
杨晨光　张　维　石　硕　魏　佳　姜　萍
李健军　马俊彦　牛　瑾　崔龙君　于　澎
于　昆　耿彤彤　陈德楠　李　响　张国志
刘振华　张　鑫　赵　鑫　杨家强　杨红英
吴金花　吕艳宁　隋　毅　昝世亮　王琳琳
李培旭　孙　萍　杨　鹏　陈　明　赵雪莲
张振铎　李卫明　纪　双　赵国旺　刘　佳
花树娜　卢文星　孟　慧　李　静　马茹伟
张　玉　贾　冰　代跃胜　杨洪梅　朱义妹
薛　嶺　赵书全　刘　霞　李　欣　于　洁
张敬涛　孙代永　祖如胜　程　杰　杨　洋
吕忠巍　李　铁　于　淼　徐　伟　李福年
刘宝庆　王志强　赵　斌　王永盛

2014 年度天津市邮政公司营销、科技标兵和服务明星

营销标兵（74 名）

王　璠　尚雅静　刘金涛　常　旭　付晓楠
韩　玥　杨　浩　高丽君　金　磊　王　磊
常　燕　侯　娟　王宝会　景兆霞　赵连颖
白金华　刘忠强　赵　轶　刘瑾彪　薛建军
刘　同　张　涛　冯万颖　王　蕾　张　权
刘　健　刘晓阳　关　珊　李文泉　刘　毅
吕晓波　王锡之　吴　珊　张　璟　李　静
蔡玉珉　史　彤　刘　玺　孙　艳　任　磊
于　岚　王满鹤　从恩意　徐学成　方　超
轩宗媛　刘媛媛　韩宝丽　姜晓宇　周　璇
胡凤和　朱振林　裴海建　王立娜　张艳杰
付森林　赵雪梅　李宪禹　张　曼　李瑞来
廉红亮　杨　丽　梁绍忠　魏晓东　张旭亮
孙苗苗　王晶蕊　赵学莉　刘　跃　郭海峰
王　鹤　李玉红　陈　振　运迺富

科技标兵（4 名）

黄德来　陈金禄　冯志莹　赵蓓幪

服务明星（31 名）

冯晓丹 杨 环 刘 杰 李 宁 马 莉 安丽娜 王宝虹 柴恩娜 李 丹 冯 超 李 爽 颜祥玲 赵 玲 李萌霞 焦 健 陶 雯 李洪颖 金 蕊 纪海燕 王世玲 张天鹰 夏 烨 刘楠楠 黄 强 张萌萌 王雅雯 赵艳丽 王树胜 谢 明 祁桂良 姜云峰

2013—2014 年度天津市邮政公司先进党组织、基层单位先进党支部、优秀共产党员和优秀基层带头人

先进党组织（10 个）

河东区邮电局党总支
南开区邮电局党总支
武清区邮电局党总支
静海县邮电局党总支
宁河县邮电局党总支
西青区邮电局党支部
金融业务局党支部
函件局党支部
机要通信局党支部
信息技术局党支部

基层单位先进党支部（18 个）

邮区中心局邮件分拣一局党支部
投递局东楼投递分局党支部
和平区邮电局解放北路邮电支局党支部
河西区邮电局东楼、佟楼邮电支局联合党支部
河东区邮电局天山路邮电支局党支部
河北区邮电局宜白路邮电支局党支部
南开区邮电局三马路邮电支局党支部
红桥区邮电局丁字沽邮电支局党支部
滨海新区塘沽邮电局营业第一党支部
滨海新区大港邮电局胜利邮电支局党支部
武清区邮电局机关党支部
宁河县邮电局生产党支部
静海县邮电局机关党支部
宝坻区邮电局生产党支部
蓟县邮电局机关党支部
报刊发行局零售公司党支部
后勤保障中心物业联合党支部
市公司市场经营部党支部

优秀共产党员(71 名)

武　军　范　佳　杨　洋　张希源　张筱卉
赵晓冬　张敬涛　史德新　刘向东　刘　昊
董立健　靳丽荣　刘维刚　王秀红　边玲玲
李　瑞　刘立立　洪　霞　侯建忠　刘涛宁
付晓丽　张宝钢　孙　彤　杜宏伟　张　贞
蔡玉珉　崔龙君　朱　昱　吕鸿根　沈晓玲
王海峰　朱雪松　顾燕群　许　灿　马娅平
孙智星　李　旭　吴金花　王　尤　陶建忠
宋爱华　杨景松　周文超　张天鹰　李　耀
董　雷　肖　颖　张　泉　徐树生　李松霖
于　龙　赵建周　张书敬　李　蕾　马连洪
朱建安　李归燕　吕德培　杨志华　许存赞
吴凯懿　孙士廉　兰跃辉　王广璐　汤　军
杨红军　尹　竹　张毅敏　郭喜才　赵建凯
刘文凯

优秀基层带头人(21 名)

邮区中心局邮件分拣一局党支部书记、局长　宋世峥

投递局黄河道投递分局党支部书记、分局长　闫秀清

和平区邮电局滨江道邮电支局党支部书记、支局长　武　捷

河西区邮电局东楼、佟楼邮电支局联合党支部书记、东楼邮电支局支局长　王　华

河东区邮电局金融业务局局长　田新宇

河北区邮电局天泰路邮电支局党支部书记、支局长　吴　艳

南开区邮电局黄河道邮电支局党支部书记、支局长　王凤英

红桥区邮电局函件营销局局长　胡　钢

塘沽邮电局投递分局党支部书记、分局长　王洪英

大港邮电局集邮分公司经理　刘松林

武清区邮电局下朱庄邮电支局支局长　陈志慧

宁河县邮电局县营支局副支局长　刘柏军

宝坻区邮电局黑狼口邮电支局支局长　牛海山

静海县邮电局金融业务局局长　阎林泽

蓟县邮电局投发公司经理　卢春峰

东丽区邮电局张贵庄邮电支局支局长　毕连有

西青区邮电局电子商务局局长　刘　颖

津南区邮电局咸水沽邮电支局支局长　王秀意

北辰区邮电局办公室主任　项红军

集邮公司业务部主任　刘智涛

后勤保障中心工程规划维修联合党支部书记、维修中心主任　田晓霞

2014年度天津市邮政公司营销体系建设先进单位、优秀营销团队和优秀营销项目

营销体系建设先进单位(5个)

河西区邮电局
南开区邮电局
红桥区邮电局
滨海新区大港邮电局
武清区邮电局

优秀营销团队(10支)

和平区邮电局合力营销团队
河东区邮电局奋斗80后营销团队
河西区邮电局万众亿鑫营销团队
南开区邮电局华苑勇士营销团队
河北区邮电局创新营销团队
大港区邮电局胜勇营销团队
东丽区邮电局合力开拓营销团队
武清区邮电局添翼营销团队
宝坻区邮电局飞跃营销团队
蓟县邮电局极速先锋营销团队

优秀营销项目(10个)

金融业务局“代理金融网点销售化转型”项目

函件局商演营销项目

集邮公司“天津建卫610周年”项目

电子商务局“全国缴费”项目

南开区邮电局“时捷尚品”项目

河北区邮电局“医药集团”主题邮册项目

红桥区邮电局“相声主题邮局”项目

滨海新区塘沽局“滨海塘沽市民服务手册”项目

东丽区邮电局“四清一绿——我们在行动服务指南”项目

西青区邮电局“发放杨成庄等四个乡镇占地款”项目

关于命名2014年度星级服务窗口的通知

各区县局、市投递局：

为了进一步提升邮政窗口对外服务水平，认真做好星级服务窗口创建工作，各单位按照《邮政星级服务窗口评定规则与标准》的要求，通过自评和检查，2014年度共申报三至五星级窗口33个，市公司检查验收组对申报的三星级窗口按比例进行了抽验，对申报的四星级、五星级窗口全部检查验收，申报合格率为78.79%；同时，对部分已获得星级称号的窗口进行了复评，复评合格率为100%。现命名2014年度星级服务窗口名单如下：

一、三星级服务窗口

河东区邮电局：香山道邮电所、十四经路储蓄营业所

东丽区邮电局：福东里储蓄营业所

津南区邮电局：团结路储蓄营业所、天山水榭储蓄营业所、柳林新都邮电所、咸水沽投递部

塘沽邮电局：杭州道西储蓄营业所、宁波道储蓄营业所、闸南路邮电所

汉沽邮电局：文化街邮电所、友谊路邮电所、战斗街邮电所、宜春里邮电所

大港邮电局：阳光家园邮电所

武清区邮电局：下朱庄邮电支局、前进道邮电支局

宝坻区邮电局：南三路邮电所

蓟县邮电局：尤古庄邮电支局

宁河县邮电局：经济开发区邮电所

静海县邮电局：子牙邮电支局、西翟庄邮电所；独流储蓄营业所

二、四星级服务窗口

大港邮电局：胜利邮电支局

市邮政投递局：东楼投递分局

三、五星级服务窗口

武清区邮电局：投发公司

希望以上单位要保持荣誉，戒骄戒躁，不断改进对外服务质量，提升服务品质。各区县局和投递局要及时兑现星级奖励（四、五星级奖励由市公司下发）。此次命名的星级窗口奖励从2015年1月起执行。

天津市邮政公司

二○一五年一月二十日

·知识介绍·

微信、易信和微博银行

为适应互联网客户社交化趋势，邮储银行推出了微信银行、易信银行和微博银行业务，其中微博银行暂在新浪微博中实现。微信、易信和微博银行作为手机银行客户服务的增值渠道，提供借记卡、信用卡和生活服务。其中借记卡业务包括查询余额、查询明细、临时挂失等；信用卡业务包括查询账户、查询积分、查询未出账单、信用卡还款、还款设置等；生活服务暂支持生活缴费。

在微信、易信、微博中关注“邮储银行电子银行”，所有关注的用户均可及时了解邮储银行资讯和产品信息等，签约的用户将可使用上述各项功能。

图书在版编目（CIP）数据

天津邮政年鉴. 2015 / 《天津邮政年鉴》编纂委员会编. — 天津 : 天津古籍出版社, 2015.12
ISBN 978-7-5528-0370-9

Ⅰ. ①天… Ⅱ. ①天… Ⅲ. ①邮电业—天津市—2015—年鉴 Ⅳ. ①F632.721-54

中国版本图书馆CIP数据核字(2015)第288555号

责任编辑：门　辉
封面设计：鞠佳美

天津邮政年鉴（2015）

《天津邮政年鉴》编纂委员会/编
出版人/张玮
天津古籍出版社出版
（天津市西康路35号）
邮政编码：300051
网址：http://www.tjabc.net
三河市中晟雅豪印务有限公司印刷
全国新华书店发行
889 毫米×1194 毫米　16 开本
18 印张　30 插页　483 千字
2015 年 12 月 第 1 版　2015 年 12 月 第 1 次印刷
ISBN 978-7-5528-0370-9　　定价：135.00元